suhrkamp taschenbuch 2311

Die Geschichte der Tierverwandlung hat eine lange Tradition in der Literatur. In ältesten Zeiten war es nur den Göttern vorbehalten, sich in Tiergestalt den Menschen zu nähern, meist in eindeutiger Absicht: Zeus betörte Europa als Stier und näherte sich Leda als Schwan. Menschen dagegen wurden aus Strafe in Tiere verwandelt, wie Lykaon, der als Wolf sein Unwesen trieb. Im Mittelalter trugen die Elitetruppen Wolfshäute oder Rinderfelle, dazu Tiermasken, und stießen schreckliche Tierlaute aus. Weniger grausam, die Kräfte ihrer Opfer auf angenehmere Weise verzehrend, traten die Meerfrauen, Nixen und Undinen in Erscheinung sowie die in Füchsinnen verwandelten Liebenden der chinesischen Märchen. Unter den modernen Autoren dieses Bandes sind Rudyard Kipling, Saki, Tania Blixen und Franz Kafka.

Klaus Völker, geboren 1938 in Frankfurt, studierte Germanistik, Philosophie und Theaterwissenschaften in Frankfurt und Berlin. Seit 1993 ist er Rektor der Hochschule für Schauspielkunst Ernst Busch in Berlin. In der »Phantastischen Bibliothek« erschienen bereits zwei seiner Anthologien: *Von denen Vampiren oder Menschensaugern* (st 2281) und *Künstliche Menschen* (st 2293).

Werwölfe
und andere Tiermenschen

Dichtungen und Dokumente

Herausgegeben von Klaus Völker

Phantastische
Bibliothek
Band 312

Suhrkamp

Redaktion und Beratung: Franz Rottensteiner
Umschlagillustration: Florian Mitgutsch

suhrkamp taschenbuch 2311
Erste Auflage 1994

Lizenzausgabe mit freundlicher Genehmigung
des Carl Hanser Verlags, München
Suhrkamp Taschenbuch Verlag

Druck: Nomos Verlagsgesellschaft, Baden-Baden
Printed in Germany
Umschlag nach Entwürfen von
Willy Fleckhaus und Rolf Staudt

1 2 3 4 5 6 – 99 98 97 96 95 94

Dichtungen und Sagen

Den Wärwolf kannten sie alle. Das war ein Mensch, der nur eine gewisse verzauberte Schnalle an seinem Gürtel zu lösen brauchte, und er nahm die Gestalt eines Wolfes an und fraß Schafe und Füllen, ja vor Hunger sogar Menschen.

Karl Gutzkow, Der Wärwolf

Was soll es uns für einen Schröcken bringen, wann wir einen Menschen sächen, der einen Hunds-Kopff hätte, an statt der Red wie ein Hund kallete, und sonst an statt der Klayder mit einer rauchen Haut wie ein Hund hereingienge. Dennoch schreibet Marcus Polus, seye dises in etlichen Indianischen Bergen kein Ungestalt, allda es lauter solche Menschen hat, und keiner sich darob entsetzet. Warumben aber? Weil alle so beschaffen.

P. Amandus von Graz, Seelen-Wayde der Christlichen Schäfflen

Antonius liegt, das Gesicht in den Händen, auf der Erde. Hilarion steht mit dem Rücken zum Kreuz und sieht ihn an. Eine lange Zeit vergeht. Da erscheint ein seltsames Wesen: ein Menschenkopf auf einem Fischleib. Es reckt sich steil in die Luft, in dem es mit dem Schwanz den Sand schlägt . . .

Gustave Flaubert, Die Versuchung des heiligen Antonius

Plinius

Vom Wolfe

Man glaubt aber auch in Italien, daß der Anblick der Wölfe schädlich sei, und daß sie dem Menschen, welchen sie zuerst ansehen, die Sprache auf gegenwärtig benehmen. Afrika und Ägypten zeugt diese Tiere von träger und kleiner Art: aber die kälteren Länder haben sie fräßiger und schädlicher. Daß sich Menschen in Wölfe verwandeln, und hernach ihre Gestalt wiederbekommen, müssen wir entweder zuversichtlich leugnen, oder alles das glauben, was wir so viele Jahrhunderte her als fabelhaft befunden haben. Doch warum diese Sage dem Pöbel so stark eingedrückt sei, daß man es auch gegen einen Menschen, welcher den Mantel nach dem Winde trägt, als ein Schimpfwort gebrauchet, will ich itzt anzeigen. *Evanthes*, einer unter den griechischen Schriftstellern von nicht geringer Achtung, meldet, daß die Arcadier schreiben: Es werde einer aus dem Geschlechte des *Antäus*, durch das Los der Verwandtschaft erwählt, und zu einer See in der Gegend geführet: er henke seine Kleider an einen Eichenbaum, schwimme hinüber, gehe in die Wüste, und werde in einen Wolf verwandelt, geselle sich auch zu den übrigen der Art neun Jahre lang. Erhalte er sich in dieser Zeit von Menschen, so kehre er zu eben dem Teiche zurück: wann er herüber geschwommen sei, kriege er seine vorige Gestalt wieder, erscheine aber übrigens neun Jahre älter. *Fabius* erzählet eben dies, und noch, daß er eben das vorige Kleid wieder bekomme. Es ist zu verwundern, wieweit die griechische Leichtgläubigkeit gehet. Keine Lügen ist so unverschämt, daß sie nicht einen Zeugen hätte. *Agriopas*, welcher olympische Sieger (olympionicae) beschrieben hat, schreibt: *Demaenetus Parrhasius* habe in einem Opfer, welches die Arcadier dem lyceischen *Jupiter*, nach annoch damaliger Weise, mit einem geschlachteten Menschen, brachten, eines geopferten Knaben Fleisch gekostet, und sei dadurch zum Wolfe geworden: nach zehn Jahren wird er wieder ein Mensch und Kämpfer, er habe im Fauststreite gekämpfet, und sei als Sieger von Olympien zurückgekehret. Auch glaubt man, in dem Schwanze dieses Tieres, in einem Haare, sitze ein Liebesgift, es werfe dasselbe aus, wann es gefangen werde, und es habe dasselbe die Kraft nicht, wo es nicht dem lebendigen Tiere ausgerissen werde. Er habe das ganze Jahr nicht mehr als zwölf Tage, worin er sich begatte: Sei er hungrig, so fresse er Erde. Unter den Wahrsagungen ist keine vortrefflichere, als wann die Wölfe gerades Weges zur Rechten gehen, und dasselbe mit vollem Maule tun. Es gibt unter derselben Art einige, welche sie Hirschwölfe (cervarii) nennen, und von welchen wir gesagt haben, daß dergleichen aus Gallien in des großen *Pompejus* Schauspiele geschehen sei. Wann dieser auch bei dem größesten Hunger frisset, und siehet sich um, so soll er, wie man sagt, der Speise schleunigst vergessen, davon laufen, und etwas anderes suchen.

Ovid

Jupiter

verwandelt den Lycaon in einen Wolf

Also lebt man vom Raub: nicht trauen sich Wirte und Gäste/ Nicht der Schwäher dem Eidam, auch Bruderliebe ist selten./ Gatte und Gattin, sie trachten nach wechselseitigem Morde/ Für Stiefkinder mischen die Mütter entsetzliche Gifte/ Frühe erforscht der Sohn die Todesstunde des Vaters/ Ehrfurcht und Rechtlichkeit liegen zertreten; Astraea, die Jungfrau/ Hat, die letzte der Götter, die blutige Erde verlassen.

Doch wie der Erde, so drohten den Höhen des Äthers Gefahren/ Denn, so erzählt man, Giganten versuchten den Himmel zu stürmen/ Schleppten Gebirge herbei und türmten sie hoch zu den Sternen./ Da durchstieß den Olymp mit dem Blitz der allmächtige Vater/ Schleuderte weg vom Ossa den Pelion: sie, da lagen/ Ganz überdeckt vom Riesengetürm, die gräßlichen Leiber/ Und – man erzählt es – die Erde ward naß, überströmt von der Söhne/ Reichlichem Blut. Da hat sie das heiße Geblüt ihrer Kinder/ Wieder belebt: um so ihrem Stamm die Dauer zu sichern/ Schuf sie es um zu Gestalten von Menschen. Doch waren auch diese/ Kinder Verächter der Götter, gewaltsam, nach grimmigem Morde/ Lüstern: man spürte, es waren aus Blut entstandene Wesen.

Als es der Vater, der Sohn des Saturn, von der Feste des Himmels/ Sah, da seufzte er auf: er gedachte der Tat, die noch niemand/ Wußte als er, des scheußlichen Mahles am Tische Lycaons./ Da erfaßte ihn grimmiger Zorn, eines Jupiter würdig/ Und er berief einen Rat: die Geladenen eilten zu kommen./ Hochhin führt eine Straße, sie trägt nach der Milch ihren Namen/ Sichtbar bei heiterem Himmel, am leuchtenden Glanze zu kennen./ Hier ist der Himmlischen Weg zu des mächtigen Donnerers Wohnung/ Und zum Königspalast; zur

Rechten und Linken sind Hallen/ Vornehmer Götter, belebt von Besuchern bei offenen Pforten./ Aber das niedere Volk wohnt abseits: vorn haben die starken/ Himmelsbewohner, die glänzenden, ihre Behausung errichtet./ Dies ist der Ort, für welchen, wenn Kühnheit den Worten erlaubt ist/ Wohl die Bezeichnung paßt: »Palatin des erhabenen Himmels.«

Wie nun die Götter im marmornen Saale sich niedergelassen/ – Er saß höher, gestützt auf ein elfenbeinernes Szepter –/ Schüttelt er dreimal und viermal die schreckenerregenden Locken/ Damit erbeben die Erde zugleich und das Meer und die Sterne./ Und jetzt läßt er empört die folgenden Worte vernehmen:

»Nie bin ich je um die Weltenregierung besorgter gewesen/ Auch nicht damals, als jeder der schlangenfüßigen Riesen/ Mit seinen hundert Armen den Himmel zu fesseln gedachte./ Freilich, der Feind war grimmig, doch war es ein Krieg nur mit einer/ Einzigen Schar: er erwuchs aus der einen und nämlichen Wurzel./ Jetzt hingegen, so weit die Erde von Nereus umbraust ist/ Muß ich verderben das Menschengeschlecht. Ich schwör's bei den Flüssen/ Die in den Tiefen der Erde die stygischen Haine durchströmen:/ Alles versuchte ich schon, doch ein unheilbares Gebrechen/ Ist mit dem Schwert zu beschneiden; sonst steckt es mir an, was gesund ist./ Halbgötter hab' ich zu eigen, auch ländliche Gottheiten, Nymphen/ Faune sowohl und Satyrn, Silvane, Bewohner der Berge./ Da wir diesen noch immer die Ehre des Himmels verweigern/ Bleibe die Erde ihr wohnliches Haus, das wir ihnen gewährten!/ Glaubt ihr hingegen, ihr Götter der Höhe, sie seien auf Erden/ Sicher, wenn mir, dem Beherrscher der Blitze und eurem König/ Jener bekannte Barbar eine Falle gestellt hat, Lycaon?«

Alle erzittern vor Schreck und verlangen in heißer Empörung/ Strafe für den, der solches gewagt. Nicht anders erbebte/ Plötzlich das Menschengeschlecht, als die Rotte der Frevler in grimmer/ Wut es versuchte, den römischen Namen zu tilgen mit Caesars/ Blute; ob einem so jähen Verlust erstarrte der Erdkreis./ So war dir, Augustus, die Liebe der Deinen willkommen/ Wie sie es damals Jupiter war. Als dieser mit Worten/ Und mit der Hand das Murren besänftigt, da schwiegen sie alle/ Also war die Empörung gedämpft durch die Würde des Herrschers./ Jetzt brach Jupiter wieder das Schweigen mit folgender Rede:

»Jener fürwahr ist bestraft – des braucht ihr euch nicht mehr zu sorgen –;/ Was er hingegen verbrochen und wie er gebüßt, das vernehmet!/ Kunde, wie schlimm es stehe, war mir zu den Ohren gedrungen./ Wünschend, sie sei nicht wahr, so gleit' ich vom höchsten Olympus/ Und durchwandre, ein Gott, in Gestalt eines Menschen die Länder./ Gar lang würde es dauern, euch alle die Frevel zu schildern/ Welche ich überall fand: was ich sah, übertraf noch die Kunde./ Dort in Arcadien war es: das Maenalon hatt' ich durchschritten/ Schauriger Tiere Versteck, auch Cyllene, des kalten Lycaeus/ Fichtenwälder; hier wohnte, den Gästen ein Schrecken, der Unhold./ Dämmerung war's, fast Nacht, da betrat ich seine Behausung./ Zeichen gab ich, ein Gott sei da, und die Leute begannen/ Anzubeten. Da lachte Lycaon über die frommen/ Bitten zuerst, dann sprach er: ›Ein klarer Beweis wird es zeigen/ Ob es ein Gott ist oder ein Mensch, und die Wahrheit wird deutlich.‹/ Nachts bereitet er sich, den vom Schlafe Belasteten meuchlings/ Umzubringen: das ist der Wahrheitsbeweis, der ihm zusagt./ Doch das genügt ihm nicht: er durchsticht mit dem Dolch einer Geisel/ Die die Molosser gesandt, die Kehle; dann kocht er die Hälfte/ Der noch zuckenden Glieder in siedendem Wasser, am Feuer/ Brät er die andere Hälfte; sowie er sie aber zum Mahle/ Aufgetragen, da hab' ich das Dach ihm mit rächender Flamme/ In die verruchte Behausung gestürzt: sie war würdig des Hausherrn./ Als er, voll Schrecken entfliehend, die schweigenden Felder erreicht hat/ Heult er hinaus und versucht vergeblich zu reden; im Maule/ Sammelt die frühere Wut sich, und seine gewöhnliche Mordgier/ Richtet sich jetzt gegen Schafe: er freut sich noch immer am Blute./ Zotteln werden die Kleider und Schenkel die Arme: ein Wolf ist/ Jetzt er geworden, und dennoch bewahrt er die früheren Züge./ Noch ist er grau, von Gewalttat kündet die Miene wie vorher/ Ebenso glühen die Augen; er bleibt ein Bildnis der Wildheit./ Ein Haus ist untergegangen, doch nicht bloß eines verdiente/ Unterzugehn: wo die Erde sich dehnt, herrscht wild die Erinys./ Eine Verbrecherverschwörung, so scheint's! Bald sollen sie alle/ Wie sie verdient, die Strafe erleiden! So bin ich entschlossen!«

Petronius

Niceros erzählt

Als ich noch Sklave war, wohnten wir in einer engen Gasse, das Haus gehört jetzt dem Gavilla. Dort verliebte ich mich, wie die Götter das manchmal wollen, in die Frau des Gastwirts Terentius. Ihr habt sie doch auch alle gekannt, die Melissa aus Tarent, die hübsche kleine Dicke. Beim Herkules, ich habe mit ihr nicht etwa körperlich verkehrt und mich nicht aus Sinnlichkeit um sie bemüht, sondern weil sie so gutartig war. Wenn ich sie um etwas bat, hat sie es mir niemals abgeschlagen. Hatte sie ein As verdient, so bekam ich ein halbes. Meine ganze Barschaft verwahrte sie, und nie hat sie mich beschummelt. Eines Tages starb dann ihr Mann auf seinem Landgut. Ich hatte keinen anderen Gedanken, als zu ihr zu kommen, in der Not erweist sich bekanntlich, wer die wahren Freunde sind. Zufällig verreiste mein Herr nach Capua, er hatte dort verschiedenes zu besorgen. Diese günstige Gelegenheit griff ich beim Schopfe; ich überredete einen unserer Gäste, mich bis zum fünften Meilenstein zu begleiten. Er war Soldat und fürchtete weder Himmel noch Hölle. Beim ersten Hahnenschrei machten wir uns auf den Weg, der Mond schien taghell. Als wir an den Gräbern vorbeikamen, ging mein Begleiter zu einer Grabsäule hin, um dort sein Geschäft zu verrichten. Ich hatte mich niedergesetzt, sang aus Leibeskräften und zählte die Grabsteine. Wie ich mich nach ihm umsehe, da hat er sich splitternackt ausgezogen und alle seine Sachen an den Wegrand gelegt. Mir stockte der Atem, und ich stand wie erstarrt. Er aber pißte einen Kreis um seine Kleider – und verwandelte sich in einen Wolf. Ich will euch wirklich nicht zum Narren halten, ich lüge nie, und wenn man mir noch soviel Geld bieten würde. Doch wo war ich stehengeblieben? Als er sich nun in einen Wolf verwandelt hatte, fing er an zu heulen und floh in die Wälder. Ich wußte erst nicht, wo ich war, dann kam mir der Gedanke, seine Kleider mitzunehmen – sie waren zu Stein geworden. Todesängste stand ich aus. Ich zog mein Schwert und hieb während des ganzen Weges auf Gespenster ein, bis ich zum Hause meiner Freundin gelangt war.

Totenbleich kam ich an, ich hatte mir fast die Seele aus dem Leib gelaufen, der Schweiß rann mir nur so den Rücken hinunter, mir wurde schwarz vor Augen – ich konnte mich kaum erholen. Meine Melissa wunderte sich, daß ich so spät in der Nacht kam.

»Wenn du früher gekommen wärst, hättest du uns helfen können«, sagte sie. »Ein Wolf ist in den Hof eingebrochen und hat das Vieh angefallen, wie ein Fleischer hat er den Tieren das Blut auslaufen lassen. Er hat aber seine Strafe bekommen, wenn er uns auch entwischt ist. Ein Sklave hat ihm nämlich mit der Lanze den Hals durchbohrt.«

Als ich das hörte, konnte ich kein Auge mehr zumachen; gleich bei Tagesanbruch floh ich wie ein verprügelter Gastwirt in das Haus unseres Gajus zurück. An der Stelle, wo die Kleider zu Stein geworden waren, fand ich nur noch eine Blutlache. Zu Hause aber lag der Soldat im Bett und blutete wie ein Ochse, ein Arzt behandelte seine Halswunde. Mir wurde nun klar, daß er ein Werwolf war. Und fortan konnte ich keinen Bissen Brot mehr mit ihm teilen, auch wenn man mich totgeschlagen hätte. Haltet davon, was ihr wollt; wenn ich euch was vorgelogen habe, so nehme ich den Zorn eurer Schutzgötter auf mich.

Apuleius

Verwandlungen in einen Uhu und einen Esel

»In der Tat«, sagte Photis, »trag' ich Bedenken und fürchte ich mich herzlich, dieses Hauses Heimlichkeiten aufzudecken und die Geheimnisse meiner Herrin zu verraten. Doch kann ich mir unmöglich Böses von dir und deiner Klugheit versehen; du bist ja auch so edler Abkunft, hast einen so hohen Geist und bist überdies in so mancherlei heilige Geheimnisse eingeweiht, daß dir die heilige Unverbrüchlichkeit des Stillschweigens notwendig auf alle Weise bekannt sein muß. Was ich also nur dem Schreine deines Herzens anzuvertrauen habe, das wirst du alles mit Vorsicht darin verwahren und wirst mir gewiß mein ungemessenes Zutrauen zu dir mit ewiger Verschwiegenheit vergelten. Nur die Gewalt der Liebe, mit der ich an dir hänge, treibt mich dir dasjenige zu entdecken, worum ich unter allen Sterblichen allein weiß. Vernimm denn die ganze Beschaffenheit unseres Hauses. Höre die erstaunlichen Geheimnisse meiner Herrin, durch welche sie über die Verstorbenen Gewalt hat, Sterne verdunkelt, Geister bannt und ihr alle Elemente dienstbar sind. Dieser Macht aber bedient sie sich niemals so ganz, als wenn ihr die Reize eines jungen Menschen das Herz gefangen haben, welches gar oft der Fall ist.

Augenblicklich ist sie sterblich in einen schönen Böotier verliebt. Seinetwegen zieht sie alle Saiten ihrer Kunst auf und setzt mit dem heißesten Eifer alle ihre Triebräder in Bewegung.

Meine Ohren haben es gestern abend noch gehört, daß sie die Sonne mit Wolkenverdunkelung und ewiger Finsternis bedrohte, wenn sie nicht sofort vom Himmel wiche und der Nacht Platz machte, damit sie desto früher ihre Bezauberungen vollführen könnte.

Gestern, als sie aus dem Bade kam, hatte sie diesen jungen Menschen von ungefähr in einer Barbierstube sitzen sehen. Gleich mußt' ich hin, die ihm abgeschorenen, auf der Erde liegenden Haare heimlich wegzuholen.

So verstohlen ich auch dabei zu Werke ging, so ertappte mich dennoch der Barbier darüber, und weil wir einmal allenthalben schädlicher verbotener Künste wegen verschrien sind, so fuhr er mich auch an wie die Sau den Bettelsack.

»Du Spitzbübin«, schrie er, »wirst du mir bald das Wegstibitzen der Haare unserer schönen Kerls lassen? Wenn du mir das noch lange so treibst, so werde ich dich ohne Gnade und Barmherzigkeit bei den Gerichten angeben.«

Bei der schönen Anrede ließ er es aber nicht bewenden, sondern faßte mich und visitierte mich vom Kopf bis auf die Füße und riß mir in größter Bosheit alle aufgelesenen Haare wieder aus dem Busen, wohin ich sie gesteckt hatte.

Höchst betrübt über den Vorfall, denk' ich nicht anders, als ich muß nun zum Tore hinauslaufen. Denn ich kenne meine Herrin schon. So eine fehlgeschlagene Hoffnung kann sie wie rasend machen, und gewöhnlich muß ich es entgelten.

Dennoch, aus Liebe zu dir, konnte ich mich zur Flucht nicht entschließen. Ich mache mich also wieder nach Hause auf.

Um gleichwohl nicht mit leeren Händen zu erscheinen, nehme ich ein paar Ziegenhaare mit, welche ich unterwegs von einigen fix und fertigen Schläuchen abgeschoren sah.

Sie waren dem blonden Haar des Böotiers sehr ähnlich, und meine Herrin ward richtig davon getäuscht.

Wie wahnsinnig steigt meine Pamphile bei einbrechender Nacht, noch ehe du vom Schmause zurück warst, auf ihren Erker. Mit Schindeln gedeckt, allenthalben frei, dem Winde und nach jeglicher Himmelsgegend offen, ist dieser zu den magischen Hantierungen höchst bequem und wird von ihr immer insgeheim besucht.

Erst rüstet sie diese Werkstatt mit all ihrem abscheulichen Geräte aus. Mit jeglicher Art von Spezereien, mit Platten, die mit unkennbaren Zeichen beschrieben, mit alten Rudern gescheiterter Schiffe. Auch tote, halbverweste Körper müssen mit ihren Gliedmaßen aufputzen helfen. Hier stellt sie Nasen und Finger auf, dort Galgennägel mit Stücken Armersünderfleisch, da aufbewahrtes Blut von Erschlagenen, dort verstümmelte Schädel, welche den Zähnen wilder Tiere entrissen worden.

Sodann bespricht sie rauchende Eingeweide und gießt opfernd bald Quellwasser aus, bald Kuhmilch, bald Berghonig, bald auch Met.

Endlich, nachdem sie die vermeintlichen Haare ihres Liebhabers in mancherlei Knoten geknüpft und vielfach durcheinandergeschlungen, übergibt sie diese glühenden Kohlen und läßt sie nebst vielem Rauchwerk verbrennen.

Kaum knistern und knastern diese Haare in der Glut, als vermöge der unwiderstehbaren Kraft der Magie und der Hilfe gebannter Geister jene Körper, denen sie zugehören, menschliches Leben annehmen. Sie fühlen, hören und gehen, und dem Geruche ihrer verbrannten Hülle folgend, kommen sie statt des Böotiers gegen unsere Tür anmarschiert und wollen herein.

Da mußtest du, mein Lucius, nun eben mit einem kleinen Räuschchen nach Hause kommen, von Wein und Finsternis getäuscht, sie wer weiß wofür ansehn und mit gezücktem Schwerte, gleich dem rasenden Ajax, über sie herfallen, um nicht zwar wie er eine Herde lebendiger Schafe niederzumetzeln, sondern noch eine weit herrlichere Heldentat zu verrichten, um drei aufgeblasene Bockschläuche zu entseelen, damit ich dich nach rühmlich vollbrachter Niederlage deiner Feinde, unbesudelt von Blut, nicht als Menschen-, sondern als Schlauchmörder in meine Arme schließen möchte.«

Um Photis an Witz nichts schuldig zu bleiben, versetzt' ich: »Ei, so kann ich ja diesen ersten meiner Siege schon neben die zwölf Arbeiten des Herkules stellen! Denn wie er den dreifachen Geryon oder den dreiköpfigen Zerberus, so habe ich drei Schläuche mit einmal besiegt. Allein willst du, daß alle Schuld, die mir so viel Herzeleid verursacht hat, dir aufrichtig und ganz von Herzen vergeben sei, so mußt du mir zugestehen, worum ich dich jetzt auf das inständigste bitte: Zeige mir einmal deine Herrin, liebe Photis, wenn sie in einem magischen Prozeß begriffen ist und die Götter anruft, oder laß sie mich nur sehen, wenn sie sich verwandelt hat! Denn von Magie kann niemand ein eifrigerer Liebhaber sein als ich. Auch bist du gewiß selbst nichts weniger als neu und unerfahren darin, das merke ich am besten. Würdest du sonst einen Menschen, der sich nie etwas aus Mädchen gemacht hat, durch diese funkelnden Augen, diese Rosenwangen, dies glänzende Haar, diese wollüstigen Küsse, diesen duftenden Busen so sehr an dich haben fesseln können, daß er dir freiwillig wie ein Sklave zugetan ist? Denn frage ich wohl nach der Heimat oder denke ich an die Abreise? Ich lebe, webe und bin allein in deiner Umarmung.«

»Wie sehr wünscht' ich«, antwortete Photis, »daß ich dir gewähren könnte, was du von mir verlangst, lieber Lucius! Wenn nur meine Herrin nicht immer aus Abgunst die Einsamkeit suchte und jedermanns Gegenwart mied, sobald sie dergleichen heimliche Sachen vornimmt! Indessen soll dennoch dein Begehren meiner Gefahr vorangehen und bei erstem gelegenem Augenblick, den ich wahrnehme, ihm Genüge geschehen. Aber du mußt in dieser wichtigen Sache auch hübsch verschwiegen sein, so wie ich es gleich anfangs von dir gefordert habe.«

Während dem Gespräche waren unvermerkt unsere Lüste und Begierden wach geworden und hatten unsere Sinne erregt.

Wir entledigen uns jeglicher Hülle und überlassen uns also dem Taumel der Wollust.

Schon ermattete ich und glaubte alles Vergnügen erschöpft, als Photis aus eigener Freigebigkeit eine neue Quelle der Lust mir eröffnete und zum Beschluß mich noch durch eine Zugabe nach Knabenart der Freuden Übermaß schmecken ließ.

Nun sank auf unsere vom Wachen schweren Augenlider der Schlaf und schloß sie bis zum hellen Morgen.

Kaum waren uns auf diese Art noch ein paar Nächte in Wonne verstrichen, als Photis eilfertig und schüchtern eines Tages zu mir hereinhuscht und mir verkündigt: Diese Nacht würde ihre Herrin sich befiedern und zu ihrem Geliebten hinfliegen; denn ihre übrigen Künste wollten bei dieser ihrer Liebe nicht anschlagen. Ich sollte mich also fertig halten, diesen wichtigen Prozeß insgeheim mit anzusehen.

Sobald es Nacht war, holt sie mich ab und führt mich leisen, unhörbaren Tritts hinauf an die Erkerstube. Da zeigt sie mir eine verborgene Ritze in der Tür und läßt mich hindurchgucken; wo ich denn folgendes sah:

Allererst zieht sich Pamphile fasernackt aus. Nachher schließt sie eine Lade auf, aus der sie verschiedene Büchschen nimmt. Eines von diesen Büchschen öffnet sie und holt daraus eine Salbe, die sie lange zwischen beiden Händen reibt, alsdann beschmiert sie sich damit von der Ferse bis zum Scheitel.

Nun hält sie ein langes, heimliches Gespräch mit ihrer Lampe. Darauf schüttelt und rüttelt sie alle ihre Glieder. Diese sind kaum in wallender Bewegung, als daraus schon weicher Flaum hervortreibt. In einem Augenblick sind auch starke Schwungfedern gewachsen, hornig und krumm ist die Nase; die Füße sind in Krallen zusammengezogen.

Da steht Pamphile als Uhu!

Sie erhebt ein gräßliches Geheul und hüpft zum Versuche am Boden hin. Endlich hebt sie sich auf ihren Flügeln in die Höhe und in vollem Fluge hinaus zum Erker!

Also ward Pamphile vorsätzlicherweise durch ihre magische Wissenschaft verwandelt. Ohne Zauber aber und vor bloßem Wunder über das Gesehene wußt' ich nicht, was aus mir geworden war. Die Haare standen mir auf dem Kopfe zu Berge, ohne alle Besinnung phantasierte ich. Ich rieb mir lange Zeit die Augen und fragte, ob ich wirklich wache.

Wie ich endlich wieder zum Bewußtsein meiner selbst und dessen, was vorgegangen, gelangt war, so ergriff ich Photis' Hand und drückte sie gegen meine Augen und sprach: »Teures, liebes Mädchen, schlage mir jetzt, da die Gelegenheit sich dazu darbietet, den seltensten Beweis deiner Zuneigung nicht ab! Bei deinen schönen Augen bitte ich dich: gib mir von der Salbe da und verbinde dir durch diese unaussprechliche Wohltat deinen Sklaven auf ewig. Mache, daß ich befiedert hier neben dir stehe, wie der Venus zur Seite Cupido!«

»So?« versetzte sie hastig. »Ei, über dich schlauen Gast! Ich sollte mir so selbst eine Grube graben? Sollte meinen Lucius den thessalischen Mädchen mutwillig in die Hände spielen? Nein, nein, guter Freund, daraus wird nichts, laß dir das vergehen! Wo in aller Welt sollt' ich dich suchen, wenn ich dich zum Vogel gemacht hätte, und wann würde ich dich wohl einmal wiedersehen?«

»Behüten mich die Götter vor der schweren Sünde«, war meine Antwort, »daß selbst als Adler, dessen stolzem Fluge der ganze Himmel offensteht, der Botschafter des erhabenen Zeus und rüstiger Waffenträger ist, daß, sag' ich, trotz aller Würde des Königs der Vögel, ich dennoch nicht beständig hier herab in mein geliebteres Nest steigen sollte! Ich schwöre dir bei diesen deinen verschlungenen Locken, die mir das Herz gefangen haben, daß unter der Sonne mir kein Mädchen lieber ist denn du, meine Photis! Bedenkst du denn auch nicht, daß, wenn ich einmal durch diese Salbe zu solchem Vogel geworden bin, ich vorsichtig alle

Häuser zu meiden habe? Denn geschweige, daß ein Uhu eben kein so reizender Liebhaber für die Schönen ist, so darf sich der arme Kauz auch nur in einem Hause blicken lassen, gleich hat man ihn beim Schlafittchen und nagelt ihn an die Tür, wo er unter jämmerlichen Qualen für alle bösen Vorbedeutungen, die je sein unseliger Flug den Leuten gegeben hat, büßen muß. Aber hätt' ich doch bald mich zu erkundigen vergessen, was ich denn nachher zu sagen oder zu tun habe, um die Federn abzulegen und wiederum Lucius zu werden?«

»Was dies betrifft, sei ganz unbesorgt«, versetzte Photis, »meine Herrin hat mir schon alles gezeigt, was wiederum zum Menschen umwandelt und nicht etwa aus Wohlgewogenheit hat sie's getan, sondern lediglich, damit ich ihr, wenn sie nach Hause kommt, zu ihrer Wiedermenschwerdung hilfreiche Hand leiste. Übrigens solltest du nicht glauben, mit wie wenigen unbedeutenden Kräutern solch ein Wunderwerk öfters zu bewerkstelligen ist! Heute zum Beispiel bereite ich ihr nur ein Bad und einen Trunk Brunnenwasser mit etwas Dill und ein paar Lorbeerblättern vermischt.«

Unter hohen Beteuerungen, daß dies die genaue Wahrheit sei, schleicht sie zitternd und zagend in den Erker, nimmt in der Geschwindigkeit eine Büchse aus der Lade und bringt sie mir.

Ich empfange diese mit Entzücken, küsse sie inbrünstig und bete, sie wolle mir eine glückliche Reise durch die Lüfte verleihen.

Und so mit allen Kleidern herunter, gierig die Hände in die Salbe, eine ganze Menge genommen, und über und über alle Glieder meines Leibes gerieben.

Schon schwinge ich zu wiederholten Malen die Arme und versuche zu fliegen. Hoch klopft mir vor Verlangen das Herz, mich nun als Vogel zu sehen.

Umsonst! Nicht Flaum, nicht Federn wachsen hervor.

Zu kurzen Borsten erstarren alle Haare an meinem

Leibe, statt der zarten Haut umhüllt mich ein dickes, derbes Fell.

Die Zahl der Finger und Zehen verliert sich an jeder Hand und jedem Fuße in einem Huf, und am Ende des Rückgrats hinten streckt sich ein langer Schwanz hinunter.

Unförmlich wird das Gesicht und dehnt sich je mehr und mehr. Mit großem Maule, weit offenen Naslöchern und schlotternden Lippen schließt es unten. Oben recken sich ein paar lange, rauhe, spielende Ohren empor.

Das einzige, was in dieser unglücklichen Verwandlung noch meinen Trost hätte abgeben können, wenn für mich Armen nun noch eine Photis gewesen, war der Zuwachs des Werkzeugs des sechsten Sinnes.

Wie ich mich nun betrachte, seh' ich mit Entsetzen, daß ich statt des Vogels zu einem Esel geworden bin.

Ich wollte mich bei Photis beklagen, allein mit menschlicher Stellung und Gebärde hatte ich zugleich auch die Sprache verloren. Alles, was ich tun konnte, war, daß ich mit bebender Unterlippe und nassem Blick sie von der Seite ansah und also stillschweigend ihr Vorwürfe machte.

Sobald sie mich aber als Esel sah, fuhr sie sich mit beiden Händen ins Gesicht und schrie: »Ich bin des Todes! In Eile und Angst habe ich mich vergriffen und eine unrechte Büchse genommen. Zum Glück ist ein höchst leichtes Mittel zur Wiederverwandlung vorhanden. Denn sobald du Rosen ißt, legst du den Esel wieder ab und bist wiederum mein Lucius. Und wenn ich nur wie gewöhnlich diesen Abend Kränze für uns in Bereitschaft hätte, so dürfte es nicht die Nacht damit Anstand haben; so aber mußt du bis morgen früh warten, eher kann ich dir dein Rettungsmittel nicht verschaffen.«

Also Photis mit großem Herzeleid.

Indessen, so vollkommen ich auch dem Äußeren nach von Lucius zu Meister Langohr geworden, so war ich doch innerlich Mensch und ganz ich selbst geblieben.

Lange ging ich darüber zu Rate, ob ich nicht an der boshaften Hexe mein Mütchen kühlen und sie für den schnöden Schabernack zu Tode beißen und schlagen sollte?

Den raschen Gedanken ließ ich aber bald wieder fahren, als ich überlegte, daß ich leicht durch diesen Mord mich um alle Mittel, mich zu enteseln, bringen könnte.

Lieber fraß ich die mir angetane Schmach in mich, faßte auf die kurze Zeit Geduld und trollte ganz tiefsinnig mit gesenktem Haupte und hängenden Ohren in den Stall hinunter, wo mein getreues Reitpferd stand, nebst noch einem Esel meines gewesenen Wirts Milo.

Ich dachte: ›Wenn die stummen Tiere irgend etwas Sympathisches in ihrer Natur haben, so wird dein Roß gewiß dich erkennen und gastfreundlich bei sich aufnehmen und bewirten.‹ Aber Jupiter, Gott der Gastfreundschaft, und du, heilige Treue, steckt nicht der elende Gaul mit dem Esel den Kopf zusammen und verschwört sich mit ihm zum Untergange seines Herrn? Wie sie mich nur der Krippe näher kommen sehen, denken sie, es ist auf ihr Futter gemünzt, und gebärden sich ganz unbändig. Sie legen beide die Ohren zurück und somit, hast du nicht gesehen, aus Leibeskräften hintenaus nach mir gesengelt, und weit mich von der Gerste weggetrieben, die ich den Abend noch mit eigenen Händen meinem treuen Tiere vorgeschüttet hatte.

Nach diesem garstigen Willkommen dränge ich mich ganz abseits in einen engen, einsamen Winkel. Indem ich da voller Mißmut die Unhöflichkeit meiner beiden Herren Kollegen überdenke und mir heilig vornehme, es den boshaften Bestien anderntags, wenn ich durch Hilfe der Rosen wieder Lucius geworden, schon wieder einzutränken, so werde ich beim Umsehen, ungefähr in der Mitte des Stalles, an dem Hauptpfeiler, auf dem alles Gebälk ruhte, der Vorsteherin der Ställe, der Göttin Epona, Bild gewahr, das eben mit frischen Rosen bekränzt worden.

Kaum habe ich mein Entzauberungsmittel entdeckt, so wende ich auch voller Hoffnung alles an, es zu erhalten.

Ich klettere, so hoch ich kann, mit den beiden Vorderfüßen an dem Pfeiler empor, und mit langgestrecktem Halse und vorgereckter Schnauze strebe ich unter beständigem Getrampel und manchem kräftigen Satz auf das begierigste nach den Kränzen.

Unglücklicherweise aber muß mein Reitknecht dieses fruchtlose Bemühen bemerken; grimmig springt er von seiner Streu auf und ruft: »Sieh an, was richtet denn der verdammte Klopphengst da all für Unfug an! Frißt erst dem Vieh das Futter weg und will nun auch nicht einmal die Bilder der Götter verschonen? Warte, du gottlose Bestie, dein Frevel soll dir übel bekommen, ich will dich gleich kreuz- und lendenlahm schlagen!«

Damit sieht er sich allenthalben nach einem Prügel um und findet leider nur allzubald ein ganzes Bündel Knüttel. Daraus sucht er sich den dicksten, knotigsten aus, und nun läßt er auch solch ein Wetter von Schlägen auf mich Unglücklichen niederfallen, daß ich zuverlässig noch darunter hätte erliegen müssen, wenn nicht plötzlich mit entsetzlichem Getöse und Gepolter wider die Haustür wäre geschlagen und gerannt worden und die ganze Nachbarschaft in Angst und Schrekken »Diebe! Diebe!« gerufen hätte. Dies hemmte den geschäftigen Arm meines Schinders und jagte ihm so viel Furcht ein, daß er, ohne sich weiter zu besinnen, über Hals und über Kopf davonlief.

Es währte nicht lange, so war die Tür mit Gewalt aufgesprengt. Eine ganze Diebesbande drang herein. Diese plünderten alles aus; jene umringten die Hausgenossen mit bewaffneter Hand, und noch andere besetzten die Zugänge und hielten Wache, daß die von allen Seiten zu Hilfe eilenden Leute ihnen nichts anhaben möchten.

Allesamt mit blanken Schwertern und brennenden Fackeln versehen, erleuchteten sie die Nacht. Es schimmerte das Feuer und der Stahl wie die aufgehende Sonne.

Mitten im Hause befand sich ein Magazin, wohlverrammelt und verschlossen und von unten bis oben mit Milos Reichtümern vollgestopft. In einem Augenblick war das mit Äxten an mehreren Orten geöffnet und ausgeleert. Der ganze Raub wurde in aller Eile in Bündel geschnürt und verteilt. Allein da waren mehr Hucken als Träger.

Äußerst in Verlegenheit über die Fülle des Reichtums, mit dem sie nicht wußten wohin, machten sie endlich unsern Stall ausfindig. Mein Pferd und wir beiden Esel wurden sogleich herausgezogen und bepackt, was nur das Zeug halten wollte.

Als nun das ganze Haus ausgeräumt, trieben sie uns mit Stöcken hinaus, ließen einen von sich als Kundschafter in der Stadt zurück, um sie wegen der wahrscheinlichen Nachforschung zu benachrichtigen, und darauf jagten sie uns unter verdoppelten Schlägen durch unwegsame Gebirge immer vor sich her.

Schon war ich von der übermäßigen Bürde, die ich trug, von dem steilen Aufsteigen der Berge und von dem starken übereilten Marsche dermaßen abgemattet, daß ich hätte umfallen mögen. Da faßte ich, zwar spät, aber um desto ernstlicher, den Entschluß, mich der Gerechtigkeit in die Arme zu werfen und den heiligen Namen des Kaisers anzurufen, um mich aus dieser Trübsal zu erretten.

Es war schon ganz heller Tag, als wir eben durch einen ansehnlichen Flecken kamen, in dem Jahrmarkt war. Wie wir nun mitten in dem größten Gewimmel der Leute waren, so versuchte ich es, mit lauter Stimme in meiner griechischen Muttersprache den Namen des glorreichen Kaisers auszurufen.

»Oh!« brachte ich ganz klar und deutlich zur Welt, nur mit des Kaisers Namen selbst wollt' es nicht gehen.

Die Räuber ärgerten sich über meinen übel angebrachten, mißtönenden Gesang und luden mir dafür von allen Seiten eine solche Tracht Prügel auf, daß meine Haut auch nicht einmal zum Siebe noch tauglich blieb.

Endlich aber, ehe ich es mich versah, bescherte mir der allgütige Jupiter mein Rettungsmittel.

Denn, nachdem wir schon vor manchem kleinen und großen Landhaus vorbeigezogen, so sah ich mit einmal in einem Gärtchen unter anderen herrlichen Blumen schöne jungfräuliche Rosen in frischem Morgentau gebadet vor mir stehen.

Voller Begierde nach ihnen und voller Freude über die nunmehrige Erlösung aus dem leidigen Eselsstand trabte ich hastig und munter darauf zu.

Zum guten Glück mußte mir noch, indem ich schon die Lippen spitzte, um sie abzufressen, einfallen, welcher offenbaren Lebensgefahr ich mich aussetzte, wenn ich so vor den sichtlichen Augen der Räuber mit einmal von einem Esel zum Menschen würde; denn ebensowohl aus Furcht vor Zauberei, als weil ich sie verraten könnte, müßten sie mich ja notwendigerweise auf der Stelle ermorden.

Stracks ließ ich die Rosen wieder fahren, blieb lieber noch Esel und suchte nach Eselsart Heu zu rupfen.

Aus dem Volksbuch von Herzog Ernst

Bei den Kranichleuten

Da sah der allmächtige Gott von den Höhen des Himmels ihr demütiges Flehen und erlöste sie aus ihren ängstlichen Nöten. Eines Morgens ward der Himmel heiter, der Wind stille, das Wetter gestüm, das Meer ruhig. Da sahen sie aus der Ferne ein Land, das vielleicht von dem Namen seines Fürsten Agrippa genannt worden war, und darin eine gar schöne königliche Stadt.

Wie nun Herzog Ernst mit seiner Ritterschaft zu Land gekommen war, saßen sie auf ihre Pferde, ließen das Schiff an dem Ufer stehen, und die Schiffleute samt etlichen Knaben blieben darinnen, die Ritter aber ritten alle mit ihrem Herzog Ernst und besichtigten die Stadt von ferne, denn sie wollten sich nicht nahe hinzu machen, und gedachten, da niemand wüßte, in welcher Landschaft sie wären, so wüßte man auch nicht, welche Leute darin wohnten. Die Stadt war aber außermaßen wohl erbauet, hatte eine schöne hohe Mauer, die war sehr dick, dazu einen großen Wassergraben, desgleichen gewaltige Basteien, und einen schönen Wall. Als sie nun lange hin und wieder geritten, entschlossen sie sich, und ritten wiederum zu ihrem Schiff und aßen und tranken da so gut sie es hatten, denn es war nicht viel übriges mehr bei ihnen. Nach dem Essen warfen sie sich in ihre Rüstung, und Herzog Ernst gab dem Wetzelo, seinem Vetter, die Fahne; darauf war das Leiden unseres Herrn Jesu Christi gemalt. Nun gingen die wackeren Ritter mit ihrem Herzog über das Feld, zwischen dem Meergestad und der Stadt und kamen vor das Tor, welches sie offen und unverschlossen fanden, worüber sie sich nicht genug verwundern konnten. Wiewohl sie nun keinen Feind sahen, so hielten sie doch von selbst eine Weile still; da sprach Herzog Ernst: O liebe Brüder, so viel ich verstehe, so sind diese offenen Stadttore nicht ohne Untreu und Hinterlist der Bürger, denn sie meinen, wir sollten unvorsichtig hinein rennen, so würden sie uns fangen und töten. Darum gedenkt eures angebornen Adels und der jetzt drohenden Gefahr und Hungersnot, schließt euch fest zusammen und folgt der Fahne Gottes und meinem ritterlichen Zeichen bis zum Stadttor, und seht ihr die Feinde dann hervorbrechen wider uns zu streiten, so treibt sie mit Gewalt wieder hinein, besetzt die Stadttore und schlagt ohne Barmherzigkeit jung und alt darnieder. Als er das gesprochen hatte, ging er mit dem Bannerführer Graf Wetzelo voran und die andern folgten unerschrocken nach bis durch das erste Tor. Da fanden sie niemand weder innen noch außen. Also gingen sie auch fröhlich mit lautsingender Stimme durch das innere Tor bis mitten in die Stadt, ohne daß ihnen eine menschliche Seele begegnet wäre. Da fanden sie einen königlichen Palast und darin einen köstlichen Saal gar wohl geziert, Stühl und Bänke mit herrlichen Stoffen überzogen, und die Tische mit Purpur gespreitet. Auf einer Tafel dampften kostbare Speisen auf silbernen Schüsseln und die weingefüllten Becher und Schalen waren aus lauterm Golde. Da ermahnte Herzog Ernst seine Mitbrüder und sprach: Nun danket Gott dem Allmächtigen, der seinen Dienern in der Wüste die Tische mit köstlichen Schüsseln besetzen ließ, und nehmt Speis und Trank zu euch, so viel ihr zu leiblicher Nahrung bedürft; aber Gold, Silber und Purpurgewand verschmähet und laßt es ihren Herrn, denn Gott versucht uns und die Einwohner der Stadt können nicht weit hinweggezogen sein und werden in kurzem wieder kommen. Da setzte sich Herzog Ernst und seine Ritterschaft nieder und aßen und tranken sich recht satt. Hierauf befahl Herzog Ernst, daß sie auch das Schiff sollten mit Proviant versehen. Da trugen die Diener so viel Speis und Trank in das Schiff, daß sie wohl für ein halbes Jahr genug hatten. Da ging Herzog Ernst und sein Gesell, Graf

Wetzelo, in der Stadt umher, und besahen alle Häuser, die gar köstlich eingerichtet und mit Speis und Trank überflüssig versehen waren. Zuletzt kamen sie wieder in ein schönes Schloß, darin war ein großer marmelsteinerner Saal mit zierlichem Hausrat und köstlichen Kleinoden gefüllt. Da fanden sie auch ein königliches Gemach mit geläutertem Gold und edlem Gestein unaussprechlich schön geziert; auch standen darin zwei köstliche Betten, und die Leilachen, Kissen und Decken waren von Seide, Sammet und Damast. Aus der Kammer traten sie in ein liebliches Sommerhaus mit grünenden Zedern und andern erquicklichen Bäumen besetzt; darin waren auch zwei klare, sanft aufwallende Wasser, eins kalt, das andere warm, deren Fluß durch zwei Röhren in einen goldenen Zuber ging und wer da zu baden gelüstete, der mochte nach Wunsch und Willen kalt und warm haben. Das taten sie und wuschen sich auf das allerbeste; darnach gingen sie wieder in die Kammer, legten sich in zwei schöne Betten, und schliefen eine gute Zeit nebeneinander.

Als sie sich nun ausgeruht hatten, standen sie auf, legten ihr Gewand wieder an, schlüpften in ihre Panzer und bewehrten sich mit den Waffen. Alsbald sah Graf Wetzelo durch ein vergittertes Fenster ein großmächtiges Heer von des Meers Gestaden her der Stadt zureiten. Diese Leute waren also gestaltet: Von den Sohlen auf bis an die Achseln waren sie wohl geschaffen wie andere Menschen, aber das Oberteil hatte Kranichsgestalt. Da sprach Wetzelo zu Herzog Ernsten: Allerliebster Herr, sehet ihr nicht das ungeheure Volk, das dort herzeucht? Da ward es Herzog Ernst gewahr, und sprach zu Graf Wetzelo: Was sollen wir tun? Ich gedenke, wir verbergen uns, auf daß wir sehen was sie tun. Hiermit verbargen sich die zween Helden hinter eine Tür in einen Winkel, und sahen zu, was die Agripper täten. Wie die nun in die Stadt kamen, ging der König in den Saal, und brachte mit sich eine schöne zarte Jungfrau von königlichem Stamm, die hatte der König der Agripper mit Gewalt ihres Vaters Dienern genommen, welche sie einem Königssohn, dem sie verlobt war, zuführen sollten. Und der König der Agripper hatte all sein Volk in der Stadt bei Leib und Leben aufgeboten, daß sie ihm die schöne Königstochter entführen hülfen: Darum hatte Herzog Ernst mit seinen Gesellen die Stadt leer gefunden. Nun setzte sich der schnäblige König zu Tisch mit seinen Bürgern. Da merkten sie wohl, daß ihnen etliche Speisen genommen waren, und wußten doch nicht, wie es zugegangen war. Nun aßen und tranken sie sich voll, und fingen an zu schnattern und zu singen. Dabei ward mancherlei Saitenspiel gehört, auch trieben sie wunderliche Abenteuer mit Springen, Tanzen und Gaukeln, und der König saß bei der schönen Jungfrau am Tisch und bot ihr zum öfteren den Schnabel, daß sie ihn küssen sollte; aber die gute Jungfrau war voll Traurigkeit, und wendete den Mund stets hinum, und dachte bei sich selbst: O allmächtiger Gott, wäre ich von diesen teuflischen Leuten, ich wollte, daß ich in einem Wald wäre, da die wilden Tiere wohnen, ich wollte mich nicht hieher sehnen. Solche Unseligkeit der Jungfrauen sahen die zween Herren hinter der Tür in ihrem Winkel, und sprachen zu einander: Sollen wir die Jungfrau erretten? Herzog Ernst sprach: Ich will mein Leben daran setzen. Nun berieten sie sich, wie sie es anfangen wollten; doch ließen sie die Sache noch eine Weile beruhen, und sprachen zu einander: Wenn es nur unsern Gefährten in dem Schiff wohl ginge, daß sie nicht von den Agrippern erschlagen würden. Herzog Ernst sprach: Ich wollte, daß sie bei uns hier im Saal wären, wir wollten bald Scharmützel mit ihnen anfangen. So gedachten auch die Ritter im Schiff: Wollte Gott, daß wir unsern Herzog Ernst und seinen Vetter Graf Wetzelo hier hätten. Sie glaubten gänzlich, daß sie tot seien und gingen traurig im Schiff hin und wieder. Als nun die Mahlzeit der Agripper lange gewährt und sie groß Geschnatter zusammen getrieben hatten, kam die Zeit, daß jedermann zu Hause gehen sollte. Da fing Herzog Ernst an und sprach zu Wetzelo. Mein allerliebster Freund, wie wollen wirs anfangen, daß wir die Jungfrau frei machen? Ich denke, wir springen hervor und stechen den König tot. Nein, sprach Wetzelo, wir wollen acht haben, wenn der König zu Bett geht, so wollen wir ihm die Jungfrau nehmen.

Der Rat gefiel Herzog Ernst gar wohl. Als nun jedermann heimgegangen war, da ging der König zu Bett in eine schöne Kammer, die war an allen Orten geziert mit lauterm Gold. Nun gingen zween Diener hin, die holten die Jungfrau, führten sie in eine Kammer und einer von ihnen zog sie ganz aus bis auf ein seidenes Hemde. Wie nun Herzog Ernst und Wetzelo sahen, daß sie die Jungfrau dem König zu Bette führen wollten, so rannten die mannlichen Helden hervor und schlugen dem einen Diener den Kopf hinweg; der andere entlief ihnen, und kam in die Kammer, darin der schnäblige König lag, und sprach zu ihm: Die Indier sind da und wollen die Jungfrau wieder nehmen. Da grölzte der König, sprang aus dem Bette und stach die Jungfrau mit seinem spitzigen Schnabel in beide Seiten, daß ihr das Blut herunter floß, und sie schreiend zur Erde fiel. Als das Herzog Ernst mit seinem Gesellen Wetzelo erhörte, sprang er bald herfür, stieß die Kammertür auf, und schlug den König mit seinem Schwert, daß er zur Erde stürzte. Da wurden die guten Herren umgeben von den Agrippern, daß sie sich ihrer kaum konnten erwehren. Doch trieben sie die Agripper zur Kammer hinaus, verschlossen die Tür und wollten der verwundeten Jungfrau beispringen und helfen; aber sie war so hart gestochen von dem König, daß sie vor Schwäche kaum noch reden konnte; doch sprach sie zu Herzog Ernst und Wetzelo: O ihr kühnen Helden, hättet ihr mir früher geholfen und mich meinem Vater lebend heimgeführt, so wäre ich euer einem vermählt worden und hätte ihn zum König von India gemacht. Weil aber das nicht sein mag und die Stunde meines leiblichen Todes gekommen ist, so freue ich mich doch, daß ich euch Christenmenschen vor meinem Tode sehen durfte. Hiermit gab sie ihren Geist auf, und starb in des Herzog Ernst Armen. Wie die kühnen Helden sahen, daß die Jungfrau tot war, sprachen sie zu einander: Wir müssen uns wehren oder wir sind des Todes. Alsbald tat Herzog Ernst die Kammertür auf, da stund es voll Agripper, die schlugen und stachen gegen die beiden kühnen Helden; aber sie wehrten sich gar mannlich, schlugen ihrer viel zu Tod und bahnten sich durch die Menge der zwiegestalteten Leute einen Weg bis zum Stadttor; allein das fanden sie verschlossen. Allererst stunden sie in Ängsten, riefen Gott an und sprachen: O Herr! komm uns heute zu Hilfe, und beweise diesmal an uns deine Barmherzigkeit. Da entwichen sie unter die Schwingbogen der Mauer, die ihnen den Rücken deckte und schirmten sich mit den Schilden gegen die andringenden Feinde, und so viel sie deren mit den Schwertern erreichen konnten, die sandten sie dem höllischen Gott zum Geschenk hinab. Nun trug es sich aus Gottes Fügung zu, daß die Ritter im Schiff nach ihrem Herrn und Graf Wetzelo sehen wollten; als sie aber ans Stadttor kaen, fanden sie es zu. Innerhalb aber hörten sie Waffen klirren und ihres Herrn Stimme zwischen Kampfgeschrei und Getümmel. Da erschraken sie, hieben das Tor mit Streitäxten auf, drangen ein, sprangen ihrem Herrn zu Hilfe und befreiten die beiden von den Kranichleuten, deren sie viele zu Tod schlugen. Als sie aber mit ihnen vor das Tor kamen und zu Schiffe wollten, setzten ihnen die Agripper nach, drangen von allen Seiten heran und verlegten den Weg. Da ermahnte Herzog Ernst seine Genossen, ergriff das Banner selbst und ging den Feinden mannlich entgegen. Als das die Agripper sahen, hielten sie sich in der Ferne und taten ihnen mit vergifteten Pfeilen, die sie nach ihnen schossen, größeren Schaden, denn zuvor mit Schwertern und

Speeren. Da ward Herzog Ernst mit den Seinen zu Rat, daß sie langsam hinter sich nach dem Schiff zurück wichen; doch hatten sie große Arbeit, bis sie alle ihre Leute, die Verwundeten wie die Gesunden, in die Boote und so in das Schiff brachten. Nun fingen die Agripper an, dieweil sie sahen, daß diese Ritter alle zu Schiff gekommen waren, auch zu ihren Schiffen zu eilen und den Rittern nachzufahren. Da hatten sie wieder einen heftigen Streit miteinander, denn die Agripper oder Kranichsleute schossen also mit ihren vergifteten Pfeilen, als wenn es schneite. Nun hatte Herzog Ernst in seinem Schiff ein Wurfzeug: damit warfen sie ein Schiff oder vier zu Grunde, daß die Kranichsleute, die in den Schiffen waren, alle ersoffen. Wie sie nun sahen, daß sie den mannlichen Rittern nichts anhaben konnten, fuhren sie wieder heim und beklagten ihren König sehr, daß er umgekommen war.

Also schiffte Herzog Ernst mit seiner Ritterschaft auf dem ungestümen Meer dahin, und dankten Gott inniglich, daß er sie von den Kranichsleuten erlöset hatte; doch lagen etliche Ritter in dem Schiff, die hart verwundet worden von der Agripper Geschoß; denn sie hatten große Pfeile mit vergifteten Spitzen, und wenn sie einen damit trafen, daß es die Haut ein wenig ritzte, so mußte er davon sterben. Nun waren wohl acht tapfere Helden mit solchem Geschoß verletzt worden, die lagen im Schiff elendiglich und konnte ihnen niemand helfen; aber Gott schickte ihnen den Tod, der ihren Schmerzen ein Ende machte. Als sie nun in christlicher Ergebung gestorben waren, band man sie auf Dielen und legte verwahrt Geld zu ihnen, damit man sie begrübe, wenn sie ans Land kämen. Also warf man sie mit Weinen über das Schiff ins Meer und ließ sie also dahin fahren. Nun fuhren sie vier Tage ganz still und mit gutem Wind dahin; aber groß Unglück stund ihnen zu, denn der Südwind fing an zu blasen, und machte ein groß Ungestüm auf dem Meer. Herzog Ernst meinte, er müßte untergehen.

Giovanni Francesco Straparola

König Schwein

Galeotto, König von England, hat einen Sohn, der als Schwein geboren worden ist, der sich dreimal verheiratet und, nachdem er die Schweinshaut abgelegt hat, ein wunderschöner Jüngling wird, den man König Schwein nennt.

Es gibt keine so geübte und beredte Zunge, Ihr anmutigen Damen, die in tausend Jahren zur Genüge auszudrücken vermöchte, wie verpflichtet der Mensch seinem Schöpfer ist, dass er ihn auf der Welt als Menschen und nicht als hässliches Tier geschaffen. Hierzu fällt mir eine in unsrer Zeit vorgefallene Geschichte ein von einem, der als Schwein auf die Welt kam und nachdem er sich in einen wunderschönen Jüngling verwandelt hatte, allgemein König Schwein genannt wurde.

Ihr müsst wissen, meine lieben Damen, dass einmal ein König von England, namens Galeotto lebte, nicht weniger reich an Glücksgütern wie an solchen des Geistes, der zur Gemahlin Hersilia, die Tochter des Königs Matthias von Ungarn hatte, welche an Schönheit, Tugend und Liebenswürdigkeit alle andern Damen ihrer Zeit übertraf. Und so weise beherrschte Galeotto sein Reich, dass es niemand gab, der sich mit Recht über ihn beklagen konnte. Obgleich sie nun schon lange Zeit miteinander vermählt waren, wollte es das Geschick, dass Hersilia niemals schwanger wurde, was beide mit grossem Schmerz erfüllte. Einmal nun geschah es, dass Hersilia, die blumenpflückend durch ihren Garten wandelte und bereits etwas müde geworden war, ein ganz von Grün umgebenes Plätzchen ersah, darauf zuging und sich niedersetzte. Dort versank sie, von den Stimmen der Vögel, die auf den grünen Zweigen süsse Weisen sangen, eingeschläfert, bald in Schlummer. Da wollte es ihr gutes Glück, dass durch die Luft drei hohe Feen vorüberkamen und als sie die junge Königin sahen, innehielten und unter dem Eindruck ihrer Schönheit und Anmut beschlossen, sie unverletzbar zu machen und durch einen Zauber zu schützen. Nachdem sie sich also geeinigt, sprach die erste: »Ich will, dass sie unverletzlich sei und in der ersten Nacht, da sie bei ihrem Gemahl liegt, schwanger werde und einen Sohn gebäre, der an Schönheit seinesgleichen auf der Welt nicht habe.« »Und ich«, sprach die zweite, »will, dass sie niemand verletzen könne und dass der Sohn, dem sie das Leben gibt, mit allen Tugenden und Vorzügen ausgestattet sei, die man sich vorstellen kann.« »Und ich«, sagte die dritte, »will, dass sie die klügste und reichste Frau sei, die man finden kann, dass aber der Sohn, den sie empfangen wird, ganz mit dem Fell eines Schweines bedeckt geboren werde und in all seinen Bewegungen und seinem ganzen Gehaben einem Schweine gleiche und nicht eher sich dieser Gestalt entledigen könne, als bis er drei Frauen genommen hat.« Als die drei Feen verschwunden waren, erwachte Hersilia, erhob sich alsbald, nahm die Blumen auf, die sie gesammelt hatte und kehrte in den Palast zurück. Es vergingen nur wenige Tage, da wurde Hersilia schwanger und als die ersehnte Stunde der Geburt gekommen war, gebar sie einen Sohn, dessen Glieder nicht die eines Menschen, sondern die eines Schweines waren. Als dies der König und die Königin erfuhren, empfanden sie einen unbeschreiblichen Schmerz darüber, und mehrmals war der König nahe daran, die Missgeburt töten und ins Meer werfen zu lassen, damit sie der Königin, die gut und fromm war, nicht zur Schande gereiche. Da er sich aber in seinem Geiste überlegte, dass der Sohn, wie er auch war, doch von ihm erzeugt und seines Blutes sei, unterdrückte er gänzlich sein grausames Vorhaben, das er zuerst gefasst hatte, öffnete sein Herz einem schmerzlichen Erbarmen und gab Befehl, das Wesen nicht wie ein Tier sondern wie ein vernünftiges Geschöpf aufzuziehen und zu ernähren. Das Kind wurde also sorgsam genährt und lief oft zur Mutter, hob sich auf die Hinterbeine und legte ihr die kleine Schnauze und die Füsschen in den Schoss. Die gute Mutter hinwiederum liebkoste es, legte ihm die Hände auf den behaarten Rükken und umarmte und küsste es, genau wie wenn es ein menschliches Wesen gewesen wäre. Und das Kind ringelte den Schwanz und gab durch die deutlichsten Zeichen zu verstehen, dass ihm die mütterlichen Zärtlichkeiten sehr angenehm waren. Als das Schweinchen etwas grösser geworden war, begann es wie ein Mensch zu sprechen und durch die Stadt zu laufen, und wo es Unrat und Kehricht fand, wühlte es sich nach Schweineart ein. Wenn es dann also schmutzig und mistduftend heimkam, lief es auf den Vater und die Mutter zu, rieb sich an ihren Gewändern und beschmutzte sie ganz mit Kot, doch, da es ihr einziger Sohn war, ertrugen sie alles mit Geduld. Eines schönen Tages nun kam das Schweinchen wieder nach Hause, machte sichs, schmutzig und kotig wie es war, auf den Gewändern seiner Mutter bequem und sprach grunzend: »Liebe Mutter, ich möchte mich verheiraten.« Da antwortete die Mutter: »Narr, der du bist, wer soll dich wohl zum Mann nehmen? Du riechst übel und bist schmutzig und da willst du, dass ein Baron oder Ritter dir seine Tochter gebe?« Es antwortete darauf, dass es unter allen Umständen eine Frau wolle. Da die Königin nicht wusste, was tun, sagte sie zum König: »Was sollen wir hierbei tun? Ihr seht, in welcher Lage wir uns befinden. Unser Sohn will eine Frau, doch ist keine, die ihn zum Gatten möchte.« Als das Schweinchen wieder zur Mutter zurückgekehrt war, sagte es laut grunzend: »Ich will eine Frau und werde nicht eher ruhen, als bis ich jenes junge Mädchen habe, das ich heute gesehen; denn es gefällt mir ausnehmend.« Es war dies die Tochter einer armen Frau, die drei Töchter hatte, und alle waren ausserordentlich schön.

Als die Königin dies hörte, liess sie alsbald die arme Frau und ihre älteste Tochter rufen und sagte zu ihr: »Meine gute Mutter, Ihr seid arm und mit Töchtern beschwert, wenn Ihr aber wollt, so werdet Ihr alsbald reich von hinnen gehen. Seht, ich habe diesen Sohn, der wie ein Schwein gestaltet ist und möchte ihn mit Eurer ältesten Tochter da verheiraten. Stosst Euch nicht an der Schweinsgestalt meines Sohnes, sondern nehmt Rücksicht auf den König und mich und bedenkt, dass Euer Kind am Ende die Besitzerin unseres ganzen Reiches sein wird.« Als die Tochter diese Worte hörte, geriet sie in grosse Bestürzung und sagte, rot geworden wie eine morgenfrische Rose, sie wolle sich unter keinen Umständen zu dergleichen hergeben. Doch die arme Frau gab ihr so gute Worte, dass sie schliesslich einwilligte. Als das Schwein über und über schmutzig nach Hause gekommen war, lief es zur Mutter, die zu ihm sagte: »Lieber Sohn, wir haben die gewünschte Frau für dich gefunden, und du wirst zufrieden sein.« Darauf liess sie die in prunkvollste königliche Gewänder gekleidete Braut kommen und führte sie dem Schwein vor. Als dieses sie so schön und anmutig sah, hatte es eine große Freude und umsprang sie, stinkend und schmutzig wie es war und machte sie mit Schnauze und Pfoten zum Gegenstand der größten Liebkosungen, die man je bei einem Schwein gesehen. Sie jedoch stiess es, weil es ihr die ganzen Kleider besudelte, zurück. Das Schwein aber fragte: »Warum stösst du mich zurück? Bin ichs nicht, der dir diese Kleider geschenkt hat?« Sie antwortete jedoch stolz und schnippisch: »Weder du noch dein Schweinekönigreich haben sie mir geschenkt.« Als die Stunde des Schlafengehens gekommen war, sagte die junge Frau: »Was soll ich mit diesem stinkenden Tier machen? Ich werde es diese Nacht, wenn es im ersten Schlummer liegt, töten.« Das Schwein, das in der Nähe war, hörte diese Worte und sagte weiter nichts. Zur üblichen Stunde aber kam es, ganz von Schmutz und Unflat starrend, an das prunkvolle Bett, hob mit der Schnauze und den Pfoten die überaus feinen Leintücher auf und legte sich, alles mit stinkendem Kot besudelnd, neben seine Gemahlin. Es dauerte nicht lange, da schlief diese ein, das Schwein aber, das nur so tat als schliefe es, stiess ihr die scharfen Hauer so heftig in die Brust, dass sie augenblicklich starb. Am andern Morgen verliess es zeitig das Bett und lief seiner Gewohnheit gemäss fort, um zu fressen und sich im Kot zu wälzen. Der Königin aber kam der Wunsch, ihre Schwiegertochter zu besuchen, sie ging daher in das Schlafgemach, und als sie sie dort von dem Schwein getötet fand, empfand sie darüber den grössten Schmerz. Als das Schwein nach Hause zurückgekehrt war und von der Königin mit den bittersten Vorwürfen empfangen wurde, antwortete es ihr, es habe der jungen Frau so mitgespielt, wie sie ihm mitspielen wollte und lief zornig davon. Es waren erst wenige Tage vergangen, als das Schwein abermals in die Mutter drang, ihm eine Frau zu geben, und zwar wollte es die andere Schwester heiraten. Und wie sehr sich ihm die Mutter auch widersetzte, es beharrte trotzdem eigensinnig auf seinem Willen und drohte alles zu zerstören, wenn es das Mädchen nicht bekäme. Da ging die Königin zum König und erzählte ihm alles, und dieser sagte zu ihr, es wäre weniger schlimm, es töten zu lassen, als dass es irgend welches grosse Unheil in der Stadt anrichte. Doch die Königin, die ja seine Mutter war und es sehr liebte, vermochte nicht ohne dasselbe zu leben, obgleich es nur ein Schwein war. Sie liess daher die arme Frau mit der zweiten Tochter rufen und redete lange mit ihnen, und nachdem sie geraume Zeit zusammen über die Heirat gesprochen hatten, willigte die zweite Schwester ein, das Schwein zum Manne zu nehmen. Die Sache hatte aber nicht den gewünschten Erfolg; denn das Schwein tötete sie wie die erste und verliess darauf alsbald das Haus. Als es dann zur gewohnten Stunde derart mit Schmutz und Mist bedeckt heimkehrte, dass man sich ihm vor

Gestank nicht nähern konnte, wurde es vom König und der Königin wegen der begangenen Untat heftig heruntergemacht. Das Schwein aber erwiderte dreist, es habe ihr nur getan, was sie ihm habe tun wollen. Und es dauerte nicht lange, da drang Prinz Schwein abermals in die Mutter, ihm eine Frau zu geben, und zwar wollte er die dritte Schwester zum Weibe haben, die weit schöner war als die erste und zweite. Und als ihm sein Begehren rundweg abgeschlagen wurde, bestand er noch dringender darauf, sie zu haben und bedrohte die Königin mit schrecklichen und hässlichen Worten mit dem Tode, wenn er das Mädchen nicht zum Weibe bekäme. Als die Königin diese schmählichen Worte hörte, empfand sie darüber im Herzen solche Pein, dass sie nahe daran war, den Verstand zu verlieren. Sie schob daher jede andre Rücksicht beiseite, liess die arme Frau mit ihrer dritten Tochter, die Meldina hiess, kommen und sagte zu ihr: »Meldina, meine liebe Tochter, ich möchte, dass du den Prinzen Schwein heiratest, nicht um seinetwillen, sondern um seines Vaters und um meinetwillen, und wenn du ihn gut behandelst, wirst du die glücklichste und zufriedenste Frau sein, die man finden kann.« Da antwortete ihr Meldina heiteren und strahlenden Antlitzes, sie sei sehr einverstanden und dankte ihr sehr, dass sie sich herablasse, sie zur Schwiegertochter anzunehmen. Und sollte sie auch nichts andres haben, so genüge es ihr, aus einem armen Mädchen in einem Augenblick die Schwiegertochter eines mächtigen Königs geworden zu sein. Als die Königin die erfreuliche und freundliche Antwort hörte, vermochte sie vor Glück den Tränen nicht zu wehren. Aber trotzdem bangte sie davor, es möchte ihr ebenso gehen, wie ihren beiden Schwestern. Nachdem sich die neue Braut mit reichen Gewändern und kostbaren Kleinodien geschmückt hatte, wartete sie auf die Heimkehr ihres teuern Bräutigams. Als nun Prinz Schwein schmutziger denn je nach Hause gekommen war, empfing sie ihn liebreich, breitete ihr kostbares Gewand auf dem Boden aus und bat ihn, sich neben ihr niederzulegen. Die Königin sagte zu ihr, sie solle ihn nur von sich fern halten, doch sie weigerte sich, dies zu tun und sprach folgendes:

»Drei Dinge hab' ich einstens hören künden,
Heil'ge, verehrungswürd'ge fromme Königin.
Zum ersten: allergrösste Narrheit liege drin
Zu suchen, was unmöglich ist zu finden.
Zum zweiten, dass man Glauben soll versagen
Dort, wo nicht Sinn noch Zweck ist zu ergründen.
Zuletzt, dass eine köstlich seltne Gabe,
Die man in Händen hält, man lieb und wert auch habe.«

Prinz Schwein, der keineswegs schlief, sondern alles deutlich hörte, erhob sich und beleckte ihr Gesicht, Hals, Brust und Schultern und sie hinwiederum liebkoste und küsste ihn, so dass er in heisser Liebe zu ihr erglühte. Als die Stunde des Schlafengehens gekommen war, suchte die junge Frau das Lager auf und wartete, dass ihr trauter Gatte zu ihr käme. Und es dauerte auch nicht lange, da kam er über und über schmutzig und stinkend ans Bett. Sie lüftete die Decke und liess ihn zu sich hereinkommen, legte seinen Kopf auf das Kopfkissen und deckte ihn gut zu und schloss die Bettvorhänge, damit er nicht friere. Als es Tag geworden war, ging er auf die Weide, nachdem er die Matratze voll Kot zurückgelassen hatte. Als die Königin am Morgen das Brautgemach betrat und denselben Anblick zu haben fürchtete, den sie vorher an den beiden andern Morgen gehabt, fand sie die Schwiegertochter vergnügt und zufrieden, obwohl das Bett gänzlich mit Unrat und Kot besudelt war. Und sie dankte dem Höchsten für dieses Geschenk, dass ihr Sohn eine ihm zusagende Frau gefunden. Als Prinz Schwein bald darauf mit seiner Gemahlin in heiterem Gespräch begriffen war, sagte er zu ihr: »Meldina, geliebtes Weib, wenn ich sicher wäre, dass du niemand mein Geheimnis offenbartest, würde ich dir etwas enthüllen, was ich bisher verborgen gehalten habe und was dich mit der grössten Freude erfüllen würde, doch da ich weiss, dass du klug bist und Überlegung besitzst und sehe, dass du mich wahrhaft liebst, möchte ich dich zur Mitwisserin machen.« – »Entdeckt mir unbesorgt alle Eure Geheimnisse«, erwiderte Meldina, »ich verspreche Euch, dass ich ohne Euern Willen niemand etwas verraten werde.« Also von seiner Frau beruhigt, zog Prinz Schwein das stinkende und schmutzige Fell aus und stand plötzlich als anmutiger, wunderschöner Jüngling vor ihr. Und diese ganze Nacht lag er im engsten Beilager mit seiner Meldina vereint. Nachdem er ihr am andern Morgen eingeschärft hatte, strengstes Stillschweigen zu bewahren, verliess er das Bett, schlüpfte wieder in seine Schweinshaut und gab sich wieder wie zuvor seinen unsauberen Neigungen hin. Ich überlasse es jedem sich auszumalen, wie gross Meldinas Freude war, als sie sich im Besitze eines so schönen und wohlerzogenen Ehegenossen sah. Es dauerte nicht lange, da wurde die junge Frau schwanger, und als der Augenblick der Niederkunft kam, schenkte sie einem wunderschönen Knaben das Leben. Dies erfüllte den König und die Königin mit ausserordentlicher Befriedigung, besonders weil das Kind nicht wie ein Tier, sondern wie ein menschliches Wesen gestaltet war. Meldina konnte nun die Last des grossen und wunderbaren Geheimnisses nicht länger ertragen, sie ging daher zu ihrer Schwiegermutter und sprach zu ihr: »Hochweise Königin, ich glaubte mich mit einem Tier verbunden zu haben, doch Ihr habt mir den schönsten, tugendhaftesten und gesittetsten Jüngling, den die Natur jemals hervorgebracht, zum Gemahl gegeben. Wenn er in die Schlafkammer kommt, um sich neben mich zu legen, zieht er sich das übelriechende Fell aus, wirft es auf den Boden und steht als ein zierlich gekleideter schöner Jüngling vor mir, was niemand glauben würde, wenn er es nicht mit eigenen Augen sähe.« Die Königin glaubte, ihre Schwiegertochter scherze, sie sprach jedoch die Wahrheit. Auf ihre Frage, auf welche Weise sie das sehen könne, antwortete die Tochter: »Kommt heute nacht zur Zeit des ersten Schlummers in meine Kammer – Ihr werdet die Tür offen finden – und Ihr werdet sehen, dass ich die Wahrheit sprach.« Als die Nacht gekommen war und die Königin abgewartet hatte, bis alles zu Bett gegangen war, liess sie die Kerzen anzünden und begab sich mit dem König in die Kammer ihres Sohnes. Dort eingetreten, fand sie das Schweinsfell, das in einem Winkel des Zimmers auf dem Boden lag, und als sie an das Bett herangetreten war, sah sie, dass ihr Sohn ein wunderschöner Jüngling war und Meldina ihn als sein Eheweib fest in den Armen hielt. Als der König und die Königin dies sahen, empfanden sie grosse Freude, und der König befahl, dass bevor jemand das Gemach verliess, das Fell ganz in kleine Stücke zerrissen werde. Und so gross war die Freude des Königs und der Königin über den verwandelten Sohn, dass nur wenig fehlte, und sie wären daran gestorben. Als König Galeotto sich im Besitz eines solchen Sohnes sah, der wiederum einen Sohn hatte, legte er die Krone und den königlichen Mantel nieder, und an seiner Stelle wurde unter grösstem Triumph sein Sohn gekrönt, der unter dem Namen König Schwein zu grosser Zufriedenheit des ganzen Volkes das Reich beherrschte und mit Meldina, seiner geliebten Gemahlin, ein langes glückliches Leben führte.

P'u Sung-ling

Die Füchsin

Es war einmal ein junger Mann namens Sang Tseming, aus I-tschau gebürtig, der in früher Kindheit verwaist war. Er lebte in der Nähe der Rote-Blumen-Gegend ganz einsam, nur zweimal am Tag ging er in die Wohnung eines Nachbarn, wo er seine Mahlzeiten nahm, die übrige Zeit brachte er ruhig in seiner Behausung zu. Eines Tages besuchte ihn der Nachbar und fragte ihn scherzhaft, ob er sich nicht vor Geistern und Füchsen ängstige, da er so oft allein sei. »Oh«, erwiderte Sang lachend, »was hat ein Mann von Geistern und Füchsen zu befürchten? Kommen sie als Männer, dann habe ich hier für sie ein scharfes Schwert; kommen sie als Weiber, so öffne ich ihnen die Tür und bitte sie einzutreten.«

Der Nachbar ging, und nachdem er sich mit einem Freunde besprochen hatte, veranlaßten sie eine Dirne, mit Hilfe einer Leiter die Mauer von Sangs Haus zu übersteigen und an die Tür zu klopfen. Sang guckte hinaus und rief: »Wer ist da?«, worauf das Mädchen antwortete: »Ein Geist!« und Sang so sehr erschreckte, daß seine Zähne aneinander schlugen. Das Mädchen lief nun davon. Als am nächsten Tag der Nachbar ihn wieder besuchte, erzählte ihm Sang, was ihm widerfahren war, und sagte, er beabsichtige in seine Heimat zurückzukehren. Da klatschte der Nachbar in die Hände und fragte: »Warum haben Sie sie nicht hereingebeten?« Sang merkte nun, daß er angeführt worden war, und lebte ruhig weiter wie vorher.

Sechs Monate etwa danach klopfte ein Mädchen an seine Tür. Er dachte, seine Freunde trieben das alte Spiel wieder, öffnete sogleich und bat das Mädchen einzutreten. Sie tat es; und er gewahrte zu seinem Erstaunen, daß sie von einer Schönheit war, die ein Königreich zu stürzen vermöchte. Er fragte sie, woher sie komme, und sie antwortete, ihr Name sei Lien-hsiang und sie lebe in einem »grünen Haus«* im Westen. Sang vertraute ihren Worten. Sie löschten das Licht, legten sich zueinander und gaben sich einander hin. Seither erschien sie von Zeit zu Zeit bei ihm.

An einem Abend, da Sang sinnend allein saß und sie erwartete, trat plötzlich ein Mädchen ein. Er dachte, es sei Lien-hsiang, und ging ihr entgegen, sah aber, daß es eine andere war. Sie mochte fünfzehn oder sechzehn Jahre alt sein, hatte flatternde Ärmel und lose geschlungenes Haar nach der Art der Unvermählten und war zart und lieblich; sie ging mit schwanken Schritten, fast schwebend, vor sich hin. Sang war erstaunt und dachte, sie sei eine Füchsin; aber sie sagte: »Mein Name ist Li, und ich gehöre einer angesehenen Familie an. Da ich von Ihren schönen Gaben gehört habe, hoffe ich, daß Sie mir die Ehre Ihrer Bekanntschaft gewähren werden.« Sang lachte und nahm sie bei der Hand, die kalt wie Eis war; als er sie fragte, warum dies sei, sagte sie: »Ich bin von je sehr zart und habe durch Frost und Wind gehen müssen, um zu Ihnen zu kommen. Es ist nur natürlich, daß meine Hand kalt ist.« Dann entkleidete sie sich, und er sah, daß sie eine Jungfrau war. Sie sagte: »Ich will heute aus Liebe zu Ihnen meine Unberührtheit opfern. Wenn Sie mich nicht geringschätzen, werde ich gern Ihren Kissen und Matten dienen.« Später sagte sie: »Kommt sonst jemand zu Ihnen?« Er antwortete: »Nein, nur eine junge Dirne aus der Nachbarschaft, auch sie aber nicht oft.« »Wenn sie kommt, werde ich gehen«, erwiderte das Mädchen. »Ich will ihr ausweichen, denn ich kann mich mit solchen nicht vergleichen lassen, und kann nur eintreten, wenn sie nicht da ist.« Beim Hahnenkrähen ging sie, gab ihm aber vorher noch einen gestickten Schuh und sagte: »Es ist einer, den ich getragen habe, und so oft du ihn schüttelst, werde ich wissen, daß du

* Dirnenhaus.

mich zu sehen begehrst. Tue es aber nie in der Gegenwart von Fremden.« Nun hielt er einen winzigen Schuh, so spitz fast wie eine Ahle, in der Hand, und vergnügte sich daran.

Am nächsten Abend, als niemand zugegen war, zog er ihn hervor und schüttelte ihn, worauf sogleich das Mädchen herangeschwebt kam. Seither erfüllte sie, so oft er den Schuh in die Hand nahm, seinen Wunsch und stand vor ihm. Das schien ihm so sonderbar, daß er sie zuletzt bat, es ihm zu erklären; aber sie lachte nur und sagte, es sei ein bloßer Zufall.

Eines Abends nach diesem kam Lien-hsiang zu ihm und fragte sogleich beim Eintreten erschrocken: »Was ist es, das dich so kränklich aussehen macht?« Sang erwiderte, er wisse es nicht. Nach einiger Zeit nahm sie Abschied und sagte, sie würden einander erst nach zehn Tagen wiedersehen. Während dieser Zeit besuchte Fräulein Li Sang täglich, und bei einem Anlaß fragte sie ihn, wo seine andere Freundin sei. Sang sagte es ihr, da lachte sie und sprach: »Welches ist deine Meinung von mir, wenn du mich mit Lien-hsiang vergleichst?« »Ihr seid beide unvergleichlich schön«, erwiderte er, »aber du bist um ein weniges die kältere von beiden.« Fräulein Li schien dies nicht gern zu hören und rief: »Daß wir beide unvergleichlich seien, das sagst du nur mir. Da muß sie ja die Mondgöttin selbst sein, und ich kann mich mit ihr nicht messen.« Sie sah betrübt aus, berechnete, daß Lien-hsiangs zehn Tage zu Ende waren, und sagte, sie wollte sie zu sehen bekommen, aber Sang müsse versprechen, es vor jener geheim zu halten. Am nächsten Abend kam Lien-hsiang. Als sie und Sang sich zu Bette begeben hatten, rief sie plötzlich: »Wehe! nur zehn Tage sind vergangen und es geht dir soviel schlimmer. Ist dir etwas Böses begegnet?« Sang fragte, woraus sie das entnehme. Sie antwortete: »Aus deinem Aussehen; und überdies ist dein Puls verstört. Du hast die Geisterkrankheit bekommen.«

Als am nächsten Abend Li kam, fragte Sang sie, was sie von Lien-hsiang denke. »Oh«, sagte sie, »ihre Schönheit ist über allen Worten; ich wußte bisher nicht, daß es so große Schönheit gibt; aber sie ist eine Füchsin. Als sie fortging, folgte ich ihr bis zu ihrem Bau am Hügelabhang.« Sang schrieb diese Rede der Eifersucht zu und achtete nicht darauf; als aber am darauffolgenden Abend Lien-hsiang zu ihm kam, sprach er: »Ich selbst glaube es nicht, aber jemand hat mir gesagt, du seist eine Füchsin.« Lien-hsiang fragte, wer das gesagt habe, worauf Sang erwiderte, er habe nur gescherzt. »Was ist denn für ein Unterschied«, sagte sie, »zwischen einem Fuchs und einem Menschen?« »Füchse«, meinte Sang, »bringen über Menschen, die sie verzaubern, Unheil und Tod und werden daher sehr gefürchtet.« »Nein« sagte sie. »In deinem Alter erlangt man drei Tage, nachdem man bei einer Füchsin lag, seine Kraft wieder. Treibt man aber das Liebesspiel täglich, dann mag manch ein Menschenweib wohl schlimmern Schaden tun. Die böseste Gefahr kommt von den abgeschiedenen Geistern. Es muß mich jemand verleumdet haben.« Sang bestritt es zuerst, aber allmählich gab er ihrem Drängen nach und erzählte ihr alles. »Ich hatte mich ja schon darüber gewundert, daß du so schwach geworden bist«, sagte Lien-hsiang; »aber wie ist es so weit gekommen? Sie ist gewiß kein menschliches Wesen, da sie in dir eine so schnelle Verwandlung hervorruft. Sage nichts; morgen will ich sie beobachten, wie sie mich beobachtet hat.«

Am nächsten Abend kam Li; aber kaum hatten sie etliche Worte getauscht, als hinterm Fenster ein Husten sich vernehmen ließ, und sie lief hinaus. Lien-hsiang trat nun ein und sagte zu Sang: »Wehe dir, sie ist ein Geist, und wenn du dich um ihrer Schönheit willen nicht von ihr trennen kannst, ist dein Weg zum Tode nicht lang.« »Es ist nur Eifersucht«, dachte Sang und schwieg, aber Lien-hsiang fuhr fort: »Ich weiß, daß du sie nicht aufgeben kannst; aber ich kann nicht zusehen, wie du hingeopfert wirst, und morgen will ich dir eine Arznei bringen, um das Gift aus deinem Körper zu vertreiben. Glücklicherweise hat dich das Übel noch nicht ganz erfaßt, und in zehn Tagen wirst du dich wieder wohl befinden. Ich will die Zeit über bei dir sein, bis du wieder gesund bist.« Am nächsten Abend machte sie eine Arznei zurecht und gab sie ihm ein. Im selben Augenblick fühlte er sich gekräftigt. Wiewohl er ihr nun sehr dankbar war, wollte er doch nicht glauben, daß er die Geisterkrankheit hätte. Lien-hsiang blieb bei ihm, um ihn zu pflegen; wenn Sang sie aber liebkosen wollte, wehrte sie ihn ab. Nach einigen Tagen hatte sich seine Haut wieder mit Fleisch gefüllt, und Lien-hsiang verließ ihn, indem sie ihn warnte, er solle mit Fräulein Li nicht mehr zusammenkommen.

Sang gab vor, er wolle ihren Rat befolgen, aber sobald sie hinausgegangen war, schloß er die Tür, machte die Lampe zurecht und nahm den Schuh in die Hand. Als er ihn schüttelte, erschien Li, die darüber ärgerlich zu sein schien, daß sie mehrere Tage von ihm ferngehalten worden war. Sang sagte: »Sie hat mich nur einige Nächte lang gepflegt, während ich krank war; sei nicht böse.« Li heiterte sich nun ein wenig auf; aber bald darauf sagte Sang zu ihr: »Ich liebe dich sehr, aber jemand sagte mir, du seist ein Geist.« Sie schwieg eine Weile und rief dann: »Das hat dir diese liederliche Füchsin vorgelogen. Wenn du sie nicht aufgibst, werde ich nicht mehr zu dir kommen.« Sie begann nun heftig zu schluchzen, und Sang hatte eine rechte Mühe, sie zu besänftigen.

Am nächsten Abend kam Lien-hsiang. Sie wußte bald, daß Li bei ihm gewesen war, und fuhr Sang zornig an, indem sie sagte: »Willst du unbedingt sterben?« Sang fragte lachend: »Warum bist du so eifersüchtig?« Aber sie wurde nur noch wütender und erwiderte: »Als du dir die Krankheit eingepflanzt hattest und ich sie ausriß, wie hätte ich das tun können ohne eifersüchtig zu sein?« Sang sagte scherzend: »Und sie hat mir erzählt, die Krankheit sei aus dem Treiben einer Füchsin entstanden.« Sie seufzte und sprach: »Und das kannst du für die Wahrheit halten? Du siehst die Wirklichkeit deiner Verzauberung noch nicht. Wenn dir ein Unheil widerfährt, werde ich mich nicht vor dir lossprechen können, und wenn ich hundert Zungen hätte. Wir wollen daher voneinander scheiden. Nach hundert Tagen werde ich an deinem Sterbebette sein.« Sang konnte sie nicht bewegen zu bleiben, und sie ging. Von da an kam Li Tag um Tag zu ihm.

Nach zwei Monaten begann Sang eine große Müdigkeit zu verspüren; erst versuchte er sie abzuschütteln, aber allmählich wurde er sehr mager und konnte nichts als etwas Reisschleim zu sich nehmen. Er dachte nun daran, in seine Heimat zurückzukehren, aber er konnte es nicht über sich bringen, Fräulein Li zu lassen, und nach wenigen Tagen war er so schwach, daß er nicht aufzustehen vermochte. Sein Nachbar, der sah, wie schlecht es ihm ging, sandte ihm täglich durch seinen Burschen Essen und Trinken.

Um diese Zeit begann Sang zum erstenmal Zweifel an Fräulein Li zu hegen, und einmal sagte er zu ihr: »Ich bereue, daß ich auf Lien-hsiang nicht gehört habe, ehe ich so elend wurde.« Darauf schloß er die Augen und hielt sie eine gute Weile geschlossen. Als er sie wieder auftat und sich umsah, war Li verschwunden.

Ihr Verkehr war nun zu Ende, und Sang lag allein mit seinem Leiden auf dem Bette und sehnte sich nach Lien-hsiang. Als er eines Tages so an sie dachte, schob jemand den Vorhang zur Seite und kam auf Sang zu. Es war Lien-hsiang. Sie trat ans Bett und sagte mit einem Lächeln: »Habe ich mich geirrt, mein Freund?« Sang konnte eine Zeitlang nicht sprechen, dann bekannte er sein Unrecht und bat sie, ihn zu retten.

»Wenn die Krankheit diese Höhe erreicht hat,« antwortete sie, »ist kaum noch eine Hilfe zu finden. Ich kam nur, dir Lebewohl zu sagen und das Mißtrauen gegen mich von dir zu nehmen.« Sang sagte traurig: »Unter meinem Kopfkissen liegt etwas; nimm es und vernichte es.« Sie zog den Schuh hervor und betrachtete ihn im Licht der Lampe, indem sie ihn hin und her wendete. Sogleich kam Fräulein Li herein. Als sie Lien-hsiang erblickte, wollte sie entfliehen, aber die andere versperrte ihr den Weg zur Tür. Sang begann Li Vorwürfe zu machen, die sie jedoch nicht beantwortete. Dann sagte Lien-hsiang lächelnd: »Endlich begegnen wir einander. Ehedem nannten Sie mich die Ursache der Krankheit dieses Herrn. Was haben Sie heute zu sagen?« Li beugte den Kopf wie zum Zeichen einer Schuld, und Lien-hsiang sprach weiter: »Sie sind so herrlich schön und konnten doch Ihre Liebe zum Verderben machen!« Da warf sich Li weinend zu Boden und bat um Erbarmen. Lien-hsiang hob sie auf und fragte nach ihrem vergangenen Leben. Sie sagte: »Ich bin die Tochter eines Unterpräfekten namens Li. Ich starb jung und wurde an der Mauer dieses Hauses begraben. Das Gespinst meines Schicksals war unvollendet geblieben wie das eines Seidenwurms, der im Frühling stirbt. Daraus kam mein Wunsch, die Gesellin dieses Herrn zu werden. Aber ihm den Tod zu geben hatte ich nicht im Sinn!« Lien-hsiang sagte: »Ich habe gehört, Geister töteten Menschen, weil ihre Opfer nach dem Tode für immer bei ihnen bleiben. Ist es so?« »Es ist nicht so«, antwortete Li. »Das Beisammensein zweier Geister kann keinem von beiden Lust gewähren. Wäre es anders, hätte es mir im unteren Reiche nicht an jungen Leuten gefehlt.« »Das muß freilich schlimm sein!« sagte Lien-hsiang. »Ist es schon schwer zu ertragen, allnächtlich einem Menschen anzugehören, wieviel mehr erst einem Geist!« Li sagte: »Aber auch Füchse bringen ja den Menschen den Tod. Worin besteht Ihre Kunst, es nicht zu tun?«

»Es gibt freilich Füchse,« sagte Lien-hsiang, »die Kraft aus den Menschen saugen. Ich bin aber nicht von dieser Art. Es gibt Füchse, die kein Verderben in sich tragen; Geister aber, die es nicht täten, gibt es nicht, weil das dunkle Weltelement* in ihrer Beschaffenheit vorherrscht.« Sang wußte nun, daß die Mädchen in der Tat ein Fuchs und ein Geist waren; da er jedoch seit langer Zeit ihnen innig zugesellt war, wandelte ihn keine Furcht an. Plötzlich aber wurde er inne, daß sein Atem dünn geworden war wie ein Seidenfaden, und er stöhnte auf. Lien-hsiang sah vor sich hin und sagte: »Wie wollen wir ihn heilen?« Darauf errötete Li über und über und trat zurück. Lien-hsiang sprach weiter: »Ich fürchte, Sie werden, wenn er genesen ist, wieder in wilde Eifersucht verfallen.« Li trat vor und sagte: »Wenn ein Arzt gefunden wird, der mein Verderben von diesem Herrn weghebt, will ich meinen Kopf in der Erde begraben; denn wie könnte ich der Welt ins Angesicht schauen?« Lien-hsiang öffnete nun eine Tasche, zog einige Arznei hervor und sagte: »Ich habe diesem Tage vorgesorgt. Als ich diesen Herrn verließ, ging ich daran, meine Heilkräuter in den Bergen zu sammeln, und drei Monate erfordert die Bereitung. Diese Arzenei kann einen noch von der Schwelle des Todes heimrufen. Doch ist dies die Bedingung ihres Wirkens, daß ihr etwas von dem beigetan werde, der das Leiden geweckt hat. Das ist nun an Ihnen.« Li fragte sie, was sie denn hergeben solle, und Lien-hsiang antwortete: »Einen Tropfen Ihres Speichels müssen Sie, wenn Herrr Sang die Pillen in seinem Munde hat, ihm mit Ihren Lippen darreichen.« Lis Wangen färbten sich mit tiefem Rot, sie neigte den

* Die Welt ist nach der Auffassung der chinesischen Kosmologie aus dem Zusammenwirken zweier Elemente hervorgegangen, des Yin und des Yang, das ist des dunklen und des hellen, des weiblichen und des männlichen Prinzips. In dem natürlichen Menschen sind beide harmonisch verbunden.

Kopf, sah erst zur Seite, dann auf ihre Schuhe. Lien-hsiang sagte: »Ihre Gedanken haften wohl an Ihren Schuhen?« Lis Scham wurde noch größer, und sie wußte nicht, was sie beginnen sollte. »Das ist doch eine Kunst, die Sie oft geübt haben«, sagte jene wieder, »warum sie jetzt versagen?« Endlich fügte sich Li widerstrebend in ihren Willen und tat mal um mal, was ihr befohlen war. Als Sang die Pillen geschluckt hatte, entstand ein Gewitter in seinem Leibe und als Lien-hsiang nun auch ihren Mund an seinen legte und ihm ihren Atem einflößte, fühlte er es in sich wie eine Feuersbrunst. Dann aber fand er sich mit einem Male gestärkt und voll neuen Lebens, und Lien-hsiang rief: »Er ist geheilt.« In diesem Augenblick krähte der Hahn, und Li verschwand.

Lien-hsiang blieb bei dem Genesenden, um ihn zu pflegen. Sie schloß die Außentür, um dem Hause den Anschein zu geben, als sei Sang in seine Heimat abgereist, und so allen Besuchen vorzubeugen. Tag und Nacht war sie um Sang bemüht. An jedem Abend kam Fräulein Li ihr Beistand leisten. Sie begegnete Lien-hsiang wie einer älteren Schwester und wurde von ihr mit vieler Liebe behandelt. Nach drei Monaten war Sang so kräftig und wohlauf wie je zuvor. Fräulein Li kam nun öfters mehrere Abende über nicht zu ihm, und wenn sie kam, ging sie nach wenigen Augenblicken wieder. Wenn man zu ihr redete, fühlte man, daß etwas sie im Geiste bedrückte. Lien-hsiang lud sie einigemal ein, über Nacht bei ihnen zu bleiben, aber sie lehnte es stets mit Entschiedenheit ab. Eines Abends lief ihr Sang nach und trug sie auf seinen Armen ins Zimmer zurück, da war sie nicht schwerer als ein Strohwisch. Sie konnte nicht mehr entfliehen und mußte die Nacht über bei ihnen bleiben, aber sie wollte sich nicht entkleiden. Sie kauerte sich zusammen, bis sie nicht größer als zwei Fuß schien. Lien-hsiang erbarmte es ihrer und sie veranlaßte Sang heimlich, Li zu umarmen und zu rütteln, aber er konnte sie nicht wecken, und bald schlief er selbst. Als er erwachte, war sie verschwunden.

Als eine Reihe von Tagen verging, ohne daß sie sich sehen ließ, dachte Sang inbrünstig an sie. Oft holte er den Schuh hervor und schüttelte ihn, Lien-hsiang sagte: »Es ist mir nicht verwunderlich, daß du als Mann sie vermissest, da selbst meine Gedanken ihr zärtlich zugewandt sind.« »Wenn ich früher«, entgegnete Sang, »den Schuh schüttelte, kam sie zu mir. Es erschien mir seltsam, aber ich meinte nicht, daß sie ein Geist sei. Und nun sitze ich mit diesem Schuh in der Hand und kann nichts tun als an sie denken und um sie trauern.« Und er weinte.

Zu jener Zeit war die Tochter der wohlhabenden Familie Tschang, namens Yen-erh, im Alter von fünfzehn Jahren plötzlich ohne eine sichtbare Ursache gestorben. In der Nacht kam sie aber wieder ins Leben, stand auf und begehrte aus dem Hause zu gehen. Man schloß die Tür und wollte es ihr nicht erlauben. Da sagte sie: »Ich bin der Geist der Tochter eines Unterpräfekten. Herr Sang war mir zugetan, und ich habe meinen Schuh bei ihm gelassen. Ich bin in Wirklichkeit ein Geist; was frommt es, mich zurückzuhalten?« Da ihre Worte auf Wahrheit begründet zu sein schienen, fragte man, warum sie gekommen sei, aber sie blickte nur auf und nieder und konnte keine Erklärung geben. Jemand sagte nun, Herr Sang sei in seine Heimat zurückgekehrt, aber das Mädchen weigerte sich, es zu glauben.

Die Leute ringsum waren durch dieses Ereignis in Staunen versetzt. Als Sangs Nachbar es erfuhr, stieg er über die Mauer und sah Sang in vertrautem Zwiegespräch mit einem schönen Mädchen. Er schlich sich leise herbei, aber als er eintrat, war die Besucherin verschwunden. Er fragte, was dies bedeute, und Sang antwortete lachend: »Ich habe Ihnen ja schon gesagt, daß ich, wenn irgendeine Dame an meine Tür kommt, sie bitten würde einzutreten.« Der Nachbar erzählte ihm nun, was Fräulein Yen-erh gesagt hatte. Sang begehrte hinzugehen und sie zu sehen, wußte aber nicht, wie er es anstellen sollte.

Indessen erfuhr Frau Tschang, daß er nicht abgereist war, und sandte eine alte Dienerin um den Schuh, den er sogleich hergab. Fräulein Yen-erh war sehr erfreut, ihn wiederzuhaben; als sie ihn aber anzuziehen versuchte, war er um einen Zoll zu klein für ihren Fuß. Befremdet griff sie nach einem Spiegel und besah sich darin; und da erst wurde es ihr plötzlich offenbar, daß sie in einer Andern Körper zum Leben wiedergekehrt war. Sie erzählte nun alles ihrer Mutter, und es gelang ihr endlich, sie zu überzeugen. Dabei weinte sie aber immerzu, sah in den Spiegel, weinte wieder und sagte endlich: »Ich bin so häßlich geworden! Als ich einst Lien-hsiang sah, war ich nicht mehr zufrieden mit mir. Jetzt aber möchte ich lieber wieder ein Geist sein als solch ein Mensch!«

Sie saß nun und weinte über dem Schuh und wollte sich nicht trösten lassen. Zuletzt legte sie sich hin, deckte sich zu und lag seither starr und steif, ohne irgendeine Speise anzunehmen. Ihr Körper schwoll an, und sieben Tage lag sie ohne Nahrung, aber in ungemindertem Leben. Dann nahm die Schwellung ab, und ein starker Hunger kam über sie, daß sie sogleich essen mußte. Hierauf spürte sie einen scharfen Reiz am ganzen Leibe, und ihre Haut schälte sich ab. Als sie am Morgen aufstehen wollte, sah sie, daß ihr die Schuhe von den Füßen fielen. Sie wollte sie wieder anziehen und merkte, daß sie ihr viel zu groß geworden waren. Sie holte nun den alten Schuh hervor, und der paßte ihr genau. Entzückt nahm sie den Spiegel in die Hand und sah, daß sie an Brauen, Augen, Wangen wieder wie einst war. So wusch sie sich, kleidete sich an und suchte die Mutter auf. Alle, die ihr begegneten, waren tief betroffen.

Als Lien-hsiang von der seltsamen Begebenheit hörte, redete sie Sang zu, eine Heiratsvermittlerin hinzuschicken und sich Yen-erh zur Frau zu erbitten. Aber da sie reich und er arm war, wagte er es nicht zu tun. An Frau Tschangs Geburtstag jedoch ging Sang mit den andern, ihr seinen Glückwunsch darzubringen. Als der alten Dame sein Kommen angekündigt wurde, hieß sie Yen-erh hinter dem Vorhang hervorlugen. Sang kam als letzter. Sogleich stürzte Yen-erh heraus, erfaßte ihn beim Ärmel und sagte, sie wolle mit ihm gehen. Die Mutter schalt sie aus, und sie lief beschämt zurück; Sang aber, der sie mit vertrautem Blick angesehen hatte, brach in Tränen aus und warf sich zu Frau Tschangs Füßen, die ihn aufhob, ohne ihm etwas Unliebes zu sagen. Sang kehrte nun heim und erbat von seinem Onkel, daß er die Vermittlung übernehme. Das Ergebnis der Verhandlungen war, daß ein glücklicher Tag für die Hochzeit bestimmt wurde. Sang kam nach Hause und erzählte es Lien-hsiang. Sie wurde traurig und wollte von ihm Abschied nehmen. Sang war davon so bewegt, daß er zu weinen begann. Lien-hsiang sagte: »Du feierst Hochzeit in einer fremden Familie. Wenn ich mit dir ginge, was für ein Gesicht könnte ich den Leuten zeigen?« Sang schlug ihr vor, er wolle sie erst in seine Heimat bringen und dann Yen-erh abholen. Sie erklärte sich einverstanden. Sang erzählte es nun der Familie Tschang, die zu verstehen meinte, er habe bereits eine Frau, und ihm zornige Vorwürfe machte. Yen-erh erklärte es ihnen aber, und sie gewährten ihm die Bitte.

Zur angesetzten Zeit ging Sang die Braut abholen. Als er wiederkehrte, sah er, daß die ärmliche Ausstattung seines Hauses verschwunden war, prächtige Teppiche deckten von der Haustür an den Boden, und Tausende farbiger Laternen hingen umher. Lien-hsiang führte die Braut hinein, nahm ihr den Schleier ab und sah, daß sie dasselbe helle Mädchengesicht wie einst hatte. Sie leistete den Vermählten Gesellschaft beim Hochzeitstrank; dann fragte sie die Freundin, wie es ihr auf der Wanderung ergangen sei. Yen-erh erzählte: »Vom Gram überwältigt begann ich mich vor mir selbst wie vor einem unreinen Ding zu ekeln; und als ich euch an jenem Tage, da wir uns zum letztenmal sahen, verlassen hatte, wollte ich nicht wie sonst in mein Grab zurückkehren. So schweifte ich umher, und wo ich ein Lebendiges sah, beneidete ich es. Untertags hockte ich unter Bäumen oder im Gebüsch, und in der Nacht wanderte ich dahin und dorthin. So kam ich in das Haus der Familie Tschang und sah ein totes Mädchen auf dem Bette liegen. Da bemächtigte ich mich ihres Leibes, und wie ich zum Leben erwacht bin, weiß ich nicht.«

Als Lien-hsiang dies hörte, verfiel sie in ein tiefes Sinnen. Etliche Wochen danach gebar sie einen Sohn. Nach einiger Zeit erkrankte sie, wurde schwächer und schwächer. Einmal ergriff sie Yen-erhs Arm und sagte: »Ich möchte mein Kind in deiner Pflege lassen. Es ist, als wäre es das deine.« Yen-erh weinte, tröstete sie und wollte Zauberer und Ärzte rufen, aber Lien-hsiang ließ es nicht zu. Zuletzt wurde ihre Krankheit so schwer, daß ihr Atem wie ein Faden war, und Sang und Yen-erh standen weinend an ihrem Bett. Da öffnete sie noch einmal die Augen und sprach: »Ihr freut euch an eurem Leben; ich freue mich an meinem Sterben. Wenn das Schicksal es will, werden wir nach zehn oder mehr Jahren einander wieder begegnen.« In diesen Worten ging ihr Geist hinweg, und auf dem Bett lag die Leiche eines Fuchses. Sang ließ sie mit aller Ehre, die einem toten Menschen erwiesen werden kann, begraben.

Lien-hsiangs Kind wurde Fuchssohn genannt. Yen-erh pflegte es wie ein eigenes, und jedes Jahr gingen sie mit ihm auf das Grab der Mutter und trauerten um sie.

Nach einigen Jahren erwarb Sang den Grad eines Kü-jen und wurde reicher. Yen-erh klagte oft darüber, daß sie keine Kinder hatte. Der Fuchssohn war klug, aber schwach und kränklich.

Yen-erh redete Sang oft zu, eine Nebenfrau zu nehmen, aber er wollte nicht darauf hören. So vergingen die Jahre.

Eines Tages kam eine Dienerin herein und sagte: »Es ist eine alte Frau draußen; sie hat ein Mädchen bei sich, das sie verkaufen will.« Yen-erh hieß sie hereinführen; aber sowie sie das Mädchen erblickte, rief sie überrascht: »Bist du es, Schwester Lien-hsiang?« Nun kam Sang herbei, und auch ihn machte es erstaunen, wie sehr das Mädchen seiner toten Freundin glich. Dessen Alter gab die Frau mit vierzehn Jahren an; und auf die Frage nach dem Preise antwortete sie, sie habe nur dieses eine Kind, wenn das Mädchen nur versorgt werde, brauche sie nicht mehr als eine Brotstätte, um nicht auf der Straße zu sterben. Sang gab ihr ein ansehnliches Kaufgeld und hieß sie bleiben. Dann nahm Yen-erh das Mädchen bei der Hand und führte es in ein abgesondertes Zimmer. Dort faßte sie es unters Kinn und fragte lächelnd: »Kennst du mich?« »Nein«, sagte das Mädchen. Auf weitere Fragen erzählte sie: »Ich heiße Weï. Mein Vater war ein Safthändler in Hsü-tscheng. Er ist vor drei Jahren gestorben.« Yen-erh zählte nun an den Fingern ab, daß seit dem Tode Lien-hsiangs gerade vierzehn Jahre verstrichen waren; dann betrachtete sie wieder das Mädchen und sah, daß es in jedem Zuge und in jeder Bewegung der Freundin glich. Sie strich ihr übers Haar und sagte: »Meine Schwester, du hast versprochen, daß wir einander wieder begegnen würden, und hast dein Versprechen gehalten.« Da war es, als erwache das Mädchen aus einem Traum. Es schrie auf und sah Yen-erh mit einem vertrauten Blikke an. Sang rief lächelnd: »Es ist, wie wenn die alte Hausschwalbe wiederkehrt.« »Nun verstehe ich alles«, sagte das Mädchen. »Ich erinnere mich, von meiner Mutter gehört zu haben, daß ich sogleich nach meiner Geburt sprechen konnte und daß man, weil man dies für ein Unheil hielt, mir Hundeblut zu trinken gab, bis ich alles, was sich in meinem ersten Leben ereignet hatte, vergaß. Heute endlich löst sich die Betäubung wieder. Bist du nicht jenes Fräulein Li, das sich schämte, weil sie ein Geist war?« Nun redeten sie von ihrem früheren Leben und weinten und lachten.

Als im Frühling wieder das Totenfest kam, sagte Yen-erh zur Freundin: »Das ist der Tag, an dem ich und mein Mann jedes Jahr meine Schwester beweinten.« So gingen sie mitsammen an das Grab. Das hohe Gras wucherte darüber, und die Bäume standen ringsum im ersten Laub. Das Mädchen atmete tief auf. Yen-erh sagte zu Sang: »Lien-hsiang und ich waren in zwei Zeiten des Lebens einander zugetan. Wir wollen auch im Tode nicht getrennt sein, und meine weißen Knochen sollen bei den ihren begraben sein.« Sang stimmte dem zu, sie ließen das Gebein aus Fräulein Lis Grab bringen und es bei dem von Lien-hsiang begraben. Die Freunde und Verwandten versammelten sich, in Festkleidern angetan, um das Grab, und viele Hunderte von Menschen, die diese seltsame Geschichte gehört hatten, gesellten sich zu ihnen. –

Als ich nach dem Süden reiste, kam ich durch den Bezirk I-tschau und mußte des Regens wegen in einem Gasthof verweilen. Da gab mir ein Herr Liu Tse-tsching eine Lebensbeschreibung seines Vetters, des Herrn Sang, zu lesen, die von dessen Studiengenossen Wang Tse-tschang verfaßt war und wohl zehntausend Wörter enthielt. Dies hier ist nur ein Auszug daraus.

Voltaire

Der weiße Stier

aus dem Syrischen übertragen von Mamaki, Dolmetscher des Königs von England für orientalische Sprachen

Erstes Kapitel
Prinzessin Amaside begegnet einem Stier

Die junge Prinzessin Amaside, die Tochter Amasis', des Königs von Tanis in Ägypten, machte mit ihren Hofdamen einen Spaziergang auf dem Wege nach Pelusium. Sie war in tiefe Traurigkeit versunken, Tränen rollten aus ihren schönen Augen. Man kennt die Ursache ihres Schmerzes und weiß auch, wie sehr sie ihrem Vater, dem König, durch ihren Kummer zu mißfallen fürchtet. Der greise Mambres, ein alter Magier und Eunuche der Pharaonen, war bei ihr und verließ sie fast nie. In seiner Anwesenheit war sie auf die Welt gekommen, er erzog sie und unterrichtete sie in allem, was eine schöne Prinzessin von ägyptischen Wissenschaften lernen darf. Ihr Geist glich ihrer Schönheit. Sie war liebreizend und zart und auch empfindsam, und eben diese Empfindsamkeit kostete sie viele Tränen.

Die Prinzessin war vierundzwanzig Jahre alt, während der Magier Mambres annähernd dreizehnhundert zählte. Er war es bekanntlich, der mit dem großen Moses den berühmten Streit hatte, in dem der Sieg lange Zeit zwischen diesen beiden tiefsinnigen Philosophen hin und her schwankte. Die Tatsache, daß Mambres unterlag, war nur auf die sichtbare Protektion der himmlischen Mächte zurückzuführen, die seinen Gegner begünstigte. Mambres konnte nur mit Hilfe der Götter besiegt werden.

Amasis ernannte Mambres zum Oberhofmeister seiner Tochter, und dieser übte sein Amt mit gewohnter

Weisheit aus. Die schöne Amaside rührte ihn durch ihre Seufzer. »Oh, mein Geliebter! Mein teurer junger Geliebter!« rief sie zuweilen aus. »Oh, du größter aller Sieger, du vollkommenster und schönster aller Menschen! Ach, seit fast sieben Jahren bist du von der Welt verschwunden. Welcher Gott hat dich deiner treuen Amaside geraubt? Du bist nicht tot, die weisen Propheten Ägyptens stimmen darin überein; doch für mich bist du tot, ich bin allein auf der Welt, die für mich öde geworden ist. Aus welchem seltsamen Grund hast du deinen Thron und deine Geliebte verlassen? Dein Thron war der höchste auf Erden, doch das hat wenig zu sagen, aber ich bete dich an, mein geliebter Ne ...« Sie wollte das Wort zu Ende sprechen, aber der weise Mambres, der frühere Eunuch und Magier der Pharaonen, warnte sie: »Hütet Euch, diesen verhängnisvollen Namen auszusprechen. Ihr könntet von einer Eurer Hofdamen verraten werden. Sie sind Euch alle ergeben, und alle schönen Damen machen sich zweifellos einen Verdienst daraus, den edlen Leidenschaften einer schönen Prinzessin zu dienen, doch es könnte immerhin eine Schwätzerin und wohl gar eine Verräterin unter ihnen sein. Ihr wißt, daß Euer königlicher Vater, der Euch sonst sehr liebt, geschworen hat, Euch köpfen zu lassen, wenn Ihr diesen schrecklichen Namen, der Euch immer auf der Zunge liegt, ausspricht. Weint, aber schweigt! Dieses Gebot ist sehr hart, aber Ihr seid in der ägyptischen Weisheit erzogen worden und werdet Eurer Zunge gebieten können. Bedenkt, daß Harpokrates, einer unserer größten Götter, stets den Finger auf dem Mund hat.« Die schöne Amaside weinte also und sprach nicht mehr.

Als sie sich schweigend den Ufern des Nils näherte, sah sie von weitem in einem Gehölz am Flusse eine alte, mit grauen Lumpen bekleidete Frau auf einer Anhöhe sitzen. Sie hatte eine Eselin, einen Hund und einen Bock bei sich. Ihr gegenüber lag eine Schlange, die nicht den gewöhnlichen Schlangen glich, denn ihre

Augen strahlten zärtlich und lebhaft, ihr Gesicht war edel und interessant zugleich, ihre Haut schimmerte in den leuchtendsten, zartesten Farben. Ein riesengroßer Fisch, der halb im Fluß lag, war ein weiterer Teil dieser seltsamen Gruppe. Auf einem Zweig saßen ein Rabe und eine Taube. Alle diese Geschöpfe schienen eine ziemlich lebhafte Unterhaltung zu führen.

»Ach!« flüsterte die Prinzessin, »diese Gechöpfe da sprechen zweifellos von der Liebe, und ich darf nicht einmal den Namen meines Geliebten aussprechen!«

Die Alte hielt eine hundert Ellen lange dünne Stahlkette in der Hand, an der ein Stier befestigt war, der auf der Wiese weidete. Dieser Stier war weiß, geschmeidig, kräftig und doch leichtfüßig, was bekanntlich eine Seltenheit ist. Seine Hörner waren aus Elfenbein. Nie hatte man etwas Schöneres in dieser Art gesehen. Pasiphaes Stier und auch der Stier, dessen Gestalt Jupiter annahm, um Europa mit sich fortzunehmen, konnten sich mit diesem herrlichen Tier nicht messen. Selbst die entzückende Färse, in die Isis verwandelt wurde, wäre seiner kaum würdig gewesen.

Als er die Prinzessin sah, lief er so pfeilgeschwind auf sie zu wie ein junges Araberpferd, das die weiten Ebenen und Flüsse der alten Saana durcheilt, um sich mit gespitzten Ohren der prächtigen Stute zu nähern, die sein Herz beherrscht. Die Alte gab sich alle Mühe, ihn zurückzuhalten, die Schlange schien ihn durch ihr Zischen zu erschrecken, der Hund lief ihm nach und biß ihn in die schönen Beine, die Eselin vertrat ihm den Weg und schlug mit den Hinterhufen nach ihm, um ihn zum Umkehren zu veranlassen. Der große Fisch stieg aus dem Nil und drohte, ihn zu verschlingen, der Bock blieb furchtsam und regungslos stehen, der Rabe umflatterte den Kopf des Stieres, als ob er ihm die Augen aushacken wollte. Nur die Taube verfolgte sein Vorhaben mit Neugier und spornte ihn durch leises Girren an.

Bei diesem merkwürdigen Schauspiel versank Mambres in ernste Gedanken. Unterdessen war der weiße Stier, der die Alte und die Kette hinter sich herzog, schon bei der Prinzessin angekommen, die ganz verwundert und von Furcht ergriffen war. Er warf sich zu ihren Füßen nieder, küßte sie ihr, vergoß Tränen und blickte sie mit Augen an, in denen sich Freude und Schmerz unsagbar mischten. Er wagte nicht zu brüllen, aus Furcht, die schöne Amaside zu erschrecken. Sprechen konnte er nicht, denn ihm war der schwache Gebrauch der Stimme, wie er einigen Tieren vom Himmel verliehen ist, versagt, doch alle seine Handlungen waren sehr beredt. Er gefiel der Prinzessin sehr. Sie fühlte, daß eine kleine Zerstreuung ihren heftigsten Kummer für kurze Zeit verscheuchen konnte. »Das ist ein sehr liebes Tier«, sagte sie, »ich hätte es gern für meinen Stall.« Bei diesen Worten beugte der Stier seine vier Knie und küßte den Boden. »Er hat mich verstanden!« rief die Prinzessin, »und er will mir kundtun, daß er mir gehören möchte. Ach, göttlicher Magier, göttlicher Eunuche, gewährt mir den Trost und kauft dieses schöne Tier. Einigt Euch mit der Alten, der er sicher gehört, über den Preis. Dieses Tier muß mir gehören, verweigert mir diesen unschuldigen Trost nicht!« Alle Hofdamen vereinigten ihre Bitte mit der der Prinzessin. Mambres ließ sich erweichen und begab sich zu der Alten, um mit ihr zu verhandeln.

Zweites Kapitel

Der weise Mambres, der ehemalige Hexenmeister der Pharaonen, erkennt die Alte und wird von ihr wiedererkannt

»Werte Frau«, sagte er zu ihr, »Ihr wißt, daß die Mädchen und besonders die Prinzessinnen Abwechslungen haben müssen. Die Tochter des Königs ist in

Euren Stier vernarrt. Bitte verkauft ihn uns, ich werde ihn Euch bar bezahlen.«

»Mein Herr«, entgegnete ihm die Alte, »dieses kostbare Tier gehört nicht mir. Ich und alle Tiere, die Ihr seht, haben den Auftrag, ihn sorgfältig zu hüten; alle seine Schritte zu überwachen und Rechenschaft darüber abzulegen. Gott bewahre mich, jemals dieses unschätzbare Tier zu verkaufen!« Bei diesen Reden ging Mambres ein noch etwas unklares Licht auf. Er betrachtete aufmerksam die Alte im grauen Mantel. »Ehrwürdige Dame«, sagte er zu ihr, »täusche ich mich, oder haben wir uns schon einmal gesehen?« – »Ich täusche mich nicht«, erwiderte die Alte, »ich habe Euch vor siebenhundert Jahren auf einer Reise von Syrien nach Ägypten gesehen, einige Monate nach der Zerstörung Trojas, als Hiram in Tyrus und Nepherkheres im alten Ägypten herrschten.«

»Ach, meine Dame«, rief der Alte, »Ihr seid die erhabene Wahrsagerin von Endor!« – »Und Ihr, mein Herr«, antwortete die Alte und umarmte ihn, »Ihr seid der große Mambres von Ägypten.«

»Oh, welch unerwartetes Zusammentreffen! Welch ein denkwürdiger Tag! O ewiger Ratschluß des Himmels«, rief Mambres, »zweifellos geschieht es nicht ohne den Willen der Vorsehung, daß wir uns hier auf dieser Wiese an den Ufern des Nils in der Nähe der herrlichen Stadt Tanis wiedersehen. Ihr seid es, edle Frau, die an den Ufern des kleinen Jordan so berühmt ist und Schatten herauf zu beschwören vermag!« – »Und Ihr seid es wirklich, edler Herr, der Ihr Euch rühmen dürft, Stäbe in Schlangen, Licht in Finsternis und Flüsse in Blut verwandeln zu können!« – »Ja, edle Frau, aber mein hohes Alter schwächt ein wenig meinen Geist und meine Kraft. Ich weiß nicht, woher Ihr diesen schönen weißen Stier habt und wer diese Tiere sind, die ihn mit Euch bewachen.« Die Alte faßte sich, hob die Augen gen Himmel und antwortete ihm: »Mein teurer Mambres, wir sind vom gleichen

Beruf, aber mir ist ausdrücklich verboten, Euch zu sagen, wer dieser Stier ist. Über die anderen Tiere kann ich Euch aufklären. Ihr werdet sie leicht an ihren charakteristischen Zeichen erkennen. Die Schlange ist dieselbe, die Eva überredete, einen Apfel zu essen und ihrem Mann davon zu essen zu geben. Die Eselin sprach auf einem Hohlwege mit Eurem Zeitgenossen Bileam. Der Fisch, der ständig seinen Kopf aus dem Wasser steckt, hat vor einigen Jahren Jonas verschlungen. Der Hund begleitete den Engel Raphael und den jungen Tobias zur Zeit des großen Salmanassar auf ihrer Reise nach Rages in Medien. Der Bock nimmt alle Sünden eines Volkes auf sich. Der Rabe und die Taube befanden sich in der Arche Noah, als das große Ereignis einer allgemeinen Katastrophe eintrat, von der fast die ganze Welt noch nichts weiß. Nun seid Ihr im Bilde. Aber über den Stier könnt Ihr nichts erfahren.«

Mambres hatte mit Ehrfurcht zugehört. Dann sagte er: »Erlauchte Wahrsagerin, der Ewige offenbart was und wem er will. Alle diese Tiere, die mit Euch den weißen Stier bewachen, sind nur Eurem edlen und liebenswürdigen Volk bekannt, das selber in der Welt fast unbekannt ist. Die Wunder, die Ihr und Eure Landsleute und ich und die meinigen vollbracht haben, werden eines Tages den falschen Weisen viel Anlaß zu Zweifel und Ärgernis geben. Glücklicherweise werden sie bei den wahrhaft Weisen, die in einem kleinen Teil der Welt den Sehern vertrauen, Glauben finden, und mehr ist nicht nötig.«

Als er diese Worte ausgesprochen hatte, zupfte ihn die Prinzessin am Ärmel und sagte: »Mambres, wollt Ihr mir meinen Stier nicht kaufen?« Der Weise, der in tiefes Sinnen versunken war, gab ihr keine Antwort, und Amaside brach in Tränen aus.

Sie wandte sich daraufhin selbst an die Alte: »Meine Teure, ich beschwöre Euch bei allem, was Euch auf der Welt am liebsten ist, bei Vater, Mutter und Amme, die sicher noch leben, mir nicht nur Euren Stier, sondern auch Eure Taube, die ihm sehr zugetan zu sein scheint, zu verkaufen. An Euren anderen Tieren liegt mir nichts, aber ich falle in Trübsinn, wenn Ihr mir diesen entzückenden weißen Stier, der die ganze Freude meines Lebens wäre, nicht verkauft.«

Die Alte küßte ehrfürchtig den Rand ihres Spitzenkleides und sagte: »Prinzessin, mein Stier ist nicht verkäuflich; Euer erlauchter Magier ist darüber unterrichtet. Alles, was ich für Euch tun könnte, wäre, ihn täglich in der Nähe Eures Palastes weiden zu lassen. Ihr könntet ihn streicheln, ihm Biskuits geben und ihn, so wie Ihr es möget, tanzen lassen. Aber er darf den Tieren, die ich bei mir habe und die ihn bewachen sollen, nicht aus den Augen kommen. Wenn er nicht fortlaufen will, werden sie ihm nichts zuleide tun, aber wehe ihm, wenn er doch versuchen sollte, seine Ketten zu zerreißen, so wie er es bei Eurem Anblick tat – dann könnte ich für sein Leben nicht einstehen. Der große Fisch, den Ihr gesehen habt, würde ihn unfehlbar verschlingen und ihn länger als drei Tage in seinem Bauch festhalten. Und die Schlange, die Euch sehr sanft und reizend erscheint, könnte ihm einen tödlichen Biß beibringen.«

Der weiße Stier, der alles, was die Alte sagte, genau verstand, aber selbst nicht sprechen konnte, hörte alle diese Verhandlungen mit unterwürfiger Miene an. Er legte sich nieder, brüllte leise und schien, während er Amaside zärtlich anblickte, sagen zu wollen: »Besuchet mich ab und zu auf der Wiese.« Dann ergriff die Schlange das Wort und sagte: »Prinzessin, ich rate Euch, blindlings alles zu erfüllen, was Euch das Fräulein von Endor gesagt hat.« Die Eselin sprach auch einige Worte und war der gleichen Meinung wie die Schlange. Amaside war betrübt, daß die Schlange und die Eselin so gut sprechen konnten, während der schöne Stier seine edlen und zärtlichen Gefühle nicht auszudrücken vermochte. »Ach, nichts ist am Hofe alltäglicher«, sagte sie leise, »man sieht dort jeden Tag schöne Herren, die gar keine Unterhaltungsgabe besitzen, während häßliche, mißgestaltete Menschen sicher und gewandt auftreten.«

»Diese Schlange ist keine Mißgeburt«, entgegnete Mambres, »gebt Euch keiner Täuschung hin; sie ist vielleicht das wichtigste Geschöpf.«

Der Tag neigte sich, und die Prinzessin mußte sich nach Hause begeben, nachdem sie fest versprochen hatte, am folgenden Tage zur gleichen Stunde wiederzukommen. Ihre Hofdamen waren verwundert und konnten sich all das, was sie gesehen und gehört hatten, nicht zusammenreimen. Mambres war in Gedanken versunken. Die Prinzessin erinnerte sich, daß die Schlange die Alte mit »Fräulein« angeredet hatte und schloß daraus auf gut Glück, daß sie Jungfrau war. Zugleich empfand sie Kummer darüber, daß sie es selbst noch war – einen ehrenvollen Kummer, den sie ebenso sorgsam wie den Namen ihres Geliebten in sich verbarg.

Drittes Kapitel
Die schöne Amaside hat ein geheimes Zwiegespräch mit einer schönen Schlange

Die schöne Prinzessin befahl ihren Hofdamen, über alles zu schweigen, was sie gesehen hatten. Sie versprachen es und hielten es auch wirklich einen ganzen Tag lang. Man kann sich denken, daß Amaside in dieser Nacht wenig schlief. Die Erinnerung an den schönen Stier übte immer wieder einen unerklärlichen Reiz auf sie aus. Sobald sie den weisen Mambres unter vier Augen sprechen konnte, sagte sie zu ihm: »Ach, Weiser, dieses Tier verdreht mir den Kopf!« – »Er nimmt auch den meinen stark in Anspruch«, antwortete Mambres. »Ich sehe wohl, daß dieses Tier weit über seinen Artgenossen steht, vermute ein großes Geheimnis dahinter, befürchte aber ein unheilvolles Ereignis. Euer Vater Amasis ist heftig und argwöhnisch. Diese ganze Angelegenheit macht es nötig, daß Ihr äußerst vorsichtig seid.«

»Ach«, sagte die Prinzessin, »ich bin viel zu neugierig, um vorsichtig zu sein. Neugier ist die einzige Leidenschaft, die in meinem Herzen neben der für meinen verlorenen Geliebten Platz hat. Oh, wüßte ich doch, was es mit diesem weißen Stier, der mich so beunruhigt, auf sich hat.«

»Prinzessin«, entgegnete Mambres, »ich sagte Euch bereits, daß mein Wissen mit zunehmendem Alter nachläßt. Aber ich müßte mich sehr täuschen, wenn die Schlange nicht genau wüßte, was Ihr so gern erfahren möchtet. Sie besitzt Geist und versteht sich gut auszudrücken, und sie ist seit langem daran gewöhnt, sich in die Herzensangelegenheiten der Damen einzumischen.« – »Ach«, meinte Amaside, »zweifellos ist es die schöne ägyptische Schlange, die, den Schwanz im Maul, das Symbol der Ewigkeit ist. Sie erhellt die Welt, sobald sie ihre Augen öffnet, und sie verdunkelt sie, wenn sie sie schließt.« – »Nein, Prinzessin.« – »Dann ist es wohl die Äskulapschlange?« – »Nein, auch nicht.« – »Oder ist es vielleicht Jupiter in der Gestalt der Schlange?« – »Keineswegs!« – »Ach! Jetzt weiß ich es: es ist Euer Stab, den Ihr früher einmal in eine Schlange verwandelt habt!« – »Nein, auch der nicht, Prinzessin. Alle diese Schlangen gehören aber der gleichen Familie an. Diese hier hat einen guten Ruf in ihrem Lande, und sie gilt dort als die geschickteste, die es jemals gegeben hat. Wendet Euch an sie! Doch ich mache Euch darauf aufmerksam, daß es ein sehr gefährliches Unternehmen ist. An Eurer Stelle würde ich mich um den Stier, die Eselin, die Schlange, den Fisch, den Bock, den Raben und die Taube nicht weiter kümmern. Doch Eure Leidenschaft reißt Euch hin. Alles, was ich tun kann, ist, voll Mitleid um Euch zu zittern.«

Die Prinzessin beschwor ihn, ihr ein Tête-à-tête mit der Schlange zu verschaffen. Mambres, der ein gutes Herz hatte, willigte ein und machte sich, noch immer in tiefen Gedanken, auf den Weg zu der Wahrsagerin. Er stellte ihr den Einfall der Prinzessin so eindringlich vor, daß es ihm gelang, sie zu überreden. Die Alte sagte ihm, Amaside habe nur zu befehlen. Die Schlange besitze sehr viel Lebensart, sei sehr höflich im Verkehr mit Damen, stehe ihnen mit großer Freude zu Diensten und werde sich zum Rendezvous einfinden.

Der alte Magier überbrachte der Prinzessin die gute Nachricht, aber er war immer noch ängstlich und sehr bedenklich. »Ihr wollt gern mit der Schlange sprechen, Prinzessin, das kann geschehen, sobald es Euch genehm ist. Vergeßt aber nicht, ihr recht zu schmeicheln, denn alle Tiere sind voller Eigenliebe, vor allem sie. Man sagt sogar, sie sei wegen ihrer übertriebenen Selbstgefälligkeit einmal aus einem sehr schönen Ort vertrieben worden.« – »Davon habe ich nie gehört«, entgegnete die Prinzessin. – »Das glaube ich wohl«, antwortete der Greis und erzählte ihr dann alle Gerüchte, die über diese berühmte Schlange in Umlauf waren. »Aber Prinzessin«, meinte der Alte, »so merkwürdig auch das Abenteuer ist, das die Schlange erlebt hat: Ihr werdet ihr das Geheimnis nur durch Schmeicheleien entlocken können. In einem Nachbarlande ist man der Meinung, daß sie einmal den Frauen einen verhängnisvollen Streich gespielt hat. So ist es nur gerecht, wenn jetzt eine Frau sie ihrerseits überlistet.« – »Ich werde mein möglichstes tun«, versicherte die Prinzessin.

Sie machte sich dann mit ihren Hofdamen und dem Magier auf den Weg. Diesmal ließ die Alte den weißen Stier ziemlich weit entfernt weiden. Mambres gewährte Amaside volle Freiheit und unterhielt sich mit der Wahrsagerin. Die Ehrendame schwatzte mit der Eselin, die Hofdamen amüsierten sich mit dem Bock, dem Hund, dem Raben und der Taube; der große Fisch jedoch, der jedermann Furcht einflößte, tauchte auf Geheiß der Alten wieder im Nil unter.

Die Schlange begab sich in das Gebüsch zu der schönen Amaside und hatte mit ihr folgende Unterhaltung:

Die Schlange: Ihr könnt Euch nicht vorstellen, Prinzessin, wie sehr ich mich durch die Ehre, die Eure Hoheit mir zu erweisen geruht, geschmeichelt fühle.

Die Prinzessin: Meine Dame, Euer guter Ruf, die Feinheit Eurer Züge und Eure leuchtenden Augen haben mir den Entschluß erleichtert, um ein Tête-à-tête mit Euch zu bitten. Ich habe durch offizielle Berichte, falls sie wahrheitsgetreu sind, erfahren, daß Ihr eine angesehene Persönlichkeit in den himmlischen Gefilden gewesen seid.

Die Schlange: Es ist richtig, Prinzessin, daß ich dort eine recht bevorzugte Stellung hatte. Es wird behauptet, ich sei in Ungnade gefallen, und zwar ist dieses Gerücht zuerst in Indien aufgetaucht. Die Brahmanen haben als erste eine lange Geschichte über meine Abenteuer verfaßt. Ich zweifle nicht daran, daß eines Tages auch die nordischen Dichter ein bizarres Epos daraus machen; offen gestanden eignet es sich auch nicht zu etwas anderem. Aber ich bin noch nicht so heruntergekommen, daß ich auf dieser Welt nicht noch ein ziemlich beträchtliches Gebiet besitze. Ich möchte fast sagen: mir gehört die ganze Welt.

Die Prinzessin: Ich glaube es gern, meine Dame, denn man sagt, Euch sei die Kunst der Überredung eigen, und gefallen heißt herrschen.

Die Schlange: Wenn ich Euch sehe und Euch zuhöre, Prinzessin, spüre ich, daß Ihr über mich eben die Macht besitzt, die man mir über andere Seelen zuschreibt.

Die Prinzessin: Ihr seid, wie mir scheint, eine liebenswürdige Siegerin. Man behauptet, Ihr hättet viele Damen bezwungen und hättet mit unserer gemeinsamen Mutter, deren Namen ich vergessen habe, den Anfang gemacht.

Die Schlange: Man tut mir unrecht: Ich habe ihr den besten Ratschlag der Welt gegeben. Sie schenkte mir ihr Vertrauen, und mein Rat war, sie und ihr Gatte sollten sich an den Früchten des Baumes der Erkenntnis gütlich tun. Ich glaubte, damit dem Herrn aller Dinge zu gefallen. Ein Baum, der dem Menschengeschlecht so nützlich war, schien mir nicht gepflanzt zu sein, um nutzlos dazustehen. Wollte der Herr mit Unwissenden und Narren zu tun haben? Ist der Verstand nicht dazu da, um sich zu vervollkommnen und sich aufzuklären? Muß man nicht Gut und Böse kennen, um das eine zu tun und das andere zu lassen? Man war mir sicher Dank dafür schuldig.

Die Prinzessin: Trotzdem sagt man, daß es schlimme Folgen für Euch gehabt hat. Offenbar sind seit jener Zeit so viele Minister bestraft worden, weil sie gute Ratschläge gegeben haben, und so viele weise Gelehrte und große Geister sind verfolgt worden, weil sie nützliche Dinge geschrieben haben.

Die Schlange: Anscheinend haben Euch meine Feinde diese Märchen erzählt. Sie verbreiten überall, ich sei bei Hofe schlecht angeschrieben, doch ein Beweis dafür, daß ich in hoher Gunst stehe, ist die Tatsache, daß ich, wie Sie selber zugeben, zu Rate gezogen wurde, als der gute Hiob auf die Probe gestellt werden sollte. Ein anderes Mal, als man beschlossen hatte, einen gewissen kleinen König namens Ahab zu überlisten, wurde ich allein mit diesem ehrenvollen Auftrage betraut.

Die Prinzessin: Ach, meine Dame, ich glaube nicht, daß Ihr dazu geschaffen seid, andere zu überlisten. Doch, da Ihr noch immer im hohen Rate seid, dürfte ich Euch um eine Gnade bitten? Ich hoffe, eine so liebenswürdige Dame wird es mir nicht abschlagen.

Die Schlange: Prinzessin, Eure Wünsche sind für mich Befehle. Was wünschet Ihr?

Die Prinzessin: Ich beschwöre Euch, mir zu sagen, was es mit dem schönen weißen Stier für eine Bewandtnis hat. Ich hege unbegreifliche Gefühle für ihn, die mich beglücken und zugleich beängstigen. Man sagte mir, Ihr würdet die Güte haben, mich darüber aufzuklären.

Die Schlange: Prinzessin, die Neugier ist der Menschheit notwendig und besonders Eurem liebenswürdigen Geschlecht; ohne sie würde man in der schmachvollsten Unwissenheit stecken. Ich habe immer, soweit es mir möglich war, die Neugier der Damen befriedigt. Man beschuldigt mich, ich sei nur deshalb so gefällig gewesen, um dem Herrn aller Dinge Ärgernis zu bereiten. Ich schwöre Euch, daß ich stets als einziges Motiv hatte, Euerm Geschlecht gefällig zu sein. Aber die Alte wird Euch gesagt haben, daß für Euch in der Enthüllung dieses Geheimnisses eine gewisse Gefahr liegt.

Die Prinzessin: Oh, das macht mich nur noch neugieriger!

Die Schlange: Daran erkenne ich alle schönen Damen, denen ich gefällig gewesen bin.

Die Prinzessin: Wenn Ihr ein Herz habt, wenn alle Wesen sich gegenseitig Hilfe schuldig sind, so erbarmt Euch meiner und habt Mitleid mit einer Unglücklichen.

Die Schlange: Ihr zerreißt mir das Herz. Ich muß Euch helfen, doch unterbrecht mich nicht.

Die Prinzessin: Ich verspreche es Euch.

Die Schlange: Es war einmal ein junger König, bildschön, verliebt, geliebt ...

Die Prinzessin: Ein junger bildschöner König! Verliebt! Geliebt! Und von wem? Und wer war dieser König? Und wie alt war er? Was ist aus ihm geworden? Wo ist er? Wo ist sein Reich? Wie heißt er?

Die Schlange: Ich habe kaum angefangen und schon unterbrecht Ihr mich. Nehmt Euch in acht! Wenn Ihr nicht mehr Selbstbeherrschung habt, so seid Ihr verloren.

Die Prinzessin: Ach Verzeihung, meine Dame. Dieser Fürwitz wird nicht wieder vorkommen. Bitte, fahrt fort.

Die Schlange: Dieser große König, der liebenswerteste und beherzteste aller Männer, der überall siegreich war, wo er seine Waffen ins Treffen führte, träumte häufig, während er schlief, und wenn er seine Träume vergaß, verlangte er, daß seine Magier sich daran erinnerten und ihm sagten, was er geträumt hatte; taten sie das nicht, so ließ er sie alle hängen, und nichts ist gerechter als das. Nun hatte er vor etwa sieben Jahren einen schönen Traum, dessen er sich beim Aufwachen nicht mehr erinnern konnte. Und als ihm ein junger, erfahrener Jude seinen Traum gedeutet hatte, wurde er plötzlich in einen Stier verwandelt, denn ...

Die Prinzessin: »Ach, das ist mein geliebter Nebu ...«, weiterreden konnte sie nicht, sie fiel ohnmächtig zu Boden. Mambres, der aus der Entfernung zugehört hatte, sah sie umsinken und glaubte, sie sei tot.

Viertes Kapitel
Wie man den Stier opfern und die behexte Prinzessin kurieren wollte

Mambres lief weinend zu ihr hin. Die Schlange war von Mitleid erfüllt, sie konnte nicht weinen, aber sie zischte in kläglichem Ton und rief: »Sie ist tot!« Die Eselin wiederholte: »Sie ist tot!« Der Rabe sprach es nach, und alle Tiere, mit Ausnahme von Jonas' Fisch, der immer hartherzig war, schienen von Kummer ergriffen zu sein. Die Ehrendame und die übrigen Hofdamen kamen hinzu und rauften sich die Haare. Der weiße Stier, der in der Ferne weidete und ihr Wehklagen hörte, kam zum Gebüsch gelaufen, schleifte die Alte hinter sich her und brüllte so stark, daß ein Echo widerhallte. Vergebens hatten die Damen über der verscheidenden Amaside ihre Riechfläschchen ausgeleert, die mit allen Parfümarten: Nelken, Myrten, Benzoe, Mekkaduft, Zimmet, Ingwer, Muskat und grauem Amber gefüllt waren. Sie hatte kein Lebenszeichen von sich gegeben, doch sobald sie den schönen weißen Stier an ihrer Seite fühlte, kam sie frischer, schöner und lebhafter wieder zu sich, als sie jemals vorher gewesen war. Sie küßte dieses reizende Tier, das seinen Kopf schmachtend an ihre Alabasterbrust drückte, immer und immer wieder und nannte ihn: »Mein Herr, mein König, mein Herz, mein Leben.« Sie legte ihre Elfenbeinarme um seinen Hals, der weißer war als Schnee. So fest schlingt sich die Weinrebe nicht um die Ulme, der Efeu nicht um die Eiche. Man hörte ihre leisen Seufzer und sah ihre Augen erst zärtlich aufleuchten und sich dann durch die kostbaren Tränen verdunkeln, die die Liebe vergießen läßt.

Man kann sich vorstellen, wie erstaunt die Ehrendame und die Hofdamen Amasides waren. Gleich nach ihrer Rückkehr in den Palast erzählten sie ihren Liebhabern dieses seltsame Abenteuer, und zwar jede Hofdame in einer etwas anderen Art, was den Reiz erhöht und stets zur Mannigfaltigkeit aller Geschichten beiträgt.

Als Amasis, der König von Tanis, davon hörte, wurde sein königliches Herz von berechtigtem Zorn ergriffen. Ähnlich war die Wut Minos', als er erfuhr, daß seine Tochter Pasiphaë ihre Gunst dem Vater des Minotauros geschenkt hatte. So zitterte Juno, als sie Jupiter, ihren Gemahl, die schöne Kuh Jo liebkosen sah, die Tochter des Flusses Inachos. Amasis ließ die schöne Amaside in ihr Zimmer einsperren und stellte eine Garde von schwarzen Eunuchen vor die Tür. Dann versammelte er seinen geheimen Rat.

Der große Magier Mambres führte dabei den Vorsitz, doch er genoß nicht mehr dasselbe Ansehen wie früher. Alle Staatsminister waren der Ansicht, daß der weiße Stier ein Zauberer sei. Aber gerade das Gegenteil war der Fall: Er war verzaubert, doch in solchen delikaten Angelegenheiten irrt man sich bei Hofe immer.

Mit Stimmenmehrheit wurde beschlossen, daß die Prinzessin entzaubert und der weiße Stier mit der Alten geopfert werden sollte.

Der weise Mambres wollte das Urteil des Königs und seines Rates nicht umstoßen. Ihm stand das Recht zu, Beschwörungen vorzunehmen, er konnte sie unter einem plausiblen Vorwand aufschieben. Der Gott Apis war gerade in Memphis verschieden; ein göttlicher Stier stirbt wie jeder andere. In Ägypten war es nicht gestattet, jemanden zu beschwören, solange man nicht einen Ersatz für den Verstorbenen gefunden hatte.

Es wurde also im Rat beschlossen, die Ernennung des neuen Gottes in Memphis abzuwarten.

Der gute alte Mambres sah, in welcher Gefahr seine geliebte Prinzessin schwebte, er ahnte, wer ihr Geliebter war. Die Silben »Nebu«, die ihr entschlüpft waren, hatten den Augen dieses Weisen das ganze Geheimnis enthüllt.

Damals gehörte Memphis den Babyloniern. Es war das Überbleibsel ihrer früheren Eroberungen, die sie unter dem größten aller Könige, dessen Todfeind Amasis war, gemacht hatten. Mambres bedurfte seiner ganzen Weisheit, um über die vielen Schwierigkeiten hinwegzukommen. Wenn der König Amasis den Geliebten seiner Tochter entdeckte, mußte sie sterben, wie er geschworen hatte. Der große, junge, schöne König, in den sie verliebt war, hatte ihren Vater entthront und dieser hatte sein Königreich Tanis erst vor etwa sieben Jahren wiedergewonnen. Seit dieser Zeit wußte man nicht, was aus dem bewunderungswürdigen Monarchen, dem Besieger und Idol der Völker, dem edlen, zärtlichen Liebhaber der reizenden Amaside geworden war. Aber auch wenn man den Stier opferte, würde die schöne Amaside zweifellos vor Kummer sterben.

Was sollte Mambres unter solchen schwierigen Umständen tun? Er suchte nach der Ratsversammlung seine geliebte Pflegebefohlene auf und sagte: »Mein schönes Kind, ich will Euch helfen, aber ich wiederhole, man wird Euch den Kopf abschneiden, wenn Ihr jemals den Namen Eures Geliebten aussprecht.«

»Ach, was liegt mir an meinem Kopf«, antwortete die schöne Amaside, »kann ich nicht den von Nebukad ... küssen! Mein Vater ist ein sehr böser Mann! Er hat mir nicht nur abgeschlagen, mich dem schönen Prinzen, den ich vergötterte, hinzugeben, sondern er hat ihm auch noch den Krieg erklärt. Und als er von meinem Geliebten besiegt worden war, fand er Mittel und Wege, ihn in einen Stier zu verwandeln. Hat es wohl jemals eine schlimmere Bosheit gegeben? Wenn mein Vater nicht mein Vater wäre, wüßte ich nicht, was ich ihm antun würde.«

»Nicht Euer Vater hat ihm diesen grausamen Streich gespielt«, erklärte der weise Mambres, »sondern ein Palästiner, einer unserer alten Feinde, der Bewohner eines kleinen Landes, das zu den vielen Staaten gehört, die Euer erhabener Geliebter bezwungen hat, um sie zu zivilisieren. Solche Verwandlungen brauchen Euch nicht zu überraschen. Ihr entsinnt Euch, daß ich früher weit bessere ausführte: Nichts war damals gebräuchlicher als solche Veränderungen, die heute die Weisen in Staunen setzen. Die wahre Geschichte, die wir zusammen gelesen haben, lehrt uns, daß Lykaon, der König von Arkadien, in einen Wolf verwandelt wurde. Seine Tochter, die schöne Kallisto, wurde in eine Bärin verwandelt, und Jo, die Tochter Inachos', unsere verehrungwürdige Isis, in eine Kuh, Daphne in einen Lorbeerbaum, Syrinx in eine Flöte. Und ist die schöne Edith, das Weib Lots, des zärtlichsten Vaters, den es je gegeben hat, nicht in unserer Nachbarschaft eine große, wunderschöne und reizvolle

Salzsäule geworden, die alle Merkmale ihres Geschlechtes behalten und regelmäßig jeden Monat ihre Periode hat, wie es verschiedene berühmte Männer, die sie gesehen haben, bezeugen? In meiner Jugend war ich Zeuge dieser Verwandlung. Ich habe mit angesehen, wie sich fünf mächtige Städte im trockensten und dürrsten Teil der Welt mit einem Schlage in einen schönen See verwandelten. In meiner Jugendzeit stieß man auf Schritt und Tritt auf solche Metamorphosen.

Und wenn Beispiele Euren Schmerz zu lindern vermögen, Prinzessin, so erinnert Euch daran, daß Venus die Bewohner der Insel Zypern in Stiere verwandelte.« – »Ich weiß es wohl«, antwortete die unglückliche Prinzessin, »aber können Beispiele trösten? Und wenn mein Geliebter tot wäre, würde mich dann der Gedanke trösten, daß alle Menschen sterben müssen?« – »Euer Kummer kann enden«, meinte der Weise, »denn da Euer Geliebter ein Stier geworden ist, seht Ihr wohl ein, daß aus dem Stier wieder ein Mensch werden kann. Ich für mein Teil müßte in einen Tiger oder ein Krokodil verwandelt werden, wenn ich die geringe Macht, über die ich noch verfüge, nicht dafür ausnützte, meiner Prinzessin, die der Anbetung der ganzen Welt würdig ist, zu dienen, der schönen Amaside, die ich auf meinen Knien großgezogen habe und der ein unglückseliges Geschick so grausame Prüfungen auferlegt.

Fünftes Kapitel
Der weise Mambres handelt klug

Nachdem der göttliche Mambres der Prinzessin alles vorgebracht hatte, was ihr zum Trost dienen konnte, aber ihren Kummer doch nicht zu lindern vermochte, eilte er zu der Alten. »Freundin«, redete er sie an,

»unser Beruf ist wohl schön, aber recht gefährlich: Ihr lauft Gefahr, gehängt zu werden, und Euer Stier könnte verbrannt, ertränkt oder verspeist werden. Ich weiß nicht, was Euren übrigen Tieren geschehen wird, denn wenn ich auch Prophet bin, so weiß ich doch nur recht wenig. Hütet sorgfältig die Schlange und den Fisch! Die eine darf nicht aus ihrem Loch herauskriechen, der andere nicht den Kopf aus dem Wasser stekken. Den Stier werde ich in einem meiner Ställe auf dem Lande unterbringen. Ihr sollt dort bei ihm bleiben, da es Euch, wie Ihr sagt, nicht erlaubt ist, ihn allein zu lassen. Der Sündenbock kann gelegentlich als Bußopfer dienen. Wir werden ihn, beladen mit den Sünden aller anderen, in die Wüste schicken. An dieses Verfahren, das ihm nichts schadet, ist er schon gewöhnt, und wenn ein Sündenbock da ist, ist alles gut. Ich bitte Euch nur, leiht mir sogleich den Hund des Tobias, diesen flinken Windhund, und die Eselin Bileams, die besser läuft als ein Dromedar, und auch den Raben und die Taube aus der Arche, die wie ein Pfeil fliegen. Ich will sie in einer äußerst wichtigen Angelegenheit als Boten nach Memphis schicken.«

»Herr, Ihr könnt nach Belieben über den Hund des Tobias, die Eselin Bileams, den Raben und die Taube aus der Arche und über den Sündenbock verfügen«, erwiderte die Alte dem Magier, »aber mein Stier kann nicht in einem Stall schlafen. ›Er soll an einer eisernen und ehernen Kette auf dem Felde im Grase gehen. Er soll unter dem Tau des Himmels liegen und naß werden und soll sich weiden mit den Tieren und von den Kräutern der Erde nähren*.‹ Er ist mir anvertraut, und ich muß gehorchen. Was würden Daniel, Hesekiel und Jeremias von mir denken, wenn ich meinen Stier anderen überließe? Ich merke, daß Ihr das Geheimnis dieses seltsamen Tieres kennt, doch ich brauche mir nicht vorzuwerfen, daß ich es Euch ver-

* Daniel, Kap. IV, 12.

raten habe. Ich will ihn weit von dieser unreinen Erde an den See Sirbon führen, weit weg von dem grausamen König von Tanis. Mein Fisch und meine Schlange können mich verteidigen. Ich fürchte niemanden, wenn ich meinem Herrn diene.«

»Meine Teure, der Wille Gottes geschehe«, antwortete der weise Mambres, »vorausgesetzt, daß ich Euren weißen Stier wiederfinde, so ist es mir gleichgültig, ob Ihr ihn an den See Sirbon, an den See Möris oder an den See Sodom führt. Ich habe mit ihm und auch mit Euch nur Gutes im Sinn. Doch warum spracht Ihr mir von Daniel, Hesekiel und Jeremias?« – »Ach, Herr«, erwiderte die Alte, »Ihr wißt doch ebensogut wie ich, wie sehr sie an dieser großen Sache interessiert waren. Doch ich darf keine Zeit verlieren, ich möchte nicht gehängt und mein Stier soll nicht verbrannt, ertränkt oder aufgegessen werden. Ich gehe über Kanopus mit meinem Fisch und meiner Schlange an den See Sirbon. Lebt wohl.« Der Stier folgte ihr sehr nachdenklich, nachdem er seinem Wohltäter Mambres den Dank, den er ihm schuldig war, bezeugt hatte.

Der weise Mambres befand sich in einer schrecklichen Unruhe. Er war sich darüber im klaren, daß Amasis, der König von Tanis, über die Leidenschaft, die seine Tochter für dieses Tier empfand, verzweifelt war und annahm, daß sie verhext sei. Sicherlich würde Amasis den unglücklichen Stier überall verfolgen und ihn entweder als Zauberer auf dem Marktplatz in Tanis erbarmungslos verbrennen lassen oder dem Fisch des Jonas ausliefern oder ihn braten und zu Tisch geben. Mambres wollte um jeden Preis der Prinzessin diese Unannehmlichkeiten ersparen.

Er schrieb in heiligen Lettern auf ägyptischem Papier, das damals noch eine Seltenheit war, einen Brief an seinen Freund, den Hohenpriester von Memphis. Hier folgt der genaue Wortlaut:

»Licht der Welt, Stellvertreter der Isis, des Osiris und Horus, Haupt aller Beschnittenen, dessen Altar über allen Thronen der Welt steht, ich erfahre, daß Euer Gott, der Stier Apis, gestorben ist. Ich stelle Euch einen anderen zur Verfügung. Kommt unverzüglich mit Euren Priestern, um ihn anzuerkennen, ihn anzubeten und ihn in den Stall Eures Tempels zu führen. Mögen Isis, Osiris und Horus Euch und die Herren Priester in ihren heiligen und gnädigen Schutz nehmen!

Euer ergebener Freund
Mambres.«

Vorsichtshalber machte er von diesem Briefe vier Abschriften und schloß sie in Behälter aus härtestem Ebenholz ein. Dann rief er vier Boten herbei, die er für diese Mission ausersehen hatte (es waren Eselin, Hund, Rabe und Taube), und sagte zur Eselin: »Ich weiß, wie treu du meinem Amtsbruder Bileam gedient hast; diene mir nun in der gleichen Weise. Kein Pelikan kommt dir im Laufe gleich. Eile, teure Freundin, händige den Brief dem Adressaten selbst aus und komm zurück.« – »So wie ich Bileam diente, will ich Euch auch dienen, Herr«, entgegnete ihm die Eselin, »ich eile und kehre sogleich zurück.« Der Weise steckte ihr den Ebenholzstab ins Maul, und sie schoß wie ein Pfeil davon.

Dann ließ er den Hund des Tobias kommen. »Treuer Hund«, redete er ihn an, »der du besser läufst als der leichtfüßige Achilles, ich weiß, was du für Tobias, den Sohn des Tobias, getan hast, als ihr, du und der Engel Raphael, ihn von Ninive nach Rages in Medien und wieder nach Ninive zurück begleitet habt. Er brachte seinem Vater zehn Talente*, die der Sklave Vater Tobias dem Sklaven Gabelus geborgt hatte, denn diese Sklaven waren sehr reich. Befördere diesen Brief, der kostbarer ist als zehn Silbertalente, an seine Adresse.«

* Talent = 600 Drachmen.

»Herr«, antwortete der Hund, »so wie ich damals dem Boten Raphael folgte, will ich ebenso gern die Bestellung für Euch ausrichten.« Mambres legte ihm den Brief ins Maul und sagte dann dasselbe zu der Taube. Diese antwortete ihm: »Herr, so wie ich einen Zweig in die Arche gebracht habe, werde ich auch Euch Antwort bringen.« Sie nahm den Brief in den Schnabel, und Mambres verlor gleich darauf alle drei aus den Augen.

Mambres wandte sich nun an den Raben: »Ich weiß, daß du den Propheten Elia verpflegt hast, als er sich an dem auf der ganzen Welt bekannten Bache Krith verborgen hielt. Du hast ihm täglich gutes Brot und fette Hühner gebracht; ich aber bitte dich nur, diesen Brief nach Memphis zu bringen.«

Der Rabe antwortete: »Es stimmt, Herr, daß ich Tag für Tag dem großen Propheten Elia, dem Thisbiten, zu essen gebracht habe. Ich sah ihn auf einem von vier feurigen Pferden gezogenen Feuerwagen gen Himmel fahren, was nicht alltäglich ist. Von dem Mahl nahm ich jedoch stets die Hälfte für mich. Gern will ich Euren Brief befördern, vorausgesetzt, daß Ihr mir täglich zwei gute Mahlzeiten zusagt, und daß ich für meine Besorgung eine Vorauszahlung in barem Geld bekomme.«

Mambres, der über diese Antwort in Zorn geriet, entgegnete dem Tier: »Du Feinschmecker und Bösewicht, ich wundere mich nicht, daß Apollo dein schwanenweißes Gefieder in ein pechschwarzes verwandelt hat, als du in den Ebenen Thessaliens die schöne Koronis, die unglückliche Mutter Äskulaps, verrietest. Sag mir doch, ob du alle Tage Lendenbraten und Hühner verspeist hast, als du zehn Monate lang in der Arche warst?« – »Herr, wir haben dort sehr gut gelebt«, bestätigte der Rabe. »Zweimal täglich wurde Gebratenes für alle geflügelten Tiere meiner Art serviert. Sie leben ja nur von Fleisch, wie zum Beispiel Geier, Gabelweihen, Adler, Bussarde, Sperber, Ohreulen,

Turmfalken und unzählige andere Raubvögel. Die Tische der Löwen, Leoparden, Tiger, Panther, Luchse, Hyänen, Wölfe, Bären, Füchse, Marder und aller fleischfressenden Vierfüßler waren noch viel üppiger gedeckt. Acht Menschen, die einzigen, die damals auf der Welt waren, beschäftigten sich unablässig mit unserer Nahrung und unserer Kleidung; es waren Noah und seine Frau, die kaum mehr als sechshundert Jahre zählten, ihre drei Söhne und deren Frauen. Es war eine Freude zu sehen, welche Sorgfalt und Reinlichkeit unsere acht Dienstboten darauf verwandten, den großen Appetit von mehr als viertausend Gästen zufriedenzustellen und daneben noch zehn- bis zwölftausend andere Personen, vom Elefanten und der Giraffe bis zu dem Seidenwurm und den Insekten aufs beste zu versorgen. Mich wundert nur, daß unser Versorger Noah bei allen Nationen, deren Stammvater er ist, unbekannt sein soll; doch schließlich kümmert mich das wenig. Ich war schon einmal bei einem ähnlichen Fest bei Chisuthros, dem König von Thrazien. Solche Dinge ereignen sich von Zeit zu Zeit zur Belehrung der Raben. Kurzum, ich möchte gut essen und recht viel Geld verdienen.« Der weise Mambres hütete sich, einem so anspruchsvollen und geschwätzigen Tier seinen Brief anzuvertrauen. Sie trennten sich beide sehr verstimmt.

Mambres mußte jedoch wissen, was aus dem schönen Stier werden würde, und er durfte die Spur der Alten und der Schlange nicht verlieren. Er beauftragte kluge und zuverlässige Diener mit ihrer Verfolgung, und er selbst begab sich in einer Sänfte an das Nilufer, während er unablässig seinen Gedanken nachhing.

»Wie ist es möglich«, sagte er zu sich selbst, »daß diese Schlange fast die Gebieterin der ganzen Welt ist, wie sie sich selber rühmt und viele Gelehrte es bezeugen, und daß sie trotzdem einem alten Weibe gehorcht? Wie kommt es, daß sie zuweilen dort oben zu Rate gezogen wird, während sie auf der Erde entlangkriecht? Warum fährt sie täglich durch eigene

Kraft in die Leiber der Menschen, aus denen viele Weise sie durch ihre Worte austreiben zu können glauben? Und wie geht es zu, daß sie von einem kleinen Nachbarvolk beschuldigt wird, die Menschen verführt zu haben, ohne daß sie etwas davon wissen? Ich bin sehr alt und habe mein Leben lang studiert. Doch hier sehe ich eine Menge nicht zu vereinbarender Dinge, die ich nicht ergründen kann. Ich könnte nicht einmal erklären, was ich selbst erlebt habe, weder die großen Wunder, die ich ehedem vollbracht habe, noch all die anderen, deren Zeuge ich gewesen bin. Wenn ich alles wohl erwäge, neige ich zu der Vermutung, daß diese Welt aus Widersprüchen besteht: ›Rerum concordia discors‹, wie früher einmal mein Meister Zoroaster in seiner Sprache sagte.« Während er sich in diese Metaphysik, die dunkel wie jede Metaphysik war, vertiefte, legte ein Schiffer, ein Trinklied singend, in einem Nachen in seiner Nähe am Ufer an. Drei würdevolle Persönlichkeiten entstiegen dem Kahn. Sie waren nur notdürftig mit schmutzigen und zerrissenen Lumpen bekleidet, doch vermochten diese armen Hüllen ihr erhabenes, majestätisches Wesen nicht zu verbergen. Es waren Daniel, Hesekiel und Jeremias.

Sechstes Kapitel
Mambres begegnet drei Propheten und setzt ihnen ein gutes Mahl vor

Diese drei großen Männer, deren Gesichter das prophetische Licht erleuchtete, erkannten in Mambres, dem auch noch einige Strahlen dieses Lichtes verblieben waren, einen ihresgleichen und warfen sich vor seiner Sänfte nieder. Mambres erkannte gleichfalls in ihnen Propheten, doch mehr an ihrer Kleidung als an dem Leuchten, das von ihren erhabenen Häuptern ausging. Er vermutete, daß sie Nachrichten über den weißen Stier einholen sollten. Mit gewohnter Vorsicht stieg er aus der Sänfte und näherte sich ihnen höflich und würdevoll. Er hob sie auf, ließ Zelte aufstellen und ein gutes Mahl bereiten, das seiner Meinung nach den drei Propheten sehr nötig war.

Er ließ die Alte dazu einladen, die nur fünfhundert Schritt entfernt war. Sie folgte der Einladung und brachte den weißen Stier an der Kette mit.

Zwei Suppen wurden aufgetragen, eine Krebs- und eine Königinsuppe. Die Vorspeisen bestanden aus einer Karpfenzungenpastete, Quappen- und Hechtlebern, Hühnern mit Pistazien, Trüffeln und Oliven, zwei Truthähnchen in Kraftbrühe mit Krebsen, Mousserons und Morcheln und einem Ragout. An Geflügel gab es junge Fasanen und Rebhühner, Hühnchen, Wachteln und Fettammern und vier verschiedene Sorten Salate. Die Zwischengerichte waren köstlich und der Nachtisch ganz auserlesen. Im übrigen hatte der taktvolle Mambres bei der Zusammenstellung des Mahles Sorge getragen, daß es nichts Gekochtes oder Gebratenes vom Rind gab, aus Angst, der unglückliche Monarch, der von fern dem Essen beiwohnte, könne glauben, daß man ihn verspotten wolle.

Dieser unglückliche hohe Fürst graste in der Nähe des Zeltes. Niemals hatte er die verhängnisvolle Verwandlung, die ihn für sieben volle Jahre des Thrones beraubt hatte, schwerer empfunden. »Ach!« sagte er zu sich selbst, »dieser Daniel, der mich in einen Stier verwandelt hat, und diese Hexe von einer Wahrsagerin, die mich bewacht, haben das beste Essen der Welt, und ich, der Beherrscher Asiens, muß Heu fressen und Wasser saufen!«

Man trank viel Wein von Engaddi, Tadmor und Schiras. Als die Propheten und die Wahrsagerin etwas in Weinstimmung gekommen waren, sprachen sie sich vertraulicher aus als bei den ersten Gängen. »Ich gebe zu«, sagte Daniel, »daß ich in der Löwengrube nicht so gut gegessen habe.« – »Wie, man hat Euch in die Löwengrube geworfen?« fragte Mambres. »Und wie kam es, daß Ihr dort nicht gefressen wurdet?« – »Mein Herr«, erwiderte Daniel, »Ihr wißt doch, daß Löwen niemals Propheten fressen.« – »Was mich betrifft«, sagte Jeremias, »so bin ich mein ganzes Leben lang Hungers gestorben und habe nur heute ein gutes Essen gehabt. Sollte ich noch einmal zur Welt kommen und mir meinen Stand wählen können, so würde ich, offen gestanden, hundertmal lieber Finanzminister oder Bischof von Babylon, als Prophet von Jerusalem sein.«

Hesekiel sagte: »Mir wurde einmal befohlen, ununterbrochen dreihundertneunzig Tage lang auf der linken Seite zu schlafen und während dieser ganzen Zeit nichts anderes zu essen als Brot von Gerste, Hirse, Futterwicken, Bohnen und Weizen*, mit etwas darauf, was ich nicht auszusprechen wage. Alles, was ich erreichen konnte, war, es mit Kuhmist zu belegen. Ich gebe zu, daß die Küche des Herrn Mambres delikater ist, doch hat auch das Amt eines Propheten sein Gutes. Der Beweis dafür ist, daß sich tausend Leute damit befassen.«

»Da fällt mir etwas ein«, bemerkte Mambres. »Erklärt mir doch, was Ihr unter Eurer Oholla und Eurer Oholiba versteht, die soviel Wesens von Pferden und Eseln machen?« –

»Ach«, erwiderte Hesekiel, »das sind Stilblüten ...«

Nach diesen Herzensergüssen kam Mambres zur Sache. Er fragte die drei Pilger, warum sie sich in die Staaten des Königs von Tanis begeben hätten. Daniel nahm das Wort und sagte, das Babylonische Königreich sei seit Nebukadnezars Verschwinden in Aufruhr geraten. Man habe nach dem Hofbrauch alle Propheten verfolgt, und sie verbrächten ihr Leben damit, einmal Könige zu ihren Füßen zu sehen und ein

* Hesekiel, Kap. IV.

andermal hundert Riemenhiebe zu bekommen. Sie seien schließlich genötigt gewesen, nach Ägypten zu fliehen, aus Furcht, gesteinigt zu werden. Hesekiel und Jeremias hielten ebenfalls lange Reden in einem so schönen Stil, daß man sie kaum verstehen konnte. Die Wahrsagerin wandte kein Auge von ihrem Stier. Der Fisch des Jonas hielt sich, dem Zelt gegenüber, im Nil, und die Schlange ringelte sich im Grase.

Nach dem Kaffee gingen sie am Ufer des Nils spazieren. Als der weiße Stier die drei Propheten, seine Feinde, sah, brüllte er ganz entsetzlich, stürzte sich ungestüm auf sie, stieß sie mit den Hörnern und hätte sie, da die Propheten immer nur Haut auf den Knochen haben, ganz und gar durchbohrt und getötet, wenn nicht der Herr aller Dinge, der alles sieht und stets Abhilfe schafft, sie auf der Stelle in Elstern verwandelt hätte, die wie vorher weitersprachen. Das gleiche Erlebnis hatten später die Pieriden*, und so hat die Fabel die Geschichte nachgeahmt.

Dieser neue Vorfall machte dem weisen Mambres neues Kopfzerbrechen. »Da sind nun«, sagte er, »drei große Propheten in Elstern verwandelt worden. Das soll uns eine Lehre sein, nicht zuviel zu sprechen und stets eine gewisse Zurückhaltung zu wahren.« Er schloß daraus, daß Weisheit mehr wert ist als Beredsamkeit, und er verlor sich, wie es seine Gewohnheit war, in tiefes Sinnen, als ein großartiges und schreckliches Schauspiel seine Blicke auf sich zog.

Siebentes Kapitel
Der König von Tanis kommt. Seine Tochter und der Stier sollen geopfert werden

Staubwirbel erhoben sich von Süden gen Norden. Man hörte den Lärm von Trommeln, Trompeten, Pfeifen,

* Beiname der Musen.

Psaltern, Zithern, Harfen. Mehrere Schwadronen und Bataillone näherten sich mit Amasis, dem König von Tanis, der auf einem Pferd mit scharlachroter, goldgewirkter Schabracke an ihrer Spitze ritt. Die Herolde riefen: »Haltet den weißen Stier, bindet ihn, schleudert ihn in den Nil und werft ihn dem Fisch des Jonas vor, denn der König, unser Herr, der gerecht ist, will sich an ihm rächen, weil er seine Tochter behext hat.«

Der gute alte Mambres versank in tieferes Sinnen als je zuvor. Er erkannte, daß der boshafte Rabe dem König alles hinterbracht hatte, und daß die Prinzessin Gefahr lief, den Kopf zu verlieren. Er wendete sich an die Schlange: »Liebwerte Freundin, eile zur schönen Amaside, meiner Pflegebefohlenen, sage ihr, daß sie nichts zu fürchten brauche, was immer geschehen mag, und erzähle ihr Märchen, um ihre Unruhe zu betäuben, denn nur durch Märchen gelangt man in der Welt zum Erfolg.«

Dann warf er sich vor Amasis, dem König von Tanis, auf die Knie und sagte: »O König, ich wünsche Euch ewiges Leben! Der weiße Stier muß geopfert werden, denn Eure Majestät haben immer recht, doch der Herr aller Dinge hat gesagt: ›Dieser Stier darf dem Fisch des Jonas erst vorgeworfen werden, wenn Memphis einen Gott gefunden hat, der an die Stelle seines gestorbenen Gottes tritt.‹ Dann werdet Ihr gerächt und Eure Tochter entzaubert sein. Ihr seid zu fromm, als daß Ihr den Befehlen des Herrn aller Dinge nicht gehorchen würdet.«

Amasis, der König von Tanis, überlegte einen Augenblick und sagte dann: »Der Stier Apis ist tot, seine Seele sei Gott befohlen. Wann, denkt Ihr, wird man einen anderen Stier gefunden haben, der über das fruchtbare Ägypten herrscht?« – »Mein König«, sagte Mambres, »ich bitte Euch nur um acht Tage.« Der König, der sehr fromm war, antwortete: »Es sei Euch gewährt. Ich will acht Tage hierbleiben, und sodann soll der Verführer meiner Tochter geopfert werden.« Er ließ seine Zelte herbeibringen, seine Köche und Musiker kommen und blieb acht Tage an diesem Ort, wie es bei Manetho* geschrieben steht. Die Alte war voller Verzweiflung, daß der Stier, den sie bewachte, nur noch acht Tage zu leben haben sollte. Sie ließ jede Nacht Gespenster vor dem Könige erscheinen, um ihn von seiner grausamen Absicht abzubringen, doch der König erinnerte sich am Morgen nicht mehr der Gespenster, ebenso wie Nebukadnezar seine Träume vergaß.

Achtes Kapitel
Die Schlange erzählt der Prinzessin Märchen, um sie zu trösten

Unterdes erzählte die Schlange der schönen Amaside Geschichten, um ihren Kummer zu verscheuchen. Sie schilderte ihr, wie sie früher einmal ein ganzes Volk vom Biß kleiner Schlangen geheilt hatte, indem sie sich an der Spitze eines Stabes zeigte. Sie erzählte ihr ferner von der Eroberung eines Helden, der einen so schönen Kontrast zu Amphion, dem Erbauer von Theben in Böotien, bildete. Dieser Amphion lockte mit den Tönen seiner Geige Mauersteine an: ein Menuett genügte ihm, um eine Stadt zu erbauen, der andere aber zerstörte sie nach dem Klang eines Jagdhorns. Er ließ einunddreißig mächtige Könige in einem Bezirk von vier Meilen Länge und Breite hängen, ließ große Steine vom Himmel herabregnen auf ein Bataillon von Feinden, die vor ihm flohen, und nachdem er sie auf diese Weise ausgerottet hatte, gebot er Sonne und Mond im vollen Mittag stillzustehen, um sie noch weiter zwischen Gabaon und Aialon auf dem Wege nach

* Oberpriester und Tempelschreiber in Heliopolis.

Bethoron auszutilgen nach dem Vorbild des Bacchus, der auf seiner Reise nach Indien Sonne und Mond angehalten hatte.

Die Schlauheit, die jede Schlange haben muß, verbot ihr, Amaside von dem mächtigen Bastard Jephtha zu erzählen, der seiner Tochter den Hals abschnitt, weil er eine Schlacht gewonnen hatte. Das hätte das Herz der schönen Prinzessin zu sehr mit Schrecken erfüllt. Doch sie erzählte ihr die Abenteuer des großen Simson, der tausend Philister tötete, dreihundert Füchse mit den Schwänzen zusammenband und in die Netze eines Mädchens ging, das lange nicht so schön, treu und lieb war wie die reizende Amaside.

Weiter erzählte sie ihr von der unglücklichen Liebe Sichems zu der reizenden sechsjährigen Dina, der glücklicheren Liebe des Boas zu Ruth, ferner von der Judas zu seiner Schwiegertochter Thamar, von Lots Liebe zu seinen beiden Töchtern, die nicht wollten, daß die Welt aussterbe, von Abrahams und Jakobs Neigung zu ihren Mägden, von Rubens Liebe zu seiner Mutter, von Davids und Bethsabes Liebschaften und von denen des großen König Salomo, jedenfalls von allem, was dazu angetan ist, den Kummer einer schönen Prinzessin zu verscheuchen.

Neuntes Kapitel
Der Schlange gelingt es nicht, die Prinzessin zu trösten

»Alle diese Geschichten langweilen mich«, bemerkte die schöne Amaside, die Geist und Geschmack besaß. »Sie taugen zu nichts anderem, als bei den Irländern von dem verrückten Abbadie oder bei den Welschen von dem Schwätzer Houtteville kommentiert zu werden. Die Märchen sagen mir nichts, die man der Urahne von der Urahne meiner Großmutter erzählte, die von dem weisen Mambres erzogen wurde und den ›Menschenverstand‹ des ägyptischen Philosophen Locke sowie ›Die Matrone von Ephesus‹ gelesen hat. Ich verlange, daß eine Erzählung auf Wahrscheinlichkeit beruht und nicht immer einem Traum gleicht. Sie darf weder trivial noch extravagant sein. Vor allem möchte ich, daß unter dem Schleier der Fabel für geübte Augen eine feine Wahrheit verborgen ist, die der Ungebildete übersieht. Ich habe es satt, von Sonne und Mond zu hören, über die irgendein altes Weib nach Belieben verfügt; von Bergen, die tanzen, von Flüssen, die zu ihren Quellen zurückströmen, und von Toten, die wieder auferstehen. Doch am widerlichsten ist mir, wenn solche Albernheiten noch dazu in einem schwülstigen, unverständlichen Stil geschrieben sind.

Ihr denkt, ein Mädchen, das befürchtet, ihren Geliebten von einem großen Fisch verschlungen zu sehen und selbst von ihrem eigenen Vater geköpft zu werden, bedarf der Zerstreuung! Versucht doch lieber, mich nach meinem eigenen Geschmack zu unterhalten.«

»Ihr stellt mich da vor eine schwierige Aufgabe«, erwiderte die Schlange. »Früher hätte ich Euch ein paar recht angenehme Stunden bereiten können, doch seit einiger Zeit habe ich mein Gedächtnis und meine Phantasie verloren. Ach, wo ist die Zeit geblieben, da ich jungen Mädchen Zerstreuung bringen konnte! Doch ich will versuchen, mir irgendeine Geschichte ins Gedächtnis zurückzurufen, die Euch gefallen wird.

Vor fünfundzwanzigtausend Jahren saßen der König Gnaof und die Königin Patra auf dem Throne des hunderttorigen Thebens. Der König Gnaof war sehr schön, die Königin Patra noch viel schöner, aber sie bekamen keine Kinder. Da stiftete der König Gnaof einen Preis für denjenigen, der die beste Methode erfände, um das königliche Geschlecht fortzupflanzen.

Die medizinische Fakultät und die chirurgische Akademie verfaßten ausgezeichnete Abhandlungen über diese wichtige Frage, aber keine hatte praktischen Erfolg. Man schickte die Königin in Badeorte. Sie verrichtete neuntägige Andachten, sie spendete dem Tempel Jupiter Ammons, von dem das Ammoniaksalz kommt, viel Geld: alles umsonst. Schließlich stellte sich dem König ein junger Priester von fünfundzwanzig Jahren vor und sagte: ›Majestät, ich glaube, ich verstehe mich auf die Beschwörung, die das bewirkt, was Ihr mit soviel Inbrunst ersehnt. Ich muß Eurer Gemahlin etwas leise ins Ohr sagen, und wenn sie dann nicht fruchtbar wird, lasse ich mich hängen.‹ – ›Ich nehme Euren Vorschlag an‹, entgegnete der König Gnaof. Die Königin und der Priester wurden nun eine Viertelstunde allein gelassen. Die Königin wurde schwanger und der König wollte den Priester hängen lassen.«

»Mein Gott!« rief die Prinzessin aus, »ich weiß, wo das hinaus soll: die Geschichte ist zu alltäglich und überdies verletzt sie meine Keuschheit. Erzählt mir eine ganz wahre, ganz moralische Geschichte, von der ich noch nie etwas gehört habe, ›zur Bildung von Geist und Herz‹, wie der ägyptische Professor Linro* sagt.«

»Ich weiß eine, Prinzessin, die ganz wahr ist«, antwortete die Schlange.

»Es waren einmal drei Propheten, alle drei gleich ehrgeizig und mit ihrem Beruf unzufrieden. Ihr Wahn war, König zu werden, denn vom Propheten zum König ist nur eine Rangstufe, und der Mensch strebt stets danach, alle Stufen der Glücksleiter zu erklimmen. Sonst waren ihr Geschmack und ihre Freuden grundverschieden. Der erste hielt seinen versammelten Brüdern, die ihm Beifall klatschten, wundervolle Predigten. Der zweite war sehr musikliebend und der dritte liebte die Mädchen leidenschaftlich. Der Engel Ituriel erschien ihnen eines Tages, als sie bei Tisch saßen

* Anagramm von Rollin.

und sich über die Freuden der Regentschaft eines Königs unterhielten.

›Der Herr aller Dinge‹, begann der Engel, ›sendet mich zu euch, um eure Verdienste zu belohnen. Nicht nur Könige sollt ihr sein, sondern ihr sollt auch eure Hauptleidenschaften dauernd befriedigen können. Dich, erster Prophet, mache ich zum König von Ägypten. Du wirst ständig deinen Rat um dich versammeln, der deiner Weisheit und Beredsamkeit Beifall zollen wird. Du, zweiter Prophet, wirst über Persien herrschen und unaufhörlich göttliche Musik hören, und dich, dritter Prophet, ernenne ich zum König von Indien und gebe dir eine reizende Geliebte, die dich nie verlassen wird.‹

Der Prophet, der Ägypten erhielt, berief zunächst seinen geheimen Rat ein, der nur aus zweihundert Weisen bestand. Er hielt ihnen, der Etikette entsprechend, eine lange Rede, die begeistert aufgenommen wurde, und der Monarch kostete die süße Genugtuung, sich an Lobpreisungen zu berauschen, die durch keinerlei Schmeicheleien getrübt wurden.

Nach dem geheimen Rat trat der Rat für auswärtige Angelegenheiten zusammen. Er war weit zahlreicher, und eine neue Rede fand noch mehr Beifall. In den anderen Versammlungen war es ebenso. Er fand keinen Augenblick Muße für Vergnügungen und für die Wonne, Prophet und König von Ägypten zu sein. Der Ruf seiner Beredsamkeit erfüllte die ganze Welt.

Der Prophet und König von Persien ließ sich sofort eine italienische Oper aufführen, deren Chöre von fünfzehnhundert Kastraten gesungen wurden. Ihre Stimmen rührten die Seele bis ins Mark der Knochen, wo sie ihren Sitz hat. Der Oper folgte eine zweite, auf die zweite ohne Unterbrechung eine dritte.

Der König von Indien schloß sich mit seiner Geliebten ein und genoß mit ihr alle Freuden der Liebe. Das Bedürfnis, sie immer zu liebkosen, hielt er für das höchste irdische Glück, und beklagte das traurige Geschick seiner beiden Kollegen, von denen der eine ständig vor dem Rate sprechen und der andere dauernd in der Oper sein mußte. Nach dem Verlauf einiger Tage hörte jeder von ihnen vom Fenster aus Holzfäller aus einem Wirtshaus kommen, die in einem nahegelegenen Wald Holz fällen wollten. Alle hielten ihre süßen Freundinnen, die sie nach Belieben wechseln konnten, im Arm. Unsere Könige baten Ituriel, bei dem Herrn aller Dinge ein gutes Wort für sie einzulegen, damit sie auch Holzfäller werden könnten.«

»Ich weiß nicht«, warf die liebliche Amaside ein, »ob der Herr aller Dinge ihre Bitte erfüllt hat, es kümmert mich auch wenig, aber ich weiß genau, daß ich niemanden mehr um etwas bitten würde, wenn ich mit meinem Geliebten, meinem teuren Nebukadnezar, eingeschlossen wäre.«

Die Mauern des Schlosses hallten von diesem großen Namen wider. Zuerst sagte Amaside nur »Ne...«, dann »Nebu...« und »Nebukad...«, doch schließlich gewann ihre Leidenschaft die Oberhand, und sie sprach, ungeachtet des Eides, den sie dem König, ihrem Vater, geschworen hatte, den verhängnisvollen Namen ganz aus. Alle Hofdamen wiederholten »Nebukadnezar«, und der boshafte Rabe versäumte nicht, den König davon zu benachrichtigen. Das Gesicht Amasis', des Königs von Tanis, verfinsterte sich, weil sein Herz finster war. Die Schlange, das schlaueste und verständigste aller Tiere, hatte wieder einmal, wie schon oft, in bester Absicht einer Frau Böses getan.

Zornerfüllt entsandte Amasis sofort zur Festnahme seiner Tochter zwölf Häscher, Leute, die stets bereit sind, alle vom König befohlenen Barbareien mit der Begründung auszuführen: »Wir werden dafür bezahlt.«

Zehntes Kapitel
Der Prinzessin will man den Kopf abschneiden und tut es doch nicht

Als die Prinzessin am ganzen Körper zitternd im Zelte ihres Vaters anlangte, sagte er zu ihr: »Meine Tochter, du weißt, daß man alle Prinzessinnen töten läßt, die ihren königlichen Vätern ungehorsam sind, weil sonst ein Königreich nicht gut regiert werden könnte. Ich hatte dir verboten, den Namen deines Geliebten auszusprechen, dieses Nebukadnezar, der mein Todfeind war, der mich vor beinahe sieben Jahren entthront hat und jetzt von der Erde verschwunden ist. Du hast dir an seiner Stelle einen weißen Stier auserwählt und hast Nebukadnezar gerufen. Die Gerechtigkeit fordert, daß ich dir den Kopf abschneide.«

»Vater, Euer Wille geschehe«, entgegnete ihm die Prinzessin, »doch gebt mir Zeit, meine Jungfräulichkeit zu beweinen.« – »Die Gerechtigkeit verlangt es«, sagte der König Amasis, »da es ein von allen aufgeklärten und klugen Fürsten anerkanntes Gesetz ist. Ich lasse dir einen ganzen Tag, um deine Jungfräulichkeit zu beweinen, da du sie, wie du sagst, besitzest. Morgen, am achten Tage meines Feldlagers, werde ich den weißen Stier dem Fisch vorwerfen und dir um neun Uhr morgens den Kopf abschneiden.«

Die schöne Amaside erging sich nun am Nil, um mit ihren Hofdamen alles, was von ihrer Jungfräulichkeit übrig war, zu beweinen. Der weise Mambres ging in Gedanken versunken an ihrer Seite dahin und zählte Stunden und Minuten. »Teurer Mambres«, redete sie ihn an, »Ihr habt die Wasser des Nils in Blut verwandelt, wie es Brauch ist, und vermögt doch den Sinn Amasis', meines Vaters, des Königs von Tanis, nicht zu wandeln! Ihr werdet dulden, daß er mir morgen früh um neun Uhr den Hals abschneidet!« – »Das hängt von der Schnelligkeit meines Boten ab«, erwiderte Mambres nachdenklich.

Am folgenden Tage, als die Schatten der Obelisken und Pyramiden auf Erden die neunte Stunde anzeigten, band man den weißen Stier, um ihn dem Fisch Jonas' vorzuwerfen, und brachte dem König seinen großen Säbel. »Ach! ... Ach! ...« dachte Nebukadnezar im tiefsten Herzen, »ich, der König, bin fast seit sieben Jahren Stier, und kaum habe ich wieder meine Geliebte gefunden, da läßt man mich von einem Fisch verschlingen.«

Noch niemals hatte der weise Mambres so tiefe Betrachtungen angestellt. Er war noch in seine traurigen Gedanken vertieft, als er in der Ferne alles sah, was er erwartet hatte. Eine riesige Menge näherte sich. Ihr voran wurden von hundert Senatoren aus Memphis in einer Sänfte aus Gold und Edelsteinen die drei vereinigten Gestalten Isis, Osiris und Horus getragen, voran gingen hundert Mädchen, die das heilige Sistrum spielten. Viertausend Priester, die geschorenen Häupter mit Blumen umkränzt, ritten auf Nilpferden. Weiter hinten gewahrte man in gleicher Pracht das Schaf von Theben, den Hund von Bubastis, die Katze Phöbus', das Krokodil Arsinoes', den Bock von Mendes und alle niederen Gottheiten Ägyptens, die kamen, um dem großen Stier, dem großen Gotte Apis, der ebenso mächtig war wie Isis, Osiris und Horus zusammengenommen, ihre Huldigungen darzubringen.

Inmitten all dieser Halbgötter trugen vierzig Priester einen ungeheuren Korb mit heiligen Zwiebeln gefüllt, die den Göttern nicht vollkommen gleich waren, aber viel Ähnlichkeit mit ihnen hatten. Auf beiden Seiten dieses von zahlreichem Volk begleiteten Götterzuges ritten vierzigtausend Krieger, mit Helmen auf dem Kopf, den Säbel an der linken Hüfte, den Köcher auf der Schulter und den Bogen in der Hand.

Alle Priester sangen im Chor mit einer Harmonie, die die Seele erhob und bewegte:

Unser geheiligter Stier ist begraben,
Wir werden einen noch schöneren haben.

Und in jeder Pause hörte man die Sistren, Kastagnetten, Trommeln, Psalter, Dudelsäcke und Harfen erschallen.

Elftes Kapitel
Die Prinzessin heiratet ihren Stier

Amasis, der König von Tanis, war von diesem Schauspiel so überrascht, daß er seiner Tochter den Kopf nicht abschnitt; er steckte sein Schwert in die Scheide. Mambres sagte zu ihm: »Großer König, die Ordnung der Dinge hat sich gewandelt, Eure Majestät muß mit gutem Beispiel vorangehen. O König, befreit den weißen Stier sofort mit eigener Hand und seid der erste, der ihn anbetet!« Amasis gehorchte und warf sich mit seinem ganzen Volk nieder. Der hohe Priester von Memphis reichte dem neuen Stier die erste Handvoll Gras dar. Die Prinzessin Amaside schmückte seine schönen Hörner mit Gewinden von Rosen, Anemonen, Ranunkeln, Tulpen, Nelken und Hyazinthen. Sie nahm sich die Freiheit, ihn zu küssen, jedoch mit tiefer Ehrfurcht. Die Priester bestreuten den Weg, auf dem man ihn nach Memphis führte, mit Blumen und Palmenzweigen, und der weise Mambres, der immer noch Betrachtungen anstellte, sagte ganz leise zu seiner Freundin, der Schlange: »Daniel verwandelte den Menschen in einen Stier, ich aber habe den Stier in einen Gott verwandelt.«

Alle machten sich in der gleichen Anordnung wieder auf den Weg nach Memphis. Der König von Tanis, der ganz verwirrt war, folgte dem Zuge. Mambres ging an seiner Seite; er sah heiter und gefaßt aus. Die Alte, die sich vor Überraschung noch gar nicht fassen konnte, folgte ebenfalls mit der Schlange, dem Hund, der Eselin, dem Raben, der Taube und dem Sündenbock. Der große Fisch stieg wieder in den Nil. Daniel, Hesekiel und Jeremias, die in Elstern verwandelt waren, beschlossen den Zug. Als man an den Grenzen des Königreiches angekommen war, die nicht weit entfernt lagen, verabschiedete sich der König Amasis vom Stier Apis und sagte zu seiner Tochter: »Meine Tochter, laß uns in unsere Staaten zurückkehren, damit ich dir dort den Kopf abschneide, wie ich es in meinem königlichen Herzen beschlossen hatte, weil du den Namen Nebukadnezars, meines Feindes, der mich vor sieben Jahren entthronte, ausgesprochen hast. Wenn ein Vater geschworen hat, seiner Tochter den Kopf abzuschneiden, muß er seinen Schwur halten. Tut er es nicht, wird er auf ewig in die Hölle geworfen, und ich will nicht, daß ich aus Liebe zu dir verdammt werde.«

»Teurer Vater«, antwortete die schöne Prinzessin dem König Amasis: »Schneidet wem Ihr wollt den Kopf ab, aber mir wird es nicht geschehen. Ich stehe auf dem Boden der Isis, Osiris, des Horus und Apis. Ich werde meinen schönen weißen Stier nicht verlassen, sondern ich will ihn den ganzen Weg entlang mit Küssen bedecken, bis ich seine Gottwerdung in dem großen Stall der heiligen Stadt Memphis mitangesehen habe. Das ist wahrlich eine verzeihliche Schwäche für ein Mädchen meines Standes.«

Kaum hatte sie diese Worte ausgesprochen, da rief der Stier Apis: »Meine teure Amaside, ich werde dich mein Leben lang lieben.« In den vierzigtausend Jahren, seit man Apis anbetete, war es das erstemal, daß man ihn in Ägypten sprechen hörte. Schlange und Eselin riefen: »Die sieben Jahre sind erfüllt.« Alle Priester Ägyptens hoben die Hände zum Himmel. Plötzlich sah man, wie der Gott seine beiden Hinterbeine verlor, die beiden Vorderbeine verwandelten sich in Menschenbeine. Zwei schöne fleischige, muskulöse, weiße Arme kamen aus seinen Schultern. Seine Stierfratze verwandelte sich in das Antlitz eines herrlichen Helden. Er wurde wieder der schönste Mann der Welt und sprach: »Ich will lieber Amasides Geliebter als ein

Gott sein. Ich bin Nebukadnezar, der König aller Könige.«

Diese neue Verwandlung setzte alle Welt in Staunen mit Ausnahme des Denkers Mambres. Was aber niemanden wunderte, war, daß Nebukadnezar auf der Stelle die schöne Amaside im Beisein dieser großen Versammlung heiratete.

Er überließ das Königreich Tanis seinem Schwiegervater und machte für die Eselin, die Schlange, den Hund, die Taube und auch für den Raben, die drei Elstern und den großen Fisch schöne Stiftungen als Beweis dafür, daß er ebensogut verzeihen wie siegen konnte. Die Alte erhielt eine beträchtliche Rente. Der Sündenbock wurde für einen Tag in die Wüste geschickt, auf daß alle vergangenen Sünden getilgt würden; danach erhielt er zur Entschädigung zwölf Ziegen. Der weise Mambres kehrte in seinen Palast zurück, um weitere Betrachtungen anzustellen. Nebukadnezar dankte ihm und herrschte von nun an friedlich über die Königreiche Memphis, Babylon, Damaskus, Baalbek, Tyrus, Syrien, Kleinasien, Skythien, die Länder des Thiras, Mesech, Thubal, Madai, Gog, Magog, Javan, über Sogdiana, Baktrien, Indien und die Inseln.

Die Völker des weiten Reiches riefen jeden Morgen: »Es lebe der große Nebukadnezar, der König der Könige, der nicht mehr Stier ist.« Und seit jener Zeit war es in Babylon Brauch, daß jedesmal, wenn der Herrscher, der von seinen Satrapen, Magiern, Schatzkämmerern oder seinen Frauen gröblich getäuscht worden war, schließlich seine Fehler einsah und seine schlechte Führung besserte, das ganze Volk vor seiner Tür ausrief: »Es lebe unser großer König, der kein Ochse mehr ist!«

Aus den Sagen der Brüder Grimm

Der Werwolf

Ein Soldat erzählte folgende Geschichte, die seinem eigenen Großvater begegnet sein soll: Dieser, sein Großvater, sei einmal zu Wald holzhauen gegangen, mit einem Gevatter und noch einem dritten, welchen dritten man immer in Verdacht gehabt, daß es nicht ganz richtig mit ihm gewesen; doch so hätte man nichts Gewisses davon zu sagen gewußt. Nun hätten die dreie ihre Arbeit getan und wären müde geworden, worauf dieser dritte vorgeschlagen: ob sie nicht ein bißchen ausschlafen wollten. Das sei denn nun so geschehen, jeder hätte sich nieder an den Boden gelegt; er, der Großvater, aber nur so getan, als schliefe er, und die Augen ein wenig aufgemacht. Da hätte der dritte erst recht um sich gesehen, ob die andern auch schliefen, und als er solches geglaubt, auf einmal einen Gürtel angelegt und wäre ein Werwolf gewesen, doch sehe ein solcher Werwolf nicht ganz aus wie ein natürlicher Wolf, sondern etwas anders. Darauf wäre er weggelaufen zu einer nahen Wiese, wo gerade ein jung Füllen gegraset, das hätte er angefallen und gefressen mit Haut und Haar. Hernach wäre er zurückgekommen, hätte den Gürtel wieder abgelegt und nun, wie vor, in menschlicher Gestalt dagelegen. Nach einer kleinen Weile, als sie alle zusammen aufgestanden, wären sie heim nach der Stadt gegangen, und wie sie eben am Schlagbaum gewesen, hätte jener dritte über Magenweh geklagt. Da hätte ihm der Großvater heimlich ins Ohr geraunt: »Das will ich wohl glauben, wenn man ein Pferd mit Haut und Haar in den Leib gegessen hat«; jener aber geantwortet: »Hättest du mir das im Walde gesagt, so solltest du es jetzo nicht mehr sagen.«

Ein Weib hatte die Gestalt eines Werwolfs angenommen und war also einem Schäfer, den sie gehaßt, in die Herde gefallen und hatte ihm großen Schaden getan. Der Schäfer aber verwundete den Wolf durch einen Beilwurf in die Hüfte, so daß er in ein Gebüsch kroch. Da ging der Schäfer ihm nach und gedachte ihn ganz zu überwältigen, aber er fand ein Weib beschäftigt, mit einem abgerissenen Stück ihres Kleides das aus der Wunde strömende Blut zu stillen.

Zu Lüttich wurden im Jahre 1610 zwei Zauberer hingerichtet, weil sie sich in Werwölfe verwandelt und viele Kinder getötet. Sie hatten einen Knaben bei sich von zwölf Jahren, welchen der Teufel zum Raben machte, wenn sie Raub zerrissen und gefressen.

Der Werwolfstein

Bei dem magdeburgischen Dorfe Eggenstedt, unweit Sommerschenburg und Schöningen, erhebt sich auf dem Anger nach Seehausen zu ein großer Stein, den das Volk den *Wolf-* oder *Werwolfstein* nennet. Vor langer, langer Zeit hielt sich an dem Brandsleber Holze, das sonst mit dem Hackel und dem Harz zusammenhing, ein Unbekannter auf, von dem man nie erfahren hat, wer er sei, noch woher er stamme. Überall bekannt unter dem Namen des *Alten* kam er öfters ohne Aufsehen in die Dörfer, bot seine Dienste an und verrichtete sie zu der Landleute Zufriedenheit. Besonders pflegte er die Hütung der Schafe zu übernehmen. Es geschah, daß in der Herde des Schäfers Melle zu Neindorf ein niedliches buntes Lamm fiel; der Unbekannte bat den Schäfer dringend und ohne Ablaß, es ihm zu schenken. Der Schäfer wollt es nicht lassen. Am Tag der Schur brauchte Melle den Alten, der ihm dabei half; bei seiner Zurückkunft fand er zwar alles in Ordnung und die Arbeit getan, aber weder den Alten noch das bunte Lamm. Niemand wußte geraume Zeit lang von dem Alten. Endlich stand er einmal unerwartet vor dem Melle, welcher im Kattental weidete, und rief höhnisch: »Guten Tag, Melle, dein buntes Lamm läßt dich grüßen!« Ergrimmt griff der Schäfer seinen Krummstab und wollte sich rächen. Da wandelte plötzlich der Unbekannte die Gestalt und sprang ihm als Werwolf entgegen. Der Schäfer erschrak, aber seine Hunde fielen wütend auf den Wolf, welcher entfloh; verfolgt rann er durch Wald und Tal bis in die Nähe von Eggenstedt. Die Hunde umringten ihn da, und der Schäfer rief: »Nun sollst du sterben!« Da stand der Alte wieder in Menschengestalt, flehte bittend um Schonung und erbot sich zu allem. Aber wütend stürzte der Schäfer mit seinem Stock auf ihn ein – urplötzlich stand vor ihm ein aufsprießender Dornenstrauch. Auch so schonte der Rachsüchtige ihn nicht, sondern zerhieb grausam die Zweige. Noch einmal wandelte sich der Unbekannte in einen Menschen und bat um sein Leben. Allein der hartherzige Melle blieb unerbittlich. Da suchte er als Werwolf zu entfliehen, aber ein Streich des Melle streckte ihn tot zur Erde. Wo er fiel und beigescharrt wurde, bezeichnet ein Felsstein den Ort und heißt nach ihm auf ewige Zeiten.

Die Werwölfe ziehen aus

In Livland ist folgende Sage: Wann der Christtag verflossen ist, so geht ein Junge, der mit einem Bein hinkt, herum und fordert alle dem Bösen Ergebenen, deren eine große Zahl ist, zusammen und heißt sie nachfolgen. Zaudern etliche darunter und sind säumig, so ist ein anderer großer langer Mann da, der mit einer von Eisendraht und Kettlein geflochtenen Peitsche auf sie haut und mit Zwang forttreibt. Er soll so grausam auf die Leute peitschen, daß man nach langer Zeit Flecken und Narben auf ihrem Leibe sehen kann, wovon sie viele Schmerzen empfinden.

Sobald sie anheben, ihm zu folgen, gewinnt es das Ansehen, als ob sie ihrige vorige Gestalt ablegten und in Wölfe verwandelt würden. Da kommen ihrer ein paar Tausende zusammen; der Führer mit der eisernen Geißel in der Hand geht voran. Wenn sie nun aufs Feld geführt sind, fallen sie das Vieh grausam an und zerreißen, was sie nur ergreifen können, womit sie großen Schaden tun. Doch Menschen zu verletzen, ist ihnen nicht vergönnt. Kommen sie an ein Wasser, so schlägt der Führer mit seiner Rute oder Geißel hinein und teilt es voneinander, so daß sie trockenen Fußes übergehen können. Sind zwölf Tage verflossen, so legen sie die Werwolfsgestalt ab und werden wieder zu Menschen.

Annette von Droste-Hülshoff

Der Loup Garou

Brüderchen schläft, ihr Kinder, still!
Setzt euch ordentlich her zum Feuer!
Hört ihr der Eule wüst Geschrill?
Hu! im Walde ist's nicht geheuer;
Frommen Kindern geschieht kein Leid,
Drückt nur immer die Lippen zu!
Denn das böse, das lacht und schreit,
Holt die Eul und der Loup Garou.

Wißt ihr, dort, wo das Naß vom Schiefer träuft
Und übern Weg 'ne andre Straße läuft,
Das nennt man Kreuzweg, und da geht er um,
Bald so, bald so, doch immer falsch und stumm
Und immer schielend; vor dem Auge steht
Das Weiße ihm, so hat er es verdreht.
Dran ist er kenntlich und am Kettenschleifen,
So trabt er, trabt, darf keinem Frommen nahn,
Die schlimmen Leute nur, die darf er greifen
Mit seinem langen, langen, langen Zahn.

Schiebt das Reisig der Flamme ein,
Puh, wie die Funken knistern und stäuben!
Pierrot, was soll das Wackeln sein?
Mußt ein Weilchen du ruhig bleiben,
Gleich wird die Zeit dir jahrelang.
Laß doch den armen Hund in Ruh!
Immer sind deine Händ im Gang,
Denkst du denn nicht an den Loup Garou?

Vom reichen Kaufmann hab ich euch erzählt,
Der seine dürft'gen Schuldner so gequält,
Und kam mit sieben Säcken von Bagnères,
Vier von Juwelen, drei von Golde schwer;
Wie er aus Geiz den schlimmen Führer nahm

Und ihm das Untier auf den Nacken kam.
Am Halse sah man noch der Krallen Spuren,
Die sieben Säcke hat es weggezuckt,
Und seine Börse auch, und seine Uhren,
Die hat es all zerbissen und verschluckt.

Schließt die Tür, es brummt im Wald!
Als die Sonne sich heut verkrochen,
Lag das Wetter am Riff geballt,
Und nun hört man's sieden und kochen.
Ruhig, ruhig, du kleines Ding!
Hörst du? drunten im Stalle – hu!
Hörst du? hörst du's? kling, klang, kling,
Schüttelt die Kette der Loup Garou.

Doch von dem Trunkenbolde wißt ihr nicht,
Dem in der kalten Weihnacht am Gesicht
Das Tier gefressen, daß am heil'gen Tag
Er wund und scheußlich überm Schneee lag.
Zog von der Schenke aus, in jeder Hand
'ne Flasche, die man auch noch beide fand.
Doch wo die Wangen sonst, da waren Knochen,
Und wo die Augen, blut'ge Höhlen nur;
Und wo der Schädel hier und da zerbrochen,
Da sah man deutlich auch der Zähne Spur.

Wie am Giebel es knarrt und kracht!
Caton, schau auf die Bühne droben –
Aber nimm mir die Lamp in acht! –
Ob vor die Luke der Riegel geschoben.
Pierrot, Schlingel, das rutscht herab
Von der Bank, ohne Strümpf und Schuh!
Willst du bleiben! tapp, tipp, tapp,
Geht auf dem Söller der Loup Garou.

Und meine Mutter hat mir oft gesagt
Von einem tauben Manne, hochbetagt,
Fast hundertjährig, dem es noch geschehn

Als Kind, daß er das Scheue hat gesehn,
Recht wie 'nen Hund, nur weiß wie Schnee und ganz
Verkehrt die Augen, eingeklemmt den Schwanz,
Und spannenlang die Zunge aus dem Schlunde;
So mit der Kette weg an Waldes Bord,
Dann wieder sah er ihn im Tobelgrunde,
Und wieder sah er hin – da war es fort.

Hab ich es nicht gedacht? Es schneit!
Ho, wie fliegen die Flocken am Fenster!
Heilige Frau von Embrun! wer heut
Draußen wandelt, braucht keine Gespenster;
Irrlicht ist ihm die Nebelsäul,
Führt ihn schwankend dem Abgrund zu,
Sturmes Flügel die Toteneul,
Und der Tobel sein Loup Garou.

Charles de Coster

Ulenspiegel fängt den Werwolf

I

Seit langer Zeit schon waren zu Damme und in der Umgebung mehrere abscheuliche Verbrechen begangen worden. Kleine Mädchen, junge Burschen, alte Männer, von denen man wußte, daß sie mit Geld versehen nach Brügge, Gent oder in eine andere Stadt oder ein Dorf in Flandern gegangen waren, wurden tot aufgefunden, nackt wie Würmer und im Genick mit Bissen von so langen und spitzen Zähnen, daß bei allen die Halswirbel gebrochen waren.

Die Ärzte und Bader erklärten, diese Zähne seien die eines großen Wolfes. Sicherlich seien späterhin Diebe dazugekommen, sagten sie, und hätten nach dem Wolf die Opfer ausgeplündert.

Ungeachtet aller Nachforschungen hatte niemand die Räuber ausfindig machen können. Und bald war der Wolf wieder vergessen. Mehrere angesehene Bürger, die stolz ohne Geleite ausgezogen waren, verschwanden, ohne daß man erfuhr, was aus ihnen geworden war, außer daß hie und da ein Bauer, der am Morgen zum Pflügen auf seinen Acker ging, Wolfsspuren auf seinem Feld fand, während sein Hund mit den Pfoten die Furchen aufkratzte und einen armen Leichnam an den Tag brachte, der im Genick oder unter dem Ohr Spuren von Wolfszähnen aufwies, oder oftmals auch am Bein, immer aber auf der Rückseite. Und jedesmal war auch der Halswirbel und der Beinknochen gebrochen.

Der Bauer ging dann voll Angst zum Amtmann, um ihm das zu melden, und der kam mit dem Gerichtsschreiber, zwei Schöffen und zwei Wundärzten an den Ort, wo die Leiche des Getöteten lag. Wenn sie ihn eingehend und sorgfältig untersucht hatten und, falls sein Gesicht nicht von den Würmern zerfressen war, seinen Stand und manchmal sogar seinen Namen und seine Familie ermittelt hatten, so wunderten sie sich immerhin, daß der Wolf, der doch aus Hunger tötet, nicht einmal ein Stück Fleisch von den Toten weggetragen hatte.

Und die Leute von Damme waren voll Angst und Schrecken, und keiner getraute sich mehr, ohne Geleit des Nachts aus dem Haus zu gehn.

Nun begab es sich, daß mehrere tapfere Söldner auf die Suche nach dem Wolf geschickt wurden, mit dem Auftrag, ihn bei Tag und bei Nacht in den Dünen längs dem Meer zu suchen.

Sie waren damals in der Nähe von Heyst in den großen Dünen. Einer von ihnen wollte im Vertrauen auf seine Kraft sich von ihnen trennen und sich allein auf die Suche machen, bewaffnet mit einer Büchse. Die andern ließen ihn gewähren, denn sie waren sicher, daß er, tapfer und wohlbewaffnet wie er war, den Wolf töten werde, wenn der wagen sollte, sich zu zeigen.

Als ihr Gefährte fort war, zündeten sie ein Feuer an und würfelten, und dazu tranken sie Branntwein aus ihren Flaschen.

Und von Zeit zu Zeit schrien sie: »He! Kamerad, komm zurück! Der Wolf hat ja Angst! Komm, trink.«

Aber er gab keine Antwort.

Plötzlich vernahmen sie einen gräßlichen Schrei, wie von einem Menschen, der stirbt. Sie liefen in der Richtung, aus welcher der Schrei gekommen war, und riefen: »Wehr dich! Halt stand, wir kommen zu Hilfe!«

Aber es dauerte lange, bis sie ihren Kameraden fanden, denn die einen sagten, der Schrei sei aus dem Tal gekommen, die andern meinten, er sei von der höchsten Düne her zu ihnen gedrungen.

Endlich, als sie mit ihren Laternen Düne und Tal gründlich durchsucht hatten, fanden sie ihren Kameraden mit einem Biß im Bein und im Arm, von hinten, und mit gebrochenem Hals wie die andern Opfer.

Er lag auf dem Rücken und hielt seinen Degen in seiner verkrampften Hand. Seine Büchse lag im Sand. Neben ihm lagen drei abgehauene Finger, die sie mitnahmen, denn sie gehörten nicht dem Toten. Seine Tasche war verschwunden.

Sie luden den Leichnam ihres Gefährten auf ihre Schultern, desgleichen seinen guten Degen und seine wackere Büchse, und trugen traurig und zornerfüllt die Leiche zur Vogtei, wo der Amtmann sie im Beisein des Gerichtsschreibers, zweier Schöffen und der beiden Wundärzte in Empfang nahm.

Die abgeschnittenen Finger wurden untersucht, und man stellte fest, daß es Finger eines alten Mannes waren, der keinerlei Handarbeit verrichtete, denn die Finger waren spitz, und ihre Nägel waren lang wie die der Gerichtsherren und Geistlichen.

Am nächsten Tag begaben sich der Amtmann, die Schöffen, der Schreiber, die Wundärzte und die Söldner an den Ort, wo der arme Tote gebissen worden war, und sie sahen auf dem Gras Blutstropfen und Fußspuren, die bis zum Meer führten, wo sie sich verloren.

2

Es war zur Zeit der reifen Trauben, im Weinmonat, am vierten Tag, an dem man in der Stadt Brüssel vom Turm der St.-Nikolaus-Kirche nach der Hauptmesse Säcke voll Nüsse unters Volk wirft.

In der Nacht wurde Nele durch Schreie geweckt, die von der Straße herkamen. Sie suchte Katheline in der Kammer und fand sie nicht. Sie lief hinunter und öffnete die Tür, und Katheline trat herein und sprach: »Rette mich! Rette mich! Der Wolf! Der Wolf!«

Und Nele hörte weit weg im freien Feld ein Heulen. Zitternd zündete sie alle Lampen, Kerzen und Talglichter an.

»Was ist geschehen, Katheline?« sagte sie und schloß sie in die Arme.

Katheline setzte sich mit weit aufgerissenen, entsetzten Augen, starrte in die Kerzen und sagte: »Das ist die Sonne, sie vertreibt die bösen Geister. Der Wolf, der Wolf heult im Feld.«

»Aber«, sagte Nele, »warum bist du denn aus deinem Bett gegangen, wo du warm hattest, um dir in der feuchten Septembernacht das Fieber zu holen?«

Und Katheline sagte: »Hanske hat heute nacht geschrien wie der Seeadler, und ich habe ihm die Tür aufgemacht. Und er hat zu mir gesagt: ›Nimm diesen Zaubertrank‹, und ich habe getrunken. Hanske ist schön. Nehmt das Feuer weg! Dann hat er mich zum Kanal geführt und hat gesagt: ›Katheline, ich will dir die siebenhundert Gulden wiederbringen, du sollst sie Ulenspiegel, dem Sohn des Claes, geben. Da hast du zwei, um dir ein Kleid zu kaufen. Bald sollst du tausend haben.‹ – ›Tausend‹, sagte ich, ›mein Liebster, dann werde ich reich sein.‹ – ›Du wirst sie bekommen‹, sagte er. ›Aber gibt es niemanden in Damme, Frauen oder Mädchen, die jetzt so reich sind, wie du einmal sein wirst?‹ – ›Ich weiß nicht‹, antwortete ich. Aber ich wollte ihre Namen nicht nennen, aus Angst, er könnte sie lieben. Da sagte er zu mir: ›Erkundige dich und sag mir ihre Namen, wenn ich wiederkomme.‹

Die Luft war kalt, der Nebel glitt über die Wiesen, die dürren Zweiglein fielen prasselnd von den Bäumen auf den Weg. Und der Mond schien; auf dem Wasser des Kanals leuchteten Feuer. Hanske sagte zu mir: ›Das ist die Nacht, in der die Werwölfe umgehn. Alle schuldigen Seelen steigen aus der Hölle empor. Du mußt dreimal mit der linken Hand das Kreuzeszeichen machen und rufen: ›Salz! Salz! Salz!‹ das ist das Sinnbild der Unsterblichkeit, und sie werden dir nichts zuleid tun.‹ Und ich sprach: ›Ich tue, was du willst, Hanske, mein Liebster!‹ Er küßte mich und sagte: ›Du bist mein Weib.‹ – ›Ja‹, sagte ich. Und bei seinem sanften Reden glitt himmlische Seligkeit über meinen Leib wie ein Balsam. Er bekränzte mich mit Rosen und sprach zu mir: ›Du bist schön.‹ Und ich sagte zu ihm: ›Auch du bist schön, Hanske, mein Liebster, in deinen feinen Kleidern aus grünem Samt mit goldenen Borten, mit deiner langen Straußenfeder, die an deiner Mütze weht, mit deinem blassen Gesicht wie das Feuer der Meereswogen. Und wenn die Mädchen von Damme dich sähen, würden sie dir alle nachlaufen und dich um dein Herz bitten. Aber du darfst es nur mir schenken, Hanske.‹ Er sprach: ›Such herauszubringen, welche die reichsten sind, ihr Vermögen soll für dich sein.‹ Dann ging er fort und ließ mich allein, nachdem er mir verboten hatte, ihm nachzugehn.

Ich blieb dort und ließ in meiner Hand die beiden Gulden klingen, ganz zitternd und erstarrt vor Kälte, wegen des Nebels. Da sah ich auf einmal, wie vom Ufer aus ein Wolf die Böschung herauf kam, der hatte ein grünfahles Gesicht und langes Schilf in seinem weißen Pelz. Ich rief: ›Salz! Salz! Salz!‹ und machte das Kreuzeszeichen, aber er schien davor keine Angst zu haben. Und ich lief aus Leibeskräften, ich schrie, er heulte, und ich hörte dicht neben mir das trockene Schnappen seiner Zähne, und einmal war's so dicht bei meiner Schulter, daß ich meinte, er werde mich gleich packen. Aber ich lief schneller als er. Zum großen Glück begegnete ich an der Ecke der Reihergasse dem Nachtwächter mit seiner Laterne. ›Der Wolf! Der Wolf!‹ schrie ich. – ›Fürchte dich nicht‹, sagte der Nachtwächter, ›ich bringe dich nach Hause, verrückte Katheline.‹ Und ich spürte, daß seine Hand, die mich hielt, zitterte. Und er hatte ebenfalls Angst.«

»Aber er hat wieder Mut gefaßt«, sagte Nele. »Hörst du, wie er jetzt mit schleppender Stimme singt: ›*De clock is tien, tien aen de clock.* Es ist zehn Uhr, zehn Uhr ist's.‹ Und er läßt seine Klapper rasseln.«

»Nehmt das Feuer weg«, sagte Katheline, »der Kopf brennt. Komm wieder, Hanske, mein Liebster!«

Und Nele sah Katheline an. Und sie betete zur Jungfrau Maria, Unserer Lieben Frau, sie möge aus ihrem Kopf das Feuer des Wahnsinns nehmen. Und sie weinte über sie.

3

In jener Zeit ging ein Mägdlein von fünfzehn Jahren von Heyst nach Knokke. Es war hellichter Tag, und sie wanderte allein durch die Dünen. Niemand hatte Angst um sie, denn man wußte, daß die Werwölfe und verdammten Seelen nur des Nachts beißen. Sie trug in einem Säcklein achtundvierzig Silbergroschen, vier Karlsgulden wert, die ihre Mutter Toria Pieterson, wohnhaft zu Heyst, ihrem Onkel Jan Rapen, wohnhaft zu Knokke, von einem Verkauf her schuldig war. Das Mädchen, Betkin mit Namen, hatte seine schönsten Kleider angezogen und war frohgemut fortgegangen.

Am Abend wurde ihre Mutter unruhig, als sie nicht heimkam. Aber sie dachte, sie werde wohl bei ihrem Onkel über Nacht geblieben sein, und beruhigte sich wieder.

Anderntags kehrten Fischer vom Meer mit einem Schiff voll Fische zurück und zogen ihr Schiff an den Strand, luden ihren Fang auf Karren, um ihn karrenweise auf dem Markt zu Heyst zu versteigern. Sie fuhren den mit Muscheln besäten Weg hinan und fanden in den Dünen ein splitternacktes, völlig bis auf das Hemd ausgezogenes Mädchen in seinem Blute liegen. Sie gingen näher und sahen an seinem armen gebrochenen Hals Spuren von langen, spitzigen Zähnen. Es lag auf dem Rücken und hatte die Augen offen und blickte zum Himmel, und der Mund stand gleichfalls offen wie zum Todesschrei.

Sie bedeckten den Leichnam des Mädchens mit einem Mantel und trugen ihn bis nach Heyst ins Stadthaus. Dort versammelten sich alsbald die Schöffen und der Wundarzt, der erklärte, diese langen Zähne seien keine Wolfszähne, wie die Natur sie erschaffe, sondern die eines bösen, höllischen Werwolfs, und man müsse zu Gott beten, daß er das Land Flandern von ihm erlöse.

Und in der ganzen Grafschaft und besonders zu Damme, Heyst und Knokke wurden Gebete und Bittgesänge angeordnet.

Und das Volk blieb wehklagend in den Kirchen.

In der Kirche zu Heyst, wo der Leichnam des Mägdleins aufgebahrt war, weinten Männer und Frauen, wenn sie seinen blutenden, zerfetzten Hals sahen. Und die Mutter sagte in der Kirche: »Ich will zum Werwolf gehen und ihn mit den Zähnen zerreißen.«

Und die Frauen weinten und bestärkten sie in ihrem Vorhaben. Und manche sagten: »Du kommst nicht mehr zurück.«

Sie ging mit ihrem Mann und ihren beiden Brüdern, wohlbewaffnet, und suchte den Wolf am Strand, auf den Dünen und in den Niederungen, aber sie fand ihn nicht. Und ihr Mann mußte sie nach Hause bringen, denn sie hatte sich in der kalten Nacht das Fieber geholt. Und sie wachten bei ihr und flickten die Netze für den nächsten Fischzug.

Der Amtmann von Damme war der Ansicht, der Werwolf sei ein Tier, das von Blut lebe und die Toten nicht ausplündere, und er sagte, dieser Werwolf habe zweifellos Räuber im Gefolge, die in den Dünen umherstreiften um ihres schändlichen Erwerbs willen. Er verkündete also mit Glockengeläute einem jeglichen, alle Bettler und Landstreicher wohlgewaffnet anzufallen, sie dingfest zu machen und zu durchsuchen, um zu sehen, ob sie nicht in ihren Säcken und Taschen Goldkarolen oder irgendeinen Fetzen von der Kleidung des Opfers hätten. Und nachher sollten die kräftigen Bettler und Landstreicher auf die königlichen Galeeren verbracht werden. Die alten und kranken aber sollte man laufen lassen.

Aber man fand nichts.

Ulenspiegel begab sich zum Amtmann und sprach: »Ich will den Werwolf töten.«

»Wer gibt dir diese Zuversicht?« fragte der Amtmann.

»Die Asche pocht auf meinem Herzen«, antwortete Ulenspiegel.

»Gebt mir die Erlaubnis, in der Gemeindeschmiede zu arbeiten.«

»Das kannst du«, sagte der Amtmann.

Ulenspiegel sagte kein Wort von seinem Vorhaben, keinem Mann und keiner Frau zu Damme, er ging in die Schmiede, und dort fertigte er insgeheim eine schöne große Wildfalle.

Am folgenden Tag, einem Samstag, dem Lieblingstag des Werwolfs, ging Ulenspiegel mit einem Brief des Amtmanns an den Pfarrer von Heyst und mit seiner Falle unter dem Mantel, und außerdem mit einer guten Armbrust und einem scharfgeschliffenen langen Messer bewaffnet, fort und sagte zu den Leuten von Damme: »Ich gehe auf die Möwenjagd und mache hernach aus ihren Daunen ein Kopfkissen für die Frau Amtmännin.«

Auf dem Weg nach Heyst kam er an den Strand; er hörte das hochgehende Meer donnernd ungeheure Wogen wälzen, und der Wind wehte von England her und heulte im Takelwerk der gestrandeten Schiffe. Ein Fischer sagte zu ihm: »Das ist für uns ein Unglück, dieser widrige Wind. Heute nacht war die See ruhig, aber nach Sonnenaufgang ging sie plötzlich hoch in wildem Grimme. Wir werden nicht auf Fischfang ausfahren können.«

Ulenspiegel war froh, denn so war er gewiß, im Notfall Hilfe zu haben für die Nacht.

In Heyst ging er zum Pfarrer und übergab ihm des Amtmanns Brief. Der Pfarrer sprach zu ihm: »Du bist tapfer. Wisse aber, daß jeder, der am Samstag des Abends allein durch die Dünen geht, gebissen wird und tot auf dem Sand liegenbleibt. Die Deicharbeiter und andere Leute gehn nur truppweise dort vorbei. Der Abend fällt herein. Hörst du den Werwolf im Tale heulen? Wird er wiederkommen wie in der letzten Nacht und die ganze Nacht hindurch im Friedhof gräßlich schreien? Gott sei mit dir, mein Sohn, aber geh nicht hin.«

Und der Pfarrer bekreuzigte sich.

»Die Asche pocht auf meinem Herzen«, sagte Ulenspiegel.

Der Pfarrer sagte: »Da du so beherzten Willen hast, will ich dir helfen.«

»Hochwürdiger Herr Pfarrer«, sagte Ulenspiegel, »Ihr würdet mir und dem armen geplagten Lande eine große Wohltat erweisen, wenn Ihr zu Toria, des Mädchens Mutter, gehen wolltet, und ebenso zu ihren beiden Brüdern, um ihnen zu sagen, der Wolf sei in der Nähe, und ich wolle ihn erwarten und ihn töten.«

Der Pfarrer sagte: »Wenn du noch nicht weißt, auf welchem Weg du dich aufstellen mußt, so halte dich auf dem, der zum Kirchhof führt. Er läuft zwischen zwei Ginsterhecken. Zwei Männer können dort nicht nebeneinander vorbeigehen.«

»Ich werde mich daran halten«, antwortete Ulenspiegel. »Und Ihr, Herr Pfarrer, tapferer Helfer im Befreiungswerk, ordnet an und laßt der Mutter des Mägdleins sagen und auch ihrem Mann und ihren Brüdern, sie sollen sich vor der Feierglocke bewaffnet in der Kirche einfinden. Wenn sie mich wie eine Möve pfeifen hören, so heißt das, daß ich den Werwolf gesehen habe. Dann müssen sie mit der Glocke Alarm läuten und mir zu Hilfe eilen. Und wenn noch ein paar andere tapfere Männer da sind ...«

»Es sind keine da, mein Sohn«, sagte der Pfarrer. »Die Fischer fürchten den Werwolf mehr als Tod und Pestilenz. Doch geh nicht hin.«

Ulenspiegel antwortete: »Die Asche klopft auf meinem Herzen.«

Da sprach der Pfarrer: »Ich werde tun, was du wünschest. Sei gesegnet. Hast du Hunger oder Durst?«

»Beides«, antwortete Ulenspiegel.

Da gab ihm der Pfarrer Bier, Brot und Käse.

Ulenspiegel trank und aß. Dann ging er.

Als er so dahinging und die Augen hob, sah er seinen Vater Claes in der himmlischen Glorie zur Seite Gottes im Himmel, wo der helle Mond leuchtete und auf Meer und Wogen herabschaute, und er hörte, wie der Sturmwind von England herwehte.

»Ach«, sagte er, »ihr schwarzen Wolken, die ihr vorüberzieht, seid wie die Rache dem Mord auf den Fersen. Brüllendes Meer, Himmel, der du schwarz wirst wie der Höllenschlund, Wogen, die ihr mit feurigem Schaum auf dem dunkeln Wasser dahinschießt und ungeduldig und erzürnt unzählbare feurige Tiere aufwirbelt, Ochsen, Schafe, Pferde, Schlangen, die ihr auf den Wogen dahinrollt oder euch in die Luft erhebt und flammenden Regen speit, du tiefschwarzes Meer, du trauerschwarzer Himmel, kommt, ihr alle, und kämpft mit mir gegen den Werwolf, den bösen Mädchenmörder. Und du, Wind, der du im Schilf der Dünen klagst und im Takelwerk der Schiffe, du bist die Stimme der Opfer, die zu Gott um Rache schreien. Er möge mir in meinem Beginnen beistehn.«

Und er stieg ins Dünental hinunter, auf seinen Naturpfosten torkelnd, als hätte er im Kopf trunkene Säuferei und im Magen unverdauten Kohl.

Und er sang und hickste dazu, ging im Zickzack, gähnte, spuckte und blieb stehn, als ob er sich erbrechen müßte, aber in Wirklichkeit hielt er die Augen offen, um alles rings um sich scharf zu beobachten. Und plötzlich vernahm er ein schrilles Heulen und blieb stehn, erbrach sich wie ein Hund, und da sah er im hellen Mondlicht die lange Gestalt eines Wolfes, der auf den Kirchhof zuging.

Torkelnd betrat er den Pfad zwischen den Ginsterbüschen. Dort tat er, als falle er zu Boden, und legte die Wolfsfalle in der Richtung gegen den Wolf, lud seine Armbrust und ging zehn Schritt weit weg, aufrecht, aber wie ein Betrunkener, immerfort torkelnd, hicksend und sich erbrechend. Aber in Wirklichkeit spannte er seinen Geist an wie einen Bogen und hielt Augen und Ohren weit offen.

Und er sah nichts als die schwarzen Wolken, die toll über den Himmel dahinjagten, und eine breite, dicke und gedrungene schwarze Gestalt, die auf ihn zukam. Und er hörte nichts als den Wind, der heulte und klagte, das Meer, das donnernd brüllte, und den Muschelpfad, der unter einem schweren, hüpfenden Schritt knirschte.

Er tat, als wollte er sich setzen, und fiel dabei schwer wie ein Betrunkener auf den Weg, und er spie aus.

Dann hörte er, wie etwas Eisernes zwei Schritte von seinem Ohr klirrte, darauf vernahm er das Zuschnappen des Fangeisens und den Schrei eines Menschen.

»Der Werwolf«, sagte er, »hat die Vorderläufe in der Falle gefangen. Er steht heulend wieder auf, rüttelt an der Falle und will fortlaufen. Aber er wird nicht entkommen.«

Und er schoß ihm einen Bolzen ins Bein.

»Da stürzt er verwundet hin«, sprach er.

Und er pfiff wie eine Möve.

Auf einmal läutete die Glocke in der Kirche Alarm, eine helle Knabenstimme rief im Dorf: »Wacht auf, ihr Leute, die ihr schlaft, der Werwolf ist gefangen!«

»Gelobt sei Gott!« sagte Ulenspiegel.

Toria, Betkins Mutter, Lansaem, ihr Mann, Josse

und Michiel, ihre Brüder, kamen als erste mit Laternen.

»Er ist gefangen?« fragten sie.

»Seht dort auf dem Weg«, erwiderte Ulenspiegel.

»Gott sei Lob und Dank!« sagten sie.

Und sie bekreuzigten sich.

»Wer läutet da?« fragte Ulenspiegel.

Lansaem antwortete: »Mein Ältester. Der Jüngere läuft durchs Dorf und klopft an die Türen und ruft aus, der Wolf sei gefangen. Lob sei dir und Dank!«

»Die Asche pocht auf meinem Herzen«, antwortete Ulenspiegel.

Plötzlich hob der Werwolf an zu sprechen und sagte: »Hab Erbarmen mit mir, Erbarmen, Ulenspiegel!«

»Der Wolf redet«, sagten sie und bekreuzigten sich alle. »Er ist ein Teufel und weiß bereits Ulenspiegels Namen.«

»Hab Erbarmen«, sagte die Stimme, »heiß die Glocke still sein. Sie läutet für die Toten. Erbarmen! Ich bin kein Wolf. Meine Gelenke sind zerquetscht von der Falle. Ich bin alt, und ich blute. Erbarmen! Was ist das für eine schrille Kinderstimme, die das Dorf aufweckt? Erbarmen!«

»Deine Stimme habe ich auch schon gehört«, sagte Ulenspiegel heftig und leidenschaftlich. »Du bist der Fischhändler, Claesens Mörder, der Vampir der armen Mägdlein. Männer und Frauen, fürchtet euch nicht. Es ist der Obmann, der, um dessentwillen Soetkin vor Gram starb.«

Und mit einer Hand packte er ihn unterm Kinn am Hals, mit der andern zog er sein Messer.

Aber Toria, Betkins Mutter, hielt ihn zurück.

»Greift ihn lebend«, schrie sie.

Und sie riß ihm seine weißen Haare in Büscheln aus und zerfleischte ihm das Gesicht mit den Nägeln.

Und sie heulte auf vor verzweifelter Wut.

Der Werwolf hatte die Hände in der Falle gefangen und sprang auf dem Weg umher vor wahnsinnigem Schmerz.

»Erbarmen«, ächzte er, »Erbarmen! Nehmt die Frau weg. Ich will zwei Gulden zahlen. Schlagt die Glocken entzwei. Wo sind die Kinder, die so schreien?«

»Laßt ihn am Leben!« schrie Toria. »Laßt ihn am Leben. Er muß bezahlen. Die Totenglocken, die Totenglocken für dich, Mörder! Im langsamen Feuer, mit glühenden Zangen! Laßt ihn am Leben! Er soll büßen!«

Inzwischen hatte Toria auf dem Weg ein Waffeleisen mit langen Griffen aufgelesen. Sie betrachtete es beim Schein der Fackeln und sah, daß es zwischen den beiden Eisenplatten nach Brabanter Art tief mit Rauten eingeschnitten war, aber außerdem war es wie ein eiserner Rachen mit langen spitzen Zähnen bewehrt. Und als sie es aufklappte, war es wie der Rachen eines Bluthundes.

Da hielt Toria das Waffeleisen in der Hand, klappte es auf und zu und ließ das Eisen klirren. Sie glich plötzlich einer tollwütigen Verrückten, sie knirschte mit den Zähnen, röchelte wie eine Sterbende, stöhnte vor bitterem Gram und Rachedurst, und sie biß mit dem Eisen den Gefangenen in die Arme, in die Beine, überallhin, und vor allem in den Hals, und jedesmal, wenn sie ihn biß, schrie sie: »So tat er Betkin mit den Eisenzähnen. Er büßt. Blutest du, Mörder? Gott ist gerecht. Die Totenglocken. Betkin ruft mich zur Rache. Spürst du die Zähne? Das ist Gottes Rachen!«

Und sie biß immer weiter, ohne Erbarmen, und schlug ihn mit dem Waffeleisen, wenn sie nicht damit beißen konnte. Und vor großer Ungeduld, sich zu rächen, tötete sie ihn nicht.

Der Gefangene schrie: »Übt Barmherzigkeit! Ulenspiegel, triff mich mit dem Messer, so sterbe ich schneller. Nimm diese Frau weg. Zerschlage die Totenglokken, töte die Kinder, die schreien.«

Und Toria biß ihn immerfort, bis ein alter Mann

mit ihm Mitleid hatte und ihr das Waffeleisen aus der Hand nahm.

Aber da spie Toria dem Werwolf ins Gesicht und riß ihm die Haare aus und rief: »Du sollst büßen, im langsamen Feuer, mit glühenden Zangen! Deine Augen für meine Nägel!«

Mittlerweile waren die Fischer alle gekommen, die Bauern und Frauen von Heyst, auf das Gerücht hin, daß der Werwolf ein Mensch sei und nicht ein Teufel. Einige trugen Laternen und brennende Fackeln. Und alle schrien: »Mörder! Räuber! Wo versteckst du das Geld, das du den armen Opfern gestohlen hast? Er soll alles zurückgeben.«

»Ich habe keines. Habt Erbarmen«, sagte der Fischhändler.

Und die Frauen bewarfen ihn mit Steinen und Sand.

»Er büßt! Er büßt!« schrie Toria.

»Erbarmen«, ächzte er, »ich bin naß von meinem Blut, das fließt. Erbarmen!«

»Dein Blut«, sagte Toria. »Du hast noch genug zum Büßen. Bestreicht seine Wunden mit Balsam. Er soll büßen bei langsamem Feuer, die Hand abgehackt, mit glühenden Zangen. Er soll büßen. Er soll büßen!«

Und sie wollte ihn schlagen. Dann fiel sie besinnungslos wie tot auf den Sand. Und man ließ sie dort liegen, bis sie wieder zu sich kam.

Inzwischen hatte Ulenspiegel die Hände des Gefangenen aus der Falle befreit, und da sah er, daß an der rechten Hand drei Finger fehlten.

Und er befahl, man solle ihn eng gefesselt in einen Fischerkorb legen. Männer, Frauen und Kinder zogen, abwechselnd den Korb tragend, nach Damme, um dort Gerechtigkeit zu heischen. Und sie trugen Fackeln und Laternen.

Und der Fischhändler sagte unaufhörlich: »Schlagt die Glocken entzwei! Tötet die Kinder, die schreien!«

Und Toria sagte: »Er soll büßen, an langsamem Feuer, mit glühenden Zangen soll er büßen!«

Dann wurden beide still. Und Ulenspiegel hörte nichts mehr außer dem keuchenden Atem der Toria, dem schweren Schritt der Männer auf dem Sand und dem Meer, das donnernd brüllte. Und voll Trauer in seinem Herzen betrachtete er die Wolken, die wie toll am Himmel dahinjagten, das Meer, in dem man die Feuerschafe sah, und beim Schein der Fackeln und Laternen das fahle Gesicht des Fischhändlers, der ihn mit grausigen Augen anstierte.

Und die Asche klopfte auf seinem Herzen.

Und sie wanderten während vier Stunden bis nach Damme, wo das Volk in Scharen versammelt war, denn es wußte die Neuigkeit schon. Alle wollten den Fischhändler sehen und folgten dem Trupp der Fischer, schreiend, singend, tanzend. Und sie sagten: »Der Werwolf ist gefangen, er ist gefangen, der Mörder! Gesegnet sei Ulenspiegel! Langes Leben unserm Bruder Ulenspiegel! *Lange leven onsen broeder Ulenspiegel.*«

Und es war wie ein Volksaufstand.

Als sie vor dem Hause des Amtmanns vorbeizogen, kam dieser auf den Lärm hin heraus und sprach zu Ulenspiegel: »Du bist Sieger. Lob und Dank sei dir!«

»Claesens Asche pochte auf meinem Herzen«, antwortete Ulenspiegel.

Da sprach der Amtmann: »Du sollst die Hälfte von des Mörders Erbschaft bekommen.«

»Gebt sie den Opfern«, anwortete Ulenspiegel.

Lamme und Nele kamen. Nele lachte und weinte vor Freude und küßte ihren Freund Ulenspiegel. Lamme hüpfte schwerfällig, klopfte ihm auf den Bauch und sagte: »Der da ist brav, treu und aufrichtig. Er ist mein geliebter Freund. Ihr habt nicht seinesgleichen, ihr Leute vom Flachland.«

Aber die Fischer lachten und spotteten über ihn.

Prosper Mérimée

Lokis

Aufzeichnungen von Professor Wittembach

I

»Theodor«, sagte Professor Wittembach, »sei so gut und gib mir das in Pergament gebundene Heft im zweiten Fach über meinem Schreibtisch; nein, das nicht, sondern das kleine Oktavheft. Es enthält sämtliche Eintragungen meines Tagebuchs von 1866, wenigstens alles, was sich auf den Grafen Szemioth bezieht.«

Der Professor setzte seine Brille auf und las, von tiefem Schweigen umgeben, folgendes vor:

LOKIS

mit einem litauischen Sprichwort als Motto:

Miszka su Lokiu,
*Abu du tokiu.**

Als in London die erste litauische Übersetzung der Heiligen Schrift erschien, veröffentlichte ich in der Königsberger *Zeitschrift für Wissenschaft und Literatur* einen Aufsatz, in dem ich der Leistung des gelehrten Übersetzers und den frommen Absichten der Bibelgesellschaft volle Gerechtigkeit widerfahren ließ, dabei jedoch auf einige leichte Irrtümer aufmerksam machte und außerdem darauf hinwies, daß diese Version nur einem Teil des litauischen Volkes zugänglich sei. In der Tat ist die Mundart, die man gewählt hat, den Bewohnern der Gegenden, wo man die schamaitische Sprache spricht, die gemeinhin die schmudische genannt wird, nur schwer verständlich, und diese also in der Woiwodschaft Samogitien gebräuchliche Mundart

* »Die zwei ergeben ein Paar«; wörtl. Übersetzung, Micha mit Lokis, ein und derselbe. Michaelium cum Lokide, ambo (duo) ipsissimi.

steht dem Sanskrit vielleicht noch näher als das Hochlitauische. Diese Bemerkung, obwohl sie mir die heftigsten Anwürfe von seiten eines gewissen an der Universität von Dorpat wohlbekannten Professors eintrug, gefiel den ehrenwerten Mitgliedern des Verwaltungsrats der Bibelgesellschaft, und sie zögerten nicht, mir das schmeichelhafte Angebot zu machen, die Redaktion der Übersetzung des Matthäus-Evangeliums ins Samogitische zu übernehmen und zu überwachen. Ich war damals zu sehr durch meine transuralischen Sprachstudien in Anspruch genommen, um noch eine so umfassende Arbeit, die die vier Evangelien inbegriffen hätte, übernehmen zu können. Doch ich schob meine Heirat mit Fräulein Gertrud Weber auf und begab mich nach Kowno (Kaunas), in der Absicht, alle gedruckten oder handschriftlich vorhandenen schmudischen Sprachdenkmäler zu sammeln, derer ich habhaft werden konnte, selbstverständlich auch die Volkslieder, *Dainos*, sowie Erzählungen und Legenden, *Pasakos*, die mir als Grundlage für ein kleines schamaitisches Wörterbuch dienen sollten, eine Arbeit, die notwendigerweise der Übersetzung vorangehen mußte.

Man hatte mir einen Brief für den jungen Grafen Michael Szemioth mitgegeben, dessen Vater, wie man mir versicherte, den berühmten *Samogitischen Katechismus* von Pater Lawicki besaß, ein so seltenes Buch, daß sein Vorhandensein überhaupt bestritten wurde, namentlich von jenem schon erwähnten Dorpater Professor. In seiner Bibliothek, hatte man mir gesagt, sollten sich eine alte Sammlung von *Dainos* sowie Dichtungen in alter preußischer Mundart befinden. Nachdem ich Graf Szemioth geschrieben und ihm den Zweck meines Besuchs auseinandergesetzt hatte, erhielt ich von ihm die sehr herzliche Einladung, die zu meinen Studien notwendige Zeit in seinem Schloß in Medintiltas zu verbringen. Er schloß seinen Brief in höchst anmutiger Weise mit der Versicherung, daß er stolz sei, das Schmudische fast ebensogut wie die Bauern sprechen zu können, und daß er sich glücklich schätze, seine Bemühungen mit den meinigen bei dieser Arbeit zu vereinigen, die er für groß und wichtig halte. Wie etliche der reichsten Grundbesitzer Litauens, bekannte er sich zum evangelischen Glauben, dessen Diener zu sein ich die Ehre habe. Man hatte mir gesagt, daß der Graf nicht frei von gewissen Wunderlichkeiten sei, sehr gastfrei übrigens, ein Freund der Wissenschaften und der Literatur und insbesondere ein Gönner ihrer Jünger. So reiste ich also nach Medintiltas ab.

Auf der Freitreppe des Schlosses wurde ich vom Verwalter des Grafen empfangen, der mich sofort zu dem für mich vorbereiteten Zimmer führte.

»Der Herr Graf«, sagte er zu mir, »bedauert sehr, heute nicht mit dem Herrn Professor speisen zu können. Er leidet an Migräne, eine Krankheit, die ihn von Zeit zu Zeit heimsucht. Wenn der Herr Professor nicht in seinem Zimmer essen möchte, wird er mit Herrn Dr. Froeber, dem Arzt der Frau Gräfin, das Diner einnehmen. In einer Stunde, Toilette ist nicht nötig. Wenn der Herr Professor noch einen Wunsch haben sollte, hier ist die Klingel.«

Er zog sich mit tiefer Verbeugung zurück.

Das Zimmer war geräumig, gut eingerichtet, mit Spiegeln und Goldleisten ausgestattet. Von der einen Seite hatte es die Aussicht auf einen Garten oder besser auf den Schloßpark, von der anderen auf den Schloßhof. Trotz der Ankündigung »Toilette ist nicht nötig«, glaubte ich, meinen schwarzen Anzug aus dem Koffer nehmen zu müssen. Ich stand in Hemdsärmeln da, damit beschäftigt, meine Habseligkeiten auszupakken, als mich das Geräusch eines Wagens an das Fenster zum Hof lockte. Eine vornehme Kalesche war soeben vorgefahren. Darin saßen eine Dame in Schwarz, ein Herr und eine Frau in der Tracht litauischer Bäuerinnen, die so groß und stark war, daß ich sie zunächst für einen verkleideten Mann zu halten versucht war. Diese Frau stieg zuerst aus; zwei andere Frauen von nicht minder kraftvollem Äußern standen bereits auf der Freitreppe. Der Herr neigte sich zu der Dame in Schwarz und schnallte zu meiner nicht geringen Verwunderung einen breiten Ledergrütel los, mit dem sie an ihren Platz in der Kalesche gefesselt war. Ich sah, daß diese Dame langes, weißes Haar hatte, das sich in großer Unordnung befand, und daß ihre ganz weit geöffneten Augen leblos schienen: man hätte sie für eine Wachsfigur halten können. Nachdem er sie losgebunden hatte, richtete ihr Gefährte mit dem Hut in der Hand und mit größtem Respekt einige Worte an sie; aber sie schenkte ihnen offenbar nicht die geringste Aufmerksamkeit. Er wandte sich nun zu den Dienstmägden und nickte ihnen mit dem Kopf zu. Daraufhin ergriffen die drei Frauen die Dame in Schwarz und hoben sie, trotz ihrer Bemühungen, sich an die Kalesche festzuklammern, wie eine Feder heraus und trugen sie in das Innere des Schlosses. Zeugen dieser Szene waren einige Hausdiener, für die sie aber nichts Ungewöhnliches gewesen zu sein schien.

Der Mann, der den Vorgang geleitet hatte, zog seine Uhr und fragte, ob man bald zu Tisch gehe.

»In einer Viertelstunde, Herr Doktor,« antwortete man ihm.

Ich erriet ohne große Mühe, daß ich Doktor Froeber gesehen hatte und daß die Dame in Schwarz die Gräfin war. Ihrem Alter nach mußte sie die Mutter des Grafen Szemioth sein, und die ihr gegenüber gebrauchten Vorsichtsmaßnahmen ließen keinen Zweifel, daß sie geisteskrank war.

Wenig später trat Doktor Froeber selbst bei mir ein.

»Da der Herr Graf unpäßlich ist«, sagte er, »muß ich mich Ihnen, Herr Professor, schon selbst vorstellen. Ich bin Doktor Froeber. Ich freue mich, die Bekanntschaft eines Gelehrten zu machen, dessen Verdienste den Lesern der Königsberger *Zeitschrift für Wissenschaft und Literatur* wohlbekannt sind. Wäre es Ihnen angenehm, wenn wir jetzt speisen würden?«

Ich erwiderte so gut es ging seine freundlichen Worte und erklärte mich gern bereit, ihm zu Tisch zu folgen.

Sobald wir den Speisesaal betreten hatten, bot uns der Haushofmeister, wie es in nördlichen Ländern der Brauch war, eine silberne Platte mit Schnäpsen und einigen gesalzenen und stark gewürzten Delikatessen an, die den Appetit anregen sollten. »Erlauben Sie mir, Herr Professor«, sagte der Doktor, »Ihnen in meiner Eigenschaft als Arzt ein Glas von diesem *Starka* zu empfehlen, ein echter, gut vierzig Jahre abgelagerter Cognac. Das ist die Mutter aller Branntweine. Dazu Drontheimer Anschovis, nichts ist geeigneter, den Magen zu öffnen und die Verdauung anzuregen ... Und jetzt zu Tisch! Warum sprechen wir nicht Deutsch? Sie sind aus Königsberg, ich komme aus Memel; aber ich habe in Jena studiert. So sind wir ungezwungener, und die Diener, die nur polnisch und russisch sprechen, verstehen uns nicht.«

Zunächst aßen wir schweigend; aber, nachdem wir das erste Glas Madeira getrunken hatten, fragte ich den Doktor, ob der Graf häufig an dem Übel leide, das ihn uns heute seiner Gesellschaft beraubte.

»Ja und nein«, antwortete der Doktor, »das hängt von den Ausflügen ab, die er macht.«

»Wie das?«

»Begibt er sich zum Beispiel nach Rosiano, kehrt er mit Migräne und schlechter Laune zurück.«

»Ich bin auch in Rosiano gewesen, ohne daß mir derlei widerfahren wäre.«

»Sie sind ja auch nicht verliebt, Herr Professor«, erwiderte er lachend.

Ich seufzte und mußte an Fräulein Gertrud Weber denken.

»Die Braut des Grafen wohnt also in Rosiano?« fragte ich.

»Ja, in der Nähe. Braut? ... Davon weiß ich nichts. Eine ausgemachte Hure! Und sie wird es noch dahin bringen, daß er den Verstand verliert wie seine Mutter.«

»Die Frau Gräfin, glaube ich, ist tatsächlich... krank?«

»Sie ist verrückt, Verehrtester, verrückt! Aber noch verrückter war es von mir, hierher zu kommen!«

»Hoffen wir, daß die Gräfin dank Ihrer Bemühungen wieder gesund werden wird.«

Der Doktor schüttelte den Kopf und prüfte sorgfältig die Farbe von einem Glas Bordeaux, das er in der Hand hielt.

»So wie Sie mich hier sehen, Herr Professor, war ich Stabsarzt beim Regiment Kaluga. In Sewastopol hatten wir von morgens bis abends Arme und Beine abzuschneiden; reden wir nicht von den Bomben, die uns umflogen wie Fliegen einen verendenden Gaul; dabei waren wir schlecht untergebracht und schlecht verpflegt, aber ich langweilte mich nicht so wie hier, wo ich ausgezeichnet esse und trinke, wo ich fürstlich wohne und wie ein Hofarzt bezahlt werde... Aber die Freiheit, Verehrtester!... Sie können sich vorstellen, daß einem dieses Teufelsweib nie zur Ruhe kommen läßt!«

»Behandeln Sie die Gräfin schon lange?«

»Fast zwei Jahre; aber sie ist mindestens schon siebenundzwanzig Jahre verrückt, sie war es schon vor der Geburt des Grafen. Hat man Ihnen nie davon in Rosiano oder in Kowno erzählt? Nun, so hören Sie, denn es ist ein Fall, über den ich einmal einen Aufsatz in der *Petersburger Medizinischen Zeitung* veröffentlichen will. Sie ist aus Angst verrückt geworden...«

»Aus Angst? Wie das?«

»Sie ist von einer Angst befallen worden. Sie ist eine Kestut... Und in diesem Hause schließt man keine Mesalliancen. Wir stammen von Gedimin ab... Nun, Herr Professor, drei Tage... oder zwei Tage nach ihrer Hochzeit, die in dem Schloß stattfand, wo wir gegenwärtig zu Tisch sitzen (auf Ihre Gesundheit!)... ging der Graf, der Vater des jetzigen Schloßherrn, auf die Jagd. Wie Sie wissen, sind unsere litauischen Damen Amazonen. Die Gräfin ging also auch auf die Jagd... Sie bleibt hinter den Jägern zurück oder ist ihnen voraus, was weiß ich... Genug! Plötzlich erblickt der Graf den kleinen Kosaken der Gräfin, ein Knabe von zwölf bis vierzehn Jahren, wie er mit verhängtem Zügel herangesprengt kommt.

– Herr, ruft er, ein Bär schleppt die Gräfin fort!

– Wo das? sagte der Graf.

– Dort, sagte der kleine Kosak.

Das ganze Jagdgefolge eilt nach dem bezeichneten Ort: Keine Gräfin! Hier ihr erwürgtes Pferd, dort ihr zerfetzter Pelz. Man sucht, man durchstreift den Wald in allen Richtungen. Endlich schreit ein Jäger: Da, der Bär! Tatsächlich, da durchquert der Bär gerade eine Lichtung, die Gräfin schleppt er mit sich, zweifellos um sie in aller Bequemlichkeit in einem Dickicht zu verzehren, denn diese Tiere sind Feinschmecker. Sie halten ihre Mahlzeiten, wie die Mönche, gern ungestört. Der Graf, erst zwei Tage verheiratet, will sich mit dem Jagdmesser in der Hand sehr ritterlich auf den Bär stürzen; aber, Verehrtester, ein litauischer Bär läßt sich nicht abstechen wie ein Hirsch. Glücklicherweise gibt der Büchsenträger des Grafen, ein ziemlich übler Kauz, besoffen an jenem Tag, so daß er ein Kaninchen nicht mehr von einem Reh unterscheiden konnte, aus über hundert Schritt Entfernung Feuer, ohne sich im mindesten darum zu kümmern, ob die Kugel die Bestie oder die Frau trifft...«

»Und er tötete den Bären?«

»Auf der Stelle. Nur einem Betrunkenen glücken solche Schüsse. Es gibt auch vorherbestimmte Kugeln, Herr Professor. Wir haben hier zauberkundige Leute, die welche zu festen Preisen feilbieten. Die Gräfin war ganz zerkratzt, bewußtlos und, das war nicht weiter schlimm, sie hatte ein Bein gebrochen. Man schafft sie heim, sie kommt wieder zu sich, aber ihr Verstand ist weg. Man bringt sie nach Petersburg. Große Beratung dort, vier mit allen möglichen Orden dekorierte Ärzte. Sie sagen: ›Frau Gräfin ist schwanger, möglicherweise löst ihre Entbindung eine günstige Wende aus. Bis dahin soll sie sich in guter Luft aufhalten, auf dem Lande, Molke trinken, Kodein ...‹ Jeder Arzt erhält hundert Rubel. Neun Monate später schenkt die Gräfin einem wohlgestalteten Knaben das Leben; aber die günstige Wende? Na gut, ja! ... Ihre Tollheit wird schlimmer. Der Graf zeigt ihr den Sohn. Das verfehlt nie seine Wirkung ... in Romanen. ›Tötet ihn! Tötet die Bestie!‹ schreit sie; es fehlte nicht viel und sie hätte dem Kleinen den Hals umgedreht. Seitdem wechselt ihr Zustand zwischen Stumpfsinn und Wutanfällen. Starker Hang zum Selbstmord. Sie muß angeschnallt werden, um an die Luft gebracht zu werden. Drei kräftige Dienerinnen müssen sie halten. Jedoch, Herr Professor, beachten Sie bitte folgendes: wenn ich mit meinem Latein bei ihr zu Ende bin, ohne mir Gehorsam verschafft zu haben, gibt es ein Mittel, sie zur Ruhe zu bringen. Ich drohe ihr, die Haare abzuschneiden. Ich glaube, sie hatte einst sehr schöne Haare. Die Eitelkeit ist offenbar das letzte menschliche Gefühl, das in ihr lebendig geblieben ist. Ist das nicht seltsam? Wenn ich sie nur so wie ich wollte, behandeln könnte, vielleicht gelänge es mir, sie zu heilen.«

»Wie nur?«

»Durch kräftige Schläge. Ich habe auf diese Weise zwölf Bäuerinnen in einem Dorf kuriert, wo diese fürchterliche russische Wahnsinnsepidemie ausgebrochen war, das *Heulen**; eine Frau fängt an zu heulen, ihre Gevatterin heult. Binnen drei Tagen heult das ganze Dorf. Durch viel Prügeln bin ich da zum Ziel gekommen. (Man nimmt dazu Haselruten, sie sind weich.) Der Graf hat es immer abgelehnt, daß ich diesen Versuch mache.«

* Eine Besessene nennt man in Rußland »Heulerin«, klikoucha, abgeleitet von Klik, Geschrei, Heulen.

»Wie? Sie wollen, daß er zu dieser abscheulichen Behandlung seine Einwilligung gibt?«

»Oh, er kennt ja seine Mutter kaum, und außerdem wäre es zu ihrem Besten; aber sagen Sie mir, Herr Professor, hätten Sie je geglaubt, daß man vor Angst den Verstand verlieren kann?«

»Die Lage der Gräfin war entsetzlich... Sich in den Klauen eines so wilden Tieres zu befinden!«

»Nun denn, ihr Sohn ist ihr darin unähnlich. Vor einem knappen Jahr befand sich der Graf in genau derselben Lage, und dank seiner Kaltblütigkeit ist er ohne jeden Schaden davongekommen.«

»Aus den Klauen eines Bären?«

»Einer Bärin, und zwar einer der größten, die man seit langem gesehen. Der Graf wollte sie mit dem Spieß in der Hand bezwingen. Aber mit einem Hieb wehrt sie den Spieß ab, ergreift den Herrn Grafen und wirft ihn mit derselben Leichtigkeit zu Boden, mit der ich eine Flasche umkippen würde. Er, der Schlaukopf, stellt sich tot... Die Bärin beschnüffelt und beschnuppert ihn und gibt ihm dann, anstatt ihn zu zerreißen, einen Zungenhieb. Er hat Geistesgegenwart genug, sich nicht zu rühren, und sie macht sich davon.«

»Die Bärin hielt ihn für tot. In der Tat, man hat mir erzählt, daß diese Tiere nichts Totes fressen.«

»Man muß es glauben und auf die Bestätigung durch eigene Erfahrung verzichten; aber in punkto Angst möchte ich Ihnen eine Geschichte aus Sewastopol erzählen. Wir saßen zu fünft oder sechst um einen Bierkrug, den man uns zum Hinterausgang des Lazaretts der berühmten fünften Bastion gebracht hatte. Der Posten rief: ›Eine Bombe!‹ Wir warfen uns alle platt zur Erde; nein, nicht alle: ein gewisser..., nun sein Name tut nichts zur Sache..., ein junger Offizier, der eben erst eingetroffen war, blieb stehen und hielt gerade in dem Augenblick, in dem die Bombe platzte, sein volles Glas in der Hand. Sie riß meinem armen Kameraden Andreas Speranski, einem tapferen Kerl, den Kopf weg und zerschlug den Krug; der war glücklicherweise fast ausgetrunken. Als wir nach der Detonation wieder aufstanden, erblickten wir inmitten des Rauchs unseren Freund, wie er seinen letzten Schluck Bier austrank, als ob nichts geschehen wäre. Wir hielten ihn für einen Helden. Am nächsten Tag begegne ich dem Hauptmann Gedeonoff, den man eben aus dem Lazarett entlassen hatte. Er sagte: ›Ich esse heute mit euch, und, um meine Auferstehung zu feiern, spendiere ich Champagner.‹ Wir setzen uns zu Tisch. Der junge Offizier mit dem Bier war auch da. Auf Champagner war er nicht vorbereitet. Man macht in seiner Nähe eine Flasche auf ... Paff! Der Pfropfen knallt ihm an die Schläfe. Er stößt einen Schrei aus, und es wird ihm übel. Glauben Sie mir, mein Held hatte das erste Mal teuflische Angst, und wenn er, statt sich hinzuwerfen, sein Bier austrank, tat er das, weil er den Kopf verloren hatte, und deshalb war er nur noch zu einer unbewußten, mechanischen Bewegung fähig. In der Tat, Herr Professor, die menschliche Maschine ...«

»Herr Doktor«, meldete ein eintretender Diener, »die Idanowna sagt, daß die Frau Gräfin nichts essen will.«

»Soll sie der Teufel holen!« brummte der Doktor. »Ich komme. Wenn ich mein Teufelsweib so weit habe, daß sie ißt, Herr Professor, können wir, wenn es Ihnen recht ist, eine Partie *Préférence* oder *Duratschki* spielen.«

Ich bedauerte keinerlei Spiel zu können und ging, während er seine Kranke aufsuchte, auf mein Zimmer und schrieb an Fräulein Gertrud.

II

Die Nacht war heiß, und ich hatte das Fenster zum Park offen gelassen. Da ich, nachdem ich meinen Brief geschrieben hatte, noch keine Lust hatte zu schlafen, ging ich wieder einmal die litauischen unregelmäßigen Verben durch und suchte im Sanskrit nach den Ursachen ihrer verschiedenen Unregelmäßigkeiten. Ich war noch mitten in dieser mich ganz in Anspruch nehmenden Arbeit, als ich sah, wie ein Baum in unmittelbarer Nähe meines Fensters in heftige Bewegung geriet. Ich hörte die dürren Zweige knacken, und es schien mir, als ob irgendein großes, schweres Tier ihn zu erklettern versuchte. Noch ganz unter dem Eindruck der Bärengeschichten, die mir der Doktor erzählt hatte, stand ich nicht ohne eine gewisse Erregung auf und erblickte einige Fuß von meinem Fenster im Laubwerk des Baumes einen menschlichen Kopf, der durch den Schein meiner Lampe hell angestrahlt wurde. Die Erscheinung währte nur einen Augenblick, aber das eigentümliche Blitzen der Augen, die meinem Blick begegneten, überraschte mich mehr, als ich zu sagen vermag. Unwillkürlich ging ich einen Schritt zurück, dann aber lief ich zum Fenster und fragte den Eindringling in strengem Ton, was er wolle. Unterdessen kletterte er in aller Eile hinab, faßte mit den Händen einen großen Ast, an dem er hin und her schwang, dann ließ er sich zur Erde fallen und verschwand sofort. Ich klingelte; ein Diener kam herein. Ich erzählte ihm, was soeben geschehen.

»Der Herr Professor wird sich gewiß getäuscht haben.«

»Ich bin dessen, was ich sage, sicher«, entgegnete ich. »Ich befürchte, es befindet sich ein Dieb im Park.«

»Unmöglich, Herr.«

»Also war es jemand aus dem Hause?«

Der Diener sah mich sprachlos mit großen Augen an. Schließlich fragte er, ob ich noch Wünsche an ihn hätte. Ich hieß ihn das Fenster schließen und legte mich zu Bett.

Ich schlief fest, ohne von Bären noch von Dieben zu träumen. Am andern Morgen, als ich eben mit dem

Ankleiden fertig war, wurde an meine Tür geklopft. Ich öffnete und vor mir stand ein sehr großer und schöner junger Mann, der einen bucharischen Schlafrock trug und eine lange türkische Pfeife in der Hand hielt.

»Ich komme, Sie um Verzeihung zu bitten, Herr Professor«, sagte er, »daß ich einen Gast wie Sie nicht besser empfangen habe. Ich bin Graf Szemioth.«

Ich erwiderte, daß ich ihm im Gegenteil für seine großartige Gastfreundschaft verbindlichst zu danken habe und erkundigte mich, ob seine Migräne vorüber sei.

»Fast ganz«, sagte er. »Bis zum nächsten Anfall«, fügte er mit trauriger Miene hinzu. »Haben Sie es hier erträglich? Sie müssen bedenken, daß Sie sich unter Barbaren befinden. In Samogitien darf man keine großen Ansprüche stellen.«

Ich versicherte ihm, daß ich mich bestens fühlte. Aber während ich mit ihm sprach, konnte ich es mir nicht versagen, ihn mit einer aufmerksamen Neugier zu betrachten, die ich selbst als ungehörig empfand. Sein Blick hatte etwas Eigentümliches, das mich wider Willen an den Mann erinnerte, den ich gestern abend den Baum erklettern gesehen hatte . . . Aber wie sollte der Graf Szemioth dazu kommen, nachts auf Bäume zu klettern? fragte ich mich.

Der junge Mann hatte eine hohe und gut entwickelte, freilich ein wenig schmale Stirn. Seine Züge waren durchaus regelmäßig; nur seine Augen befanden sich zu dicht beieinander, und es schien mir, als wäre da, von einer Tränendrüse zur andern, nicht genug Platz für ein weiteres Auge, wie es die Regel der griechischen Bildhauerkunst verlangt. Sein Blick war durchdringend. Unsere Augen begegneten einander mehrere Male gegen unseren Willen, und wir wendeten sie immer mit einer gewissen Verlegenheit ab. Plötzlich fing der Graf zu lachen an und rief:

»Sie haben mich wiedererkannt?«

»Wiedererkannt?«

»Ja, Sie haben mich gestern überrascht, als ich den Gassenjungen spielte.«

»Aber, Herr Graf!...«

»Ich hatte den ganzen Tag sehr leidend in meinem Zimmer zugebracht. Als es mir am Abend etwas besser ging, ging ich im Garten spazieren. Ich sah Licht bei Ihnen und wurde plötzlich von der Neugier getrieben... Ich hätte meinen Namen nennen und mich Ihnen vorstellen sollen, aber die Lage war zu lächerlich... Ich schämte mich und floh... Verzeihen Sie mir, daß ich Sie bei Ihrer Arbeit gestört habe?«

All das sagte er in einem Ton, der scherzhaft klingen sollte; aber er wurde rot und fühlte sich offensichtlich verlegen. Ich tat alles, um ihn zu überzeugen, daß diese erste Begegnung bei mir keinen unangenehmen Eindruck hinterlassen hatte, um von etwas anderem zu reden, fragte ich ihn, ob es wahr sei, daß er den *Samogitischen Katechismus* von Pater Lawicki besitze?

»Wohl möglich; aber ich muß aufrichtig gestehen, daß ich die Bibliothek meines Vaters nicht sehr gut kenne. Er schätzte alte Bücher und Raritäten. Ich lese fast ausschließlich neuere Werke; doch wir werden die Bestände sichten, Herr Professor. Sie wollen also, daß wir das Evangelium künftig in schmudischer Sprache lesen?«

»Halten Sie, Herr Graf, eine Übersetzung der Heiligen Schrift in die Landessprache nicht für wünschenswert?«

»Selbstverständlich; wenn Sie mir dennoch einen kleinen Vorbehalt erlauben wollen, ich möchte behaupten, von den Leuten, die nur Schmudisch sprechen, kann kein einziger lesen.«

»Mag sein; aber gestatten Sie mir, Euer Erlaucht, dagegen zu bemerken, daß die große Schwierigkeit, lesen zu lernen, auf dem Mangel an Büchern beruht. Wenn die Samogitier einen gedruckten Text haben werden, werden sie ihn auch lesen wollen und sie werden lesen lernen ... So ist es schon vielen wilden Völkern ergangen ..., nicht daß ich diese Beurteilung auf die Einwohner dieses Landes anwenden möchte ... Ist es übrigens nicht schade, daß eine Sprache vom Erdboden verschwindet, ohne eine Spur zu hinterlassen?« fügte ich hinzu. »Seit etwa dreißig Jahren ist das *Preußische* nur noch eine tote Sprache. Der letzte Mensch, der *Kornisch* sprach, ist kürzlich gestorben.«

»Traurig!« warf der Graf ein. »Alexander von Humboldt erzählte meinem Vater von einem Papagei, den er in Amerika gesehen hatte und der als einziger noch einige Worte von der Sprache eines von den Pocken hingerafften und heute völlig ausgestorbenen Stammes sprach. Erlauben Sie, daß der Tee hier serviert wird?«

Während wir Tee tranken, unterhielten wir uns weiter über die schmudische Sprache. Der Graf tadelte die Art und Weise, in der die Deutschen das Litauische gedruckt haben, und er hatte recht.

»Ihr Alphabet«, sagte er, »stimmt nicht mit unserem überein. Sie haben weder unser J, noch unser L, noch unser Y, noch unser E. Ich besitze eine im letzten Jahr in Königsberg veröffentlichte Sammlung von *Dainos* und ich habe die größte Mühe, die Worte zu erraten, so fremdartige Entstellungen haben sie erfahren.«

»Erlaucht sprechen zweifellos von der Dainos-Sammlung Leßners?«

»Ja. Enthält ziemliche platte Dichtungen, nicht wahr?«

»Vielleicht hätte man Besseres finden können. Ich gebe zu, daß die Auswahl, so wie sie ist, lediglich von philologischem Interesse ist; aber ich glaube, wenn man gut suchte, müßte es gelingen, köstlichere Blumen unter ihren Volksliedern zu finden.«

»Ach, trotz meinem Patriotismus möchte ich das erheblich bezweifeln.«

»Man zeigte mir vor einigen Wochen in Wilna eine

wirklich schöne, obendrein historische Ballade . . . Eine merkwürdige Dichtung . . . Erlauben Sie mir, sie vorzulesen? Ich habe sie in meiner Brieftasche.«

»Sehr gern.«

Er lehnte sich in seinen Sessel zurück, nachdem er mich zuvor um Erlaubnis gebeten, rauchen zu dürfen.

»Nur rauchend verstehe ich Poesie«, sagte er.

»Sie hat den Titel *Die drei Söhne von Budrys.«*

»*Die drei Söhne von Budrys*?« rief der Graf mit einer überraschten Gebärde.

»Ja. Budrys, Euer Erlaucht wissen das besser als ich, ist eine historische Gestalt.«

Der Graf sah mich mit seinem eigentümlichen Blick eindringlich an. Es lag etwas Unerklärliches, halb Schüchternes, halb Wildes darin, das, wenn man nicht daran gewöhnt war, einen fast peinlichen Eindruck erzeugte. Um dem zu entgehen, fing ich schnell an zu lesen.

DIE DREI SÖHNE VON BUDRYS

»Der alte Budrys ruft seine drei Söhne, drei echte Litauer wie er selbst, in den Hof seines Schlosses. Er spricht zu ihnen:

›Kinder, füttert eure Streitrosse, macht eure Sättel zurecht; schärft eure Säbel und Wurfspieße. Man sagt, daß in Wilna der Krieg gegen die drei Enden der Welt erklärt worden ist. Olgerd wird gegen die Russen ziehen; Skirgello gegen unsere polnischen Nachbarn; Kestut wird über die Deutschen* herfallen. Ihr seid jung, stark, kühn, zieht in den Kampf: die Götter Litauens mögen euch beistehen! Dieses Mal werde ich euch nicht begleiten, aber ich will euch einen Rat geben. Ihr seid drei, drei Wege stehen euch offen.

Einer von euch soll Olgerd nach Rußland begleiten, an die Ufer des Ilmensees, unter die Mauern von

* Der Orden der Deutschen Ritter.

Nowgorod. Dort findet man Hermelinfelle und Seidenstoffe in Hülle und Fülle. Bei den Kaufleuten gibt es soviel Rubel wie Eisschollen im Fluß.

Der zweite soll Kestut auf seinem Ritt folgen. Möge er das kreuztragende Geschmeiß in Stücke hauen! Bei ihnen gibts Bernstein wie Sand am Meer; ihre Tuche haben an Glanz und Farbe nicht ihresgleichen. Die Kutten ihrer Priester sind mit Rubinen besetzt.

Der dritte soll mit Skirgello den Njemen überschreiten. Drüben wird er wertloses Ackergerät finden. Dafür kann er gute Lanzen und starke Schilde aussuchen und mir wird er eine Schwiegertocher mitbringen.

Die Töchter Polens, Kinder, sind die schönsten unter unseren Gefangenen. Schäkernd wie Katzen, weiß wie Sahne! Unter ihren schwarzen Wimpern glänzen ihre Augen wie zwei Sterne. Als ich jung war, vor einem halben Jahrhundert, habe ich mir aus Polen eine schöne Gefangene mitgebracht, die ich zur Frau nahm. Längst lebt sie nicht mehr, aber ich kann den Platz am Herd nicht anschauen, ohne ihrer zu gedenken!‹

Er gibt den jungen Männern, die schon gerüstet sind und im Sattel sitzen, seinen Segen. Sie reiten von dannen; der Herbst kommt, es wird Winter ... Sie kehren nicht zurück. Schon hält sie der alte Budrys für tot.

Da erhebt sich ein Schneesturm; ein Reiter sprengt heran, seine schwarze Burka* birgt irgendeine kostbare Last.

›Das ist ein Sack‹, sagt Budrys. ›Er ist voller Rubel aus Nowgorod?‹

›Nein, Vater. Ich bringe Dir eine Schwiegertochter aus Polen mit.‹

Während des Schneesturms sprengt ein weiterer Reiter heran, und seine Burka verdeckt irgendeine kostbare Last.

›Was hast Du da, Sohn? Bernstein aus Deutschland?‹

* Ein Filzhaarmantel.

›Nein, Vater. Ich bringe Dir eine Schwiegertochter aus Polen mit.‹

Das Schneetreiben hält an; ein Reiter sprengt heran und unter seiner Burka verbirgt er irgendeine kostbare Last ... Aber, ehe er noch seine Beute zeigt, hat Budrys seine Freunde bereits zur dritten Hochzeit geladen.

»Bravo, Herr Professor«, rief der Graf. »Sie sprechen das Schmudische vortrefflich aus; aber wer hat ihnen diese hübsche *Daina* mitgeteilt?«

»Eine junge Dame, deren Bekanntschaft ich in Wilna, bei der Fürstin Katazyna Paz, gemacht habe.«

»Und wie heißt sie?«

»Die *Panna* Iwinska.«

»Fräulein Julka!«* rief der Graf. »Die kleine Närrin. Ich hätte es erraten können! Mein lieber Professor, Sie sprechen Schmudisch und alle gelehrten Sprachen der Welt, Sie haben alle alten Bücher gelesen; aber Sie haben sich von einem kleinen Mädchen, das nichts als Romane im Kopf hat, hinters Licht führen lassen. Sie hat Ihnen eine der hübschen Balladen von Mickiewicz, die Sie nicht kennen, weil sie nicht viel älter ist als ich, schlecht und recht ins Schmudische übersetzt. Wenn Sie wollen, zeige ich sie Ihnen auf Polnisch, oder, wenn Sie eine vortreffliche russische Übersetzung vorziehen, gebe ich Ihnen Puschkin.«

Ich gestehe, daß ich sprachlos blieb. Welcher Triumph für den Professor aus Dorpat, wenn ich die *Daina* von den Söhnen des Budrys als Original veröffentlicht hätte!

Statt sich über meine Verlegenheit lustig zu machen, beeilte sich der Graf mit ausgesuchter Höflichkeit, unser Gespräch auf einen anderen Gegenstand zu lenken.

»Sie kennen also Fräulein Julka?« sagte er.

* Juliane.

»Ich habe die Ehre gehabt, ihr vorgestellt zu werden.«

»Und was halten Sie von ihr? Ehrlich.«

»Sie ist sehr liebenswürdig.«

»Das sagen Sie so.«

»Sie ist sehr hübsch.«

»Ach was!«

»Wie! Hat sie nicht die schönsten Augen der Welt?«

»Ja ...«

»Eine Haut von ausgesprochener Zartheit? ... Mir fällt eine persische Gasele ein, in der ein Liebhaber die feine Haut seiner Geliebten besingt: ›Wenn sie roten Wein trinkt, sagt er, sieht man ihn durch ihre Kehle rinnen.‹ Die *Panna* Iwinska hat mich an diese persischen Verse erinnert.«

»Vielleicht ist Fräulein Julka dieses Wunder; aber ich weiß nicht, ob sie Blut in den Adern hat ... Sie hat kein Herz ... Sie ist weiß wie Schnee und auch so kalt! ...«

Er stand auf und ging im Zimmer auf und ab, ohne zu sprechen und, wie mir schien, um seine Bewegung zu verbergen; dann blieb er plötzlich stehen:

»Verzeihen Sie«, sagte er; »wir sprachen, glaube ich, von Volksdichtungen.«

»In der Tat, Herr Graf.«

»Man muß indessen zugeben, daß sie Mickiewicz sehr hübsch übersetzt hat ... ›Schäkernd wie eine Katze ..., weiß wie Sahne ..., ihre Augen glänzen wie zwei Sterne ...‹ Ihr Portrait. Finden Sie nicht?«

»Ganz und gar, Herr Graf.«

»Und was diese Eulenspiegelei betrifft ... zweifellos sehr unangebracht ..., aber das arme Kind stirbt vor Langeweile bei einer alten Tante ... Sie führt ein Klosterleben.«

»In Wilna traf man sie überall. Ich habe sie auf einem Ball gesehen, den die Offiziere des Regiments gaben ...«

»Ach ja, junge Offiziere, das ist die Gesellschaft, die

ihr zusagt! Lachen mit dem einen, schwatzen mit dem andern, mit allen flirten ... Wollen Sie nun die Bibliothek meines Vaters sehen, Herr Professor?«

Ich folgte ihm in eine große Galerie, wo eine Menge schön gebundener Bücher stand, die aber, wie man aus der daraufliegenden Staubschicht schließen konnte, wenig benutzt wurden. Man denke sich meine Freude, als sich unter den ersten Bänden, die ich aus einem Regal nahm, der *Samogitische Katechismus* befand. Ich konnte nicht umhin, einen Freudenschrei auszustoßen. Eine Art geheime Anziehungskraft muß ohne unser Wissen Einfluß ausüben ... Der Graf nahm das Buch und schrieb, nachdem er es flüchtig durchgeblättert hatte, auf das Deckblatt: *Für Herrn Professor Wittembach, von Michael Szemioth.* Ich vermag hier nicht auszudrücken, wie groß meine Dankbarkeit war, aber ich gelobte im stillen, daß das kostbare Buch nach meinem Tod die Zierde der Bibliothek der Universität werden sollte, an der ich promoviert hatte.

»Bitte, betrachten Sie diese Bibliothek als Ihr Arbeitszimmer«, sagte der Graf, »niemand wird Sie hier stören.«

III

Am andern Tag nach dem Frühstück schlug mir der Graf einen Spazierritt vor. Es handelte sich um den Besuch eines *Kapas* (so nennen die Litauer die kegelförmigen Grabhügel, die bei den Russen *Kurgan* heißen), der im Lande große Berühmtheit genoß, weil sich dort ehedem die Dichter und Zauberer, was ein und dasselbe war, zu gewissen feierlichen Anlässen zu versammeln pflegten.

»Ich kann Ihnen«, sagte er, »ein ganz zahmes Pferd geben; leider kann ich Sie nicht in einer Kalesche hinfahren; denn der Weg, den wir nehmen müssen, ist nicht befahrbar.«

Ich wäre lieber in der Bibliothek geblieben, um mir Aufzeichnungen zu machen, aber ich glaubte mich den Wünschen meines großzügigen Gastgebers fügen zu müssen und nahm an. Die Pferde erwarteten uns an der Freitreppe; auf dem Hof hielt ein Diener einen Hund an der Leine. Der Graf blieb einen Moment stehen und drehte sich nach mir um:

»Herr Professor, verstehen Sie sich auf Hunde?«

»Sehr wenig, Euer Erlaucht.«

»Der Starost von Zorany, wo ich ein Gut habe, schickt mir diesen Spaniel, von dem er mir Wunderdinge meldet. Erlauben Sie, daß ich ihn mir ansehe?« Er rief den Diener, der ihm den Hund brachte. Es war ein sehr schönes Tier. Schon vertraut mit seinem Führer, sprang der Hund freudig an ihm empor und schien äußerst lebhaft; doch wenige Schritte vor dem Grafen, nahm er den Schwanz zwischen die Beine, ging nach rückwärts und schien wie von jäher Angst erfaßt zu sein. Der Graf streichelte ihn, worauf der Hund in ein jämmerliches Geheul ausbrach, und, nachdem er ihn eine Weile mit Kennerblick betrachtet hatte, sagte er:

»Ich glaube, er wird gut. Man muß ihn nur gut pflegen.«

Dann stieg er in den Sattel.

»Herr Professor«, sagte der Graf, »Sie haben, als wir die Schloßallee hinunterritten, die Angst dieses Hundes bemerkt. Ich wollte, daß Sie es einmal mit eigenen Augen sehen ... In Ihrer Eigenschaft als Gelehrter sollen Sie mir das Rätsel erklären ... Warum fürchten sich die Tiere vor mir?«

»In der Tat, Herr Graf, Sie tun mir die Ehre an, mich für einen Ödipus zu halten. Ich bin nur ein bescheidener Professor der vergleichenden Linguistik. Es wäre möglich ...«

»Sie müssen wissen«, unterbrach er mich, »daß ich nie Pferde noch Hunde schlage. Ich bringe es nicht über mich, ein hilfloses Tier zu mißhandeln, das ahnungslos einen Fehler begeht. Trotzdem können Sie sich keinen Begriff von dem Widerwillen machen, den ich Pferden oder Hunden einflöße. Sie an mich zu gewöhnen, kostet doppelt so viel Mühe und Zeit, als an andere. Bei dem Pferd, das Sie reiten, habe ich lange gebraucht, bis es zahm war; jetzt ist es fromm wie ein Lamm.«

»Ich glaube, Herr Graf, die Tiere sind Physiognomiker, und sie wissen sofort, ob ein Mensch, den sie zum ersten Mal sehen, ihnen zugetan ist oder nicht. Ich habe den Verdacht, daß Sie die Tiere nur der Dienste wegen schätzen, die sie Ihnen leisten; dagegen haben einige Menschen eine natürliche Zuneigung für gewisse Tiere, was diese auch sofort merken. Ich zum Beispiel habe von Kindheit an eine angeborene Vorliebe für Katzen. Selten laufen sie weg, wenn ich mich ihnen nähere, um sie zu streicheln; noch nie hat mich eine Katze gekratzt.«

»Das ist gut möglich«, sagte der Graf. »In der Tat, ich bin nicht das, was man einen Tierfreund nennt ... Tiere sind nicht mehr wert als die Menschen. Ich führe Sie jetzt, Herr Professor, in einen Wald, der um diese Zeit ein ausgesprochenes Reich der Tiere ist, ihre *matecznick,* ihre Magna mater, die Geburtsstätte aller Wesen. Ja, unseren heimischen Sagen nach, ist noch niemand in sein Inneres eingedrungen, ist noch niemand bis in die Mitte dieser Wälder und Sümpfe gelangt, mit Ausnahme natürlich der Dichter und Zauberer, die überall hin kommen ... Dort leben die Tiere in einer Republik ... oder unter einer verfassungsmäßigen Regierung, genau weiß ich es nicht. Löwen, Bären, Elche, *Zubrs*, das sind unsere Auerochsen, sie alle leben in bester Eintracht. Das Mammut, das es dort noch gibt, genießt eine sehr hohe Achtung. Er ist, glaube ich, Landmarschall. Sie haben eine sehr strenge Polizei, und wenn sie ein lasterhaftes Tier entdecken, verurteilen sie es und weisen es aus. Es fällt dann aus der Pfanne ins Feuer. Es sieht sich gezwungen, in das

Reich der Menschen zu flüchten. Nur wenige überleben.*

»Eine sehr merkwürdige Legende«, rief ich; »aber, Herr Graf, Sie sprechen vom Auerochsen; gibt es dieses edle Tier, das Caesar in seinen Kommentaren beschreibt und das die merowingischen Könige im Wald von Compiègne gejagt haben, wirklich noch in Litauen, wie man behauptet?«

»Sicher. Mein Vater hat selbst einen Zubr erlegt, selbstverständlich mit Erlaubnis der Regierung. Haben Sie nicht den Kopf im großen Saal bemerkt? Ich selbst habe noch keinen gesehen, ich nehme an, daß die Zubrs sehr selten sind. Dafür haben wir hier Wölfe und Bären in Hülle und Fülle. Für den Fall einer Begegnung mit einem dieser Herrschaften habe ich dieses Instrument hier mitgenommen (er zeigte eine tscherkessische *Tscherkole***, die er quer über Schulter und Brust trug), und mein Groom hat am Sattelknopf einen doppelläufigen Karabiner.«

Wir begannen nun in den Wald einzudringen. Bald verschwand der schmale Pfad, dem wir anfänglich folgten. Jeden Moment sahen wir uns gezwungen, riesige Bäume zu umreiten, deren tief niederhängende Zweige uns den Weg versperrten. Einige, die vor Alter abgestorben und umgefallen waren, sahen aus wie ein mit einer Reihe spanischer Reiter gekrönter, unüberwindlicher Wall. Weiterhin stießen wir auf tiefe, mit Seerosen und Wasserlinsen bedeckte Tümpel. Wieder weiter sahen wir Lichtungen in smaragdgrünem Glanz schimmern, aber wehe dem, der sich ihnen genaht hätte, denn diese reiche und üppige Vegetation verbirgt gewöhnlich Moräste, in den Roß und Reiter auf immer verschwinden ... Die Schwierigkeiten des Weges hatten unser Gespräch unterbrochen. Ich gab mir alle Mü-

* Siehe »Pan Tadeusz« von Mickiewicz; — »Gefesseltes Polen« von M. Charles Edmond.

** Futteral eines tscherkessischen Gewehrs.

he, dem Graf zu folgen, und ich bewunderte den unerschütterlichen Scharfsinn, mit dem er ohne Kompaß sein Pferd lenkte und immer genau die Richtung wiederfand, die wir verfolgen mußten, um zu dem *Kapas* zu gelangen. Man sah, daß er lange in diesen wilden Wäldern gejagt hatte.

Endlich erblickten wir den Grabhügel im Zentrum einer großen Lichtung. Er war sehr hoch, von einem Graben umgeben, der, trotz wucherndem Gesträuch und Erdrutschen, noch gut zu erkennen war. Es schien, daß er bereits durchsucht worden war. Auf seiner Spitze entdeckte ich Reste eines teilweise ausgeglühten Mauerwerks. Eine große Menge mit Kohlen vermischter Asche und hier und da Scherben von grobem Tongeschirr bekundeten, daß man auf der Spitze des Hügels lange Zeit Feuer unterhalten hatte. Laut Volksglauben haben auf den *Kapas* ehemals Menschenopfer stattgefunden; aber es gibt keine vergangene Religion, der man solche abscheulichen Gebräuche nicht zuschriebe, und ich bezweifle, daß man einen ähnlichen Glauben hinsichtlich der alten Litauer durch historische Zeugnisse belegen kann.

Als wir, der Graf und ich, wieder vom Grabhügel herunter kletterten, um zu unseren Pferden zu gelangen, die wir jenseits des Grabens gelassen hatten, sahen wir eine alte Frau auf uns zukommen, die sich auf einen Stock stützte und einen Korb in der Hand trug.

»Meine guten hohen Herrn«, sagte sie sich an uns wendend, »geben Sie mir um der Liebe Christi willen einen Almosen. Geben Sie mir eine Kleinigkeit, damit ich mir ein Glas Schnaps kaufen kann, um meinen alten Körper ein wenig aufzuwärmen.«

Der Graf warf ihr ein Silberstück hin und fragte sie, was sie hier im Walde, so fern von jeder menschlichen Behausung, zu tun habe. Statt einer Antwort zeigte sie ihm ihren Korb, der voll mit Pilzen war. Obwohl meine botanischen Kenntnisse ziemlich bescheiden sind, schienen mir mehrere von diesen Pilzen giftig zu sein.

»Gute Frau«, sagte ich, »ich hoffe, Sie wollen das Zeug da nicht essen?«

»Guter Herr«, entgegnete die Alte mit einem traurigen Lächeln, »die armen Leute essen alles, was Ihnen der liebe Gott beschert.«

»Sie kennen unsere litauischen Mägen noch nicht«, meinte der Graf; »sie sind mit Blech gefüttert. Unsere Bauern essen alle Pilze, die sie finden, und sie bekommen ihnen.«

»Halten Sie die Frau wenigstens davon ab, den *Agaricus necator* zu essen, den ich da in ihrem Korb sehe«, schrie ich.

Und ich streckte die Hand aus, um einen der giftigsten Pilze herauszunehmen; aber die Alte zog den Korb hastig zurück. »Nehmen Sie sich in acht!« rief sie im Ton des Schreckens; »sie werden bewacht ... *Perkun*! *Perkun*!«

Perkun ist beiläufig gesagt der samogitische Name der Gottheit, die die Russen *Perun* nennen; das ist der Jupiter tonans der Slawen. Ich war erstaunt, die Alte einen heidnischen Gott anrufen zu hören und war es noch mehr, als die Pilze in Bewegung gerieten. Der schwarze Kopf einer Schlange kam hervor und richtete sich mindestens einen Fuß hoch im Korb auf. Ich machte einen Sprung rückwärts, und der Graf spuckte über seine Schulter, gemäß der abergläubischen Gewohnheit der Slawen, die, nach dem Vorbild der alten Römer, glauben, auf diese Weise bösen Zauber abwenden zu können. Die Alte stellte den Korb auf die Erde, kauerte sich daneben; dann streckte sie die Hand nach der Schlange aus und sie murmelte einige unverständliche Worte, die beschwörenden Charakter hatten. Die Schlange verharrte eine Minute lang regungslos; dann ringelte sie sich um den abgezehrten Arm der Alten und verschwand im Ärmel ihres Schaffellmantels, aus dem, nebst einem schlechten Hemd, wie ich glaube, die ganze Bekleidung dieser litauischen Circe bestand. Die Alte betrachtete uns mit einem kleinen triumphierenden Lachen, wie ein Taschenspieler, dem ein schwieriges Kunststück gelungen ist. In ihrem Gesicht war jenes Gemisch aus List und Dummheit, wie man es häufig bei sogenannten Zauberern wahrnimmt, die meistens Betrüger und Betrogene zugleich sind.

»Da haben Sie«, sagte der Graf auf deutsch zu mir, »ein Stück *Lokalkolorit;* eine Zauberin, die am Fuße eines *Kapas*, in Gegenwart eines gelehrten Professors und eines unwissenden litauischen Edelmannes eine Schlange beschwört. Das wäre doch ein hübscher Vorwurf zu einem Genrebild für Ihren Landsmann Knaus... Haben Sie nicht Lust, sich wahrsagen zu lassen? Jetzt ist die Gelegenheit günstig.«

Ich antwortete ihm, daß es mir fernliege, solche Praktiken auch noch zu unterstützen.

»Ich werde sie lieber fragen«, fügte ich hinzu, »ob sie keine Einzelheiten von der seltsamen Überlieferung kennt, von der Sie mir erzählt haben. – Gute Frau«, sagte ich zu der Alten, »hast du nicht von einem Bezirk in diesem Wald reden hören, wo die Tiere in Gemeinschaft leben, ohne von der Herrschaft der Menschen zu wissen?«

Die Alte nickte zustimmend mit ihrem Kopf und sagte mit ihrem halb blödsinnigen, halb boshaften Lachen:

»Da komme ich her. Die Tiere haben ihren König verloren. *Nobel*, der Löwe, ist gestorben; die Tiere müssen einen anderen König wählen. Geh hin, vielleicht wirst du König.«

»Was redest du da, Mütterchen?« rief der Graf, in Lachen ausbrechend. »Weißt du, mit wem du redest? Du weißt nicht, daß dieser Herr... (wie zum Teufel heißt nur Professor auf Schmudisch?), daß dieser Herr ein großer Gelehrter ist, ein Weiser, ein *Waidelot*.«*

* Schlechte Übersetzung des Wortes Professor, *Waidelots* sind litauische Barden.

Die Alte sah ihn aufmerksam an.

»Ich habe mich geirrt«, sagte sie; »du sollst hingehen. Du wirst ihr König sein, nicht er; du bist groß, du bist stark, du hast Pranken und Zähne ...«

»Was sagen Sie zu den Epigrammen, die sie auf uns losläßt?« fragte mich der Graf. – »Du kennst also den Weg, Mütterchen?« fragte er sie.

Sie zeigte ihm mit der Hand ein Waldstück.

»Dort?« entgegnete der Graf. »Und das Moor, wie kommst du da durch? – Sie müssen nämlich wissen, Herr Professor, daß sich dort, wo sie hinzeigt, unüberschreitbares Moor befindet, ein Sumpf, der mit grünem Gras bedeckt ist. Im vorigen Jahr floh ein Hirsch, den ich angeschossen hatte, in dieses teuflische Sumpfgebiet. Ich sah, wie er allmählich einsank, allmählich ... Nach zwei Minuten sah ich nur noch sein Geweih; bald war auch das verschwunden; und mit ihm zwei meiner Hunde.«

»Aber ich bin nicht so schwer«, sagte die Alte kichernd.

»Ich glaube, du reitest mühelos auf einem Besenstiel über den Sumpf.«

Ein wütender Blick funkelte in den Augen der Alten.

»Mein guter hoher Herr«, sagte sie, indem sie den näselnden, schleppenden Ton der Bettler wieder annahm, »willst du nicht einer armen Frau eine Pfeife Tabak schenken? – Du würdest besser tun«, fügte sie mit gedämpfter Stimme hinzu, »den Pfad durch das Moor zu suchen als nach Dowghielly zu gehen.«

»Dowghielly!« rief der Graf, der rot wurde. »Was willst du damit sagen?«

Ich konnte nicht umhin, zu bemerken, daß dieses Wort einen sonderbaren Eindruck auf ihn machte. Er war sichtlich verlegen; er senkte den Kopf und widmete sich, um seine Bestürzung zu verbergen, emsig seinem Tabaksbeutel, der am Griff seines Jagdmessers hing.

»Nein, geh nicht nach Dowghielly«, wiederholte

die Alte. »Die kleine weiße Taube ist nichts für dich. Nicht wahr, Perkun?«

In diesem Moment steckte die Schlange ihren Kopf aus dem Kragen des Mantels der Alten und richtete sich bis zum Ohr ihrer Herrin auf. Das Reptil, zweifellos zu diesem Kunststück abgerichtet, bewegte die Kiefern so, als ob es spreche.

»Sie sagt, daß ich recht habe«, fügte die Alte hinzu.

Der Graf reichte ihr eine Handvoll Tabak.

»Du kennst mich?« fragte er sie.

»Nein, mein guter Herr.«

»Ich bin der Besitzer von Medintiltas. Komm in den nächsten Tagen einmal vorbei. Ich werde dir Tabak und Schnaps geben.«

Die Alte küßte ihm die Hand und eilte in großen Schritten davon. Augenblicks hatten wir sie aus dem Gesicht verloren. Der Graf blieb nachdenklich, er zog die Schnur seines Tabakbeutels auf und zu, ohne recht zu wissen, was er tat.

»Herr Professor«, begann er nach längerem Schweigen, »Sie werden sich über mich lustig machen. Dieses alte Luder kennt mich besser als sie vorgibt, und der Weg, den sie mir gewiesen hat ... Doch liegt in alldem nichts besonders Erstaunliches. Ich bin in der Gegend bekannt wie ein weißer Wolf. Die Närrin hat mich sicher mehr als einmal auf dem Weg nach Schloß Dowghielly gesehen ... Dort gibt es eine heiratsfähige junge Dame: sie hat angenommen, ich wäre in sie verliebt ... Dann wird sie irgendein hübscher Kerl bestochen haben, mir Unheil zu verkünden ... All das springt in die Augen; dennoch ... wider meinen Willen haben ihre Worte Wirkung auf mich. Sie erschrecken mich geradezu ... Sie lachen und mit Recht. Die Wahrheit ist, daß ich vorhatte, uns heute auf Schloß Dowghielly zum Essen einladen zu lassen, und jetzt zögere ich ... Ich bin ein großer Narr! Also, Herr Professor, entscheiden Sie selber. Sollen wir uns hinbegeben?«

»Ich werde mich hüten, einen Rat zu geben«, antwortete ich lachend. »In Heiratsangelegenheiten äußere ich mich nie.«

Wir waren wieder bei den Pferden. Der Graf sprang gewandt in den Sattel und rief, indem er die Zügel fallen ließ:

»Das Pferd soll für uns entscheiden.«

Das Pferd zögerte nicht; es bog sofort auf einen kleinen Pfad ab, der nach einigen Biegungen auf eine feste Straße mündete, und diese Straße führte nach Dowghielly. Eine halbe Stünde später waren wir auf der Freitreppe des Schlosses.

Der Hufschlag unserer Pferde lockte einen hübschen Blondkopf ans Fenster zwischen die Vorhänge. Ich erkannte die perfide Übersetzerin von Mickiwiecz.

»Willkommen!« rief sie. »Sie konnten nicht gelegener kommen, Graf Szemioth. Eben habe ich aus Paris ein Kleid erhalten. Sie werden mich nicht wiedererkennen, so schön werde ich darin aussehen.« Die Vorhänge schlossen sich. Als wir die Freitreppe hinaufstiegen, murmelte der Graf zwischen den Zähnen:

»Dieses Kleid legt sie bestimmt nicht für mich an ...«

Er stellte mich Madame Dowghiello vor, der Tante der *Panna* Iwinska, die mich in verbindlicher Weise empfing und von meinen letzten Artikeln in der Königsberger *Zeitschrift für Wissenschaft und Literatur* sprach.

»Der Professor«, sagte der Graf, »kommt, um sich bei Ihnen über Fräulein Juliane zu beklagen, die ihm einen schlimmen Streich gespielt hat.«

»Sie ist ein Kind, Herr Professor. Verzeihen Sie ihr. Oft bringt sie mich mit ihren Narrteien zur Verzweiflung. Mit sechzehn war ich vernünftiger als sie mit zwanzig; aber im Grunde ist sie ein gutes Mädchen und sie hat alle guten Eigenschaften. Sie ist eine sehr gute Musikerin, sie malt wundervoll Blumen und sie spricht hervorragend Französisch, Deutsch und Italienisch ... Sie stickt ...«

»Und sie macht schmudische Verse!« fügte der Graf lachend hinzu.

»Das kann sie nicht!« rief Madame Dowghiello, der man nun den Schelmenstreich ihrer Nichte erzählte.

Madame Dowghiello war gebildet und sie kannte die Altertümer ihres Landes. Ihre Unterhaltung gefiel mir ausnehmend gut. Sie las die deutschen Zeitschriften und machte treffende Bemerkungen zur Linguistik. Ich gestehe, daß ich die Zeit, die Fräulein Iwinska brauchte, um sich anzuziehen, gar nicht bemerkte; aber dem Grafen Szemioth erschien sie lang, er stand auf, setzte sich wieder, sah zum Fenster hinaus und trommelte mit den Fingern an die Scheiben, wie ein Mensch, der die Geduld verliert.

Nach dreiviertel Stunden endlich erschien Fräulein Juliane, gefolgt von ihrer französischen Gouvernante. Mit ebensoviel Grazie als Stolz trug sie ein Kleid, dessen Beschreibung bessere Kenntnisse erfordern würde als ich besitze.

»Bin ich nicht schön?« fragte sie den Grafen, indem sie sich langsam um sich drehte und sich ihm von allen Seiten zeigte.

Sie sah weder den Grafen an, noch mich, sie sah nur ihr Kleid. »Nun Julka«, sagte Madame Dowghiello, »sagst du dem Herrn Professor, der sich über dich zu beklagen hat, nicht guten Tag?«

»Ach, Herr Professor!« rief sie mit ihrem lieblichen Schmollmund, »was habe ich denn getan? Sind Sie gekommen, um mich zu bestrafen?«

»Wir würden uns bestrafen, Fräulein«, antwortete ich ihr, »wenn wir uns von ihrer Gegenwart befreien würden. Es liegt mir fern, mich zu beklagen; im Gegenteil, ich schätze mich glücklich dank Ihnen erfahren zu haben, daß die litauische Muse glänzender denn je blüht.«

Sie senkte den Kopf und hielt die Hände vor das Gesicht, wobei sie sorgfältig darauf achtete, daß ihr Haar nicht in Unordnung geriet:

»Verzeihen Sie, ich werde es nicht wieder tun!« sagte sie im Ton des Kindes, das Süßigkeiten genascht hat.

»Ich werde Ihnen erst verzeihen, Gnädigste«, sagte ich zu ihr, »wenn Sie mir ein gewisses Versprechen erfüllen, das Sie mir in Wilna bei der Fürstin Katarina Paz gegeben haben.«

»Was für ein Versprechen?« fragte sie, indem sie ihren Kopf reckte und lachte.

»Haben Sie das schon vergessen? Sie haben mir für den Fall, daß wir uns in Samogitien wiedersehen sollten, versprochen, mir einen gewissen Volkstanz zu zeigen, von dem sie Wunderdinge berichteten.«

»Ach, die Russalka! Das tue ich mit Vergnügen, und da ist auch gerade der Partner, den ich dazu brauche.«

Sie lief zu einem Tisch, auf dem Notenhefte lagen, blätterte rasch darin, legte eins auf das Notenpult des Flügels und wendete sich an ihre Gouvernante:

»Halten Sie, Beste, *allegro presto.*«

Und ohne sich hinzusetzen, spielte sie selbst das Ritornell, um das Tempo anzugeben.

»Kommen Sie, Graf Michael; als wahrer Litauer werden Sie die Russalka gut tanzen können ...; aber tanzen Sie wie ein Bauer, hören Sie?«

Frau Dowghiello versuchte einen Einwand, aber vergebens. Der Graf und ich, wir gaben nicht nach. Er hatte seine Gründe, denn seine Rolle bei diesem Tanz war, wie man sehen wird, die denkbar angenehmste. Die Gouvernante erklärte nach einigen Versuchen, sie glaube, daß sie diese Art von Walzer, so sonderbar er auch sei, spielen könne, und Fräulein Iwinska faßte, nachdem sie einige Stühle und einen Tisch, die ihr im Wege standen, beiseite geräumt hatte, ihren Tanzpartner am Rockkragen und führte ihn in die Mitte des Salons.

»Herr Professor, nehmen Sie zur Kenntnis, daß ich Ihnen zuliebe eine Russalka bin.«

Sie machte eine große Verbeugung.

»Eine Russalka ist eine Wassernymphe. Es gibt je eine in all diesen schwarzen Wasserteichen, die unsere Wälder zieren. Kommen Sie ihnen nicht zu nahe! Die Russalka kommt heraus, sie ist womöglich noch hübscher als ich; sie zieht Sie in die Tiefe hinab, wo sie Sie, aller Wahrscheinlichkeit nach, auffrißt...«

»Eine wahrhaftige Sirene!« rief ich.

»Der da«, fuhr Fräulein Iwinska fort, indem sie auf Graf Szemioth deutete, »ist ein junger, sehr törichter Fischer, der sich in meine Fänge begibt, und ich berücke ihn, um den Spaß auszudehnen, indem ich ein bißchen um ihn tanze... Ja, um das aber glaubhaft darzustellen, müßte ich einen Sarafan haben.* Schade!... Sie müssen bitte dieses Kleid, das weder Charakter noch Lokalkolorit hat, entschuldigen... Ach, und ich habe Schuhe an! Es ist unmöglich, die Russalka mit Schuhen zu tanzen... noch dazu mit Stöckelschuhen!«

Sie hob ihr Kleid, schüttelte den hübschen Fuß mit viel Anmut und schleuderte, auf die Gefahr hin, ein wenig von ihrem Bein zu zeigen, den Schuh in die Ecke des Salons. Der zweite folgte dem ersten, und sie stand nun mit ihren seidnen Strümpfen auf dem Parkett.

»Ich bin bereit«, sagte sie zu ihrer Gouvernante.

Und der Tanz begann.

Die Russalka dreht und umdreht ihren Tänzer. Er streckt den Arm aus, um sie zu erfassen, sie schlüpft darunter durch und entwischt ihm. Das alles ist sehr graziös, und die Musik bewegt und eigentümlich. Der Tanz endet damit, daß der Tänzer die Russalka end-

* Eine Bauerntracht, ohne Mieder.

lich zu erhaschen meint, um ihr einen Kuß zu geben, sie macht einen Sprung, versetzt ihm einen Schlag auf die Schultern, und er fällt ihr wie tot zu Füßen ... Aber der Graf dachte sich eine Variante aus, das heißt, er umarmte die Schelmin und küßte sie innig. Fräulein Iwinska stieß einen kleinen Schrei aus, errötete stark und ließ sich schmollend auf ein Sofa fallen, indem sie sich beklagte, daß er sie wie ein Bär, der er sei, umfaßt hätte. Ich sah, daß der Vergleich dem Grafen nicht gefiel, denn er erinnerte ihn an ein Familienunglück; seine Stirn verfinsterte sich. Ich meinerseits bedankte mich lebhaft bei Fräulein Iwinska und lobte den Tanz, der mir antiken Charakter zu haben schien, da er mich an die heiligen Tänze der Griechen erinnerte. Ich wurde von einem Diener unterbrochen, der den General und die Fürstin Veliaminoff meldete. Fräulein Iwinska machte einen Satz vom Sofa zu ihren Schuhen, schlüpfte mit ihren kleinen Füßen hastig hinein und eilte der Fürstin entgegen, vor der sie Schlag auf Schlag zwei tiefe Verbeugungen machte. Ich bemerkte, wie sie bei jeder geschickt völlig in die Schuhe rutschte. Der General brachte zwei seiner Adjutanten mit und lud sich, wie wir, auf gut Glück zum Essen ein. In jedem anderen Land hätte die gleichzeitige Ankunft von sechs unerwarteten Gästen mit gesegnetem Appetit die Hausfrau in Verlegenheit gebracht; aber in litauischen Häusern herrscht eine solche Fülle und Gastfreundschaft, daß sich das Mittagessen, glaube ich, nicht einmal um eine halbe Stunde verspätete. Nur gab es zu viele warme und kalte Pasteten.

IV

Das Essen verlief sehr heiter. Der General teilte uns sehr interessante Einzelheiten über die Sprachen mit, die im Kaukasus gesprochen werden, und von denen die einen zu den *arischen* und die andern zu den *turanischen* gehören, obwohl es zwischen den verschiedenen Völkerstämmen eine bemerkenswerte Übereinstimmung in Sitten und Gebräuchen gibt. Ich mußte von meinen Reisen erzählen, denn nachdem Graf Szemioth mich wegen meiner Reitkünste beglückwünscht und erklärt hatte, daß er noch nie einem Staatsdiener oder Professor begegnet sei, der einem Ritt, wie wir ihn heute gemacht, so mühelos gewachsen gewesen wäre, war ich gezwungen, ihm zu sagen, daß ich, von der Bibelgesellschaft mit einer Arbeit über die Sprache der *Charruas* beauftragt, dreiundeinhalb Jahre in der Republik Uruguay verbracht hatte, fast immer zu Pferde und in den Pampas, unter Indianern lebend. Auf diese Weise wurde ich auch veranlaßt zu erzählen, daß ich einmal, nachdem ich drei Tage in den endlosen Ebenen umhergeirrt war und nichts mehr zu essen und zu trinken hatte, genötigt gewesen wäre, es wie die *Gauchos* zu machen, die mich begleiteten, das heißt, meinem Pferd zur Ader zu lassen und sein Blut zu trinken.

Alle Damen stießen einen Schrei des Abscheus aus. Der General bemerkte, daß die Kalmücken in einer ähnlichen Notlage das gleiche zu tun pflegten. Der Graf fragte mich, wie ich dieses Getränk gefunden hätte.

»Moralisch«, antwortete ich, »war es mir sehr zuwider, jedoch physisch bekam es mir ausgezeichnet, und ihm allein verdanke ich die Ehre, heute hier zu speisen. Viele Europäer, das heißt Weiße, die lange mit Indianern gelebt haben, gewöhnen sich daran und finden daran sogar Geschmack. Mein vortrefflicher Freund Don Fructuoso Rivero, Präsident der Republik, versäumt selten eine Gelegenheit zu diesem Genuß. Ich erinnere mich, daß er eines Tages, als er in großer Uniform auf dem Weg zum Kongreß war, an einem *Rancho* vorüberkam, wo man einem Füllen zur Ader ließ. Er hielt an, stieg vom Pferd und verlangte einen *chupon*, ein Saugröhrchen; hinterher hielt er eine seiner überzeugendsten Reden.«

»Ihr Präsident ist ein abscheuliches Monstrum!« rief Fräulein Iwinska.

»Entschuldigen Sie, gnädiges Fräulein«, sagte ich, »er ist ein sehr distinguierter Mann, von hervorragendem Geiste. Er beherrscht mehrere, sehr schwierige indianische Sprachen ausgezeichnet, besonders das *Charrua*, dessen Eigenart in den zahllosen Formen besteht, die ein Verb, je nachdem ob es transitiv oder intransitiv gebraucht wird sowie je nach den gesellschaftlichen Beziehungen zwischen den Personen, die es sprechen, annimmt.«

Eben wollte ich noch einige seltsame Einzelheiten über den Gebrauch des Verbs im *Charrua* hinzufügen, als mich der Graf mit der Frage unterbrach, wo man dem Pferd zur Ader lassen müsse, wenn man sein Blut trinken wolle.

»Um Gottes willen, lieber Professor, sagen Sie es ihm nicht«, rief Fräulein Iwinska mit einer Art komischem Entsetzen. »Er wäre imstande, seinen ganzen Stall zu opfern und dann uns zu fressen, wenn er keine Pferde mehr hat!«

Nach diesem witzigen Ausfall hoben die Damen lachend die Tafel auf, um Kaffee und Tee zu bereiten, während wir rauchten. Nach einer Viertelstunde ließ man den Herrn General in den Salon bitten. Wir alle wollten ihm folgen; aber man sagte uns, die Damen wünschten nur einen Herrn auf einmal. Bald darauf hörten wir im Salon lautes Lachen und Händeklatschen.

»Fräulein Julka ist in ihrem Element«, sagte der Graf.

Nun wurde er selber gerufen; erneutes Lachen, erneutes Klatschen. Nach ihm kam ich an die Reihe. Als ich in den Salon trat, gaben sich alle den Anschein tiefen Ernstes, was nichts Gutes verhieß. Ich erwartete irgendeine Neckerei.

»Herr Professor«, eröffnete mir der General so geschäftsmäßig wie möglich, »die Damen behaupten, wir hätten ihrem Champagner zu sehr zugesprochen, und wollen uns nur in ihren Kreis aufnehmen, wenn wir eine Probe ablegen. Es handelt sich darum, mit verbundenen Augen von der Mitte des Salons bis zu jener Mauer zu gehen und sie mit dem Finger zu berühren. Sie sehen, die Sache ist einfach, man hat lediglich geradeaus zu gehen. Fühlen Sie sich imstande, die gerade Richtung einzuhalten?«

»Ich glaube wohl, Herr General.«

Sogleich band mir Fräulein Iwinska ein Taschentuch um die Augen und zog es hinten mit aller Gewalt zu.

»Sie befinden sich mitten im Salon«, sagte sie, »strecken Sie die Hand aus ... Gut! Ich wette, Sie berühren die Mauer nicht.«

»Vorwärts, los!« sagte der General.

Ich hatte nicht mehr als fünf oder sechs Schritte zurückzulegen. Ich bewegte mich sehr langsam vorwärts, überzeugt, einem Seil oder irgendeinem Schemel zu begegnen, den man mir verräterisch in den Weg gestellt, um mich zum Stolpern zu bringen. Unterdrücktes Lachen erhöhte meine Verlegenheit. Endlich, als ich mich der Mauer nahe genug glaubte, streckte ich meinen Finger aus und drang plötzlich in irgendetwas Kaltes und Klebriges ein. Ich schnitt eine Grimasse und machte einen Satz nach rückwärts, der alle Anwesenden zum Lachen brachte. Ich entfernte meine Binde und erblickte unmittelbar vor mir Fräulein Iwinska mit einem Honigtopf, in den ich, anstatt die Mauer zu berühren, den Finger gesteckt hatte. Mein einziger Trost war, daß die beiden Adjutanten, die dieselbe Probe zu bestehen hatten, keinen Deut besser abschnitten als ich.

Den ganzen Abend über ließ Fräulein Iwinska ihrer tollen Laune freien Lauf. Immer spöttisch, immer schalkhaft, machte sie bald den und bald jenen zum Ziel ihrer Scherze. Ich bemerkte allerdings, daß sie sich am häufigsten an den Grafen wendete, der, wie ich zugeben muß, nie pikiert war und sogar an ihren Neckereien Gefallen zu finden schien. Im Gegenteil, wenn sie ihre Attacken gegen einen der Adjutanten richtete, verfinsterte sich seine Stirn, und ich sah sein Auge feurig düster blitzen, was unverkennbar etwas Erschreckendes hatte. »Schäkernd wie eine Katze und weiß wie Sahne.« Mir schien, als hätte Mickiwiecz, als er diesen Vers schrieb, ein Portrait von der *Panna* Iwinska geben wollen.

V

Man trennte sich ziemlich spät. In vielen vornehmen Häusern Litauens findet man prachtvolles Silberzeug, schöne Möbel, kostbare persische Teppiche, aber der müde Gast wird vergeblich bequeme Federbetten suchen, wie er sie in unserem geliebten Deutschland angeboten bekommt. Ob reich oder arm, Edelmann oder Bauer, der Slawe schläft am liebsten auf einem Brett. Schloß Dowghielly machte keine Ausnahme von der Regel. In dem Zimmer, das man uns, dem Grafen und mir, anwies, befanden sich lediglich zwei Ledersofas. Das erschreckte mich nicht weiter, denn ich hatte auf meinen Reisen oft auf nacktem Boden geschlafen, und die Klagen des Grafen über den Mangel an Kultur bei seinen Landsleuten nötigten mir ein Lächeln ab. Ein Diener kam, um uns die Stiefel auszuziehen, und er brachte Schlafanzüge und Hausschuhe. Der Graf ging, nachdem er seinen Rock abgelegt hatte, eine Weile schweigend auf und ab; dann blieb er vor dem Sofa stehen, auf dem ich mich bereits ausgestreckt hatte.

»Was halten Sie von Julka?« fragte er mich.

»Ich finde sie reizend.«

»Ja, aber sehr kokett! ... Glauben Sie, daß sie ernstlich an diesem kleinen blonden Hauptmann Gefallen gefunden hat?«

»Dem Adjutanten? ... Wie kann ich das wissen?«

»Er ist ein Geck! ... Also muß er den Frauen gefallen.«

»Die Folgerung bestreite ich, Herr Graf. Darf ich aufrichtig sein? Fräulein Iwinska denkt viel mehr daran, dem Grafen Szemioth zu gefallen als allen Adjutanten der Armee.«

Er errötete und gab keine Antwort; aber meine Worte schienen ihm ein spürbares Vergnügen bereitet zu haben. Er ging noch eine Weile schweigend auf und ab; schließlich sah er auf seine Uhr.

»Mein Gott«, sagte er, »wir tun gut daran zu schlafen, es ist schon spät.«

Er nahm sein Gewehr und sein Jagdmesser, die man in unser Zimmer gebracht hatte, legte sie in einen Schrank und zog den Schlüssel ab.

»Wollen Sie ihn an sich nehmen?« fragte er und überreichte ihn mir zu meinem großen Erstaunen. »Ich könnte ihn vergessen. Jedenfalls haben Sie ein besseres Gedächtnis als ich.«

»Das beste Mittel, ihre Waffen nicht zu vergessen«, sagte ich zu ihm, »wäre wohl, wenn Sie sie da auf den Tisch neben Ihrem Sofa legten.«

»Nein ... Hören Sie, um offen zu sprechen, ich mag keine Waffen neben mir, wenn ich schlafe ... Ich will Ihnen auch sagen warum. Als ich bei den Husaren in Grodno war, schlief ich einmal mit einem Kameraden in einem Zimmer, und meine Pistolen lagen auf einem Stuhl neben mir. Nachts wurde ich durch einen Knall wach. Ich hatte eine Pistole in der Hand; ich hatte gefeuert, und die Kugel hatte meinen Kameraden nur um zwei Zoll verfehlt. An den Traum, den ich gehabt hatte, habe ich mich nie erinnert.«

Diese Anekdote beunruhigte mich ein wenig. Dagegen, daß er mir eine Kugel in den Kopf jagte, war ich geschützt; aber wenn ich die gewaltige Gestalt, die herkulischen Schultern meines Gefährten betrachtete, seine nervigen, vom Flaum bedeckten Arme, so mußte ich zugeben, daß er ganz gut imstande war, mich mit seinen Händen zu erwürgen, falls er einen schlechten Traum haben würde. Gleichwohl hütete ich mich, ihn nur die geringste Unruhe spüren zu lassen; nur stellte ich ein Licht auf einen Stuhl neben meinem Sofa und fing an, im *Katechismus* von Lawicki zu lesen, den ich mitgebracht hatte. Der Graf wünschte mir gute Nacht, streckte sich auf seinem Sofa aus, drehte sich fünf- oder sechsmal um; endlich schien er zu entschlummern, obwohl er zusammengekauert dalag wie der Liebende bei Horaz, der, in einer Truhe eingeschlossen, mit seinem Kopf die eingezogenen Knie berührt:

... Turpi clausus in arca,
Contractum genibus tangas caput ...

Von Zeit zu Zeit stieß er einen gewaltigen Seufzer aus oder ließ eine Art von nervösem Schnarchen hören, das ich der sonderbaren Stellung zuschrieb, in der er schlief. So verging ungefähr eine Stunde. Ich wurde ebenfalls schläfrig. Ich schloß mein Buch und machte es mir so gut es ging auf meinem Lager bequem, als mich ein seltsames Lachen meines Nachbarn auffahren ließ. Ich betrachtete den Grafen. Er hatte die Augen geschlossen, sein ganzer Körper zitterte, und seinen halbgeöffneten Lippen entschlüpften einige kaum vernehmliche Worte:

»Ganz frisch! ... Ganz weiß! ... Der Professor weiß nicht, was er sagt ... Das Pferd taugt nichts ... Was für ein Leckerbissen! .. «

Dann biß er mit den Zähnen in das Kissen, auf dem sein Kopf lag, und stieß gleichzeitig so heftige Brüllaute aus, daß er erwachte.

Ich blieb still auf meinem Sofa und stellte mich schlafend. Dennoch beobachtete ich ihn. Er setzte sich aufrecht, rieb sich die Augen, seufzte traurig und blieb fast eine Stunde sitzen, ohne sich zu rühren, in tiefe Gedanken versunken, wie es schien. Mir war unterdessen sehr unbehaglich zumute und ich nahm mir innerlich vor, nie wieder an der Seite des Herrn Grafen zu schlafen. Schließlich überwand aber die Müdigkeit die Unruhe, und als der Diener am nächsten Morgen unser Zimmer betrat, schliefen wir beide fest.

VI

Nach dem Frühstück kehrten wir nach Medintiltas zurück. Dort erwähnte ich gegenüber Dr. Froeber, als ich mit ihm allein war, daß ich den Grafen für krank halte, daß er entsetzliche Träume habe, daß er vielleicht Nachtwandler sei und daß er in diesem Zustand gefährlich werden könne.

»All das habe ich bereits bemerkt«, entgegnete der Arzt. »Bei seinem athletischen Körperbau ist er nervös wie eine Frau. Vielleicht hat er das von seiner Mutter ... Sie war diesen Morgen verteufelt bösartig ... Ich halte nicht viel von den Geschichten, die man von den Ängsten und Gelüsten schwangerer Frauen erzählt; aber es steht fest, daß die Gräfin wahnsinnig ist, und Wahnsinn überträgt sich durch das Blut ...«

»Aber der Graf ist vollkommen vernünftig«, erwiderte ich; »er denkt vollkommen klar, er ist gebildeter, ich muß es offen sagen, als ich geglaubt hätte. Er liest gern ...«

»Das stimmt, das stimmt, mein lieber Herr; aber er ist oft sonderbar. Er schließt sich manchmal mehrere Tage lang ein; oft streift er nachts umher; er liest unglaubliche Bücher ... über deutsche Metaphysik ... über Physiologie, was weiß ich. Erst gestern ist ein Bücherpaket aus Leipzig gekommen. Soll ich die Sache beim rechten Namen nennen? Ein Herkules braucht eine Hebe. Es gibt hier sehr hübsche Bauernmädchen. ... Samstag abends, nach dem Bade, könnte man sie für Prinzessinnen halten ... Es ist nicht eine darunter, die nicht stolz darauf wäre, dem Gnädigen Herrn die Zeit zu vertreiben. In seinem Alter, der Teufel soll mich holen! ... Aber nein, er hat keine Geliebte, er heiratet nicht, das ist ein Fehler. Er braucht eine Ablenkung.«

Da mir der grobe Materialismus des Doktors im höchsten Grade zuwider war, brach ich die Unterredung plötzlich ab, indem ich ihm sagte, daß ich dem Grafen Szemioth von Herzen eine würdige Gattin wünschte. Ich gebe zu, daß ich nicht ohne Verwunderung vom Doktor vernommen hatte, daß der Graf philosophische Werke schätzte. Dieser Husarenoffizier, dieser passionierte Jäger, der Abhandlungen über deutsche Metaphysik las und sich mit Physiologie beschäftigte, warf alle meine Voraussetzungen über den Haufen. Der Doktor hatte mir übrigens die Wahrheit gesagt, und noch am selben Tag erhielt ich den Beweis.

»Wie erklären Sie sich, Herr Professor«, fragte er mich plötzlich gegen Ende des Essens, »wie erklären Sie sich den *Dualismus* oder die *Doppelnatur* des Menschen?« ...

Und als er merkte, daß ich ihn nicht richtig verstand, fuhr er fort:

»Haben Sie niemals auf der Höhe eines Turmes oder am Rande eines Abgrundes gestanden und dabei die Versuchung empfunden, sich in die Tiefe zu stürzen und gleichzeitig ungeheure Angst gehabt, es zu tun?« ...

»Das läßt sich durch rein physische Ursachen erklären«, sagte der Doktor; »erstens bewirkt die Anstrengung des Steigens stets einen Andrang des Blutes ins Hirn, der ...«

»Lassen wir das Blut, Doktor«, rief der Graf voll Ungeduld, »und nehmen wir ein anderes Beispiel. Sie halten eine geladene Waffe in der Hand. Ihr bester Freund steht da. Plötzlich fällt es Ihnen ein, ihm eine Kugel in den Kopf zu jagen. Sie empfinden den größten Abscheu vor einem Mord und dennoch kommt Ihnen dieser Gedanke. Ich glaube, meine Herren, wenn man alle Gedanken, die einem im Lauf einer Stunde durch den Kopf gehen ..., ich glaube, wenn man alle *Ihre* Gedanken, Herr Professor, der ich Sie für weise halte, aufschriebe, sie würden wahrscheinlich einen Folioband füllen, auf Grund dessen jeder Anwalt für Ihre Entmündigung plädieren, jeder Richter Sie ins Gefängnis oder in eine Irrenanstalt bringen könnte.«

»Dieser Richter, Herr Graf, würde mich gewiß nicht verurteilen, weil ich heute morgen länger als eine Stunde das geheimnisvolle Gesetz zu ergründen suchte, nach dem die slawischen Verben futural werden, sobald sie sich mit einer Präposition verbinden; aber wenn ich auch zufällig einen anderen Gedanken gehabt hätte, welcher Beweis wäre das gegen mich? Ich bin ebensowenig Herr meiner Gedanken wie ich Herr der äußeren Anlässe bin, die sie auslösen. Wenn ein Gedanke in mir auftaucht, kann man daraus noch nicht auf die Ausführung, nicht einmal auf den Vorsatz zur Ausführung schließen. Mir ist nie der Gedanke gekommen, jemand zu töten; aber wenn mir der Gedanke an einen Mord käme, so hätte ich doch meinen Verstand, um ihn zu verscheuchen.«

»Sie haben leicht von Verstand reden, aber ist er immer gleich bei der Hand, um uns zu leiten, wie Sie meinen? Damit die Vernunft spricht und man ihr folgen kann, bedarf es der Überlegung, das heißt, Zeit und Kaltblütigkeit. Hat man aber immer das eine und das andere? Im Gefecht sehe ich ein Geschoß auf mich zukommen, ich wende mich ab und stelle meinen Freund bloß, für den ich mein Leben gegeben, wenn ich Zeit gehabt hätte, zu überlegen . . .«

Ich versuchte ihm von unseren menschlichen und christlichen Pflichten zu sprechen, von der Notwendigkeit, es dem Krieger der Heiligen Schrift nachzutun, immer zum Kampf bereit zu sein; schließlich versuchte ich ihm klarzumachen, daß wir, indem wir ununterbrochen gegen unsere Leidenschaften kämpften, auch neue Kräfte gewinnen, um sie zu bezwingen und zu beherrschen. Ich fürchte, ich erreichte lediglich, daß er schwieg, überzeugt schien er nicht.

Ich blieb noch etwa zehn Tage im Schloß. Ich besuchte ein zweites Mal Dowghielly, aber wir blieben nicht über Nacht. Wie beim ersten Mal gab sich Fräulein Iwinska als schalkhaftes und verwöhntes Kind. Auf den Grafen übte sie eine Art von Faszination aus, und ich zweifelte nicht, daß er sehr in sie verliebt war. Indessen kannte er ihre Fehler und machte sich keine Illusionen. Er wußte, daß sie kokett, frivol und gleichgültig gegen alles war, was ihr kein Vergnügen bereitete. Ich bemerkte oft, wie er darunter litt, daß sie so wenig vernünftig war; aber sobald sie ihm eine kleine Aufmerksamkeit zuteil werden ließ, vergaß er alles, sein Gesicht verklärte sich und er strahlte vor Freude. Am Vorabend meiner Abreise wollte er mich noch einmal nach Dowghielly mitnehmen, vielleicht weil ich die Tante zu unterhalten pflegte, während er im Garten mit der Nichte spazieren ging; aber ich hatte noch so viel zu arbeiten und ich mußte mich entschuldigen, so sehr er auch in mich drang. Zum Essen war er wieder zurück, obwohl er uns gesagt hatte, wir sollten nicht auf ihn warten. Er setzte sich zu Tisch, vermochte aber nicht zu essen. Während der ganzen Mahlzeit blieb er düster und verstimmt. Von Zeit zu Zeit zogen sich seine Brauen zusammen, und seine Augen nahmen einen unheimlichen Ausdruck an. Als der Doktor sich entfernte, um zur Gräfin zu gehen, folgte mir der Graf auf mein Zimmer und sagte mir, was ihm auf dem Herzen lag.

»Ich bereue es sehr«, sagte er, »Sie verlassen zu haben, um diese kleine Närrin zu sehen, die sich über mich lustig macht und nur neue Gesichter liebt; aber glücklicherweise ist alles zwischen uns aus, ich bin der Sache überdrüssig und werde sie nie wieder sehen ...«

Seiner Gewohnheit gemäß ging er eine Zeitlang auf und ab, dann fuhr er fort:

»Sie haben vielleicht geglaubt, ich sei in sie verliebt? Das denkt dieser dämliche Doktor. Nein, ich habe sie niemals geliebt. Ihr Lachen hat mich amüsiert. Ihre weiße Haut bot einen schönen Anblick ... Das ist alles, was schön an ihr ist ... Besonders die Haut. Kein Gehirn. Nie habe ich in ihr etwas anderes erblickt als eine hübsche Puppe, die man gern sieht, wenn man sich langweilt und keine neuen Bücher hat ... Zweifellos kann man sie eine Schönheit nennen ... Ihre Haut ist herrlich! ... Herr Professor, das Blut, das unter dieser Haut fließt, muß schmackhafter sein als das eines Pferdes? ... Was meinen Sie?«

Und dabei brach er in ein lautes Gelächter aus, aber dieses Gelächter war nur schwer erträglich.

Am folgenden Tag verabschiedete ich mich von ihm, um meine Forschungen im Norden der Woiwodschaft fortzusetzen.

VII

Sie dauerten noch etwa zwei Monate, und ich darf wohl sagen, daß es in Samogitien kaum ein Dorf gibt, in dem ich nicht gewesen bin und in dem ich kein Material zusammengetragen habe. Es sei mir gestattet auf diesem Wege den Bewohnern dieser Provinz und namentlich den Herren Geistlichen für die in der Tat zuvorkommende Unterstützung zu danken, die sie meinen Forschungen zuteil werden ließen, sowie für die ausgezeichneten Beiträge, mit denen sie mein Wörterbuch bereichert haben.

Nach einwöchigem Aufenthalt in Szawle hatte ich mir gerade vorgenommen, mich nach Klaipeda zu begeben (der Hafenstadt, die wir Memel nennen), um von dort per Schiff nach Hause zurückzukehren, als ich folgenden Brief vom Grafen Szemioth erhielt, den mir einer seiner Jäger überbrachte:

»Lieber Herr Professor,

Gestatten Sie mir, Ihnen deutsch zu schreiben. Ich würde noch mehr Fehler machen, wenn ich Ihnen schmudisch schriebe und mir Ihre Achtung vollends verscherzen. Ich weiß ja sowieso nicht, ob sie sonderlich groß ist, und die Nachricht, die ich Ihnen mitzuteilen habe, wird sie gewiß auch nicht vergrößern. Ohne weitere Vorrede, ich heirate, und Sie erraten sicher wen. *Jupiter lacht über die Schwüre Verliebter.* Das tut auch Perkun, unser samogitischer Jupiter. Ich heirate also Fräulein Juliane Iwinska am 8. des nächsten Monats. Sie würden der liebenswürdigste aller Menschen sein, wenn Sie zur Trauung kämen. Sämtliche Bauern von Medintiltas und den umliegenden Dörfern werden kommen, um bei mir einige Ochsen und unzählige Schweine zu verzehren, und wenn sie betrunken sind, werden sie tanzen auf jener Wiese rechts von der Eingangsallee, die Sie kennen. Sie werden Trachten und Bräuche sehen, die Ihre Aufmerksamkeit verdienen. Mit Ihrem Kommen würden Sie mir und auch Juliane die größte Freude bereiten. Ich füge hinzu, daß Ihre Absage uns in die ärgste Verlegenheit versetzen würde. Sie wissen, daß ich mich zum evangelischen Glauben bekenne, ebenso meine Braut; nun liegt unser Geistlicher, der einige dreißig Meilen von hier entfernt wohnt, an der Gicht darnieder, und ich wage zu hoffen, daß Sie bereit sein werden, die Messe an seiner Statt zu lesen. Es grüßt Sie, lieber Professor, sehr herzlich, Ihr Ergebener

Michael Szemioth.«

Am Ende des Briefes fand sich noch, als *Postskriptum*, ein von hübscher Frauenhand in schmudisch abgefaßter Nachsatz:

»Ich, die litauische Muse, schreibe schmudisch. Es ist unmöglich von Michael, daß er an Ihrer Zustimmung zweifelt. Wirklich, keine Frau wäre so töricht, einen Kerl wie ihn zu nehmen. Sie werden am 8. des nächsten Monats, lieber Professor, eine gar *schicke* Braut sehen. Das ist nicht schmudisch, sondern französisch. Lassen Sie sich dadurch wenigstens nicht während der Trauungszeremonie ablenken!«

Weder Brief noch *Postskriptum* gefielen mir. Ich

fand, daß das Brautpaar angesichts eines so ernsten Schrittes eine unverzeihliche Leichtfertigkeit an den Tag legte. Dennoch, mit welcher Begründung sollte ich ablehnen? Ich leugne außerdem nicht, daß mich das versprochene Schauspiel lockte. Aller Voraussicht nach war zu erwarten, daß unter den zahlreichen Edelleuten, die auf Schloß Medintiltas zusammenkamen, gebildete Leute sein würden, die mir brauchbare Hinweise geben können. Mein schmudisches Glossar war sehr umfangreich; aber der Sinn einer gewissen Anzahl von Wörtern, die ich nur aus dem Munde ungebildeter Bauern gehört hatte, blieb für mich noch relativ dunkel. Alle diese Überlegungen zusammen waren mächtig genug, die Bitte des Grafen nicht abzuschlagen, und ich antwortete ihm, daß ich am Morgen des 8. in Medintiltas sein würde.

Wie sehr hatte ich Ursache, meine Zusage zu bereuen!

VIII

Als ich in die Allee des Schlosses einfuhr, erblickte ich eine große Zahl von Damen und Herren in Morgentoilette, die in Gruppen auf der Freitreppe standen oder auf den Parkwegen spazierengingen. Der Hof war voller Bauern im Sonntagsstaat. Das Schloß war festlich geschmückt; überall Blumen, Girlanden, Fahnen und Behänge. Der Inspektor geleitete mich in das für mich vorbereitete Zimmer im Erdgeschoß und entschuldigte sich, daß er mir kein besseres anbieten konnte; aber es wären soviele Menschen im Schloß, daß es unmöglich gewesen sei, mir das Zimmer zu reservieren, in dem ich bei meinem ersten Aufenthalt gewohnt hätte und das inzwischen der Frau des Adelsmarschalls zugeteilt worden wäre; übrigens war mein jetziges Zimmer sehr angenehm, mit Blick zum Park, und es lag unter dem Zimmer des Grafen. Ich kleidete mich in aller Eile für die Trauungszeremonie um, ich zog mein geistliches Gewand an; aber weder der Graf noch seine Braut erschienen. Der Graf war nach Dowghielly gefahren, um sie abzuholen. Schon längst hätten sie eintreffen müssen; aber die Toilette einer Braut ist keine Kleinigkeit, und der Doktor machte die Gäste darauf aufmerksam, daß das Mittagessen erst nach dem Gottesdienst eingenommen werden sollte, allzu großen Hunger solle man deshalb vorsichtshalber an einem gewissen, mit Kuchen und allerlei Schnäpsen ausgestatteten Buffet stillen. Ich merkte bei dieser Gelegenheit, wie doch das Warten die Lästerzungen anspornt; zwei Mütter von hübschen, zum Fest eingeladenen Mädchen sparten nicht mit Epigrammen wider die Braut.

Es war bereits Mittag, als Böller- und Flintenschüsse ihre Ankunft verkündeten, und bald darauf bog eine festlich geschmückte, von vier prächtigen Pferden gezogene Kutsche in die Allee ein. An dem Schaum, der ihre Brust bedeckte, sah man leicht, daß die Verspätung nicht ihre Schuld war. In der Kutsche saßen nur die Braut, Madame Dowghiello und der Graf. Er stieg aus und reichte Madame Dowghiello die Hand. Fräulein Iwinska gab sich mit einer reizenden Gebärde kindlicher Grazie und Koketterie den Anschein, als wolle sie sich hinter ihrem Schal verbergen, um sich den neugierigen Blicken zu entziehen, die von allen Seiten auf sie eindrangen. Gleichwohl stand sie in der Kutsche auf und wollte eben die Hand des Grafen ergreifen, als die Pferde der Sänfte, vielleicht durch den Blumenregen aufgeschreckt, den die Bauern auf die Braut schleuderten, vielleicht durch das seltsame Grauen aufgestört, daß der Graf den Tieren einflößte, sich schnaubend aufbäumten; ein Rad streifte den Eckstein der Freitreppe, und für einen Moment konnte man annehmen, es käme zu einem Unfall. Fräulein Iwinska stieß einen kleinen Schrei aus ... Bald war man wieder beruhigt. Der Graf nahm sie in seine Arme und trug sie, als sei sie leicht wie eine Taube, die Freitreppe hinauf. Wir alle spendeten seiner ritterlichen Höflichkeit Beifall. Die Bauern riefen kräftig *vivat*, die Braut, die ganz rot geworden war, lachte und zitterte zugleich. Der Graf, der keine Eile hatte, sich seiner reizenden Last zu entledigen, schien zu triumphieren, als er sie der ihn umringenden Menge zeigte ...

Plötzlich erschien, ohne daß man wußte, woher sie kam, eine hoch gewachsene, bleiche, hagere Frau auf der Freitreppe, deren Kleider sich in Unordnung befanden, deren Haare aufgelöst und deren Züge vom Schrecken gezeichnet waren.

»Ein Bär!« schrie sie mit durchdringender Stimme; »ein Bär! Legt an! ... Er schleppt eine Frau fort: tötet ihn! Feuer! Feuer!«

Es war die Gräfin. Die Ankunft der Braut hatte alle Welt auf die Freitreppe, auf den Hof oder an die Fenster des Schlosses gelockt. Selbst die Frauen, die die arme Verrückte bewachten, hatten ihre Weisung vergessen; sie war entflohen und ohne von jemand bemerkt zu werden, mitten unter uns aufgetaucht. Das war ein überaus peinlicher Auftritt. Trotz ihres Geschreis und ihres Widerstandes mußte sie fortgebracht werden. Viele Gäste wußten nichts von ihrer Krankheit. Man war ihnen Erklärungen schuldig. Man tuschelte lange. Alle Gesichter hatten sich verdüstert. »Schlimme Vorbedeutung!« sagten die Abergläubischen; und deren Zahl ist groß in Litauen.

Unterdessen bat Fräulein Iwinska um fünf Minuten Aufschub, um ihre Toilette in Ordnung zu bringen und ihren Brautschleier anzulegen, ein Geschäft, das eine gute Stunde dauerte. Das war mehr als nötig, um alle Personen, die nichts von der Krankheit der Gräfin wußten, mit der Ursache und den Einzelheiten bekanntzumachen.

Endlich kam die Braut zurück, wundervoll aufgeputzt und mit Diamanten bedeckt. Ihre Tante stellte sie allen Gästen vor, und als der Moment gekommen war, in die Kapelle zu gehen, gab Madame Dowghiello zu meinem großen Erstaunen in Gegenwart der ganzen Gesellschaft ihrer Nichte eine Ohrfeige, die laut genug ausfiel, um auch die Aufmerksamkeit derer zu erregen, die gerade mit etwas anderem beschäftigt waren. Diese Ohrfeige wurde mit der größten Ergebenheit entgegengenommen, und niemand schien darüber erstaunt zu sein; nur ein in Schwarz gekleideter Mann schrieb etwas auf ein Papier, das er bereitgehalten hatte, und einige der Anwesenden setzten in der gleichgültigsten Weise ihren Namen darunter. Erst nach der Trauungszeremonie erfuhr ich die Lösung des Rätsels. Hätte ich eine Ahnung davon gehabt, hätte ich mich mit dem ganzen Ansehen meines heiligen Amtes gegen den abscheulichen Brauch aufgelehnt, dessen Zweck es ist, im voraus einen Scheidungsgrund zu schaffen, als habe die Hochzeit nur infolge Ausübung eines Zwanges auf einen der beiden eheschließenden Teile stattgefunden.

Nach dem Gottesdienst hielt ich es für meine Pflicht, einige Worte an das junge Paar zu richten, indem ich ihnen den Ernst und die Heiligkeit des eben geschlossenen Bundes vor Augen führte, und, da mir das unpassende *Postskriptum* Fräulein Iwinskas noch in Erinnerung war, erinnerte ich sie daran, daß sie nunmehr in ein neues Leben eintrete, das nicht mehr von Vergnügungen und jugendlichen Späßen begleitet, sondern von ernsten Pflichten und schweren Prüfungen erfüllt sei. Mir schien, daß dieser Teil meiner Ansprache seine Wirkung auf die Braut sowie alle Zuhörer, soweit sie deutsch verstanden, nicht verfehlte.

Flintenschüsse und Freudengeschrei empfingen den Hochzeitszug beim Verlassen der Kapelle, dann begab man sich zum Speisesaal. Das Mahl war großartig, man brachte den besten Appetit dazu mit, und für eine Weile hörte man nichts außer dem Klappern der Messer und Gabeln; aber bald begann man, angeregt von Champagner und von ungarischem Wein, zu plaudern, zu lachen und sogar zu schreien. Mit Begeisterung wurde auf die Gesundheit der Braut angestoßen. Kaum hatte man sich wieder gesetzt, als sich ein alter *Pan* mit weißem Schnurrbart erhob und mit furchtbarer Stimme sprach:

»Ich sehe mit Schmerz, daß unsere alten Gebräuche immer mehr verlorengehen: Niemals hätten unsere Väter diesen Toast aus Kristallgläsern getrunken. Wir tranken aus dem Schuh der Braut, und sogar aus ihrem Stiefel; denn zu meiner Zeit trugen die Damen Stiefel aus rotem Maroquin. Beweisen wir, Freunde, daß wir noch echte Litauer sind. – Und du, Madame, sei so gut und gib mir deinen Schuh.«

Die Braut wurde rot und antwortete mit unterdrücktem Lachen:

»Komm und hol ihn dir, Herr ...; aber ich werde dir nicht aus deinem Stiefel Bescheid tun.«

Der *Pan* ließ sich das nicht zweimal sagen:

Er kniete galant nieder, zog ihr einen kleinen, weißen seidenen Schuh mit rotem Stöckelabsatz vom Fuße, füllte ihn mit Champagner und trank daraus so schnell und geschickt, daß nicht mehr als die Hälfte auf seine Kleider floß. Der Schuh ging nun von Hand zu Hand, und alle Männer tranken daraus, aber nicht ohne Schwierigkeiten. Der alte Edelmann forderte den Schuh wie eine kostbare Reliquie zurück, und Madame Dowghiello beauftragte eine Kammerfrau, die Lücke in der Toilette ihrer Nichte wieder zu schließen.

Diesem Toast folgten viele andere, und bald wurden die Tischgenossen so laut, daß es mir geraten schien, nicht länger unter ihnen zu verweilen. Ich stand vom Tisch auf, ohne daß mir jemand Beachtung schenkte und ging nach draußen, um frische Luft zu schöpfen; doch auch hier fand ich nur ein wenig erbauendes Schauspiel. Die Dienerschaft und die Bauern, die Bier und Branntwein nach Belieben zur Verfügung hatten, waren schon größtenteils betrunken. Es gab Streitigkeiten und eingeschlagene Köpfe. Hier und da wälzten sich Besoffene ohne Bewußtsein auf der Wiese, und der allgemeine Anblick des Festplatzes hatte Ähnlichkeit mit einem Schlachtfeld. Gern hätte ich aus der Nähe die Volkstänze gesehen; aber die meisten wurden von frechen Zigeunern ausgeführt, und ich hielt es nicht für angebracht, mich in dieses Getümmel zu mischen. Ich begab mich also auf mein Zimmer, las noch eine Weile, zog mich dann aus und schlief bald ein.

Als ich erwachte, schlug die Schloßuhr eben drei Uhr. Die Nacht war klar, obgleich der Mond von einem leichten Nebelschleier umgeben war. Ich versuchte, wieder einzuschlafen; aber das gelang nicht. Wie ich gewöhnlich in solchen Fällen zu tun pflegte, wollte ich ein Buch nehmen und lesen, aber ich konnte, soweit meine Hände reichten, keine Streichhölzer finden. Ich stand auf und ging tastend in meinem Zimmer umher, als plötzlich ein undurchsichtiger, sehr großer Körper an meinem Fenster vorbeihuschte und mit großem Krach in den Garten fiel. Mein erster Eindruck war, daß es ein Mensch sein müsse, und ich glaubte, daß einer unserer Besoffenen aus dem Fenster gestürzt sei. Ich öffnete mein Fenster und sah hinaus; ich erblickte nichts. Endlich zündete ich eine Kerze an, legte mich wieder ins Bett und las in meinem Glossar, bis man mir den Tee brachte.

Gegen elf Uhr begab ich mich in den Salon, wo ich viele matte Augen und angegriffene Gesichter fand; man war, wie ich hörte, sehr spät auseinandergegangen. Weder der Graf noch die junge Gräfin waren schon erschienen. Halb zwölf begann man, nach vielen häßlichen Witzen, erst leise, dann ziemlich laut zu murren. Doktor Froeber übernahm es, den Kammerdiener des Grafen hinaufzuschicken und an die Tür seines Herrn klopfen zu lassen. Dieser Mann kam nach einer guten Viertelstunde zurück und berichtete Doktor Froeber ein wenig bestürzt, daß er mehr als ein dutzendmal geklopft habe, ohne eine Antwort zu bekommen. Der Doktor und ich berieten uns nun mit

Madame Dowghiello. Die Unruhe des Kammerdieners hatte mich angesteckt. Alle drei stiegen wir mit ihm hinauf. Vor der Tür fanden wir die Kammerfrau der jungen Gräfin in großer Bestürzung, sie war überzeugt, daß irgendein Unglück passiert sein müsse, da das Fenster ihrer Herrin weit offen stehe. Mit Schrekken erinnerte ich mich an den schweren Körper, der an meinem Fenster vorbei gefallen war. Wir klopften nun mit aller Gewalt gegen die Tür. Keine Antwort. Schließlich holte der Kammerdiener ein Brecheisen, und wir drückten die Tür ein ... Nein! Der Mut fehlt mir, den Anblick zu beschreiben, der sich uns darbot. Die junge Gräfin lag tot ausgestreckt auf ihrem Bett, das Gesicht schrecklich zerkratzt, die Kehle geschlitzt, von Blut überströmt. Der Graf war verschwunden, und niemand hat je wieder etwas von ihm gehört.

Der Doktor besichtigte die schreckliche Verletzung der jungen Frau.

»Diese Wunde rührt von keiner Stahlklinge her«, rief er ... »Das ist ein Biß.«

Der Doktor schloß sein Buch und schaute nachdenklich ins Feuer.

»Ist die Geschichte zu Ende?« fragte Adelheid.

»Zu Ende!« antwortete der Professor düster.

»Aber«, begann sie erneut, »warum haben Sie sie *Lokis* genannt? Keine der handelnden Personen heißt so.«

»Das ist kein Menschenname!«, sagte der Professor. – »Und Sie, Theodor, wissen Sie, was *Lokis* bedeutet?«

»Keine Ahnung.«

»Wenn Sie von dem Gesetz der Transformation des Sanskrit ins Litauische gehörig durchdrungen wären, würden Sie in *Lokis* das Sanskrit-Wort *arkcha* oder *rikscha* erkannt haben. Im Litauischen heißt das Tier, das die Griechen ἄρκτος nennen, die Römer *ursus* und die Deutschen *bär*, *lokis*.

Jetzt werdet ihr auch mein Motto verstehen:

Miszka su Lokiu
Abu du tokiu.

Ihr wißt, daß im Roman von *Reineke dem Fuchs* der Bär *damp Brum* heißt. Bei den Slawen heißt er Michael, im Litauischen Miszka, und dieser Beiname wird fast immer anstatt des Gattungsnamens, *lokis*, gebraucht. Das ist ganz ähnlich bei den Franzosen, die ihr neolateinisches Wort *goupil* oder *gorpil* vergessen und es durch *renard* ersetzt haben. Ich könnte noch weitere derartige Beispiele anführen . . .«

Aber Adelheid erwähnte, daß es bereits spät sei, und so trennte man sich.

Rudyard Kipling

Das Stigma des Tieres

»Eure Götter, oder meine Götter – wissen wir, welche von beiden die mächtigeren sind?«
Indisches Sprichwort.

Östlich von Suez scheint die Vorsehung irgendwie zu versagen; die Menschen werden dort der Macht der Götter und Teufel Asiens überlassen; wenigstens tritt jene Vorsehung, die die englische Kirche lehrt, nur gelegentlich und auch dann nur sehr lahm in Tätigkeit, soweit es Europäer betrifft.

Diese Theorie könnte so manches überflüssig grauenhafte Geschehnis im Leben Indiens erklären. Ich erwähne das, weil es auf meine Geschichte hier einigen Bezug hat.

Mein Freund Strickland vom Polizeidepartment, der die Eingeborenen Indiens so gut kennt, wie selten einer, kann die Tatsache bezeugen; Dumoise war ebenfalls Augenzeuge, so, wie Strickland und ich. Nur der Schluß, den er daraus zog, war gänzlich unrichtig. – Er ist jetzt tot. Starb auf sehr seltsame Weise. Ich werde an anderer Stelle darüber berichten. – – –

Als Fleete nach Indien kam, nannte er ein kleines Vermögen nebst Landbesitz in Dharmsala im Himalayagebiet sein eigen: er hatte es von seinem Onkel geerbt und gedachte es zu verwalten.

Er war ein großer, schwerfälliger, dabei heiterer und friedfertiger Mann; seine Kenntnis der Eingeborenen war natürlich nur sehr oberflächlich, und er klagte oft darüber, daß er ihre Sprache nur mit Mühe und sehr unvollkommen verstehen könne.

Eines Tages kam er von seiner Besitzung in den Vorbergen angeritten, um Neujahr in der Station zu feiern, und lud sich bei Strickland zu Gast.

Am Silvesterabend fand ein großes Festessen im

Klub statt, und die Nacht verlief entsprechend feuchtfröhlich. – Wenn Leute aus den äußersten Grenzen des indischen Kaiserreichs zusammenkommen, haben sie ein gewisses Recht, ein wenig über die Schnur hauen zu dürfen!

Das Himalaya-Grenzgebiet hatte zu diesem Feste ein Kontingent von mehr oder weniger Hol-mich-der-Teufel-Existenzen entsandt; lauter Leute, die im Jahr keine zwanzig weiße Gesichter zu sehen bekamen und gewohnt waren, fünfzehn Meilen weit zum Essen zu reiten, dabei in beständiger Gefahr, statt Speise und Trank eine Khyber-Paß-Kugel kredenzt zu bekommen. – Sie benützten ihre augenblickliche Sicherheit dazu, mit einem zusammengerollten Igel, den sie im Garten aufgestöbert hatten, Billard zu spielen, wobei einer von ihnen die Schreibtafel zwischen den Zähnen im Zimmer herumtrug. – Ein halbes Dutzend Pflanzer aus dem Süden ergötzte sich damit, einen als größten Lügner Asiens bekannten Gentleman durch Erzählen grobdrähtiger Geschichten zu übertrumpfen, wurden aber alsbald von ihm aus dem Sattel gehoben. Kurz: die Gesellschaft war so bunt wie nur möglich zusammengewürfelt, und es gab keinen Unterschied des Ranges oder Standes. – Man stellte fest, wer im verflossenen Jahr hinweggerafft oder sonstwie trinkunfähig geworden war – mit einem Wort: die Nacht verlief in Lust und Feuchtigkeit. Ich erinnere mich noch, daß wir »Auld Lang Syne« sangen, die Füße in den Polo-Meisterschaftspokalen und unsere Köpfe in den Sternen, und uns unverbrüchliche Treue schworen. – Im Laufe der späteren Zeit gingen einige von uns hin und eroberten Birma, andere bemühten sich, den Sudan zu erschließen, fielen aber in jenem grauenvollen Gemetzel vor Suakim; andern gelang es, Orden und Medaillen zu ergattern, andere wieder heirateten, was an sich schon schlimm genug ist, und noch andere taten etwas, was womöglich noch schlimmer war. Der Rest von uns blieb an seine alten Ketten geschmiedet und mühte sich ab, auf Grund unzulänglicher Erfahrungen Geld zu machen.

Fleete eröffnete die Nacht mit Sherry und Magenbittern, trank dann rastlos bis zum Dessert Champagner, kratzenden Capri dazu, stark wie Whisky, nahm Benediktiner zum Kaffee, vier oder fünf Whisky mit Soda, um die Billardbälle besser sehen zu können, vertilgte um halb drei Uhr mehrere Biere mit »Feuerwasser« und setzte einen alten Brandy drauf. – Kein Wunder also, daß er um halb vier Uhr morgens bei vierzehn Grad Kälte ins Freie tretend, vor Wut außer sich geriet, weil sein Pferd hustete, während er sich bemühte, mit Grätschsprüngen in den Sattel zu gelangen. – Da es der Gaul vorzog, durchzugehen, um den Stall wieder aufzusuchen, so mußten Strickland und ich eine Unehrengarde bilden und Fleete nach Hause geleiten.

Unser Weg führte durch den Bazar, dicht an einem kleinen Tempel Hanumans, des Affenkönigs, vorüber, der eine Gottheit ersten Ranges ist und sich größter Ehrfurcht erfreut, denn alle Götter haben, wie die Priester, stets hervorragende Eigenschaften. Was mich betrifft, so zolle ich Hanuman jegliche Hochachtung, – auch bin ich seinem Volke, den großen, grauen Affen der Berge, überaus wohlgesinnt. Kann man doch nie wissen, ob man nicht einmal einen Freund nötig hat!

Im Tempel schien Licht, und als wir vorübergingen, hörten wir Männerstimmen drin Hymnen singen: in einem Hindutempel stehen jede Stunde der Nacht die Priester auf und ehren ihre Götter.

Bevor wir Fleete zurückhalten konnten, war er die Tempelstufen hinaufgelaufen, klopfte zwei Priestern auf die Rücken und malte mit der Asche seines Zigarrenstummels auf die Stirn des roten Steinbildes Hanumans ein paar Striche. Strickland versuchte, ihn wegzuziehen, aber er setzte sich nieder, und sagte feierlich:

»D-d-da! Das Z-z-zeichen des Viehs! Ich ha-huck-habs gemacht. Fein was?«

Kaum eine Minute verging, da wurde es im Tempel lebendig. Lärm und Getöse entstand, und Strickland, der genau wußte, was derlei Götterschändungen für Folgen haben konnten, meinte, es sei Gefahr im Verzug. Durch seine Stellung als Polizeibeamter, seinen langen Aufenthalt in der Gegend und seine Vorliebe, sich unter die Eingeborenen zu mischen, war er den Priestern wohlbekannt, was ihm jetzt überaus peinlich wurde. – Fleete saß auf der Erde, weigerte sich, aufzustehen, und brummte: »Der gute alte Hanuman – huck – ist ein vortreffliches Ruhekissen!«

Da plötzlich – lautlos – stürzte aus seinem Schlupfwinkel hinter der Bildsäule des Gottes ein silberner Mensch hervor.

Er war vollkommen nackt, trotz der bitteren, grimmigen Kälte. Sein Körper schimmerte wie reifbedecktes Silber, denn er war, wie es in der Bibel steht: »ein Aussätziger, weiß wie Schnee. Er hatte kein Gesicht mehr, war seit vielen Jahren aussätzig und das Übel lastete schwer auf ihm.«

Wir bückten uns beide schnell, um Fleete wegzureißen, während der Tempel sich zusehends mit Menschen füllte, die wie aus dem Boden zu wachsen schienen, aber schon war der Silberne mit einem Ton, der dem Miauen einer Otter glich, unter unsern Händen durchgeschlüpft, hatte mit beiden Armen Fleete umfaßt, und, ehe wir ihn fortstoßen konnten, seinen Kopf auf Fleete's Brust gepreßt. – Dann zog er sich in einen Winkel zurück und saß miauend da, derweile die Menge die Türen verrammelte.

Die Priester schäumten vor Wut; erst als sie sahen, daß der Silberne Fleete berührt und sich an ihm gewetzt hatte, beruhigten sie sich.

Nach einigen Minuten tiefsten Schweigens trat einer der Priester an Strickland heran und sagte in tadellosem Englisch: »Führen Sie Ihren Freund weg. Er ist mit Hanuman fertig, aber Hanuman nicht mit ihm.«

– Die Menge gab Raum und wir brachten Fleete auf die Straße.

Strickland war wütend. Er sagte, wir hätten alle drei leicht erstochen werden können, und Fleete solle sich bei seinem guten Stern bedanken, daß er mit heiler Haut davongekommen sei.

Fleete fiel es natürlich garnicht ein, sich zu bedanken. Nicht einmal bei uns. – Er sagte, er wolle zu Bett gehen. – Er war sinnlos betrunken.

Wir schritten unseres Weges, Strickland ärgerlich und schweigsam. Dann wurde Fleete mit einemmal von Schüttelfrost und einem Schweißausbruch befallen. Er schimpfte, daß die Gerüche aus den Bazars nicht auszuhalten seien, und er wundere sich, daß man die Schlachthäuser so nahe den englischen Wohnungen dulde. – »Riecht ihr denn das Blut nicht?« fragte er immer wieder und wieder.

Endlich – die Dämmerung graute bereits – hatten wir ihn zu Bett gebracht. Strickland forderte mich auf, noch einen Whisky mit Soda mit ihm zu trinken; dabei kam er wieder auf den Skandal im Tempel zu sprechen und gab zu, daß ihn die Angelegenheit ganz aus der Fassung gebracht hätte. Es sei ihm im höchsten Grade widerwärtig, von Eingeborenen mystifiziert zu werden – um so mehr, als es doch seine Aufgabe sein müsse, sie mit ihren eigenen Waffen zu schlagen. – Bis jetzt sei ihm das zwar nicht gelungen, aber in fünfzehn oder zwanzig Jahren hoffe er weiter zu sein.

»Hätten sie uns lieber verprügelt, statt uns anzumiauen!« sagte er. »Ich möchte gern wissen, was das hat bedeuten sollen! Die Sache will mir nicht recht gefallen.«

Ich gab der Meinung Ausdruck, die Priesterschaft werde wahrscheinlich Anklage erheben wegen Religionsstörung, denn es gäbe sicherlich eine Menge Paragraphen, die auf Fleetes Vergehen paßten. – Strickland meinte, wenn es damit sein Bewenden fände, wolle er von Herzen froh sein.

Bevor ich ging, warf ich noch einen Blick in Fleetes Zimmer; er lag auf der rechten Seite und kratzte sich unaufhörlich an der linken Brust.

Dann ging ich zu Bett, fröstelnd, bedrückt und verstimmt, um sieben Uhr morgens.

Um ein Uhr ritt ich hinüber nach Stricklands Haus, um mich nach Fleetes Befinden zu erkundigen. – Daß er Kopfschmerzen haben würde, nahm ich als selbstverständlich an. – Er saß beim Frühstück und schien unwohl, war verdrossen und schimpfte auf den Koch, weil sein Kotelette nicht roh genug sei! – Ein Mensch, der nach einer durchschlemmten Nacht Appetit hat auf rohes Fleisch, ist ein Kuriosum. – Ich sagte das Fleete. – Er lachte nur.

»Eine sonderbare Art Moskitos züchtet ihr hier zu Lande«, sagte er nach einer Weile. »Ganze Stücke haben sie mir herausgebissen! Zum Glück nur an einer Stelle.«

»Laß mal sehen!« meinte Strickland. »Das Jucken wird wohl schon nachgelassen haben?«

Während die Kotelettes zugerichtet wurden, öffnete Fleete sein Hemd und zeigte uns gerade über seiner linken Brust eine Verfärbung, die der schwarzen Rosette glich – den fünf oder sechs im Kreise stehenden unregelmäßigen Flecken, wie sie der Leopard auf dem Fell trägt. – Strickland betrachtete die Stelle und sagte: »Merkwürdig! Heute morgen war es noch rosa; jetzt ist es schwarz geworden!«

Fleete stürzte zum Spiegel. Warf einen Blick hinein. Schrie: »Zum Teufel, das ist ja scheußlich! – Was mag das nur sein?!«

Wir wußten keine Erklärung.

Die Kotelettes wurden gebracht; Fleete verschlang drei davon auf höchst sonderbare und widerwärtige Art: er kaute nur mit den linken Backenzähnen und drehte den Kopf jedesmal über die rechte Schulter, wenn er einen Fetzen Fleisch abgerissen hatte. – Als er damit fertig war, schien er sich bewußt zu werden, daß er sich sonderbar benommen habe, denn er sagte, wie um sich zu entschuldigen: »In meinem ganzen Leben bin ich noch nie so hungrig gewesen. Ich hab gefressen wie ein Strauß!«

Nach dem Frühstück flüsterte mir Strickland zu: »Bleib hier! Geh nicht fort! Bleib hier über Nacht!«

Da ich keine drei Meilen weit von Stricklands Haus entfernt wohnte, erschien mir dies Ansinnen recht sonderbar, aber er bestand darauf und wollte eben etwas hinzufügen, da unterbrach ihn Fleete und gestand – wie verschämt –, daß er schon wieder hungrig sei.

Strickland schickte sodann einen Boten in meine Wohnung, um mein Bettzeug und ein Pferd zu holen, während wir in die Ställe hinuntergehen wollten, um uns die Zeit zu vertreiben, bis der Moment zum Ausreiten gekommen sein würde. – Wer Pferdeliebhaber ist, wird stets Ställe gern besichtigen; bietet sich doch dort immer Gelegenheit, Erfahrungen und – Reiterlatein auszutauschen.

In den Ställen standen fünf Pferde. – Nie werde ich die Szene vergessen, die sich abspielte, kaum, daß wir eingetreten waren! – Die Tiere schienen plötzlich toll geworden zu sein! Sie bäumten sich, schrien förmlich vor Entsetzen und rissen beinahe ihre Pflöcke heraus. Sie schwitzten und zitterten, schäumten und gebärdeten sich wie rasend vor Furcht. Da es Stricklands Pferde waren, die ihren Herrn liebten wie die Hunde, erschien das besonders befremdend.

Wir verließen auf der Stelle den Stall, denn wir mußten fürchten, daß sich die Tiere an ihren Halftern erwürgen könnten. – Doch gleich darauf kehrte Strickland wieder um und raunte mir zu, ich solle ihm allein und unauffällig folgen.

Die Pferde zitterten noch immer, ließen sich aber von uns streicheln und liebkosen und legten uns die Köpfe an die Brust.

»Vor uns fürchten sie sich also nicht!« sagte Strickland. »Weißt du, daß ich gern drei Monate Gehalt dafür geben würde, wenn der alte ›Outrage‹ hier nur eine Minute lang reden könnte!«

Aber »Outrage« war leider stumm und konnte nur seinen Herrn liebkosen und mit den Nüstern schnauben, wie das die Pferde tun, wenn sie etwas erklären wollen und nicht können.

In diesem Augenblick kam Fleete wieder in den Stall; kaum wurden die Tiere seiner ansichtig, brach ihr Entsetzen von neuem los, und wir mußten schleunigst hinauseilen, um nicht Hufschläge abzukriegen.

»Sie scheinen dich nicht besonders zu lieben!« sagte Strickland zu Fleete, als wir in Sicherheit waren.

»Dummes Zeug!« erwiderte Fleete. »Vielleicht deine Pferde! Meine Stute folgt mir wie ein Hund.« – Wir gingen zu ihr. Sie befand sich in einem Extrastand, der ihr freie Bewegung ließ. Fleete schob den Riegel zurück: im nächsten Augenblick schlug sie aus, überrannte ihn, warf ihn zu Boden und raste in den Garten hinaus. Ich lachte aus vollem Halse, aber Strickland blieb toternst – faßte seinen Schnurrbart mit beiden Händen und zog daran, als wollte er ihn sich ausreißen. Statt Anstalten zu treffen, sein Pferd wieder einzufangen, gähnte Fleete nur zu meinem Erstaunen, sagte, er sei plötzlich sehr schläfrig, ging ins Haus und legte sich nieder! – Eine sonderbare Art, den Neujahrstag zu verbringen! – – –

Wir gingen ohne ihn wieder in den Stall und Strickland fragte mich, ob mir an Fleetes Benehmen nicht etwas besonders aufgefallen sei. Ich gab zu, daß er allerdings sein Essen wie ein Tier verschlungen hätte, aber das könne vielleicht eine Folge davon sein, daß er einsam in den Bergen lebe und fern von einem so kultivierten Umgang, wie der unsrige.

Strickland lächelte nicht einmal; er hatte mir wahrscheinlich gar nicht zugehört, denn seine nächsten Worte bezogen sich auf das Merkmal an Fleetes Brust. Ich äußerte die Ansicht, es könne möglicherweise von spanischen Fliegen herrühren, oder sei vielleicht ein plötzlich sichtbar gewordenes Muttermal. Daß es scheußlich aussähe, darüber waren wir uns beide einig, und Strickland fügte hinzu, ich sei ein Narr.

»Ich kann dir jetzt noch nicht sagen, was ich denke,« fuhr er fort, »denn du würdest mich für verrückt halten; aber du mußt die nächsten paar Tage bei mir bleiben, wenn du irgend kannst! Bitte, beobachte Fleete, aber sprich nicht mit mir darüber, was du dir denkst, denn ich möchte mir meine eigene Meinung bilden.«

»Aber heute abend esse ich außerhalb!« behielt ich mir vor.

»Ich auch!« sagte Strickland, »und Fleete hat dieselbe Absicht, vorausgesetzt, daß er sie inzwischen nicht geändert hat.«

Dann schlenderten wir ein bißchen im Garten umher und rauchten – stumm –, denn wir waren Freunde, und Reden schmälert den Tabakgenuß –, bis in unsern Pfeifen nur mehr Asche war. – Hierauf beschlossen wir, Fleete zu wecken.

Aber er war bereits wach. Lief unruhig in seinem Zimmer auf und ab. »Es geht nicht so!« sagte er, als er uns eintreten sah. »Ich muß noch Koteletten haben! Kann ich welche kriegen?«

Wir lachten. »Zieh dich lieber um, Fleete! Die Ponies werden gleich da sein.«

»Schön«, sagte er. »Ich werde mich umkleiden, aber vorher muß ich noch Koteletten haben. Aber: halb roh, verstanden?!«

Er schien es im Ernst zu meinen, trotzdem es erst vier Uhr war und wir um ein Uhr reichlich gefrühstückt hatten. Immer wieder und wieder verlangte er rohe Koteletten. Dann erst zog er seinen Reitanzug an und kam auf die Veranda.

Aber auch das Pony wollte ihn nicht nahekommen lassen. – (Die Stute war noch immer nicht eingefangen.) – Alle drei Tiere waren nicht zu bändigen und außer sich vor Furcht. Als alle Mittel vergeblich geblieben waren, die Ponies zu beruhigen, sagte Fleete schließlich, es sei das beste, er bliebe zuhause und – – lasse sich wieder etwas zu essen geben.

Strickland und ich ritten erstaunt fort. Als wir an dem Hanumantempel vorbeikamen, tauchte der Silberne auf und miaute uns an.

»Er ist kein regulärer Priester des Heiligtums«, sagte Strickland. »Ich hätte große Lust, ihn verhaften zu lassen!« – – –

Es war kein rechter Schwung in unserm Galopp an jenem Abend: die Pferde griffen nicht ordentlich aus und schienen ermattet, als seien sie abgetrieben.

»Der Schreck hat sie sehr hergenommen!« erklärte Strickland. – Es war die einzige Bemerkung, die er während des Rittes fallen ließ. Nur ein- oder zweimal hatte ich ihn fluchen hören, aber das war nichts seltenes bei ihm.

Es war bereits dunkel und etwa sieben Uhr, als wir wieder zuhause anlangten. Zu unserm Erstaunen brannte nicht ein Licht in dem Bungalow. »Nachlässige Bande, diese Dienerschaft!« schimpfte Strickland. – Da scheute mein Pferd vor etwas Schwarzem auf dem Weg und gleich darauf tauchte Fleete dicht unter der Nase des Tieres auf.

»Was kriechst du denn da im Garten herum?« fragte Strickland. – Beide Pferde machten Miene auszubrechen und warfen uns beinahe ab; wir stiegen vor dem Stall aus den Sätteln und kehrten zu Fleete zurück, der zwischen den Orangebüschen auf Händen und Knien umherkroch.

»Was, zum Teufel, ist denn los mit dir?« rief Strickland.

»Nichts, gar nichts!« antwortete Fleete hastig, aber mit seltsam schwerer Zunge. »Ich – ich habe im Garten – gearbeitet, – botanisiert und so. Der – der Geruch der Erde ist entzückend. Ich möchte einen Spaziergang machen – einen langen Spaziergang, die ganze Nacht hindurch.«

Ich begriff sofort, daß hier etwas über alle Maßen Ungewöhnliches vor sich ging, und sagte zu Strickland: »Ich werde doch lieber nicht auswärts speisen!«

»Danke dir!« erwiderte Strickland kurz. »Heda, Fleete! Steh auf, du holst dir das Fieber. Komm hinein zum Essen. Wir wollen Licht machen lassen; wir essen heute zuhause.«

Fleete stand unwillig auf und knurrte: »Keine Lampen! Keine Lampen! Es ist viel schöner hier draußen. Essen wir doch hier! Mehr Koteletts – haufenweise, und – blutig und zäh!«

Ein Dezemberabend im Norden Indiens ist schneidend kalt, und der Vorschlag Fleetes war der eines Wahnsinnigen.

»Komm herein!« befahl Strickland in strengem Ton. »Komm augenblicklich herein!« Fleete gehorchte.

Als die Lampen gebracht wurden, sahen wir, daß er buchstäblich von Kopf bis zu Fuß mit Schmutz bedeckt war; er mußte sich im Garten herumgewälzt haben. – – Er schrak vor dem Licht zurück und ging in sein Zimmer. Seine Augen waren schrecklich anzusehen; es glomm ein grünes Licht – nicht in ihnen, nein: hinter ihnen, – ich kann es nicht anders schildern! – und die Unterlippe hing ihm herunter.

»Es wird etwas Tolles geben – etwas ganz Tolles – heute Nacht«, sagte Strickland. »Behalte dein Reitzeug an!«

Wir warteten und warteten auf Fleetes Rückkunft und bestellten unterdessen die Speisen. – Er rumorte in seinem Zimmer, aber Licht hatte er nicht angezündet.

Plötzlich erscholl aus seiner Stube das langgezogene Geheul eines Wolfes!

Man spricht und schreibt oft leichthin von erstarrendem Blut und von gesträubtem Haar. Aber, wenn es wirklich geschieht, vergeht einem die Lust, Scherz damit zu treiben! – Mir stand das Herz still, als wäre es mit einem Messer durchstochen, und Strickland war weiß geworden wie das Tischtuch.

Das Geheul wiederholte sich und wurde von einem andern Geheul, weit über die Felder her, beantwortet. – Das setzte dem Grauen die Krone auf.

Strickland stürzte in Fleetes Zimmer. Ich folgte, und wir sahen, daß Fleete aus dem Fenster kletterte. Tierische Laute kamen tief aus seiner Kehle. Er konnte nicht antworten, als wir ihn anschrien. – Er geiferte.

Ich kann mich nicht mehr erinnern, was dann folgte, aber ich glaube, Strickland muß ihn durch einen Hieb mit dem Stiefelknecht betäubt haben, sonst hätte ich nicht plötzlich auf seiner Brust knien können. – Fleete konnte nicht mehr sprechen; er knurrte nur. Aber es war nicht das Knurren eines Menschen – es war das Knurren eines Wolfes! – Der menschliche Geist in ihm mußte im Lauf des Tages immer mehr und mehr geschwunden und im Zwielicht erloschen sein; wir hatten jetzt mit einem Tier zu tun, das – einst Fleete gewesen war.

Das Erlebnis stand jenseits aller menschlichen und vernunftgemäßen Erfahrung.

Ich wollte etwas sagen über Hydrophobie – Tollwut –, brachte aber das Wort nicht über die Lippen – empfand es als Lüge, noch ehe ich es aussprechen konnte!

Wir fesselten das »Tier« mit ledernen Punkahriemen, banden ihm Daumen und große Zehe zusammen, knebelten es mit einem Schuhlöffel! – Es ist das ein sehr wirksamer Knebel, wenn man ihn richtig anzuwenden weiß. – Dann schleppten wir das »Tier« ins Eßzimmer und schickten einen Mann zu Dumoise, dem Arzt, mit der Bitte, er möge sofort kommen.

Als der Bote fort war und wir wieder Atem geschöpft hatten, sagte Strickland: »Es wird nichts nützen. Die Sache schlägt nicht in das Fach eines Arztes.« – Ich wußte, daß er die Wahrheit sprach.

Der Kopf des »Tieres« war frei; es warf ihn ruhelos hin und her. Hin und her. Wäre damals jemand ahnungslos ins Zimmer getreten, er hätte glauben müssen, wir stünden im Begriffe, einem Wolf das Fell abzuziehen; und das war von allen Gedanken, die unser Hirn bestürmten, vielleicht der schrecklichste.

Strickland saß unbeweglich da, das Kinn auf die Faust gestützt, und beobachtete schweigend das »Tier«, wie es sich auf dem Boden krümmte und wand, das Hemd vom Ringen aufgerissen, darunter die schwarze Rosette auf der linken Brust, die sich von der Haut abhob wie eine Brandblase.

In der Totenstille, die im Zimmer herrschte, hörten wir mit einemmal draußen etwas miauen, wie eine weibliche Otter. – Wir sprangen beide auf, und ich – ich rede nur von mir allein, nicht von Strickland –, fühlte mich todkrank, richtig körperlich krank. – – Wir versuchten, uns einzureden: – es – es sei eine Katze.

Dumoise kam. Noch nie habe ich einen Arzt so berufswidrig erschrecken sehen. Er sagte, es sei ein geradezu erschütternder Fall von Tollwut; leider gebe es kein Mittel dagegen. Beruhigende Medikamente würden den Todeskampf nur verlängern. – Das »Tier« hatte bereits Schaum vor dem Mund.

Wir redeten Dumoise ein, Fleete sei ein- oder zweimal von Hunden gebissen worden, was bei jemand, der ein halbes Dutzend Terriers hält, häufig vorzukommen pflegt.

Dumoise konnte keinerlei Hilfe in Aussicht stellen; nur eins könne er mit Sicherheit erklären, sagte er, nämlich, daß Fleete an Hydrophobie sterben werde. – Wie als Antwort heulte das Tier in diesem Augenblick laut auf: es war ihm gelungen, sich von dem Knebel zu befreien. Dumoise sagte, er wäre bereit, die Todesursache jetzt schon zu bescheinigen, da das Ende nahe sei. Er war ein braver, kleiner Kerl und erbot sich, bei uns zu bleiben, aber Strickland lehnte es ab; er wollte Dumoise das Neujahrsfest nicht verderben und bat ihn nur, die wirkliche Todesursache von Fleetes Tod nicht öffentlich bekannt zu geben.

Dumoise verließ uns tiefbewegt. Als das Rollen seines Wagens verstummte, teilte mir Strickland seinen Verdacht mit – im Flüsterton; es klang so unglaublich, was er sagte, daß er selbst es nicht laut auszusprechen wagte. Und obgleich ich Stricklands Ansicht innerlich vollkommen teilte, so schämte ich mich doch, es einzugestehen, und gab lieber vor, ich glaubte an derlei Dinge nicht.

»Selbst wenn der Silberne wirklich Fleete behext hat«, sagte ich leise, »so rasch könnte doch die Strafe wegen der Beschimpfung der Hanumanstatue – –« ich konnte den Satz nicht zu Ende sprechen, denn abermals wurde ein Schrei draußen laut und sofort verfiel das »Tier« wieder in einen Paroxismus von Krämpfen, – so heftig, daß wir fürchten mußten, seine Fesseln könnten zerreißen.

»Gib acht!« rief Strickland. »Wenn sich das noch sechsmal wiederholt, nehme ich das Gesetz selbst in die Hand. Ich befehle dir, mir dabei zu helfen!«

Er ging rasch in sein Zimmer und kehrte nach wenigen Minuten zurück mit dem Lauf einer alten Schrotflinte, einem Stück Angelschnur, ein paar dicken Stricken und seiner schweren Holzbettstatt. Ich berichtete ihm, die Krämpfe seien jedesmal etwa zwei Sekunden nach dem Heulen draußen eingetreten, aber jetzt sei das »Tier« merklich schwächer.

Strickland murmelte in sich hinein. »Das Leben kann er ihm doch nicht nehmen! Nein, Leben kann er nicht nehmen.«

»Es wird eine Katze sein!« – ich wollte unter keinen Umständen etwas anderes zugestehn –: »es muß eine Katze sein! – Wenn der Silberne die Schuld hat, würde er nicht wagen hierherzukommen!«

Strickland zündete Holz auf dem Herd an, legte den Flintenlauf in die Glut, breitete die Taue auf dem Tisch aus, brach einen Spazierstock in zwei Teile und knotete einen Meter Angelschnur, aus Darm geflochten und drahtumwickelt, wie man sie zum Fischen der großen Masheers verwendet, mit den Enden zusammen. Dann sagte er nachdenklich: »So, irgendwie müssen wir ihn fangen. Wenn ich nur wüßte, wie! Wir müssen ihn lebendig und unverletzt in die Hand bekommen.«

»Verlassen wir uns auf die Vorsehung! – Nehmen wir ein paar Polohämmer!« – schlug ich vor – »und schleichen wir uns leise hinaus in das Buschwerk vor dem Haus! Alles spricht dafür, daß der Mensch, oder das Tier, das das Geheul ausstößt, in regelmäßigen Zeitabständen den Bungalow umkreist wie eine Nachtwache. Lauern wir ihm im Gebüsch auf und überfallen wir ihn, wenn er vorüberkommt!«

Strickland erklärte sich einverstanden, und wir schlüpften vom Badezimmerfenster aus auf die Veranda hinaus und von da über den Fahrweg ins Buschwerk.

Gleich darauf kam der Aussätzige um die Ecke des Hauses; wir konnten ihn deutlich im Mondlicht sehen. Er war völlig nackt, miaute von Zeit zu Zeit und blieb dann stehen, um einen merkwürdigen Tanz mit seinem Schatten aufzuführen. Es war ein grauenhafter Anblick, und als ich mir vorstellte, dies scheußliche Geschöpf sei Schuld an des armen Fleetes Erniedrigung zum Tier, da fielen meine letzten Bedenken und ich beschloß, Strickland zu helfen – mit dem glühenden Flintenlauf sowohl, wie mit der geknoteten Angelschnur – mit allen Foltern, die nötig sein würden, – Foltern, vom Kopf angefangen bis zu den Hüften und wieder zurück!

Als der Aussätzige einen Moment vor der Eingangstür Halt machte, fielen wir mit den Polohämmern über ihn her. Er war erstaunlich kräftig, und wir mußten alles aufbieten, damit er uns nicht entwischte, ehe wir ihn fest hatten, zumal wir darauf achten mußten, ihn nicht ernstlich zu verwunden. Wir hatten immer angenommen, Aussätzige wären schwache, elende Geschöpfe; es war ein Irrtum gewesen.

Strickland versetzte ihm schließlich einen derartigen Hieb auf die Schienbeine, daß er niederstürzte. – Ich setzte ihm den Fuß in den Nacken. Er miaute schauderhaft; durch meine hohen Reitstiefel hindurch konnte ich deutlich fühlen, daß sein Fleisch nicht das eines gesunden Menschen war. Er schlug nach uns mit den Stummeln seiner Hände und Füße; wir schlangen den Riemen einer Hundepeitsche unter seinen Achseln hindurch, verknoteten sie und schleppten ihn rücklings in die Vorhalle und in das Eßzimmer, wo das »Tier« gefesselt lag. – Dort banden wir ihn mit Tauen fest. Er wehrte sich nicht mehr. Miaute nur.

Die Szene, die sich abspielte, als wir ihn dem »Tier« gegenüberstellten, spottet jeder Beschreibung. Das »Tier« schnellte sich nach rückwärts, den Körper wie ein Bogen nach hinten gekrümmt, als sei es mit Strychnin vergiftet, und stöhnte zum Erbarmen. Noch verschiedenes Andere begab sich, was ich hier nicht beschreiben kann.

»Ich glaube, meine Vermutung war richtig«, sagte Strickland. »Wollen mal die Aufforderung an ihn richten, den Fall zu kurieren!« – – Aber der Aussätzige miaute nur.

Strickland wickelte ein Tuch um die Hand und nahm den Flintenlauf aus der Glut; ich steckte den zerbrochenen Spazierstock durch die Schlinge der Angelschnur, drehte ihn als Handhabe und schnürte so den Aussätzigen an der Bettstatt fest. Ich bekam damals einen leisen Begriff, wieso Männer, Frauen und Kinder es einst ertragen konnten, Hexen lebendig verbrennen zu sehen.

Das »Tier« auf dem Boden wimmerte und jammerte, und wenn auch der Silberne kein Gesicht mehr hatte, so konnte man doch von Zeit zu Zeit über den zähen Schlamm, der es ersetzte wie eine Maske, einen Ausdruck bestialischer Verworfenheit, gemischt mit

Wut und Schrecken, hinhuschen sehen – etwa, wie Hitzwellen über rotglühendem Eisen spielen.

Einen Moment bedeckte Strickland seine Augen mit den Händen; dann gingen wir ans Werk. – Eine Schilderung wird niemals im Druck erscheinen.

Der Tag begann zu dämmern, da erst entschloß sich der Aussätzige, zu sprechen. Bis dahin hatte er nur miaut; wir wollten uns aber damit nicht zufrieden geben.

Das »Tier« war ohnmächtig vor Erschöpfung.

Wir banden den Aussätzigen los und befahlen ihm, den bösen Geist auszutreiben.

Er kroch zu dem »Tier« hin und legte ihm die Hand auf die linke Brust; das war alles. Dann fiel er, das Gesicht nach unten, nieder und winselte, wobei er – den Atem nach innen sog.

Wir beobachteten das »Tier« und sahen: die Seele Fleete's kehrte wieder in seine Augen zurück; seine Stirne bedeckte sich mit Schweiß, und die Augen – es waren wieder menschliche Augen – schlossen sich. Wir warteten eine Stunde: – Fleete schlief fest und tief. Wir trugen ihn in sein Zimmer und bedeuteten dem Aussätzigen, er möge gehen, gaben ihm die Bettstatt, die Decke, damit er seine Blöße verhülle, die Handschuhe, die Tücher, kurz alles, womit wir ihn berührt, und die Peitschenschnur, mit der wir ihn gefesselt hatten. Er hüllte sich in die Decke und schritt hinaus in die Morgenfrühe, ohne zu sprechen, ohne zu miauen.

Strickland trocknete sich die Stirn und setzte sich nieder; ein Nachtgong weit drüben in der Stadt schlug sieben Uhr.

»Genau vierundzwanzig Stunden!« sagte Strickland. »Ich habe mein bestes getan, um einer Entlassung aus dem Staatsdienst sicher sein zu können, möglicherweise auch eines lebenslänglichen Freiquartiers in einer Irrenanstalt. Was meinst du übrigens: schlafen wir, oder sind wir wach und noch bei Sinnen?«

Der glühende Flintenlauf war heruntergefallen, versengte den Teppich, der Brandgeruch war durchaus real, kein Zweifel: wir waren wach und bei Sinnen.

Um elf Uhr gingen wir zu Fleete, um ihn zu wekken, und bemerkten sofort, daß die schwarze Leopardenrosette von seiner Brust verschwunden war. Er sah sehr müde und schlaftrunken aus, rief aber, als er uns erblickte, sofort: »Was sehe ich? Da seid ihr ja, alte Burschen! Ein glückliches Neujahr wünsche ich euch! – Und laßt euch raten: trinkt niemals Schnaps, Bier und Champagner durcheinander: Ich bin noch halb tot davon!«

»Ich danke dir für deine Aufmerksamkeit, aber mit der Gratulation kommst du ein bißchen spät«, sagte Strickland. »Heute schreiben wir bereits den zweiten Januar. Du hast geschlafen wie ein Murmeltier!«

Da ging die Tür auf und der kleine Dumoise steckte den Kopf herein; er war zu Fuß gekommen und nahm an, wir wollten Fleete bereits aufbahren.

»Ich habe eine Leichenwäscherin mitgebracht«, sagte er. »Ich glaube, sie wird alles gut besorgen.«

»Haha«, lachte Fleete und richtete sich belustigt im Bett auf. »Nur herein mit der Holden! Das ist ja prachtvoll.«

Dumoise war sprachlos. Strickland führte ihn hinaus und erklärte ihm, er müsse sich offenbar in der Diagnose geirrt haben. Dumoise erwiderte kein Wort: er fühlte sich in seiner Würde als Arzt schwer gekränkt und schien die Sache als eine persönliche Beleidigung auffassen zu wollen.

Auch Strickland ging fort. Als er zurückkehrte, erzählte er mir, er habe beim Hanumantempel vorgesprochen und sich zu jeglicher Art Genugtuung wegen der geschehenen Götterentweihung bereit erklärt. Man hätte ihm aber aufs feierlichste versichert, niemals sei das Bild des Gottes von einem weißen Mann berührt worden. Er sei fraglos die Verkörperung aller Tugenden, scheine aber bisweilen Sinnestäuschungen unterworfen zu sein. – »Was sagst du dazu?« schloß Strickland.

»Es gibt mehr Dinge zwischen Himmel und – –« wollte ich ausrufen, da fiel mir noch rechtzeitig ein, daß Strickland dieses Zitat haßte; es sei abgedroschen, pflegte er zu behaupten.

Noch etwas begab sich, — es erschreckte mich fast ebenso, wie die Vorfälle in der Nacht: als Fleete angekleidet ins Eßzimmer trat, schnupperte er plötzlich in die Luft. – Er hatte eine seltsame Art, die Nase zu bewegen, wenn er schnupperte. – »Ein scheußlicher Geruch nach Hunden ist hier«, sagte er. »Du solltest deine Terrier besser pflegen! Versuchs doch einmal mit Schwefelblüte, Stricky!«

Strickland antwortete nicht. Er haschte nach einer Stuhllehne und brach urplötzlich in einen Weinkrampf aus. – Es ist eine schreckliche Sache, einen starken Mann weinen zu sehen. – Dann überfiel auch mich die Erinnerung, daß wir hier in diesem Raum mit dem Silbernen um Fleete's Seele gerungen und uns als Engländer erniedrigt hatten, und ich lachte, – keuchend und gurgelnd. Fleete dachte sich offenbar, wir seien beide verrückt geworden!

Gesagt haben wir ihm niemals, was wir für ihn getan hatten.

Ein paar Jahre später, als Strickland sich verheiratet hatte und seiner Frau zuliebe ein emsiger Kirchengänger geworden war, besprachen wir noch einmal das seltsame Erlebnis in aller Ruhe, und Strickland machte mir den Vorschlag, ich solle den Fall veröffentlichen.

Ich meinesteils glaube nicht, daß dadurch das Geheimnis aufgeklärt wird, denn erstens glaubt niemand gern an derlei lästige Geschichten, und zweitens weiß jeder vernünftige Mensch, daß die Götter der Heiden aus Stein oder Erz bestehen, und daß die Annahme, sie könnten als etwas anderes aufgefaßt werden, überaus töricht ist!

Saki

Gabriel-Ernest

»In Ihren Wäldern ist ein wildes Tier,« sagte der Maler Cunningham, als er zum Bahnhof gefahren wurde. Es war die einzige Bemerkung, die er während der Fahrt gemacht hatte, aber da Van Cheele ununterbrochen gesprochen hatte, war das Schweigen seines Begleiters nicht aufgefallen.

»Ein verirrter Fuchs oder zwei und einige hier hausende Wiesel. Nichts weiter Schlimmes«, sagte Van Cheele. Der Maler sagte nichts.

»Was meinten Sie mit einem wilden Tier?« sagte Van Cheele später, als sie auf dem Bahnsteig standen.

»Nichts. Meine Phantasie. Da ist der Zug,« sagte Cunningham.

Am selben Nachmittag machte Van Cheele einen seiner häufigen Streifzüge durch seinen Waldbesitz. Er hatte eine ausgestopfte Rohrdommel in seinem Arbeitszimmer und kannte die Namen einer ganzen Anzahl von wilden Blumen, so daß seine Tante ihn wohl nicht ganz zu Unrecht als einen großen Naturfreund bezeichnete. Auf jeden Fall war er ein eifriger Spaziergänger. Es war seine Gewohnheit, alles, was er während seiner Spaziergänge sah, geistig zu registrieren, weniger, um damit der modernen Wissenschaft zu nützen, sondern vielmehr, um hinterher Gesprächsthemen zu haben. Als die Glockenblumen zu blühen begannen, ließ er es sich angelegen sein, jeden von dieser Tatsache in Kenntnis zu setzen; die Jahreszeit hätte seine Zuhörer auf die Wahrscheinlichkeit eines solchen Ereignisses vorbereiten können, aber sie merkten zumindest, daß er absolut ehrlich mit ihnen war.

Was Van Cheele an diesem besonderen Nachmittag sah, war jedoch etwas von seinem gewöhnlichen Erlebnisbereich weit Abweichendes. Auf einer glatten, über einen tiefen Teich in der Mulde eines niedrigen

Eichenwäldchens ragenden Steinplatte lag langausgestreckt ein Junge von etwa sechzehn Jahren, der seine nassen braunen Glieder genüßlich in der Sonne trocknete. Sein nasses, vom Tauchen gescheiteltes Haar lag dicht am Kopf und seine hellbraunen Augen, so hell, daß fast ein tigerisches Funkeln in ihnen war, waren mit einer gewissen trägen Wachsamkeit auf Van Cheele gerichtet. Es war eine unerwartete Erscheinung, und Van Cheele war zu seiner Verwunderung mit dem für ihn neuartigen Vorgang des Denkens vor dem Sprechen beschäftigt. Wo in aller Welt konnte dieser wildaussehende Junge herkommen? Die Frau des Müllers hatte vor ungefähr zwei Monaten ein Kind verloren, das vermutlich vom Mühlbach weggespült worden war, aber das war nur ein Baby gewesen, nicht ein halbwüchsiger Bursche.

»Was machst du da?« fragte er.

»Offenbar sonne ich mich,« antwortete der Junge.

»Wo wohnst du?«

»Hier in diesen Wäldern.«

»Du kannst nicht in diesen Wäldern wohnen,« sagte Van Cheele.

»Es sind sehr schöne Wälder,« sagte der Junge mit einem Anflug von Gönnerhaftigkeit in der Stimme.

»Aber wo schläfst du nachts?«

»Nachts schlafe ich nicht; das ist meine arbeitsreichste Zeit.«

Van Cheele fing an, den gereizten Eindruck zu haben, daß er sich mit einem Problem herumschlug, das sich ihm entzog.

»Wovon ernährst du dich?« fragte er.

»Fleisch«, sagte der Junge und er sprach das Wort mit langsamem Genuß aus, als ob er es schmecken würde.

»Fleisch! Was für Fleisch?«

»Da es Sie interessiert, Kaninchen, Wildgeflügel, Hasen, Federvieh, Lämmer zu ihrer Jahreszeit, Kinder, wenn ich welche kriegen kann; sie sind gewöhnlich zu gut eingeschlossen in der Nacht, wenn ich hauptsächlich jage. Es ist fast zwei Monate her, seit ich Kinderfleisch geschmeckt habe.«

Van Cheele überhörte den neckenden Charakter der letzten Bemerkung und versuchte, den Jungen auf das Thema möglicher Wilddiebereien zu lenken.

»Du redest ziemlich dummes Zeug, wenn du davon sprichst, daß du dich von Hasen ernährst. Die Hasen unserer Hügel lassen sich nicht so leicht fangen.«

»Nachts jage ich auf vier Füßen,« war die etwas mysteriöse Antwort.

»Ich nehme an, du meinst, daß du mit einem Hund jagst?« wagte Van Cheele zu fragen.

Der Junge wälzte sich langsam auf den Rücken und lachte ein eigenartiges, leises Lachen, das angenehm wie ein Kichern und unangenehm wie ein Knurren klang.

»Ich kann mir nicht vorstellen, daß einem Hund sehr viel an meiner Gesellschaft liegen würde, besonders nachts.«

Van Cheele begann zu fühlen, daß da etwas wirklich Unheimliches um den Jungen mit den seltsamen Augen und der seltsamen Zunge war.

»Ich kann dich nicht in diesen Wäldern bleiben lassen,« erklärte er gebieterisch.

»Ich nehme an, Sie haben mich lieber hier als in Ihrem Haus,« sagte der Junge.

Die Aussicht, dieses wilde, nackte Tier in seinem peinlich ordentlichen Haus zu haben, war für Van Cheele natürlich alarmierend.

»Wenn du nicht weggehst, werde ich dich eben dazu zwingen müssen,« sagte Van Cheele.

Der Junge drehte sich um wie der Blitz, sprang in den Teich und hatte einen Augenblick später seinen nassen, glänzenden Körper halb auf das Ufer hinaufgestoßen, wo Van Cheele stand. Bei einem Otter wäre die Bewegung nicht besonders aufgefallen, bei einem Jungen fand Van Cheele sie erschreckend genug. Sein Fuß glitt aus, als er unwillkürlich einen Schritt zurück tat und er befand sich, beinahe hingestreckt, auf dem glitschigen, mit Unkraut bewachsenen Ufer, mit jenen tigerisch gelben Augen nicht sehr weit von seinen eigenen entfernt. Fast instinktiv hob er die Hand halb zum Hals. Der Junge lachte wieder, ein Lachen, aus dem das Knurren beinahe das Kichern vertrieben hatte, tauchte dann, mit einer weiteren seiner erstaunlich blitzschnellen Bewegungen in einem sich über ihm schließenden Unkraut- und Farngewirr unter und war außer Sicht.

»Was für ein außergewöhnliches wildes Tier!« sagte Van Cheele, als er vom Boden aufstand. Und dann erinnerte er sich an Cunninghams Bemerkung: »In Ihren Wäldern ist ein wildes Tier.«

Während er langsam nach Hause ging, begann Van Cheele verschiedene Ereignisse aus der Umgebung zu überdenken, die vielleicht mit der Existenz dieses erstaunlichen jungen Wilden in Verbindung gebracht werden konnten.

Irgendetwas hatte in letzter Zeit den Wildbestand in den Wäldern verringert, von den Bauernhöfen war Geflügel verschwunden, Hasen wurden auf unerklärliche Weise seltener, und es waren ihm Beschwerden zu Ohren gekommen, daß ganze Lämmer von den Hügeln weggeholt worden waren. War es möglich, daß dieser wilde Junge, zusammen mit einem schlauen Wildererhund, wirklich in der Gegend jagte? Er hatte davon gesprochen, nachts »vier-füßig« zu jagen, aber dann hatte er wieder seltsamerweise angedeutet, daß kein Hund sich etwas draus mache, in seine Nähe zu kommen, »besonders nachts«. Es war tatsächlich verwirrend. Und dann, als Van Cheele sich die verschiedenen, während des oder der letzten zwei Monate verübten Räubereien durch den Kopf gehen ließ, kam er plötzlich zu einem Stillstand, sowohl in seinem Gang wie in seinen Mutmaßungen.

Das vor zwei Monaten aus der Mühle verschwundene Kind – die allgemein anerkannte Theorie war, daß es in den Mühlbach gefallen und weggespült worden sei, aber die Mutter hatte immer erklärt, sie habe einen Schrei von der dem Hügel zugekehrten Seite des Hauses gehört, in der entgegengesetzten Richtung vom Wasser. Es war natürlich undenkbar, aber er wünschte, der Junge hätte jene unheimliche Bemerkung über vor zwei Monaten gegessenes Kinderfleisch nicht gemacht. Solch schreckliche Dinge sollten nicht einmal im Scherz gesagt werden.

Van Cheele war, ganz gegen seine Gewohnheit, nicht dazu aufgelegt, über seine Entdeckung im Wald Mitteilungen zu machen. Seine Stellung als Gemeinderat und Friedensrichter schien irgendwie kompromittiert durch die Tatsache, daß er eine Persönlichkeit von solch zweifelhaftem Ruf auf seinem Besitz beherbergte; es war sogar möglich, daß ihm eine hohe Schadenersatzrechnung für gestohlene Lämmer und Geflügel zugestellt werden würde. Während des Essens an diesem Abend war er ganz ungewöhnlich schweigsam.

»Wo hast du deine Stimme gelassen?« sagte seine Tante. »Man könnte glauben, du hättest einen Wolf gesehen.«

Van Cheele, der das alte Sprichwort nicht kannte, fand die Bemerkung ziemlich dumm; wenn er auf seinem Besitz einen Wolf gesehen hätte, wäre seine Zunge mit dem Thema außerordentlich beschäftigt gewesen.

Beim Frühstück am nächsten Morgen war sich Van Cheele bewußt, daß sein Gefühl des Unbehagens wegen der gestrigen Episode nicht vollkommen verschwunden war, und er beschloß, mit dem Zug zur nahegelegenen Domstadt zu fahren, Cunningham aufzuspüren und von ihm zu erfahren, was er wirklich gesehen hatte, um ihn zu der Bemerkung über ein wildes Tier in den Wäldern zu veranlassen. Nachdem er diesen Entschluß gefaßt hatte, kehrte seine übliche gute Laune teilweise zurück, und er summte eine heitere kleine Melodie, als er zum Morgenzimmer schlenderte, um seine gewohnte Zigarette zu rauchen. Als er das Zimmer betrat, wich die Melodie abrupt einer frommen Beschwörung. Auf der Ottomane lag anmutig hingestreckt, in einer Haltung fast übertriebener Ruhe, der Junge aus den Wäldern. Er war trockener als Van Cheele ihn das letzte Mal gesehen hatte, aber sonst war keine andere Veränderung seiner Toilette wahrzunehmen.

»Wie kannst du es wagen, hierher zu kommen?« fragte Van Cheele wütend.

»Sie sagten mir, ich dürfe nicht in den Wäldern bleiben,« sagte der Junge ruhig.

»Aber nicht hierher zu kommen. Angenommen meine Tante würde dich sehen!«

Und mit der Absicht, diese Katastrophe zu verringern, versteckte Van Cheele hastig so viel wie möglich von seinem unwillkommenen Gast unter den Blättern einer »Morning Post«. In diesem Augenblick trat seine Tante ins Zimmer.

»Das ist ein armer Junge, der sich verlaufen – und sein Gedächtnis verloren hat. Er weiß nicht, wer er ist oder wo er herkommt,« erklärte Van Cheele verzweifelt, indem er besorgt auf das Gesicht des heimatlosen Knaben blickte, um zu sehen, ob er unangebrachte Aufrichtigkeit seinen anderen wilden Neigungen hinzufügen würde.

Miss Van Cheele war ungeheuer interessiert.

»Vielleicht ist seine Unterwäsche gezeichnet«, meinte sie.

»Er scheint auch davon das meiste verloren zu haben,« sagte Van Cheele, indem er krampfhaft schnelle kleine Griffe nach der »Morning Post« tat, damit sie an ihrem Platz blieb.

Ein nacktes, heimatloses Kind machte auf Miss Van Cheele einen genauso mitleiderregenden Eindruck wie es ein verirrtes Kätzchen oder ein herrenloser junger Hund getan haben würde.

»Wir müssen alles für ihn tun, was wir können,« entschied sie, und kurze Zeit später kam vom Pfarrhaus, wo ein Page gehalten wurde, der dorthin geschickte Bote mit einem Servieranzug und dem nötigen Zubehör wie Hemd, Schuhe, Kragen usw. zurück. Angekleidet, sauber und gepflegt hatte der Junge in Van Cheeles Augen nichts von seiner Unheimlichkeit verloren, aber seine Tante fand ihn süß.

»Wir müssen ihm einen Namen geben, bis wir wissen, wer er wirklich ist,« sagte sie. »Gabriel-Ernest, denke ich; das sind nette, geeignete Namen.«

Van Cheele stimmte zu, bezweifelte aber für sich persönlich, ob sie auf ein nettes, geeignetes Kind übertragen wurden.

Seine bösen Ahnungen wurden nicht vermindert durch die Tatsache, daß der gesetzte und ältliche Spaniel beim ersten Hereinkommen des Jungen aus dem Haus geschossen war und nun, zitternd und jaulend, hartnäckig im hinteren Teil des Obstgartens blieb, während sich der Kanarienvogel, sonst stimmlich so fleißig wie Van Cheele selbst, auf ein ängstliches Piepsen beschränkte. Mehr denn je war er entschlossen, Cunningham unverzüglich aufzusuchen.

Als er zum Bahnhof wegfuhr, vereinbarte seine Tante gerade mit Gabriel-Ernest, daß er ihr helfen solle, die Kinder ihrer Sonntagsschulklasse diesen Nachmittag zum Tee zu bewirten.

Cunningham war anfangs nicht zu Mitteilungen aufgelegt.

»Meine Mutter starb an einer Hirnerkrankung,« erklärte er, »Sie werden deshalb verstehen, warum es mir widerstrebt, über etwas derart unwahrscheinlich Phantastisches zu sprechen, das ich vielleicht gesehen oder zu sehen geglaubt habe.«

»Aber, was haben Sie gesehen?« beharrte Van Cheele.

»Was ich zu sehen glaubte, war etwas so Außergewöhnliches, daß kein wirklich vernünftiger Mensch ernsthaft annehmen konnte, es sei wirklich geschehen. Ich stand am letzten Abend, den ich bei Ihnen verbrachte, halbversteckt in den Büschen am Tor zum Obstgarten und betrachtete die verlöschende Glut des Sonnenunterganges. Plötzlich gewahrte ich einen nackten Jungen, den ich für einen Badenden von einem Teich in der Nähe hielt, der deutlich sichtbar auf dem kahlen Hügelabhang stand und ebenfalls dem Sonnenuntergang zusah. Seine Pose erinnerte so sehr an einen wilden Faun der heidnischen Mythen, daß ich ihn auf der Stelle als Modell engagieren wollte und einen Moment später, glaube ich, hätte ich ihn hergerufen. Aber gerade da verschwand die Sonne vom Horizont, und all das Orange und Rosa glitt aus der Landschaft, die kalt und grau zurückblieb. Und im selben Moment geschah etwas Erstaunliches – der Junge verschwand auch!«

»Was! löste sich in Nichts auf?« fragte Van Cheele aufgeregt.

»Nein, das ist ja das Schreckliche an der Sache,« entgegnete der Maler; »am freien Abhang, wo der Junge noch vor einer Sekunde gestanden hatte, stand ein großer Wolf von schwärzlicher Farbe mit schimmernden Fangzähnen und grausamen, gelben Augen. Sie werden denken –«

Aber Van Cheele hielt sich nicht mit etwas so Nutzlosem wie Denken auf. Er rannte schon, so schnell er konnte, zum Bahnhof. Er verwarf die Idee, ein Telegramm aufzugeben. »Gabriel-Ernest ist ein Werwolf« war ein hoffnungslos unzulänglicher Versuch, die Situation deutlich zu machen, und seine Tante würde glauben, es handle sich um eine verschlüsselte Mitteilung, für die er vergessen hatte, ihr den Code anzugeben. Seine einzige Hoffnung war, daß er vor Sonnenuntergang zu Hause ankommen möge. Die Droschke, die er nach Beendigung der Bahnfahrt mietete, trug ihn, wie ihm schien, mit empörender Langsamkeit über die Landstraßen, die der Schein der sinkenden Sonne rosa und lila färbte. Seine Tante räumte gerade einige übriggebliebene Marmeladen und Kuchen weg, als er ankam.

»Wo ist Gabriel-Ernest?« schrie er fast.

»Er bringt den kleinen Toop nach Hause,« sagte seine Tante. »Es war so spät geworden, ich dachte, es wäre zu unsicher, ihn allein zurückgehen zu lassen. Was für ein herrlicher Sonnenuntergang, nicht wahr?«

Aber Van Cheele, obwohl er das Glühen am westlichen Himmel nicht außer acht ließ, blieb nicht da, um dessen Schönheit zu erörtern. Er rannte mit einer Geschwindigkeit, für die er kaum gerüstet war, den schmalen Weg entlang, der zum Haus der Toops führte. Auf der einen Seite floß der reißende Mühlbach, auf der anderen erhob sich der langgestreckte kahle Abhang. Am Horizont war noch ein versinkender Rand roter Sonne zu sehen, und hinter der nächsten Wegbiegung mußte sich das schlecht zusammenpassende Paar zeigen, das er verfolgte. Da verblaßten plötzlich die Farben ringsumher, und ein graues Licht verbreitete sich mit einem raschen Zittern über der Landschaft. Van Cheele hörte einen schrillen Angstschrei und hielt im Laufen inne.

Weder der Junge von Toops noch Gabriel-Ernest wurden je wieder gesehen, aber die abgeworfenen Kleidungsstücke des Letzteren wurden auf dem Weg liegend gefunden. Es wurde deshalb angenommen, daß das Kind ins Wasser gefallen war, und daß sich der Junge entkleidet hatte und, in dem vergeblichen Versuch, es zu retten, hineingesprungen war. Van Cheele und einige Arbeiter, die sich zur gleichen Zeit in der Nähe befunden hatten, bezeugten, in unmittelbarer Nähe der Stelle, wo die Kleider gefunden worden waren, ein Kind laut schreien gehört zu haben. Mrs. Toop, die noch elf andere Kinder hatte, trug ihren Verlust mit geziemender Fassung, aber Miss Van Cheele trauerte aufrichtig um ihren verlorenen Findling. Auf ihre Initiative hin wurde in der Gemeindekirche eine Bronzetafel angebracht, zum Gedächtnis an »Gabriel-Ernest, einen unbekannten Jungen, der mutig sein Leben für einen anderen opferte«.

Van Cheele, der seiner Tante in den meisten Dingen nachgab, lehnte es entschieden ab, mit einer Spende zur Gabriel-Ernest-Gedenktafel beizutragen.

Gertrud Kolmar

Meerwunder

Als ich das Kind mit grünen Augensternen,
Dein zartes, wunderbares Kind empfing,
Erbrausten salzge Wasser in Zisternen,
Elmsfeuer funkelten aus Hoflaternen,
Und Nacht trug den Korallenring.

Und deiner Brust entwehte Algenmähne
So grün, so grün mit stummer Melodie.
Sehr sachte Fluten plätscherten um Kähne,
Im schwarzen Traumschiff sangen große Schwäne,
Und nur wir beide hörten sie.

Du warst den Meeren mitternachts entstiegen
Mit eisig blankem, triefend kühlem Leib.
Und Wellenwiegen sprach zu Wellenwiegen
Von unserm sanften Beieinanderliegen
Von deinen Armen um ein Weib.

Seejungfern hoben ungeschaute Tänze,
Und wilde Harfen tönten dunkel her,
Und Mond vergoß sein silbernes Geglänze
Um den Perlmutterglast der Schuppenschwänze;
Mein Linnen duftete vom Meer.

Und wieder wachten Hirten bei den Schafen
Wie einst . . . und glomm ein niebenannter Stern.
Und Schiffe, die an fremder Küste schlafen,
Erbebten leis und träumten von dem Hafen
Der Heimat, die nun klein und fern.

Tierblumen waren fächelnd aufgebrochen,
In meinen Schoß verstreut von deiner Hand;
Um meine Füße zuckte Adlerrochen,
Und Kinkhorn und Olivenschnecke krochen
Auf meiner Hüfte weißen Sand.

Und deine blaß-beryllnen Augen scheuchten
Gekrönte Nattern heim in Felsenschacht,
Doch Lachse sprangen schimmernder im Feuchten;
An Wogenkämmen sprühte blaues Leuchten
Wie aus dem Rabenhaar der Nacht.

O du! Nur du! Ich spülte deine Glieder
Und warb und klang und schäumte über dir.
Und alle Winde küßten meine Lider,
Und alle Wälder stürzten in mich nieder,
Und alle Ströme mündeten in mir.

Tania Blixen

Der Affe

1

In einigen protestantischen Ländern Nordeuropas gibt es Institutionen, die noch die Bezeichnung Kloster führen und von einer Priorin oder Dekanin geleitet werden, obwohl sie nicht religiöser Natur sind. Dagegen bieten sie adligen, unverheirateten Damen und Witwen Unterkunft, die hier den Nachsommer und Winter ihres Lebens stilvoll, behaglich und eintönig verbringen, in Übereinstimmung mit den Traditionen des Hauses. Viele von diesen Institutionen sind reich, besitzen ausgedehnte Ländereien, und im Laufe der Jahrhunderte sind ihnen große Legate vermacht worden. Es ist so, als hause der stolze und treue Geist vergangener feudaler Zeiten noch ständig in den stattlichen Gebäuden und lenke das Leben der kleinen Gemeinwesen.

Die jungfräuliche Priorin im Kloster Seven, unter deren Führung das Kloster in den Jahren von 1818 bis 1845 blühte, besaß einen kleinen, grauen Affen, den ihr Vetter, der Admiral von Schreckenstein, ihr bei seiner Heimkehr von Sansibar mitgebracht hatte, und den sie über alle Maßen liebte. Wenn sie am Spieltisch saß, einem Platz, wo sie zur Zeit die glücklichsten Stunden ihres Lebens verbrachte, pflegte der Affe auf der Rückenlehne ihres Sessels zu sitzen und mit glitzernden Augen der Wanderung der Spielkarten zu folgen, je nachdem wie die Karten ausgegeben und Trümpfe eingeholt wurden. Man konnte ihn bisweilen auch in den frühen Morgenstunden auf der Höhe der Sprossenleiter in der Bibliothek finden, wo er sich damit unterhielt, hundertjährige Folianten herauszuholen und die vergilbten Seiten, die von Strategie, fürstlichen Eheverträgen und Hexenprozessen handelten, um sich her über den schwarz- und weißgetäfelten Marmorestrich zu verstreuen.

In anderen Kreisen würde man kaum Geduld mit den Launen des Affen gehabt haben, aber das Kloster Seven beherbergte zugleich mit seinen ehrwürdigen Bewohnerinnen auch eine ganze Menagerie von Lieblingstieren und kannte gut die Rangfolge in der einen wie in der anderen Welt. Hier gab es Papageien und Kakadus, kleine Schoßhunde, wunderhübsche Katzen aus allen Ecken und Enden der Welt, eine weiße Angoraziege, wie Esmeralda sie hatte, und einen purpuräugigen jungen Damhirsch. Hier gab es sogar eine Schildkröte, die angeblich hundert Jahre alt war. Die alten Damen übten daher mit dem Günstling der Priorin eine Nachsicht, etwa so wie sie in alter Zeit die Kavaliere an Höfen, die von Weiberröcken regiert wurden, eingedenk ihrer eigenen Hinfälligkeit, der kapriziösen Mätresse der Königlichen Hoheit erwiesen haben mochten.

Von Zeit zu Zeit, namentlich im Herbst, wenn die Nüsse in den Feldhecken und in den großen Wäldern reiften, die das Kloster umgaben, konnte es geschehen, daß der Affe der Priorin den Ruf des freien Lebens vernahm und vierzehn Tage, vielleicht sogar einen ganzen Monat lang aus dem Kloster verschwand, um dann aus eigenem Antrieb wieder anzukommen, wenn die Nachtfröste sich einstellten. In dieser Zeit konnten die Kinder aus den Dörfern, die zum Kloster gehörten, das Glück haben, ihn quer über den Weg laufen oder in einem Baume sitzen zu sehen, von wo aus er ihnen mit den Augen folgte, wenn sie sich aber um den Baum scharten und begannen, ihn mit Roßkastanien zu bombardieren, die sie in der Tasche hatten, dann rollte er die Augen, fletschte die Zähne und flitzte schließlich an einem Ast entlang und verschwand in den Wipfeln des Waldes.

Es war die allgemeine Ansicht oder ein immer wiederholter Scherz unter den Damen des Klosters, daß die Priorin in diesen Zeiten auffallend einsilbig war, an einer eigentümlichen Rastlosigkeit litt und sich ungern mit der praktischen Verwaltung der Klostergeschäfte abgab, die sie sonst mit großer Energie und Tüchtigkeit erledigte. Die Damen nannten unter sich den Affen den Geheimrat der Priorin und freuten sich, wenn er bei seiner Rückkehr in ihren Salons auftauchte, noch ein wenig verfroren von seinem Leben im Walde.

An einem schönen Oktobertag, während der Affe gerade wieder unterwegs war, erhielt das Kloster unerwarteten Besuch von dem Neffen und Patenkind der Priorin, der in der Königlichen Leibgarde Leutnant war.

Die Priorin stand bei ihrer ganzen Familie in hohem Ansehen und hatte im Laufe der Zeit zahlreiche kleine Kinder aus eigenem, stolzem Geblüt über die Taufe gehalten, aber von allen war dieser Neffe ihr erklärter Liebling. Er war ein reizender junger Mann von zweiundzwanzig Jahren mit dunklem Haar und blauen Augen. Obgleich er nur ein jüngerer Sohn war, war er doch fürs Leben gut versorgt. Seine Mutter, die aus Rußland stammte und seiner Zeit eine reiche Erbin gewesen war, liebte ihn am meisten von allen ihren Kindern. Er hatte eine großartige Karriere gemacht und hatte überall in jener Welt, die etwas zu bedeuten hat, Freunde.

Bei seiner Ankunft im Kloster machte er aber gar nicht den Eindruck eines jungen Mannes unter einem glücklichen Stern. Er kam, wie gesagt, in fliegender Eile und unangemeldet, und die Klosterdamen, mit denen er einige Worte wechselte, während er darauf wartete, bei seiner Tante vorgelassen zu werden, und bei denen er sehr gut angeschrieben war, stellten fest, daß er sehr blaß war, müde aussah und in heftiger Gemütsbewegung zu sein schien.

Es war ihnen auch nicht ganz unbekannt, daß er einigen Grund dazu hatte. Wenn auch das Kloster Seven eine kleine Welt für sich bildete und gleichsam in einer Atmosphäre von Frieden und Unveränderlichkeit schwebte oder ruhte, fanden Neuigkeiten aus der großen Welt vor seinen Mauern mit erstaunlicher Schnelligkeit ihren Weg hinein, denn jede von den Damen hatte draußen ihre privaten, aufmerksamen und eifrigen Korrespondenten. Diese klösterlich abgesonderten Frauen wußten daher genausogut wie die Leute im Mittelpunkt der Geschehnisse, daß sich im letzten Monat finstere Wolken von seltsamer und verhängnisvoller Art über eben jenem Regiment und jenem Kreise zusammengeballt hatten, dem der junge Mann angehörte. Eine pietistische Clique in der Hauptstadt, vom Hofkaplan in eigener Person angeführt, der bei hochstehenden Persönlichkeiten ein geneigtes Ohr fand, hatte unter dem Vorwand moralischer Entrüstung einen Schrei der Anklage ausgestoßen gegen diese Blüte der Jugend des Landes, und niemand konnte voraussagen oder auch nur im geringsten ahnen, was daraus entstehen konnte.

Die Damen im Kloster hatten untereinander die Ereignisse nicht weiter erörtert, aber der Bibliothekar des Klosters, ein gelehrter Theologe, war mehr als einmal zu einem Gespräch unter vier Augen beiseite genommen und dazu ermuntert worden, seine Auffassung von dem Problem zu entwickeln. Durch ihn hatten sie mit großem Schrecken gelernt, dies mit dem alten Griechenland in Verbindung zu setzen, dessen romantisch heilige Gestade ihre Herzen bislang mit Eindrücken von hoher Schönheit und klassischer Harmonie bewegt hatten. Sie entsannen sich ihrer Jugend, als alles Griechische in Mode war und Kleider und Schmuck à la grecque das Allerbegehrenswerteste, und fragten sich mit Verwunderung selber: konnte dieser Ausdruck denn auch dazu angewandt werden, das zu bezeichnen, was so wenig mit ihren Jungmädchenträumen von Romantik, Ritterlichkeit und gutem Ton übereinstimmte? Sie hatten soviel Freude an diesen

Kleidern gehabt, sie hatten mit königlichen Hoheiten in ihnen Walzer getanzt. Nun wurde ihnen unbehaglich zumute, wenn sie daran dachten.

Es gab nicht viel in der Welt, was sie so tief hätte erschüttern können. Es war nicht allein die furchtbare Frechheit, mit der Kanzellöwen und Federfuchser sich hier einen Angriff auf Leute der Waffe herausnahmen, was die alten Damen einer kriegerischen Rasse empörte. Was sie beunruhigte und erschreckte, waren auch nicht die Skandale und der Kummer, die eine unvermeidliche Folge dieser Sache waren. Es lag noch viel tiefer. Denn für sie alle war es ein unerschütterlicher Glaubenssatz gewesen, daß das, was sie selbst in ihrem Kreis und jede nach ihren Gaben darstellte, nämlich der Liebreiz und der Zauber der Frau, ganz selbstverständlich des Lebens höchste Inspiration und den Preis des Kampfes ausmachte. In ihrem eigenen, privaten Fall konnte es zwar geschehen sein, daß die Welt Fallen gestellt hatte, um ihnen diesen Preis wegzuschnappen, billiger, als es in ihrer Absicht stand, oder sie waren auf eine merkwürdige Fehleinschätzung dieses Preises seitens der Welt gestoßen. Aber, das Dogma selbst stand immer noch fest wie ein Fels. Daß dies nun anrüchig geworden war, bedeutete für sie dasselbe, was es für einen Geizhals bedeuten würde, wenn man ankäme und ihm erzählte, das Geld sei nicht mehr der feste Wertmesser, oder für einen Mystiker, wenn er hörte, Christus sei im Heiligen Abendmahl nicht zugegen. Wäre es allgemein bekanntgewesen, daß dieser Punkt jemals in Zweifel gezogen werden könnte, so hätten vielleicht alle diese Menschenschicksale, die jetzt ihrem Abschluß so nahe waren, sich ganz anders gestaltet. Für einzelne von den stolzen alten Jungfern, die die strategischen Instinkte ihrer Familie besonders stark entwickelt hatten, waren diese neuen Vorstellungen ein entsetzlich harter Schlag. Es war, als wenn ein tapferer und pflichtgetreuer alter General, der einen langen Feldzug hindurch aus Loyalität gegen höheren

Befehl sich streng an die Defensive gehalten hatte, plötzlich den Bescheid erhielte, daß eine Offensive die richtige und anerkannte Taktik gewesen wäre.

Mitten in allen diesen Sorgen wollte jedoch jede einzelne von den alten Damen gern mehr von dieser seltsamen Ketzerei hören, so als seien, wenn es darauf ankam, die zärtlichen und gefährlichen Leidenschaften des menschlichen Herzens, wie gut sie auch selber hier im Kloster behütet waren, rechtens ihre Domäne. Es war, als würden die großen, getrockneten Blumensträuße vor den Säulenspiegeln zitternd die Führung beanspruchen, wann immer eine Frage über Blumenzüchtung zur Diskussion gestellt würde.

Sie hießen daher den blassen jungen Mann unsicher willkommen, als sei er eines von den Kindesopfern des Herodes oder ein junger Priester in der schwarzen Magie, für den es immerhin eine Hoffnung auf Umkehr gebe, und als er die breite Treppe hinanstieg, die in die Wohnung der Priorin führte, vermieden sie es, einander anzusehen.

Die Priorin empfing ihren Neffen in ihrem großen wunderhübschen Wohnzimmer. Drei hohe Fenster mit schweren Vorhängen, die mit Blumenranken in Kreuzstichstickerei gerändert waren, sahen auf die herbstlichen Rasenflächen und Alleen des Gartens hinaus. Von den mit Damast bespannten Wänden blickten ihre verstorbenen Eltern nieder, der Vater mit kriegerischem Ernst, die Mutter in jugendlicher Lebensfülle, beide gepudert und in voller Hofgala geschnürt. Die beiden an der Wand waren seit seiner frühesten Kindheit die Freunde des jungen Mannes gewesen, aber heute fiel es ihm plötzlich auf, daß sie einen merkwürdig verwirrten, ja gequälten Ausdruck im Gesicht hatten. Eine Sekunde kam es ihm sogar so vor, als sei ein fremder, beunruhigender Geruch in der Stube, gemischt mit dem Duft von Königspulver, das heute stärker als gewöhnlich hier drinnen verbrannt worden war. Er konnte den Affen nicht hier erblicken, und doch mußte er da sein und sein Wesen stärker als gewöhnlich dem roten Salon mitteilen. – Ob dies, dachte er, eine weitere Folge dessen sein konnte, daß sein Leben in allerletzter Zeit eine so katastrophale Richtung eingeschlagen hatte?

Aber selbst mitten in dieser sonst so wohnlichen und harmonischen Atmosphäre, die er hier einatmete, wünschte er weder noch wagte er es überhaupt, Zeit zu verlieren. Als er seiner Tante die Hand geküßt, sich nach ihrem Befinden erkundigt hatte, nach dem Affen gefragt und Grüße von seinen eigenen Angehörigen in der Hauptstadt ausgerichtet hatte, begann er unverzüglich, auf die Angelegenheit zu sprechen zu kommen, die ihn ins Kloster geführt hatte.

»Tante Cathinka«, sagte er, »ich habe Sie aufgesucht, weil Sie mir immer soviel Güte erwiesen haben, ich möchte gern –« hier mußte er eine Schluckbewegung machen, um sein aufrührerisches Herz zu bezähmen, denn er wußte sehr gut selber, wie ungern es das gestatten wollte – »heiraten, und ich hoffe, Sie werden mir Ihren Rat und Beistand nicht versagen.«

2

Der junge Mann war sich klar bewußt, daß er unter gewöhnlichen Umständen der alten Dame nie hätte eine willkommenere Botschaft bringen können. So, dachte er, wußte das Leben seinen Geschmack an der Parodie zu befriedigen selbst Leuten wie dieser Tante gegenüber, die er in seinem stillen Sinn Kuan-Yien genannt hatte nach der chinesischen Göttin der Barmherzigkeit und wohlwollenden List. Ja, in diesem Augenblick, dachte er, litt sie mehr als er selber unter der Ironie des Schicksals, und sie tat ihm aufrichtig leid. Auf dem Wege zum Kloster, während er durch die Wälder und kleinen Dörfer gefahren war, vorbei an weiten Stoppelfeldern, auf denen große Gänseherden weideten, von barfüßigen jungen Mädchen und Kindern gehütet, hatte er sich vorzustellen versucht, wie sein Gespräch mit der Tante vermutlich ausfallen werde. Er kannte die Schwäche der alten Dame für kleine lateinische Zitate und hatte darüber nachgegrübelt, was er wohl aus ihrem Munde zu hören bekäme. Entweder ein: *Et tu, Brute,* oder ein ausgesprochenes: *Discite justitiam et non temnere divos,* dachte er. Vielleicht würde sie auch sagen: *Ad sanitatem gradus est novisse mortem* – und das wäre ein besseres Zeichen.

Nach einer Sekunde Zögern sah er seiner Tante offen in die Augen. Ihr hochlehniger Sessel stand im Halbdämmer, das durch die Spitzengardinen hervorgerufen wurde, während er selbst die Nachmittagssonne gerade im Gesicht hatte. Auf dem Schatten begegneten ihre funkelnden Augen den seinen, so daß er wegsehen mußte, und dies stumme Spiel wiederholte sich zweimal.

»Mon cher enfant«, sagte sie endlich mit einer Stimme, die zwar sanft war, aber durchaus fest klang, obwohl ein eigentümliches, leises Zittern darin lag, »es war lange mein Herzenswunsch, daß du zu diesem Entschluß kämest. Sofern eine alte Frau, die ganz außerhalb der Welt lebt, dir irgendwelche Hilfe angedeihen lassen kann, mein lieber Boris, so kannst du getrost darauf zählen.«

Boris blickte mit lächelndem Auge in dem blassen Gesicht auf. Nach einer furchtbar aufregenden Woche und einer Reihe herzzerreißender Auftritte, die die Liebe und Eifersucht seiner Mutter ihm bereitet hatte, kam er sich jetzt vor wie ein Mensch, der in einer überschwemmten Stadt von einem Boot aufgenommen wird. Sobald er ein Wort hervorbringen konnte, sagte er: »Die ganze Entscheidung liegt in Ihrer Hand, Tante Cathinka«, und baute darauf, daß die Süße der Macht alles herbeirufen möge, was in dem Herzen der alten Dame an Edelmut vorhanden war.

Sie hielt ihre freundlichen Augen auf ihn gerichtet. Diese nahmen ihn in Besitz, als habe sie ihn an ihre Brust genommen, oder noch dichter an sich, als habe sie ihn in Wirklichkeit in ihrem Herzen eingeschlossen. Sie führte ihr kleines Taschentuch an den Mund, eine Gebärde, die ihr eigentümlich war, wenn sie erregt war. Sie würde ihm helfen, das begriff er, aber da war etwas, was sie vorher noch sagen mußte.

»Was ist es«, begann sie mit sibyllinischer Langsamkeit und Gewichtigkeit, »was teuer erkauft, danach kostenlos feilgeboten und dann meistens verschmäht wird? Das ist die Erfahrung, die Erfahrung der Alten. Wenn Adams und Evas Kinder es verstanden hätten, die Erfahrung ihrer Eltern auszunutzen, so hätte die Welt sich vor sechstausend Jahren vernünftig aufgeführt. Ich möchte dir meine Lebenserfahrung in einer kleinen Pille eingeben, die obendrein sogar noch mit Poesie gezuckert ist, damit sie leichter hinuntergleitet:

Von allen Lebenswegen führt nur einer uns
Ins Glück, und dessen Name ist die Pflicht.«

Boris saß eine Weile stumm da. »Tante Cathinka«, sagte er schließlich. »Weshalb sollte es nur einen Weg geben? Ich weiß wohl, daß alle rechtschaffenen Menschen dies meinen, und es ist mir selber erklärt worden, als ich in den Konfirmandenunterricht ging, aber unsere Familie hat doch den Wahlspruch: Finde deinen Weg oder brich aus. Und wo gibt es das, daß in einem Kochbuch weniger als drei oder vier Rezepte für ein Hühnerragout stehen? – ja, in der Regel noch mehr. Und als Columbus auszog, um Amerika zu entdecken«, fuhr er fort, weil diese Gedanken ihn in der letzten Zeit beschäftigt hatten, und die Priorin eine gute Freundin war, die ihn vielleicht anhören würde, »war es sein Ziel, den Weg nach Indien von Westen her zu suchen, und das wurde als eine heroische Tat angesehen.« »Nein«, sagte die Priorin mit Nachsicht, »Dr. Sass, der im siebzehnten Jahrhundert hier

Klosterpfarrer war, hielt daran fest, daß im Paradies und bis zum Sündenfall die ganze Erde flach gewesen sei, sie sei schlechthin der hintere Vorhang der Bühne des allmächtigen Gottes gewesen, und der Teufel sei es gewesen, der die dritte Dimension erfunden habe. Daher sind Wörter wie gerade, recht, eben und flach gute Wörter für Edelleute, aber der Apfel war kugelrund, und der Sündenfall war der Versuch unserer ersten Eltern, den Herrn und seine Ermahnungen zu umgehen. Ich für meine Person ziehe unbedingt der Skulptur die Malerei vor.« Boris widersprach ihr nicht. Sein eigener Geschmack wich hier von dem ihren ab, aber vielleicht hatte sie recht. Bis jetzt hatte er sich zu seinem Talent beglückwünscht, das Leben von allen Seiten genießen zu können, aber in der letzten Zeit war er dazu gelangt, diesen Segen als problematisch zu empfinden. Denn daher kam das, dachte er, was sein unentrinnbares Geschick zu sein schien: alles zu erhalten, was er sich wünschte, gerade wenn er es sich nicht mehr wünschte. Er wußte aus Erfahrung, wie ein wildes Verlangen nach einer Orgie, nach Musik, nach dem offenen Meer oder der Vertrautheit eines Freundes, noch ehe es Zeit gewesen wäre, das Verlangen zu befriedigen, zu existieren aufgehört hätte – ebenso wie es mit den Sternen der Fall ist, deren Licht erst viele tausend Jahre, nachdem sie selbst erloschen sind, die Erde erreichen – so daß jetzt nichts weiter in der Welt Kraft hatte, seine hungernde Seele zu sättigen, als ein Stierkampf oder das Leben eines Bauern, wenn er im Frühlingsregen seinen Acker umpflügt.

Die Priorin maß ihn vom Scheitel bis zur Sohle und sagte:

»Die Pflicht weist ständig und stets nach vorn,
Die Schönheit speist sich aus ihrem Born.
Folgst du mit Eifer dem Wege der Pflicht,
Der Schönheit Bogen dir nimmer zerbricht.«

Der junge Mann dachte über das Gedicht nach.

Von dem alten Diener der Priorin wurde eine Karaffe mit Wein und etwas Obst gebracht, und da Boris sah, daß sie den Wunsch hatte, er möge schweigen, trank er stumm zwei Glas, die ihm gut taten, schälte sich langsam die berühmten, seidig glatten Birnen des Klosters Seven und zupfte die blauen Weinbeeren eine nach der anderen von den Stengeln. Ohne seine Tante anzusehen, konnte er alle ihre Gedanken verfolgen. Die Forderung der Situation nach unverzüglichem Handeln, die sehr wohl andere Menschen in ihrem Alter hätte ängstigen können, schreckte sie nicht im geringsten. Sie zählte unter ihren Vorfahren Feldherren, die mit großer Tüchtigkeit ihren Schlachtplan entworfen, die aber auch die Fähigkeit gehabt hatten, wenn der Augenblick es erforderlich machte, sich der reinen Inspiration hinzugeben.

Er wußte, in ihren Gedanken begann das rote Wohnzimmer sich jetzt mit jungen Jungfrauen von hoher Herkunft zu füllen, dunkle und helle, schmale und junonische, tüchtige Hausfrauen, tüchtige Reiterinnen, perfekt in der Hofetikette, Töchter von Schulkameradinnen und Freundinnen aus ihrer eigenen Jugend – eine ganze Parade des jungen Frauengeschlechts, das ihrem klaren Blick weder Vorzüge noch Fehler vorenthalten konnte. Im Geiste leckte sie sich den Mund genau wie ein alter Weinkenner, der langsam durch seinen Keller geht, und im Geiste begleitete Boris sie, genau wie der Kellermeister, der den Leuchter trägt und hochhält.

Da ging die Tür auf, und der alte Diener der Priorin kam wieder herein, diesmal mit einem silbernen Tablett und einem Brief darauf, den er seiner Herrin hinhielt. Sie nahm ihn mit einer Hand, die leicht zitterte, so als könne sie im Augenblick schlecht noch weitere Katastrophen ertragen, las ihn durch, las ihn noch einmal und errötete schwach. »Es ist gut, Johan«, sagte sie und ließ den Brief in ihrem seidenen Schoße liegen.

Sie saß eine Weile in tiefe Gedanken versunken da, dann wandte sie sich dem Neffen zu, und ihre dunklen Augen waren klar wie Glas. »Du mußt durch meine neue Kiefernpflanzung gefahren sein«, sagte sie lebhaft, wie jemand, der von seinem Steckenpferd spricht. »Wie findest du sie?« Wald anzupflanzen und zu pflegen, war tatsächlich eines ihrer Hauptinteressen. Sie unterhielten sich einige Zeit sehr vergnüglich über Bäume. Nichts, sagte sie, sei so gut für die Gesundheit wie Waldluft. Sie selber konnte nie mit Wohlbehagen eine Nacht in der Stadt zubringen, oder wo sie vom offenen Feld umgeben war, aber sich abends zur Ruhe zu legen in dem Bewußtsein, daß man meilenweit um sich herum Bäume hatte, deren Wurzeln tief in der Erde steckten, und deren Kronen sanft in der Dunkelheit schwankten, das hielt sie so ungefähr für das Beste im Leben.

Der Wald hatte ja auch Boris immer gut getan, wenn er sich als Kind im Kloster aufhielt. Sogar jetzt konnte sie es ihm gleich ansehen, wenn er lange in der Stadt gewesen war, und sie wünschte, sie könnte ihn ein wenig öfter hier draußen haben.

»Und wer, Boris«, sagte sie mit einem plötzlichen Gedankensprung und einer majestätischen, freundlichen Entschlossenheit, »wer, da wir nun schon davon sprechen, könnte in Wirklichkeit besser zu dir passen als deine und meine liebe Freundin, die kleine Athene Hopballehus?«

Kein Name hätte Boris in dieser Verbindung unerwarteter kommen können. Er war viel zu überrascht, um sogleich antworten zu können. Schon die Worte hatten einen merkwürdigen Klang in seinen Ohren. Er hatte nie gehört, daß jemand Athene klein nannte, sie war in Wirklichkeit einen halben Zoll größer als er. Aber das Sonderbarste war, daß die Priorin sie als eine liebe Freundin bezeichnete, und da mußte sie ernstlich ihre Meinung geändert haben. Denn eins war sicher, seit des Nachbarn Tochter erwachsen war, hatten seine Tante und seine Mutter, die sonst nur selten in irgendeinem Punkt übereinstimmten, mit vereinten Kräften ihn und Athene voneinander fernzuhalten gesucht.

Bei diesem unerklärlichen Umschwung seitens der alten Dame mußte er an die Wirkung denken, die dieser auf seine eigene Zukunft haben könnte, und ihm wurde im selben Augenblick klar, daß der Vorschlag ihm keineswegs mißfiel. Er hatte immer Geschmack am Grotesken gehabt, und es wäre eine Extravaganz reinsten Wassers, Athene als Gattin in die Hauptstadt zu entführen. Als er daher dem Blick seiner Tante begegnete, hatte sein Gesicht den Ausdruck eines Kindes. »Ich verlasse mich in jeder Beziehung auf Ihr Urteil, Tante Cathinka«, sagte er.

Die Priorin sprach jetzt sehr langsam, ohne ihn anzusehen, so als sollten keinerlei Eindrücke von den Gedankengängen anderer sich mit ihren eigenen mischen. »Wir wollen keine Zeit verlieren, Boris«, sagte sie, »das ist nicht meine Art, wenn ich erst einen Entschluß gefaßt habe.« – Und das heißt also: das ist nie vorgekommen, dachte Boris. »Geh nach oben und zieh deine Uniform an, dann schreibe ich unterdessen einen Brief an den alten Grafen. Ich werde ihm erzählen, daß du mich zu deiner Vertrauten gemacht hast in dieser Herzenssache, von der das Glück deines Lebens abhänge, und in der deine liebe Mutter dir Anteilnahme nicht habe erweisen können. Und in einer halben Stunde mußt du dann hinüberfahren.«

»Aber, Tante Cathinka«, sagte Boris, als er aufstand, um zu gehen, »glauben Sie denn auch, daß Athene mich haben will?« Er war immer schnell bereit, mit anderen Menschen Mitleid zu empfinden. Als er einen Blick in den Garten hinaustat und sah, wie zwei von den alten Damen in Gummischuhen aus einer der Alleen herauskamen, wo sie ihren Nachmittagsspaziergang gemacht hatten, tat ihm Athene von Herzen leid, weil sie auf der Welt war. »Athene«, sagte die Priorin, »hat nie in ihrem Leben einen Heiratsantrag bekommen. Es ist zu bezweifeln, ob sie im Laufe der letzten Jahre einen anderen Mann gesehen hat, als Pastor Rosenquist, der ihren Papa besucht und mit ihm Schach spielt. Sie hat gehört, wie meine Damen die glänzenden Partien besprachen, die du hättest machen können, wenn du gewollt hättest. Wenn Athene dich nicht nehmen will, mein Boris«, fügte sie mit einem schelmischen Lächeln hinzu, »dann möchte ich.« Bei dem Gedanken an die glückliche Regelung, die ihm hier in Aussicht gestellt wurde, küßte Boris seiner Tante dankbar die Hand, erhielt aber im nämlichen Augenblick einen so furchtbaren Eindruck von Kraft und List, daß es ihm so war, als habe nicht ein Mensch ihn berührt, sondern eine Naturkraft. Frauen, dachte er, wenn sie alt genug sind, um die schwere Aufgabe abzuschließen, die es ist, Weib zu sein, und ihren Kräften freien Lauf lassen können, müssen doch wohl die stärksten Geschöpfe der Welt sein.

Er blickte seiner Tante in das feine Gesicht.

»Nein«, dachte er, »das geht niemals gut.«

3

Boris fuhr in der Britzka der Priorin aus dem Kloster Seven hinaus mit ihrem Brief an seinem Herzen, wie das leibhaftige Ideal eines jungen Romanhelden. Das Gerücht von seinem Begehr war auf rätselhaftem Wege durch das ganze Kloster gelaufen, als sei es der Duft einer neuen Art von Weihrauch, und war den alten Damen unmittelbar zu Herzen gegangen. Zwei von ihnen saßen im Sonnenschein auf der langen Terrasse, um ihn wegfahren zu sehen, und eine besonders gute Freundin von ihm, eine beleibte alte Jungfer, die durch die nun schon ein halbes Jahrhundert währende Ausschließung von allen Lichtquellen des Lebens verblaßt war, stand am Wagenschlag und reichte ihm drei langstielige weiße Astern aus ihrem kleinen Wintergarten. In dieser Weise war vor dreißig Jahren der junge Mann von dannen gefahren, den sie liebte, und er war bei Jena gefallen. Sie trug ständig gleichsam einen Schleier milder Melancholie, und ihre Gesellschaftsdame sagte von ihr: »Fräulein Anastasia hat ein schweres Kreuz. Die Lust am Essen ist ein schweres Kreuz.« Aber das Andenken an diesen letzten Abschied war es, durch das ihre Augen in dem bleichen, fetten Gesicht so klar erhalten waren wie hellblaue Emaille. Jetzt hatte sie das Gefühl, als sei dies eine Begegnung mit einem wiedererstandenen Schicksal, und sie reichte ihm seine Blumen, als gehörten sie mit dazu, zum zweiten Male geheimnisvoll verlebendigt, ja, als könnten es ihre ungeborenen Töchter sein, die jetzt erwachsen und heiratsfähig waren, und die ihn in ihrer Eigenschaft als Brautjungfern auf seiner Reise begleiten sollten.

Boris hatte seinen Diener im Kloster zurückgelassen, denn er wußte, daß dieser mit einem der Kammermädchen dort verlobt war, und er meinte, er müsse jetzt Sympathie für alle Liebesgeschichten zeigen. Außerdem hatte er ein grenzenloses Verlangen danach, allein zu sein. Einsamkeit war für ihn immer ein tiefer Genuß, und der ward ihm nur selten zuteil. Es kam ihm so vor, als habe er in der letzten Zeit niemals Gelegenheit gehabt, allein zu sein. Hatten sich andere Menschen auch nicht mit ihrer ganzen Kraft und vierundzwanzig Stunden hindurch mit ihm abgegeben, so war es ihnen immerhin geglückt, ihm den Weg ihrer eigenen Gedanken aufzudrängen, bis er das Gefühl hatte, die Gehirngänge, die sich mit seinem jetzigen Problem beschäftigten, seien verbraucht. Sogar auf dem Wege zum Kloster hatte er sich dem nicht entziehen können, anderer Leute Gedanken zu denken.

Jetzt, sagte er bei sich selber, konnte er doch eine Stunde lang denken, was er wollte.

Der Weg vom Kloster Seven nach Hopballehus steigt im Lauf einer Meile um fünfhundert Fuß an und windet sich durch hohen Kiefernwald. Ab und zu öffnete sich dieser und gewährte einen prachtvollen, weiten Ausblick über das niedriger liegende Land. Jetzt in der Nachmittagssonne waren die Kiefernstämme feuerrot, und die ferne Landschaft wirkte, wo sie ausgebreitet vor ihm lag, kühl in lauter blauen und blaßgelben Farben. In diesem Augenblick kam es Boris durchaus glaubhaft vor, was der alte Klostergärtner ihm, als er ein Knabe war, erzählt hatte, daß er einmal, ungefähr um diese Zeit des Jahres und Tages, ein Rudel Einhörner aus dem Wald habe austreten und auf dem sonnenheißen Hang äsen sehen. Die weißen und betupften Stuten, deren Fell von der Sonne zart rosenrot gefärbt wurde, trippelten zierlich umher und drehten das Haupt, um nach ihren Füllen zu schauen, während der große, dunkle Hengst wieherte, fauchte und auf den Boden stampfte. Die Luft roch hier nach Kiefernnadeln und Pilzen und war so frisch, daß er gähnen mußte. Und dennoch, dachte er, glich diese Frische nicht der im Frühling, in ihren Mut und ihre Kraft mischte sich der Tod. Es war das Finale der Symphonie.

Ihm fiel ein, wie er an einem Maiabend vor einem halben Jahr vom Frühling ans Herz genommen worden war, so wie ihn jetzt der wehmütige Herbst ans Herz nahm. Er und ein junger Freund von ihm hatten sich das Vergnügen gemacht und einen Streifzug von drei Wochen überall durch das Land unternommen, in Gegenden wo niemand sie kannte, und von denen keiner wußte, daß sie dort waren. Sie waren im Zigeunerwagen gefahren, hatten ein kleines Marionettentheater mitgenommen, und in den Dörfern, durch die sie kamen, führten sie dann Komödien und Tragödien auf, die sie selber aus dem Stegreif schufen. Die Luft war voll süßen Wohlgeruchs gewesen, die Nachtigallen hatten wie wahnwitzig in den blühenden wilden Kirschbäumen gesungen. Der Vollmond stand hoch am Frühjahrshimmel, nicht viel heller als der Himmel selber.

Eines Abends waren sie müde an ein Bauernhaus gekommen, das von weiten Koppeln umgeben war, und man hatte ihnen ein breites Bett in der großen Stube angewiesen, wo eine Bornholmer Uhr stand und ein großer, blinder alter Spiegel. Als die Uhr gerade zwölf schlug, ging die Tür auf, und auf der Schwelle standen drei junge Mädchen im bloßen Hemd, jedes mit einer brennenden Kerze in der Hand. Die Nacht war so mondklar, daß die kleinen Flammen nur wie Tropfen von dem großen Licht draußen aussahen. Sie hatten offensichtlich keine Ahnung, daß zwei umherziehende junge Männer hier in der großen Stube Nachtquartier erhalten hatten, und die Gäste lugten durch die Vorhänge des Himmelbettes in tiefem Schweigen nach ihnen aus. Ohne einander anzusehen, und ohne ein Wort von sich zu geben, ließen sie, eine nach der anderen, das leichte Hemd zu Boden fallen, traten ganz nackt vor den Spiegel und starrten hinein, die Kerze hoch über dem Kopf erhoben, in Betrachtung des Bildes versunken, das sie sahen. Dann bliesen sie die Kerzen aus und gingen in dem gleichen feierlichen Schweigen rücklings zur Tür, das lange, aufgelöste Haar hing ihnen am Rücken herunter, sie zogen sich das Hemd wieder an und verschwanden. Die Nachtigallen sangen ohne Unterlaß draußen in einem Faulbaum dicht vor dem Fenster. Den jungen Leuten fiel es ein, daß es die Walpurgisnacht war, und sie wußten nun, daß das, was sie gesehen hatten, eine geheimnisvolle Zeremonie sein müsse, die dem jungen Mädchen das Bild ihres zukünftigen Mannes zeigen sollte.

Es war lange her, seit Boris zuletzt diesen Weg hier hinaufgefahren war. Als Junge war er mit der Priorin in ihrem Landauer oftmals auf Visite zu den Nachbarn gefahren. Er erkannte die Windungen des Weges wieder, aber sie schienen weniger geworden zu sein, und er versank in Nachdenken über die Veränderlichkeit des Lebens.

Der eigentliche Unterschied zwischen Gott und den Menschen, dachte er, ist der, daß Gott Beständigkeit nicht ertragen kann. Kaum hatte er eine Jahreszeit oder eine besondere Stunde des Tages geschaffen, da wandelte ihn auch schon die Lust zu etwas Neuem an, und er machte das andere zunichte. Kaum war man ein junger Mann und durchaus damit zufrieden, da schleuderte die Weltenordnung einen auch schon in die Ehe hinein, in den Tod oder das Alter. Und der Mensch klammert sich an den Augenblick. Sein ganzes Leben lang kämpft er darum, den Augenblick festzuhalten, und steht das ganze Leben hindurch vor einer force majeure. Die Kunst, sie ist ja nichts weiter als ein Versuch, vor allem den einzelnen Augenblick einzufangen und zu bannen, seine Stimmung und seine Bedeutung, die augenblickliche Verzauberung durch eine einzelne Frau oder eine einzelne Blüte, und diese unvergänglich zu machen. Es ist ganz irrig, dachte er, wenn wir uns das Paradies als einen unwandelbaren Zustand der Seligkeit vorstellen. Es wird sich ohne Zweifel als genau das Gegenteil erweisen, ein unaufhörliches Auf und Nieder, einen Mahlstrom der Wechselhaftigkeit in Gottes eigenem Geiste. Aber zu jener Zeit sollte man ja mit Gott eins geworden sein und vermutlich den gleichen Geschmack bekommen haben. Er dachte mit tiefer Wehmut an alle die jungen Männer, die im Laufe der Zeiten an Schönheit und Kraft vollkommen gewesen waren, junge Pharaonen mit scharfgeschnittenen Zügen auf der Jagd am Nil entlang auf ihren zweirädrigen Wagen, junge, anmutige chinesische Weise, in Seide gekleidet, in den lebendigen Schatten der Trauerweiden in ihre Bücher vertieft – und sie alle waren gegen ihren Willen in Stützen der Gesellschaft umgewandelt worden, Schwiegerväter, Autoritäten in allem, was die Freuden der Tafel und moralische Probleme anbetraf. Es war betrüblich, an dies alles zu denken.

Eine Biegung des Weges und ein langer Aushau durch den Wald gaben ihm den Blick auf Hopballehus, eine Viertelmeile entfernt, frei.

Es war vor zweihundert Jahren dem Architekten gelungen, ein Bauwerk von so riesigen Ausmaßen zu errichten, daß es ganz mit der Natur verschmolz und sehr wohl ein kleiner Block in dem grauen Felsengrund sein konnte, auf dem es stand. Für denjenigen, der jetzt auf die Terrasse träte und hier herüberschaute, dachte Boris, würden ich und die Britzka mit den Schecken ganz winzigkleine Figuren sein, kaum für das bloße Auge zu erkennen.

Beim Anblick des Schlosses beschäftigten sich seine Gedanken mit diesem. Es hatte immer auf eine eigentümliche Weise seine Phantasie angezogen. Sogar jetzt noch, nachdem er viele Jahre lang nicht hier gewesen war, konnte es geschehen, daß er nachts im Traum sich darin aufhielt und es dann mit großer Freude wiedersah. Es war an sich schon ein phantastischer Ort, wie es dort auf einer breiten, flachen Anhöhe lag, umstrahlt von endlosen Alleen mit Standbildern und Springbrunnen, im Stile des späten Barock und heute in barockem Verfall, nicht weit davon entfernt, eine völlige Ruine zu werden. Es wirkte wie eine Art Olymp, noch olympischer im Schatten seines Untergangs. Etwas Olympisches lag auch an dem Dasein, welches der alte Graf und seine Tochter dort drinnen führten. Sie lebten, das wußte man, aber wie sie durch die vierundzwanzig Stunden des Tages kamen, war der Welt unbekannt. Der alte Graf, der einstmals ein glänzender Diplomat, Gelehrter und Dichter gewesen, war jetzt seit einer ganzen Reihe von Jahren durch einen großen Prozeß verschlungen, den er in Polen führte und als Erbteil von seinem Vater und Großvater übernommen hatte. Wenn er den gewinnen könnte, würde er ihm die unermeßlichen Reichtümer und Güter wieder zurückgeben, die der Familie einmal gehört hatten, aber man wußte, daß er ihn nie gewinnen konnte, und daß er ihn nur mit immer größerer Schnelligkeit geradewegs in den Untergang trieb. Er lebte in diesen gigantischen Sorgen wie in einer Wolkendecke, die alle seine Bewegungen verhüllte. Boris hatte sich bisweilen gefragt, wie das Leben dort oben wohl aussehe, das seine Tochter führen mochte. Geld, wenn sie überhaupt jemals welches gesehen hatte, nahm sicher nicht den geringsten Platz in ihrem Dasein ein, ebensowenig wie das, was man die Gesellschaft nennt, in der Boris beheimatet war, oder das, was man die Güter oder Freuden des Lebens nennt. Er hätte zu gern gewußt, ob sie jemals von der Liebe überhaupt hatte reden hören. Gott mag wissen, dachte er, ob sie sich überhaupt jemals im Spiegel betrachtet hat.

Das leichte Gefährt fuhr durch eine dicke Schicht von raschelnden braunen, dürren Blättern auf der Terrasse. An manchen Stellen lagen diese so hochgehäuft, daß sie die steinerne Balustrade halbwegs verdeckten und dem Hirsch der Diana bis an die Knie reichten. Aber die großen Bäume waren kahl, nur hier und da zitterte noch ein vereinzeltes goldenes Blatt an der Spitze der schwarzen Zweige. Der Kurve des Weges folgend, bog Boris unmittelbar zur Hauptterrasse ein, fuhr vor dem riesigen Hause vor, das majestätisch wie die Sphinx im Sonnenuntergange lag. Es war, als hätten die schweren Steinmassen den Schein von der untergehenden Sonne getrunken, sie erröteten und glühten wie von einem inneren Feuer. Das ganze Bauwerk wurde zur Wohnung einer geheimnisvollen Verklärung, darin die hohen Fenster glänzten wie eine Reihe von Abendsternen.

Boris stieg vor der riesigen steinernen Treppe aus dem Wagen und tastete, während er auf diese zuging, nach seinem Brief. Man hörte nicht ein Geräusch aus dem Inneren des Hauses. Es war, als trete man in eine Kirche. »Und«, so dachte er, »wenn ich wieder in meinen Wagen steige, wie wird es dann um mich stehen?«

4

In diesem Augenblick wurden die schweren Flügeltüren oberhalb der Treppe aufgestoßen, und der alte Graf erschien auf der Schwelle, Samson gleich, als dieser in seinem Zorn den Tempel der Philister niederriß. Er war immer eine imponierende Erscheinung gewesen, mit kurzen Beinen zu dem Rumpf eines Riesen, und das mächtige Haupt von einer struppigen grauen Mähne umgeben wie die eines großen alten Skalden oder eines Löwen. Aber heute lag eine ganz eigentümliche Inspiration über ihm. Er wankte ein wenig, als sei er einer übermäßigen Gemütsbewegung anheimgefallen. Dann stand er einen Augenblick stumm da und musterte seinen Gast, wie ein alter Gorilla auf dem Sprung vor seiner Höhle. Dann kam er mit dem ganzen Übermaß seiner Persönlichkeit die Treppe hinunter auf den jungen Mann zu, so imposant, als sei er der Herrgott selber, der ausnahmsweise einmal auf der Jakobsleiter nach unten gestiegen war.

»Gott im Himmel«, dachte Boris, als er ihm auf der Treppe entgegenging, »der alte Mann dort weiß alles, und nun wird er mich töten.« Er erhaschte einen Schimmer von des alten Grafen Antlitz, voller wilden Triumphs, die hellen Augen funkelten ihm entgegen. Im nächsten Augenblick fühlte er die starken Arme um sich, und des anderen Körper lag zitternd an dem seinen.

»Boris!« rief er, »Boris, mein Kind!« Denn er hatte den jungen Mann von Kindheit an gekannt und war, wie Boris wußte, seinerzeit ein Verehrer seiner schönen Mutter gewesen. »Willkommen! Und heute doppelt willkommen. Hast du es gehört?« »Was gehört?« fragte Boris. »Ich habe meinen Prozeß gewonnen«, sagte der alte Graf.

Boris starrte ihn an. »Ich habe meinen Prozeß in Polen gewonnen«, wiederholte er, »Lariki, Lipnika, Parnov Garbova, dies alles ist jetzt mein, wie es vorher das Eigentum der alten Leute gewesen war.«

»Ich gratuliere Ihnen«, sagte Boris langsam, alle seine Gedanken waren in schwerer Unordnung, »von ganzem Herzen. Das ist wahrlich eine unerwartete Kunde.« Der alte Graf dankte ihm viele Male und zeigte ihm den Brief, den er soeben von seinem Anwalt erhalten und den er noch in der Hand hatte. Zu Anfang sprach er langsam und suchte nach den Worten wie ein Mann, der mit der Zeit des vielen Redens ungewohnt geworden war, aber allmählich gewann er den einschmeichelnden Klang seiner Stimme und seine Beredsamkeit wieder zurück, die ihn in alter Zeit so unwiderstehlich gemacht hatten.

»Weißt du, Boris«, sagte er, »eine wirklich große Leidenschaft, eine in Wahrheit alles verzehrende Leidenschaft, die kann keiner für ein einzelnes Wesen fühlen – vielleicht überhaupt nicht für irgendein Geschöpf, das selber imstande ist, uns wiederzulieben. Der Offizier aber, der sein Heer liebt, der Gutsbesitzer, der seine Güter liebt, die können mitreden über Leidenschaft. Allmächtiger Gott, habe ich nicht ganz Hopballehus mit all seinen Ländereien und den Wäldern in all dieser Zeit, da ich glaubte, ich hätte es dem Untergang zugeführt, Nacht für Nacht auf meiner Brust liegen gehabt? Aber dies«, sagte er und holte tief Luft, »dies ist die Seligkeit.« Boris verstand, es war nicht der Gedanke an den neuen Reichtum, der das Herz des Alten anschwellen ließ. Es war der Triumph des Rechts über das Unrecht, er sah die gerechte Weltordnung in seiner eigenen Person aufrechterhalten. Er begann nunmehr, die Urteilsbegründung eingehend auseinanderzusetzen, ständig mit der Hand auf der Schulter des jungen Mannes, und Boris fühlte, wie unendlich willkommen er in seiner Eigenschaft als Zuhörer war.

»Komm herein, Boris, komm jetzt herein«, sagte er, »wir wollen miteinander ein Glas leeren, du und ich, von dem Wein, den ich auf die Seite gelegt habe für den Tag, der nun endlich erschienen ist. Unser guter Pastor ist da. Ich habe ihn holen lassen, als ich den Brief erhielt, damit ich jemanden hätte, mit dem ich reden könnte, ich wußte ja nicht, daß du kommen würdest.«

In der ungeheuren Halle, die reich in schwarzem Marmor ornamentiert war, hatte man mit Hilfe von ein paar Stühlen und einem Tisch mit Büchern und Papieren eine kleine Ecke wohnlich gemacht. Hier hing ein riesiges Gemälde, vom Alter nachgedunkelt, ein Reiterbildnis von einem der früheren Herren des Hauses, der unbeweglich auf einem sich bäumenden Pferde mit einem sehr kleinen Kopfe saß und mit einem zusammengerollten Pergament über ein Schlachtfeld zeigte, das unter dem Bauch des Pferdes zu erkennen war. Pastor Rosenquist, ein fülliger Mann mit roten Wangen, der seit vielen Jahren der Seelsorger der Familie gewesen war, und den Boris gut kannte, saß am Tische, offensichtlich in tiefe Gedanken versunken. Die Ereignisse des Tages hatten seine Theorien durcheinandergebracht, und dies war für ihn ein größeres Unglück, als wenn das Pfarrhaus niedergebrannt wäre. Er hatte sich während seines ganzen Lebens an Armut und Mißhelligkeiten gewöhnt und im Laufe der Zeit gelernt, von einer Art geistlicher Buchhaltung zu leben, nach welcher alle irdischen Prüfungen zu Spargeldern wurden, die in einer anderen Welt Zinsen brachten. Sein eigenes, privates Konto konnte in ganz kleinen Zahlen aufgestellt werden, das wußte er, aber er hatte sich als Aktionär von des alten Grafen Sorgen gefühlt und in ihm einen von Gottes Auserwählten gesehen, dessen Schätze in dem neuen Jerusalem unaufhörlich anwuchsen, wie Saphir, Chrysopras und Amethyst, die sich aus eigener Kraft vermehren. Nun war er tief erschüttert und wußte nicht, was er glauben sollte, und das war für ihn ein unerträglicher Zustand. Er hatte Trost im Buche Hiobs gesucht, aber auch hier wollten die Zahlen nicht stimmen, und Behemoth und Leviathan kamen im letzten Augenblick auf ein seltsames Gewinn- und Verlustkonto, von dem er nichts verstand. Diese ganze Sache war ihm in gleicher Weise verdächtig wie ein Geschenk, das infolge des Predigers das Herz verdirbt, und er konnte sich nicht von dem Gefühl freimachen, daß der alte Herr, der ihm so teuer war, auf Abwege geraten und im Begriffe war, sein Kapital anzugreifen.

»Nun wünschte ich«, sagte der alte Graf, als er die dunkelgoldene Flasche geholt und geöffnet hatte, »daß mein seliger Vater und mein Großvater hier wären und diesen Wein mit uns zusammen trinken könnten. Ich habe gemerkt, wenn ich nachts wach lag, daß sie getreulich in ihren Sarkophagen hier unter uns mit mir wachten. Ich bin glücklich, wenn ich mir vergegenwärtige«, fuhr er fort, indem er stehend sein Glas erhob, »daß es Abundes Sohn sein sollte« – Abunde war der Name, unter dem er in alter Zeit Boris' Mutter besungen hatte – »der ihn hier heute abend mit mir trinkt.« In der Fülle seiner Freude streichelte er liebevoll Boris' Wange. Sein ganzes Angesicht strahlte eine Milde aus, die jahrelang daraus verbannt gewesen war, und der junge Mann, der viel von den wirklich guten Dingen in dieser Welt verstand, wenn er sie antraf, beneidete den alten Herrn um die Reinheit seines Herzens. »Und nun leeren wir ein Glas mit unserem guten Pastor«, sagte der Graf und wandte sich diesem zu. »Lieber Freund, Sie haben Tränen in diesem Haus vergossen, diese stehen wieder auf, in Wein verwandelt.«

Bei des alten Grafen Wesen wurde es dem Pastor Rosenquist noch unheimlicher und unglücklicher zumute. Nur ein flüchtiges und leichtsinniges Gemüt, dachte er, konnte sich so eilig in einer neuen Atmosphäre zurechtfinden und die alte ganz und gar vergessen. Er selber war in einem festgelegten System von Examen und Beförderungen erzogen worden und heimisch, und er war außerstande, eine Rasse zu verstehen, die ihr Dasein und ihren Erfolg so unzuverlässigen Dingen verdankte wie Kriegsglück und Hofgunst, die auf das Unvorhergesehene eingestellt und an das Unerwartete gewöhnt war, und für die das Gefühl der Sicherheit, ja das Gefühl der Erlösung ganz zuunterst auf der Liste der Notwendigkeiten des Lebens standen. Aber da kamen ihm die Worte der Heiligen Schrift wieder in den Sinn: »Wenn die Trompete fast klinget, spricht das Pferd: Hui«, und er dachte, wenn es darauf ankam, so war sein alter Freund vielleicht noch auf der richtigen Seite. »Ja«, sagte er freundlich, »Wasser ist wahrlich einmal in Wein verwandelt worden, und das ist ein herrlicher Trunk. Aber Sie wissen, was unsere Bauern sagen: Im Wein gezeugte Kinder enden böse. Auf dieselbe Weise, müssen wir immer fürchten, ergeht es auch den Hoffnungen und Freuden, die im Wein gezeugt sind. Jedoch«, fügte er hinzu, »spiele ich hier selbstverständlich nicht auf die Kinder an, die auf der Hochzeit zu Kana gezeugt wurden, von denen ich jüngst sprach.«

»Auf Lariki«, sagte der Graf, »hängt im Torweg unter der Decke ein dickes Jagdhorn an einer eisernen Kette. Mein seliger Ururgroßvater war ein wahrer Herkules. Wenn er abends durch den Torweg ritt, dann pflegte er um das Horn zu greifen, und während er sich selbst und das Pferd vom Erdboden in die Höhe hob, blies er hinein. Ich habe immer gewußt, daß ich das gleiche tun könnte, aber ich habe nie daran geglaubt, daß ich eines Tages wieder durch das Tor hineinreiten würde. Athene könnte es auch tun«, fügte er nachdenklich hinzu.

Wieder füllte er das Glas. »Wie kommt es, daß du heute hier bist?« fragte er Boris und betrachtete ihn und seine weiße Galauniform mit milden, glänzenden Augen, so als sei sein Besuch eine Tat, zu welcher einzigartiger Mut und Tüchtigkeit gehöre. »Was führt dich nach Hopballehus?«

Boris fühlte, wie sich die Unbefangenheit des alten Mannes in seinem eigenen Herzen widerspiegelte, wie ein blauer Himmel im Meer. Er sah seinem Freund in die Augen. »Ich kam heute her«, sagte er, »um Athenes Hand zu erbitten.«

Der alte Mann warf ihm einen langen, leuchtenden Blick zu. »Um Athenes Hand zu erbitten«, rief er aus, »deswegen bist du gekommen?« Er stand einen Augenblick schweigend da, tief bewegt. »Gottes Wege sind in Wahrheit wunderbar«, sagte er. Pastor Rosenquist stand von seinem Stuhl auf und setzte sich wieder, um Ordnung in seine Rechnung zu bringen.

Als der alte Graf von neuem das Wort ergriff, war er ein ganz anderer Mann. Der Rausch hatte sich verflüchtigt. Er hatte seine Heeresstärken in guter Ordnung zusammengezogen. Dieser Gleichmut der Seele war es, der in alter Zeit seinen Ruf begründet hatte, da er als Attaché an der Botschaft in Paris bei der Premiere seiner eigenen Tragödie »Die Undine« in der Pause ein Duell auf Pistolen ausgetragen hatte.

»Boris, mein Kind«, sagte er, »du bist heute hierhergekommen, um mich in einen neuen Menschen zu verwandeln. Ich habe gelebt, den Blick auf die Vergangenheit gerichtet oder um dieser einzigen Stunde des Sieges willen. Erst in dieser Sekunde habe ich der Zukunft einen Gedanken gewidmet. Ich sehe, ich werde von meinem Piedestal heruntersteigen müssen, denn vor mir liegt ein Weg, den ich zu gehen habe. Deine Worte eröffnen mir einen weiten Ausblick. Was soll ich nun eigentlich werden? Der Patriarch auf Hopballehus, der tugendhaften Dorfjungfrauen den Kranz der Ehre reicht? Großpapa, der Obstbäume pflanzt? Ave Hopballehus Naturi te salutant! Die, welche geboren werden, grüßen dich!«

Hier fiel Boris der Brief der Priorin ein, und er erzählte von seinem Besuch im Kloster auf dem Wege hierher. Der Graf erkundigte sich überaus höflich nach der alten Dame, und da ihm jede Art von Dokumenten eine Herzenswonne war, setzte er sich die Brille auf und versank in das Lesen des Briefes.

Boris saß da und trank seinen Wein, ihm war ungemein wohl zumute. In den letzten acht Tagen war er soweit gekommen, es als zweifelhaft anzusehen, ob das Leben überhaupt irgendeine Annehmlichkeit zu bieten habe, aber der Empfang, der ihm hier bei dem alten Grafen zuteil geworden war, und die ganze Situation im Schloß taten seinem Herzen wohl, und er hatte immer dazu geneigt, von dem einen Extrem ins andere zu verfallen.

Als der Graf den Brief zu Ende gelesen hatte, legte er ihn auf den Tisch, hielt die Hände darüber gefaltet und saß lange stumm da.

»Ich gebe dir«, sagte er zuletzt langsam und mit großer Feierlichkeit, »meinen Segen. Und diesen gebe ich dir zunächst als Sohn deiner Mutter – und deines Vaters – und danach als einer, der, wie ich jetzt begreife, so lange und treulich geliebt hat, trotz allem. Und schließlich fühle ich, daß du, Boris, heute abend von einem stärkeren Willen hergeführt worden bist als deinem eigenen.«

»Ja bestimmt«, dachte Boris.

»Ich übergebe dir mit Athene den Schlüssel zu meinem ganzen Dasein. Athene«, wiederholte der alte Graf, als sei es ihm eine Wonne, den Namen der Tochter auszusprechen, »ist selber wie ein Waldhorn in dem tiefen Wald«, und als sei er ohne eigenes Wissen von einer absonderlichen und wehmütigen Jugenderinnerung besessen, fügte er fast flüsternd hinzu: »Dieu, que le son du cor est triste au fond du bois.«

5

Während ihrer Unterhaltung war draußen ein Wind aufgekommen. Der Tag war still gewesen, das windige Wetter war mit der Abenddämmerung gekommen wie ein Nachttier. Es fegte an den langen Mauern entlang, brauste um die Hausecken und wirbelte die welken Blätter in die Luft. Mittendrin hörten sie Athene, die Pastor Rosenquists Wagen ausgespannt und das Pferd in den Stall geführt hatte, über die Terrasse gehen und die Treppe heraufkommen. Der alte Graf, dessen Blick auf dem Gesicht des jungen Mannes geruht hatte, machte eine plötzliche Bewegung. »Sage heute abend nichts«, sagte er, »du wirst es verstehen. Athene und ich haben so viele Abende hier zusammen mit unserem guten Freund, dem Pastor, verlebt. So mag denn dieser Abend der letzte in der Reihe sein. Ich möchte selbst mit ihr reden. Und du, mein lieber Sohn, kannst morgen vormittag wieder nach Hopballehus kommen und dir ihre Antwort holen.« Boris fand diese Regelung ausgezeichnet.

Während der Graf sprach, kam seine Tochter herein, noch in ihrem großen Kutschermantel.

Athene war ein kräftiges junges Weib von achtzehn Jahren, sechs Fuß hoch und entsprechend breit, mit einem Paar Schultern, die eine Tonne Weizen heben und tragen konnten. Um die Vierzig würde sie riesig sein, aber noch war sie zu jung, um fett zu werden, und so kerzengerade wie eine Lärche. Ihre edle Stirn unter dem roten Haar war weiß wie Milch, aber der Rest ihres Gesichts war ebenso wie die breiten Handgelenke von Sommersprossen bedeckt. Nichtsdestoweniger hatte sie eine so reine und klare Haut, daß sie, als sie eintrat, die Halle geradezu erhellte, mit einem Licht wie in einer Stube, wenn draußen Schnee liegt. Ihre klaren Augen hatten einen dunkleren Ring um die Iris – ein Paar Augen wie die eines Adlers oder einer jungen Löwin –, sonst aber war der Ausdruck des riesigen jungen Geschöpfes friedfertig. Ihr rundes Gesicht war von jener Aufmerksamkeit und dem Vorbehalt geprägt, von denen sonst Schwerhörige gekennzeichnet sind. Wenn Boris früher mit ihr zusammen gewesen war, dann war ihm bisweilen die alte Ballade von des Riesen Tochter eingefallen, die einen Mann im Walde fand. Erstaunt und froh trägt sie ihn als Spielzeug nach Hause, aber der Riese sagt, sie solle ihn laufen lassen, sonst mache sie ihn nur entzwei.

Der Riese seinerseits, der alte Graf, behandelte sie mit einer altmodischen Ritterlichkeit, die Boris an eine edle Münze erinnerte, die man aus der Erde ausgegraben hat; sie ist außer Kurs, hat aber nach wie vor ihren Goldwert. Es hieß, der Graf sei in seiner Jugend einer der Liebhaber der Prinzessin Pauline Borghese gewesen, sie war die schönste Frau ihrer Zeit. Er hatte hier der Venus Anadyomene von Angesicht zu Angesicht gegenübergestanden, und in der Erinnerung an diese Offenbarung brachte er dem Ebenbild der Göttin seine Huldigung dar, selbst dort, wo es etwas plump in Stein oder Holz geschnitzt war. Ohne für schön gelten zu können, war Athene daran gewöhnt, den Weihrauch einzuatmen, der weiblichem Reiz geopfert wird.

Sie blinzelte ein wenig gegen das Licht und gegen den Fremden. In seiner weißen Uniform mit dem hochstehenden, goldgestickten Kragen und den pomadisierten Locken, die gegen das Licht wie ein Strahlenkranz erschienen, wirkte Boris denn auch in dem großen, dunklen Raume wie ein fremder, blendender Meteor. Aber in ihrer eigenen großen Kraftentfaltung ruhend, fragte sie – nach ihrer Gewohnheit auf einem Beine stehend, wie ein Riesenstorch – nach seiner Tante und den Damen im Kloster. Athene kannte nur sehr wenige Menschen, und für diese alten Damen, die ihr manche Ratschläge gegeben und sie gern hatten, obwohl sie sie etwas vor den Kopf gestoßen hatte, weil sie so unromantisch stämmig an Wuchs geworden war, hegte sie, dachte Boris, die gleiche Bewunderung, wie ein Bauernkind auf dem Lande für die pailletten-blinkenden Seiltänzer empfindet. Wenn wir heiraten, dachte er, während er dastand und mit ihr sprach mit einer Stimme, die sanft war wie ein Lied, und während des alten Grafen liebevoller Blick von ihr zu ihm wanderte, werden meine Künste schon noch Eindruck auf sie machen, soll denn aber mein eheliches Leben ein ewig währendes Jahrmarktsfest sein? Und wenn ich eines Tages von meinem Seil herunterfalle, wird sie sich dann wohl die Mühe machen und mich auflesen oder mir ganz einfach den Rücken kehren und weggehen?

Sie bat ihn, die Priorin zu grüßen und ihr zu erzählen, sie habe vor ein paar Tagen in einer Abendstunde ihren Affen auf dem Sockel der Venusstatue sitzen sehen, dort, wo der kleine Cupido, der jetzt entzweigegangen war, früher seinen Platz gehabt hatte, und in Verbindung damit fragte sie, ob er es nicht merkwürdig finde, daß der polnische Anwalt ihres Vaters einen Affen von derselben Art habe, auch von Sansibar.

Der alte Graf begann, von den wendischen Götterbildnissen zu sprechen, aus deren Land seine Sippe ursprünglich gekommen war. »Die Göttin der Liebe«, sagte er, »war von Angesicht und auf der Vorderseite eine schöne Frau, wenn man sie aber umdrehte, dann war sie auf der Rückseite ein grinsender Affe.« Wie konnten diese nordischen Barbarenvölker gewußt haben, wie Affen aussahen? War es wohl denkbar, daß vor tausend Jahren Affen in den düsteren Nadelwäldern der Wenden gelebt hatten?

»Nein, das ist nicht denkbar«, sagte Pastor Rosenquist, »dazu ist es hier nie warm genug gewesen. Aber es sieht so aus, als seien dieselben Symbole aller heidnischen Götzenverehrung gemeinsam gewesen. Es lohnt sich, dieser Sache auf den Grund zu gehen, es ist sehr wohl möglich, daß dies von der allgemeinmenschlichen Vorstellung von der Erbsünde herrührt.«

»Aber wie«, fragte Athene, »konnte man der Liebesgöttin ansehen, was vorn und was hinten war?«

Kurz darauf bat Boris um seinen Wagen und empfahl sich. Der alte Graf war betrübt, ihn in dieser Weise fortzuschicken, und voller Reue wegen seiner Härte gegen einen jungen Freier. Er bat Boris, das schlechte Wetter hier auf Hopballehus zu entschuldigen, schüttelte ihm mit Tränen in den Augen die Hand und wies Athene an, ihn bis zum Wagen zu begleiten. Pastor Rosenquist dagegen konnte sich nur freuen, daß die Gesellschaft von einem befreit worden war, der in solchem Maße aussah wie ein Engel, ohne es zu sein.

Athene geleitete Boris auf die Terrasse hinaus. Im Schein seiner Wagenlaternen warf ihr langer Mantel seltsame Schatten auf den Rasen wie von einem Paar großer Flügel. Über dem breiten Rasenplatz, der eisengrau im Mondlicht lag, kam der Mond hinter den jagenden Wolken hervor und versteckte sich dahinter.

Boris war in diesem Augenblick tatsächlich traurig, daß er Hopballehus verlassen mußte. Diese chaotische Schloßwelt hatte ihn an die Welt seiner Kindheit und deren Vorstellungen erinnert, er zog sie ganz entschieden dem Leben nach der Uhr vor, das ihn im Kloster erwartete. Einen Augenblick stand er stumm neben Athene. Die Wolkendecke über ihnen wurde weggefegt, und ein paar große Sternbilder funkelten klar auf. Der große Bär verkündete seine Lehre: Bewahre dein Wesen in einem Gewimmel. »Weißt du noch die Bärenjagd, Athene?« fragte er. Die beiden Kinder hatten nicht mit auf die Jagd gedurft, aber sie hatten sich an einem glühendheißen Julitag zusammen hinausgeschlichen und waren den Jägern des Grafen auf ihren weiten Jagdwegen hoch oben in den Bergen nachgegangen. Zwei schwarz- und weißgefleckte Hunde hatten das Leben lassen müssen, er konnte noch das Geheul und Gekläff des Kampfes hören und vor sich sehen, wie das mächtige, braunzottelige wilde Tier sich zwischen Gestrüpp und Farnen blitzschnell bewegte, er hatte sogar einen Schimmer von dessen wütendem, weitaufgerissenem Schlunde mit dem roten Lecker erhaschen können.

»Ja, ich denke manchmal daran«, sagte Athene, und ihre Augen folgten den seinen auf der Bärenjagd im Himmelsraum, »es war diese Bärin, die die Bauern die Kaiserin Katharina nannten. Die hatte fünf Menschen getötet.«

»Bist du noch immer Republikanerin, Athene?« fragte er. »Damals wolltest du allen Tyrannen in Europa den Kopf abhauen.«

Im Lichtschein sah er die Farbe in ihrem Gesicht sich vertiefen.

»Ja«, sagte sie. »Ja, ich bin Republikanerin. Ich habe die Geschichte der Französischen Revolution gelesen. Die Könige und Priester waren faul und unsittlich und grausam gegen das Volk, aber die, die sich ›der Berg‹ nannten und die rote, phrygische Mütze trugen, das waren mutige Männer. Danton war ein echter Patriot, den hätte ich gern gekannt, und der Abt Sieyès ebenfalls.« Das Thema erhitzte sie trotz der kalten Abendluft. »Ich würde gern den Platz in Paris sehen, wo die Guillotine stand.«

»Und die phrygische Mütze auf den Kopf setzen?« fragte Boris. Athene antwortete mit einem kurzen Nicken. Sie stand da und überlegte, dann hub sie plötzlich an, wie wenn sie ihn unter allen Umständen überzeugen wollte, einige Verszeilen zu zitieren, selber von dem Pathos der Worte mehr und mehr hingerissen:

»O Corse à cheveux plats, que la France était belle
au grand soleil de Messidor.
C'était une cavale indomptable et rebelle,
sans freins d'acier, ni rênes d'or.
Une jument sauvage, à la croupe rustigue,
fument encore du sang des rois.
Mais fière, et d'un pied libre heurtant le sol antique,
Libre, pour la première fois!«

Boris fuhr von Hopballehus fort mit dem Sturm gerade im Gesicht. Der Mond im Raum über ihm hinter den dünnen, dahinwirbelnden Wolken schien zu rasen. Die Luft war eiskalt. Jetzt kommt der Nachtfrost, dachte er. Seine Laternen jagten die Bäume und ihre Schatten und sprengten sie in einem Wirrwarr nach allen Seiten auseinander. Ein großer dürrer Ast wehte plötzlich von hoch da oben herab und zerbrach mit einem Krachen vor den sich bäumenden Pferden. Allein auf der Fahrt durch die Dunkelheit sah er in Gedanken den Grafen und seine Tochter und den Pfarrer in der Halle von Hopballehus sitzen und mußte darüber lachen. Während der Wagen weiterrollte, glänzten die Lichter im Tal unter ihm auf. Sie tauchten zwischen den Bäumen auf, als ob sie mit ihm spielten, sahen ihm in die Augen und versteckten sich wieder. Eine Gruppe von Lichtern kam zum Vorschein wie ein irdisches Spiegelbild des Siebengestirns. Es waren die Lichter vom Kloster.

Und mit einemmal wollte es ihm so scheinen, als sei irgendwo etwas im Anzuge, etwas Verkehrtes, etwas Grundfalsches. Rätselhafte Mächte gingen heute nacht draußen um. Dies Gefühl ergriff ihn so plötzlich und so übermächtig, daß ihm war, als sei ihm eine eiskalte Hand über den Scheitel gefahren. Die Haare sträubten sich ihm auf dem Kopfe. Ein paar Minuten lang war er wirklich ernstlich von Schrecken geschüttelt. In dieser sonderbar aufgeregten Nacht, wo die toten Dinge um ihn her lebten, kam er sich selber, kamen ihm sein Wagen und seine braunen Schecken unheimlich klein vor und großen Gefahren ausgesetzt.

Als er in die lange Allee einbog, die zum Kloster hinführte, blinkten seine Wagenlaternen plötzlich in einem Augenpaar auf. Ein winzigkleiner Schatten lief quer über den Weg und verschwand in den noch schwärzeren Schatten von dem Wäldchen der Priorin.

Bei seiner Ankunft im Hause hörte er, die Priorin

sei zur Ruhe gegangen. Um morgen voll bei Kräften zu sein, dachte er.

Für ihn war in dem privaten Speisezimmer seiner Tante, das sie erst kürzlich hatte instand setzen lassen, der Abendbrottisch gedeckt. Das Zimmer war bisher weiß gewesen, mit hundertjährigen Stuckornamenten verziert, jetzt war es mit einer schönen Tapete sehr schmuckvoll bekleidet, auf deren bräunlichem Hintergrund farbenprächtige orientalische Szenen abgebildet waren. Ein junges Mädchen tanzte unter einer Palme und schlug dazu das Tamburin, während langbärtige Greise in roten und blauen Turbanen zusahen. Ein Sultan hielt unter seinem goldenen Thronhimmel Gericht ab, und eine Jagdgesellschaft zu Pferde kam an einer Ruine vorbei, dahinter gingen ihre Negerknaben, die die Hundemeute an der Leine führten. Die Priorin hatte gleichzeitig die altmodischen Leuchter abgeschafft und statt dessen Lampen eingeführt, aus himmelblauem Porzellan, mit blaßrosa Rosen bemalt. In der warmen und behaglichen Stube saß er allein bei Tisch. Genauso, dachte er, wie Don Juan im letzten Akt in der Oper. Bis der Komtur kommt, fügte er in Gedanken hinzu, und meinte sich selbst. Er warf einen verstohlenen Blick zum Fenster hin. Der Sturm pfiff unaufhörlich gegen die Scheiben, aber die schweren Vorhänge waren vorgezogen, und die unruhevolle Nacht war ausgesperrt.

6

Die Tante und der Neffe nahmen ihren Morgenkaffee gemeinsam in behaglicher Harmonie ein, während sie hier und da einen Blick auf ihre eigenen, in der silbernen Kaffeemaschine der Priorin komisch verzerrten Züge warfen. In deren blankem, rundem Spiegel stand auch eine kleine Sonne und strahlte. Denn auf die stürmische Nacht war ein stiller Tag mit hohem Himmel gefolgt. Der Sturm war anderswo hingezogen und hatte die Gärten um das Kloster in luftiger Nacktheit zurückgelassen.

Boris hatte der alten Dame über die Ereignisse auf Hopballehus berichtet, und sie hatte mit großer Freude und tiefer Rührung seinem Bericht gelauscht über das, was ihrem lieben alten Freund und Nachbarn widerfahren war. Sie konnte ihre Phantasie kaum so weit zügeln, nicht ab und zu einen kleinen, flatternden Flug über die glänzende Zukunft zu unternehmen, die Boris erwartete, aber das geschah in einer so feinen Weise, daß sowohl der alte Graf als auch Athene deswegen ruhig hätten zugegen sein können.

»Ich möchte doch mal wissen«, sagte sie, »ob es Athene nicht gut täte, wenn sie sich jetzt ein wenig umsähe und die Welt kennenlernte. Als ich in ihrem Alter war, da nahm Papa mich mit nach Rom und Paris, und ich begegnete vielen berühmten Persönlichkeiten. Es muß für einen Mann von Talent eine entzückende Erfahrung sein, dies hochbegabte Kind zu den Stätten der klassischen Bildung zu begleiten und sie ins Leben hinauszuführen.«

»Ja«, sagte Boris und schenkte sich eine neue Tasse Kaffee ein. »Sie sagte gestern, sie habe das Verlangen, Paris kennenzulernen.«

»Natürlich«, sagte die Priorin, »das liebe Kind hat nie einen Pariser Hut auf dem Kopfe gehabt. Lariki«, fuhr sie fort und ließ ihren Gedanken freien Lauf, »hat die vortrefflichste Bärenjagd und übrigens auch Sauen. Ich kann mir lebhaft vorstellen, wie deine Göttin sich ausnimmt mit dem Speer in der Hand. Auf Lipnika ist der Keller voll von Tokayer, einem Geschenk an einen der verstorbenen Herren von der Kaiserin Maria Theresia; Athene wird ihn wohl mit der bekannten Großzügigkeit ihrer Familie ausschenken. Auf Parnov Garbova gibt es die weltberühmte Springbrunnenallee, die von dem großen dänischen Astronomen Ole Römer angelegt worden ist, demselben, der les grandes eaux bei Versailles gemacht hat.«

Während sie in dieser Weise mit lichten Zukunftsmöglichkeiten Federball spielten, hatte der alte Johan ihnen zwei Briefe gebracht, die beide gleichzeitig angekommen waren, obwohl der eine, der an die Priorin gerichtet war, mit der Post geschickt, und der andere, an Boris, durch einen reitenden Boten aus Hopballehus abgegeben worden war.

Als Boris ein paar Zeilen seines Briefes gelesen hatte, blickte er auf und fand die alte Dame mit einem kleinen, harten und feinen Lächeln um die Lippen in das Lesen ihres eigenen Briefes vertieft. Sie wird schwerlich noch sehr lange so erfreut lächeln, dachte er.

Der Brief des alten Grafen lautete folgendermaßen:

»Ich schreibe an Dich, lieber Boris, da Athene sich weigert, es zu tun. Ich greife in tiefer Reue und Betrübnis zu meiner Feder, ich fühle in Wahrheit den Drang, mein Haupt mit Asche zu bedecken, wie der Psalmist sagte.

Ich muß Dir mitteilen, daß meine Tochter Deinen Heiratsantrag abgelehnt hat, von dem ich gestern abend meinte, es sei die Krönung der Wohltaten, die die Vorsehung meinem Haus hat zuteil werden lassen. Sie hegt keinen besonderen Unwillen gegen die Verbindung, aber sie erklärt, sie wolle nie heiraten, und es sei ihr ganz unmöglich, diese Frage auch nur in Erwägung zu ziehen.

In gewissem Sinne ist es nur gerecht, daß ich es bin, der diesen Brief an Dich schreibt. Denn ich bin schuld an diesem unserem Unglück, die Verantwortung liegt bei mir.

Ich, der ich dies junge Leben in meiner Hand gehabt habe, ich habe die Kraft ihrer Jugend zu meinem Fackelträger gemacht auf dem Wege hinab in die Gruft. Während ich selbst Stufe um Stufe nach unten gestiegen bin, habe ich mich auf ihre Schulter gestützt, und sie hat mich nie im Stich gelassen. Nun will und kann sie nicht den Blick erheben.

Die Bauern in meiner Provinz haben ein Sprichwort: daß kein ehelich geborenes Kind unmittelbar in die Sonne schauen kann, das können nur Bastarde. Ach, in wie hohem Maße ist dann meine arme Athene mein legitimes Kind, eine ehelich geborene Nachkommin meines Geschlechts und meines Geschicks. Sie kann so wenig in die Sonne schauen, daß ihr das volle Tageslicht ein Grauen ist, während keine Dunkelheit sie schreckt. Ich habe aus meiner Taube einen Nachtvogel gemacht.

Sie ist mir Sohn wie auch Tochter gewesen, und in Gedanken habe ich sie die alten Rüstungen hier auf Hopballehus tragen sehen. Zu spät ist es mir nun aufgegangen, daß sie sie angelegt hat, nicht als der junge Drachentöter St. Georg, sondern als Asrael, der Todesengel. Sie hat sich darin eingeschlossen und wird, solange sie lebt, ihre Rüstung nie wieder ablegen.

Ich habe mich niemals gegen die Vergangenheit versündigt, aber ich sehe jetzt, daß ich mich gegen die Zukunft versündigt habe. Sie hat das Recht, mich zurückzuweisen. Auf Athenes Jungferngrab werde ich Blumen niederlegen für die ungeborenen Generationen, in deren Zügen ich für einen Augenblick meinte, die Deinen, mein liebes Kind, wiederzuerkennen. Indem ich Dich um Deine Vergebung bitte, tue ich dies angesichts all der Tatkraft, des Talents und der Schönheit, die hier dem Untergang geweiht worden, und angesichts der Lorbeeren und Myrten, die hier verwelkt sind. Die Asche, die ich auf meinen Scheitel streue, sie ist deren Asche.«

Boris reichte der Priorin den Brief hinüber, ohne ein Wort zu sagen, aber während sie ihn las, beobachtete er sie, das Kinn in seine Hand gestützt. Und es war fast lohnender, als er es sich gewünscht hätte. Sie erblaßte so heftig, daß er meinte, sie werde gleich ohnmächtig oder falle tot um, und zugleich sprangen glühend rote Streifen hervor, so als habe jemand ihr mit einer Peitsche ins Gesicht geschlagen. König Salomon sperrte bekanntlich seinerzeit die aufrührerischen Dämonen des Judenlandes in Flaschen ein, versiegelte sie und versenkte sie auf den Meeresgrund. Welche ohnmächtige Wut, welcher Wirbel von eingeschlossenem, wildem Hasse dort unten in der Tiefe! Ein gutes Bild, dachte Boris, von den stummen Kämpfen, die in der engen und hölzernen Brust alter Damen ausgefochten wurden, die mit dem salomonischen Siegel der guten Erziehung verschlossen ist.

Die Sehkraft ließ sie im Stich, vermutlich wurde die rote, damastene Stube schwarz vor ihren Augen, jedenfalls legte sie den Brief aus der Hand, ehe sie so weit gekommen war, ihn ganz durchzulesen.

»So so!« fauchte sie mit heiserer, kaum hörbarer Stimme, »das also schreibt der Poet an dich.« Sie schnappte nach Luft, hob die rechte Hand und schlug mit einem bebenden Finger in die Luft hinaus. »Sie will dich also nicht heiraten«, rief sie aus.

»Sie will gar nicht heiraten, Tante«, sagte Boris, um sie zu beruhigen.

»So, das will sie nicht? Gar nicht?« zischte die alte Dame. »Eine Diana, was? Und du könntest dann ein richtig niedlicher kleiner Aktäon werden, mein armes Kind! Und alles, was du ihr geboten hast: Position, Einfluß, eine glänzende Zukunft – das zählt also bei ihr nichts. Was will sie dann eigentlich?« Sie blickte wieder aufmerksam in den Brief, aber in ihrer empörten Stimmung hielt sie ihn verkehrt herum, so daß die Buchstaben auf dem Kopfe standen. »Sie will in Schweigen, bis in alle Ewigkeit, wie eine Marmorstatue auf einem Sargdeckel liegen. So eine fanatische Jungfräulichkeit. En plein dixneuvième siècle! Vraiment, tu n'as pas de chance! Das hier ist wahrlich kein horror vacui.«

»Der Lehrsatz vom horror vacui«, warf Boris wirklich erschrocken ein, um ihre Gedanken abzulenken, »hat nicht mehr als zweiunddreißig Fuß aufwärts Geltung.«

»Nicht mehr als was?« fragte die Priorin.

»Zweiunddreißig Fuß«, sagte er.

Die Priorin zuckte die Achseln. Sie richtete ihre schillernden Augen auf ihn, holte den Brief, den sie mit der Post erhalten hatte, halb aus ihrer seidenen Tasche hervor und steckte ihn wieder hinein.

»Sie will nichts haben«, sagte sie langsam, »und du willst nichts geben. Mir will es in aller Bescheidenheit so scheinen, als paßtet ihr beiden gut zusammen. Ich meinerseits kann ja ruhig meinen Segen dazu geben und habe alsdann nichts weiter dazu zu sagen. Das war schon bei meinen Vorfahren Gesetz: Wo nichts ist, le seigneur a perdu son droit.

Du, Boris, kehrst also denselben Weg, den du gestern gekommen bist, an den Hof zurück und zu der guten Königinwitwe und ihrem Konfessionalismus. Denn«, fügte sie noch langsamer hinzu,

»Wo sie hereingeschlüpft, da müssen sie hinaus.
Das erste steht uns frei,
beim zweiten sind wir Knechte.«

Diese Worte schienen auf sie selbst einen stärkeren Eindruck zu machen als auf ihren Neffen, der sie schon früher gehört hatte. Sie versank in tiefes Stillschweigen.

Boris war es höchst unheimlich zumute, und er wünschte, das Gespräch könnte zu einem Ende kommen. Er erkannte sehr wohl, daß sie nicht übel Lust hatte, ihn zu quälen. Solange sie selber glücklich war, hatte sie glückliche Menschen um sich sehen wollen. Jetzt, da sie litt, mußte sie sich mit dem gleichen Stoff umgeben, der sie selber erfüllte, damit der leere Raum, von dem sie gesprochen hatte, sie nicht sprengte. Aber gerade Boris gegenüber hatte sie viel zu starke Bundesgenossen in den Umständen selbst. Es war richtig, er hatte es sich nicht gleich klargemacht, was Athenes

Ablehnung für ihn bedeutete. Wenn die alte Dame fortfuhr, so erbarmungslos auf ihn einzuhämmern, dann hätte er das ganze Elend der letzten vierzehn Tage wieder über sich. Plötzlich erhob sich die Priorin und eilte ans Fenster, als habe sie die Absicht, sich hinauszustürzen.

Inmitten seiner eigenen Sorgen konnte Boris es nicht lassen, an die beiden anderen Personen in diesem Dreigestirn zu denken. Vielleicht wanderte Athene nun in den Kiefernwäldern von Hopballehus umher mit einer ebenso wilden Entschlossenheit in ihrer Seele, wie der der Priorin hier im Salon. In Gedanken sah er sich selber in seiner weißen Uniform als einen Hampelmann, an dessen Schnüren die unerbittliche alte Dame und die unerbittliche junge Dame abwechselnd zogen. Wie konnte es nur sein, daß sie alles so tödlich ernst nahmen? Was waren in ihnen für Kräfte, die es bewirkten, daß diese leidenschaftlichen Menschen lieber sterben würden als sich ergeben? Aller Wahrscheinlichkeit nach waren seine eigenen Gefühle dieser Ehe gegenüber so ausgeprägt wie nur möglich, und dennoch ballte er weder die Hände noch verschlug es ihm die Sprache.

Die Priorin machte am Fenster kehrt und kam auf ihn zu. Sie war völlig verwandelt und hatte keinerlei Marterwerkzeuge mehr bei sich, es mochte eher so aussehen, als halte sie einen Lorbeerzweig oder eine Rosengirlande in der Hand, um damit seine Stirn zu umkränzen. Sie ging so leicht, daß es wirklich so aussah, als habe sie eine schwere Bürde aus dem Fenster geworfen und komme nun einen Zoll über dem Fußboden auf ihn zugeschwebt.

»Lieber Boris«, sagte sie, »Athene hat ein Herz im Leibe. Sie ist es dem Gespielen ihrer Kindheit schuldig, ihn zu sehen und ihm Gelegenheit zu geben, daß er in seiner Sache gehört werde, und ihn einer mündlichen Antwort zu würdigen. An dies alles möchte ich sie erinnern und meinen Brief mit ihrem eigenen Boten zurückschicken. Eine Hopballehus kennt die Stimme der Pflicht. Sie kommt.«

»Wohin kommt sie?« fragte Boris.

»Hierher«, sagte die Priorin.

»Wann?« fragte Boris und sah sich um.

»Heute abend. Sie ißt mit uns zu Abend«, sagte seine Tante. Sie lächelte, ein kleines, süßes Lächeln, fast wie ein Galgenstrick, und dennoch war es, als würde ihr Mund immer kleiner, so daß er zuletzt einer überaus feinen kleinen Rosenknospe glich.

»Athene«, sagte sie, »darf morgen das Kloster Seven nicht verlassen, ohne ...« sie stockte, schaute nach rechts und links und begegnete darauf seinem Blick, »uns zu gehören«, hauchte sie mit einem Lächeln. Boris starrte sie an. Ihr Antlitz war frisch wie das eines jungen Mädchens.

»Mein Kind, mein liebes Kind«, rief sie in einem jähen Ausbruch tiefer und sanfter Zärtlichkeit aus, »nichts, nicht das geringste darf deinem Glück im Wege stehen.«

7

Dies große Verführungssouper, das in dem Leben der drei Teilnehmer eine Zeitenwende bedeuten sollte, wurde im Speisezimmer der Priorin angerichtet, und Gruppen orientalischer Staatsmänner und Tänzerinnen folgten ihnen von den Wänden mit den Augen. Der Tisch war wunderhübsch mit Kamelien aus den Treibhäusern des Klosters geschmückt, und auf dem schneeweißen Damast zwischen dem klaren Kristall warfen die alten grünen Römer kleine, feine, grünliche Schatten, die an die aromatische Luft in einem sommerlichen Kiefernwald erinnerten. Die Priorin war in einem grauen Taftkleid mit alten feinen Spitzen und trug dazu eine weiße Spitzenhaube mit Behängen und Broschen und Ohrringe mit großen Diamanten. Diese alten Damen, dachte Boris, die sich mit soviel Anstrengung und soviel Geschmack hübsch machen, ja, vielleicht hübscher, als sie jemals in der Jugend gewesen sind, und die doch niemals die Hoffnung haben können, irgendeines Mannes Begehren zu wecken, sind an heroischer Seelenkraft dem edlen Freidenker gleich, der fortfährt, seine guten Taten zu vollbringen, auch nachdem er den Glauben an jegliche himmlische Belohnung im Paradies aufgegeben hat.

Das Essen war ausgezeichnet, und es wurde einer von des Klosters berühmten Karpfen aufgetragen, nach dem klösterlichen Rezept zubereitet, das streng geheimgehalten wurde. Der alte Johan schenkte großzügig die Gläser voll, und ehe sie noch zum Marzipan und den kandierten Früchten gekommen, waren alle drei Teilnehmer dieser stilvollen und stillen Festmahlzeit, die sich aus einer alten und einer jungen Jungfer und einem verschmähten Liebhaber zusammensetzte, mehr als leicht berauscht.

Athene hatte einen kleinen Rausch im üblichen Sinne des Wortes. Sie hatte in ihrem Leben nur selten Wein getrunken und nie zuvor Champagner zu kosten bekommen, und nach der Menge, die die gastliche Hausfrau in sie hineinschüttete, hätte sie eigentlich nicht mehr auf den Beinen stehen können. Aber sie hatte eine lange Reihe von Ahnen hinter sich, die Mann für Mann unter sämtlichen schweren Eichentischen mit Kugelbeinen in der Provinz gelegen hatten, und diese eilten nun der jungen Tochter der Sippe zu Hilfe. Immerhin stieg ihr der Wein zu Kopf und schenkte ihr eine Rose für jede Wange und strahlende, blanke Augen und entfesselte neue Kräfte in ihr. Sie quoll ein wenig über in ihrem Gefühl von Unüberwindlichkeit ebenso wie ein junger Bataillonschef, der mit hohem Mut, ohne einen Gedanken an Niederlage, in die Feuerlinie vorrückt.

Boris, der mehr vertragen konnte als die meisten und bis jetzt immer noch am nüchternsten war, war von einer anderen Macht als der des Weines berauscht. Der tiefste Zug in der Natur des jungen Mannes war seine Liebe zur Bühne und zu allem, was dazu gehört. Seine Mutter hatte als junges Mädchen die gleiche heftige Passion gehabt und mit ihren Eltern in Rußland um die Erlaubnis, zur Bühne gehen zu dürfen, einen großen Kampf geführt und verloren. Ihr Sohn schenkte sich einen solchen Kampf. Er war nicht dogmatisch genug, um zu glauben, daß das Theater auf die Kulissen und das Rampenlicht eines kleinen Raumes beschränkt sei, er führte den Schauplatz in seinem eigenen Herzen überall mit sich. Als Knabe hatte er in Liebhabervorstellungen viele Frauenrollen ausgeführt, und der berühmte alte Theaterdirektor Pacchasina war in Tränen ausgebrochen, als er ihn als Antigone sah, so sehr erinnerte der junge Mann ihn an den unsterblichen Mars. Für Boris war das Theater das wirkliche Leben. Wo er nicht Komödie spielen konnte, stand er dem Dasein unsicher gegenüber und war sich oftmals nicht darüber schlüssig, wie er es angreifen sollte. Aber in einer Rolle fand er sein wahres Ich, und wo er eine Situation wie einen Auftritt auf der Bühne betrachten konnte, fühlte er sich auf der Stelle darin heimisch. Er ging einer Tragödie nicht aus dem Weg und nahm mit größtem Vergnügen an einer Pastorale teil, wenn es gefordert wurde.

In diesem Gesichtspunkt lag etwas, was seine Mutter trotz ihrer eigenen künstlerischen Sympathien oftmals zur Verzweiflung getrieben hatte. Denn sie hatte ihn im Verdacht, daß er im Grunde gar keine besondere Vorliebe für die Rolle eines vielversprechenden und beliebten jungen Offiziers habe, die ihm mit soviel Glück zugefallen war. Er war, fürchtete sie, bereit, sie zu jeder beliebigen Zeit abzugeben, falls ihm eine angeboten würde, die ihm mehr Gelegenheit gäbe, sein Talent zu entfalten. Und es wäre ihm einerlei, ob es die Rolle eines von der guten Gesellschaft verstoßenen Parias wäre, die eines Märtyrers oder vielleicht sogar die tragische Rolle eines zum Tode verurteilten Jünglings auf dem Schafott. Sie hatte ihm häufig, im Gegensatz zu dem alten Cordelier, zugerufen: »Ach, mein Kind, du fürchtest viel zu wenig die Unbeliebtheit, die Verbannung und den Tod.« Jedoch konnte nicht einmal sie es sich versagen, ihn in seinen Lieblingsrollen zu bewundern, ja nicht einmal, hier und da im Ensemble mitzumachen, und kam es zu einem Zusammenspiel zwischen den beiden, dann war es eine Vorstellung im großen Stil, und ihr Repertoire umfaßte ein weites Feld.

Heute abend würde Pacchasina sich an ihm ergötzt haben. Er hatte nie so gut gespielt. Aus Dankbarkeit gegen seine Patentante hatte er beschlossen, sein Allerbestes zu tun. Er hatte seine Maske mit größter Sorgfalt vor dem Spiegel angelegt und die Uniform mit dem schwarzen Frack vertauscht, von dem er meinte, der stimme besser mit dem Charakter der Rolle überein. Schließlich zog er die Rolle des unglücklich Liebenden immer jener des glücklichen vor. Der Wein half ihm dabei, und das gleiche tat der Anblick der Mitspieler, den alten Johan einbegriffen, über dessen verschlossenen Mienen ein diskreter Schein froher Teilnahme schwebte. Aber ganz zutiefst war auch sein eigenes Herz von der Situation mitgerissen, von der Spannung des Stücks und seinem eigenen Talent. Er stand auf den Brettern, der Vorhang war hochgegangen, jeder Augenblick war bedeutsam, und er bedurfte keines Souffleurs.

Als er Athene dort zu seiner Rechten sitzen sah, war er mit seiner Ersten Liebhaberin an diesem Abend zufrieden. Jetzt, da sie zusammen auf der Bühne standen, las er in ihrem Herzen wie in einem offenen Buch.

Er erkannte völlig den tiefen Eindruck, den seine Werbung auf das Mädchen gemacht hatte. Sie hatte sich keineswegs dadurch geschmeichelt gefühlt, in der ersten Sekunde hatte sie sich vermutlich bis in ihr Innerstes empört gefühlt. Die Tatsache an sich, daß überhaupt irgendein Lebewesen in dieser Weise in ihr stolz abgeschlossenes Dasein einbrechen konnte, hatte sie erschüttert und als ein frecher Übergriff verletzt. Er stimmte darin völlig mit ihr überein. Er hatte selber sein ganzes Leben unter Menschen verbracht, die niemals allein waren, und er schätzte infolgedessen die Einsamkeit hoch. Ab und zu geschah es des Nachts, wenn er schlief, daß er träumte, nicht von bekannten Menschen und Dingen, sondern von ganz phantastischen Gegenden und Gestalten, von seinem eigenen Gedanken erschaffen, und an diese Träume dachte er immer wieder mit Freuden zurück. Was das junge Mädchen im Augenblick verwirrte, war der Umstand, daß der Feind ihr so ausgesucht freundlich und demutsvoll entgegentrat und daß der Beleidiger Trost heischte. Als Boris sich über ihre Gefühle klargeworden war, unterstrich er die sanfte Wehmut seiner Haltung.

Für Athene war es wahrscheinlich etwas so Neues, Furcht zu empfinden, daß dies eine eigentümliche Anziehung auf sie ausübte. Es war zweifelhaft, dachte er, ob überhaupt etwas anderes als die Gefahr, die sie hier unbestimmt witterte, sie heute abend hätte ins Kloster bringen können. Und wovor fürchtet sie sich? dachte er. Durch meine Tante und mich selber glücklich gemacht zu werden? Also lautet das Gebet der tragischen Jungfrau: Einen Erfolg bei Hofe zu haben, eine glückliche und beneidete Braut und die Mutter vielversprechender Nachkommen zu werden, vor diesem Geschick, o gütiger Gott, bewahre mich! In seiner Eigenschaft als großer, tragischer Schauspieler konnte er nur Beifall spenden.

Er fühlte, daß Athenes Ahnung von einer unbekannten Gefahr durch das Verhalten der Priorin ihr gegenüber zunahm. Die alte Dame war bisher als ihre Freundin aufgetreten, aber als eine gestrenge Freundin. Fast alles, was Athene gesagt und getan hatte, war hier im Kloster bisher verkehrt gewesen. Sie hatte immer sehr wohl gemerkt, daß die alte Dame in aller

Freundschaft den Wunsch hegte, sie in einen Käfig zu sperren. Aber heute abend ruhten die alten Augen mit dem liebevollsten Behagen auf ihr, alles, was ich sagte, wurde mit Lächeln hingenommen, so sanftmütig wie Liebkosungen. Der Käfig war ganz aus dem Wegc geräumt worden. Dieses Weihrauchopfer, das für sie ganz persönlich verbrannt wurde, war für Athene etwas ebenso Neues wie der Champagner, und jetzt, da dessen wohlriechende Nebel ihr von rechts wie von links entgegenschlugen, hätte sie wohl Schwierigkeiten haben können, hier in dem gemütlichen Eßzimmer der Priorin zu atmen, wenn sie nicht so sicher gewesen wäre, daß die Tür in ihrem Rücken, sobald sie es nur wünschte, sich für ihren Heimweg zu den großen Wäldern von Hopballehus auftun würde.

Boris, der über diese Tür besser Bescheid wußte als sie, hob seine Augenwimpern, die so sanft waren wie Mimosenlaub, zu ihrem glühenden Antlitz auf. Hatte ihr Vater sie nicht einen Nachtvogel genannt, einen von denen, deren Augen durch das Licht geblendet werden? Jetzt ging er jedoch selber Fuß für Fuß rückwärts vor ihr her, eine Art Kandelaber tragend, der ihr ins Gesicht funkelte. Sie blinzelte ein wenig gegen das Licht, aber sie kam.

Die Priorin schließlich war berauscht von einem geheimen Vergnügen, das den Gästen an ihrer festlichen Tafel ein dunkles Rätsel bleiben mußte, das aber in der Finsternis schillerte. Ab und zu tupfte sie mit ihrem fein parfürmierten Spitzentaschentuch leicht die Augen oder den Mund.

8

»Meine Urgroßmutter«, sagte die Priorin im Laufe der Unterhaltung, »war in ihrer zweiten Ehe die Frau eines Botschafters in Paris und lebte dort zwanzig Jahre lang. Das war während der Régence. In ihren Memoiren erzählt sie, wie Weihnachten 1721 die Heilige Familie nach Paris kam und dort einen ganzen Tag blieb. Der ganze Stall von Bethlehem war, mit der Krippe und dem Topf, in dem Joseph gerade ein Gericht Bierkäse für die Heilige Jungfrau wärmte, auf rätselhafte Weise in den Garten eines kleinen Klosters versetzt worden, das dem Heiligen Geist geweiht war. Sogar der Ochse und der Esel waren mitgebracht worden und das Stroh auf dem Erdboden. Als nun die Nonnen dies Wunder bei Hofe in Versailles meldeten, wurde ihnen Stillschweigen auferlegt. Man fürchtete, das Volk könne darin ein Zeichen von des Himmels Zorn sehen über den liederlichen Lebenswandel der Herrschenden. Aber der Regent selber erschien in voller Gala, mit allen seinen Juwelen angetan, zusammen mit seiner Tochter, der Herzogin von Berri, dem Kardinal Dubois und einigen wenigen auserwählten Damen und Herren des Hofstaats, um der Mutter Gottes und ihrem Ehemann seine Huldigung darzubringen. Meine Urgroßmutter stand beim Hofe in so hohem Ansehen, daß sie als einzige Ausländerin die Aufforderung erhielt, mit dabei zu sein. Sie hat bis an das Ende ihrer Tage die pelzverbrämte Brokatrobe mit langer Schleppe aufgehoben, die sie bei dieser Gelegenheit trug.

Der Regent war höchst gerührt und aufgeregt gewesen bei der Nachricht. Beim Anblick der Heiligen Jungfrau kam er in eine seltsame Ekstase, er taumelte und stieß kleine Schreie aus. Ihr wißt ja sicher, daß die Lieblichkeit der Gottesmutter ohnegleichen war, aber dennoch von einer solchen Art, daß sie keinerlei irdische Begierde erwecken konnte. Etwas Derartiges hatte der Herzog von Orléans nie zuvor erlebt, und er wurde ganz irre an sich selber. Er wurde abwechselnd blaß und rot, und zuletzt lud er sie zum Souper bei der Herzogin von Berri ein, wo er ihr eine so erlesene Tafel und so köstliche Weine verhieß, wie es sie noch nie gegeben hatte. Er werde auch den Grafen de Noircy dazu bewegen, daß er komme, und die Madame de Parabère.

Die Herzogin von Berri war damals in anderen Umständen, und böse Zungen wollten wissen, daß es von ihrem Vater war, dem Regenten selber. Sie warf sich der Jungfrau Maria zu Füßen. ›Oh, liebste Heilige Jungfrau‹, sagte sie, ›vergib mir. So hättest du dich niemals betragen, das weiß ich wohl, aber du solltest wissen, was für ein tötender, was für ein verdammt langweiliger Hof das hier in Versailles ist.‹ Entzückt von der Schönheit des reizenden Jesuskindes, wischte sie sich die Augen und bat um die Erlaubnis, ihm die Wange zu streicheln. ›Wie Erdbeeren mit Sahne!‹ rief sie, ›ganz wie Erdbeeren à la Zelma Kuntz!‹ Der Kardinal Dubois begrüßte den heiligen Joseph mit ausgesuchter Höflichkeit. Er dachte, dieser Heilige plage den Allmächtigen sicherlich nicht häufig mit Bittgesuchen, wenn er es aber tue, so werde er erhört, da der liebe Gott ihm immerhin viel verdanke. – Der Regent fiel meiner Urgroßmutter um den Hals und jammerte mit Tränen in den Augen: ›Sie will nicht kommen, sie kommt nicht! Oh, Madame, Sie, die Sie eine so züchtige Frau sind, sagen Sie mir nur, was in aller Welt soll ich tun?‹ – Alles dies steht in den Memoiren meiner Urgroßmutter.«

Sie sprachen nunmehr von Reisen, und die Priorin unterhielt sie mit mannigfachen Erinnerungen aus ihrer Jugendzeit. Sie war glänzender Laune. Das alte Gesicht errötete ganz frisch unter der Spitzenhaube. Hier und da bediente sie sich einer kleinen, ihr eigentümlichen Gebärde sie juckte sich kokett mit dem elegant zugespitzten Nagel ihres kleinen Fingers.

»Du kannst dich wirklich freuen, Kindchen«, sagte sie zu Athene. »Vor dir liegt das ganze Dasein wie eine Braut, und jeder Zipfel, den du anhebst, bringt neue Verwunderung und neues Entzücken. Ach wir, die wir unsere Goldene Hochzeit mit dem Leben gefeiert haben, wir wissen wahrlich unsere Neugierde zu zügeln.«

»Ich möchte gern reisen«, sagte Athene, »nach Indien, wo der König von Ava jetzt mit dem englischen General Amhurst im Kriege liegt. Pastor Rosenquist hat mir erzählt, er habe in seinem Heer Tiger, die darauf dressiert sind, gegen den Feind zu kämpfen.« In ihrer heftigen Gemütsbewegung kippte sie ihr Glas um, es ging entzwei, und der Wein floß über das Tischtuch.

»Ich«, sagte Boris, der ungern von Pastor Rosenquist sprechen wollte, in dem er einen Widersacher witterte – hüte dich, sagte irgend etwas in ihm, vor den Leuten, die nie in ihrem Leben an einer Orgie teilgenommen oder eine Entbindung durchgemacht haben, das sind gefährliche Leute – »möchte gern auf einer einsamen Insel leben, weit weg von anderen Menschen. Es gibt nichts, wonach man ein solches Verlangen haben kann wie nach dem Meer. Die Liebe des Menschen zum Meer ist selbstlos. Wir können es nicht bändigen, sein Wasser können wir nicht trinken, in seiner Umarmung sterben wir. Und trotzdem, sind wir vom Meere weg, dann haben wir das Gefühl, als verdorre etwas von unserer eigenen Seele in uns, als verschwinde es wie ein angespülter Medusenstern auf dem trockenen Sand.«

»Mit dem Schiff fahren«, rief die Priorin aus, »aufs Meer hinaus segeln! Nein, nie im Leben, um keinen Preis.« Ein entsetzlicher Unwille trieb ihr das Blut zu Kopfe, sie wurde ganz rot, und ihre Augen schillerten. Boris empfing wie schon oft einen starken Eindruck von dem ewig weiblichen Abscheu gegen alles Nautische.

Er selbst hatte als Junge viel vom Meere geträumt, ja, er war einmal von Hause weggelaufen, um zur See zu fahren, war zurückgeholt worden und hatte sich lange Zeit hindurch gegrämt. »Aber es gibt doch nichts in der Welt«, dachte er, »bei dem eine Frau in einem so tödlichen Haß und solcher Feindschaft aufflammt wie bei der bloßen Erwähnung des Wortes See.«

Angefangen mit dem Geruch des Salzwassers bis zur Berührung mit den salzigen und geteerten Trossen fürchten und hassen die Frauen das Meer mit seinem ganzen Wesen und allen seinen Taten, und vielleicht hätte die Kirche das weibliche Geschlecht bändigen können, wenn es ihm eine maritime, aschgraue und eiskalte wogende Hölle ausgemalt hätte. Vor dem Feuer fürchten sie sich nämlich nicht, das betrachten sie als Bundesgenossen, dem sie lange und treulich gedient haben. Aber vom Meere reden zu hören, das ist für sie, als hörten sie vom Teufel selber reden. Wenn dermaleinst das Weiberregiment die Erde für den Mann unbewohnbar macht, dann muß er auf dem Meere Zuflucht suchen, denn die Frauen würden lieber sterben, als ihm dorthin zu folgen.

Ein Pudding mit eingemachten Pflaumen wurde gereicht, und mit zierlicher Naschhaftigkeit suchte sich die Priorin ein paar Gewürznelken heraus und führte sie zum Munde.

»Sie riechen ebenso wunderbar, wie sie schmecken«, sagte sie, »und es ist ganz unglaublich, wie köstlich der Wohlgeruch ist, den ein Gebüsch von Gewürznelken in der Mittagssonne ausströmen kann oder wenn die abendliche Brise die aromatischen Luftströme über die Felder haucht. Versucht ein paar davon, sie sind Weihrauch für den Magen.«

»Woher bekommt man sie, gnädigste Tante?« fragte Athene.

»Von Sansibar«, sagte die Priorin. Eine sanfte Melancholie senkte sich auf sie, während sie in tiefen Gedanken dasaß und an ihren Gewürznelken zupfte.

Unterdessen betrachtete Boris Athene und ließ sich von einer phantastischen Vorstellung gefangennehmen. Sie mußte, dachte er, ein entzückendes, ein außerordentlich schönes Knochengerüst haben. Sie würde in der Erde liegen wie eine unvergleichliche Klöppelspitze, ein Kunstwerk aus Elfenbein, und vielleicht nach tausend Jahren ausgegraben werden und alten Archäologen den Kopf verdrehen. Jeder Knöchel war an seinem Platz, ebenso wie in den fein geschwungenen Linien einer Violine. Weniger frivol als der traditionelle alte Wüstling, der in Gedanken die Damen auskleidet, mit denen er soupiert, befreite Boris das Mädchen zugleich mit den Kleidern von der frischen und kräftigen Haut und dem Fleisch und stellte sich vor, daß er ganz glücklich mit ihr werden, ja sich in sie verlieben könnte, wenn es ihm verstattet wäre, sie als schönes Skelett allein zu bekommen. In der Phantasie sah er sie in diesem Zustand als Reiterin Furore machen oder würdig ihre Hofschleppe raffen und durch die Galerien und Säle des Königlichen Schlosses tragen mit dem berühmten Diamantendiadem der Familie, das sich jetzt in Polen befand, um ihre blank polierte Hirnschale. Viele menschliche Beziehungen, dachte er, wären unendlich viel leichter, könnte man sie in den bloßen Knochen pflegen.

»Der König von Ava«, sagte die Priorin und erwachte aus ihren sanften Träumereien, »hatte in seiner Hauptstadt, Yandabu – ich weiß es von Menschen, die dort waren –, eine große Menagerie. Er hatte wie alle anderen in jenem Lande nur indische Elefanten, aber der Sultan von Sansibar schenkte ihm einen afrikanischen Elefanten, der in jeder Beziehung an Größe, Kraft und Erhabenheit der Seele die dickbäuchigen zahmen indischen Haustiere bei weitem übertrifft. Ja, es sind wunderbare Tiere. Sie beherrschen das Hochland von Ostafrika, und die Elfenbeinaufkäufer, die ihre gewaltigen Hauer auf den Märkten in Sansibar verkaufen, wissen viele schreckliche Geschichten von ihrer Kraft und Wildheit. Der afrikanische Elefant des Sultans erschreckte die indischen Elefanten in Yandabu und deren Aufseher zu Tode, so wie Afrika immer Asien in Schrecken versetzt, und schließlich bestimmten sie den König dazu, ihn in Fesseln zu legen und in einen großen Käfig aus Stein und eisernen Stangen zu führen, der in der Menagerie für ihn errichtet wurde. Aber von Stund an war in mondhellen Nächten die ganze Stadt Yandabu von einem Gewimmel von Schattenelefanten aus Afrika erfüllt, die in der Stadt umherstreiften und mit ihren breiten Schattenohren in den Straßen fächelten. Die Eingeborenen in Yandabu glaubten, diese Spukelefanten kämen auf dem Grunde des Ozeans angewandert und stiegen an der Landungsbrücke der Schiffe an Land. Kein Mensch in der Stadt getraute sich nun noch hinaus, wenn die Dunkelheit hereingebrochen war. Aber seht ihr, sie konnten den Käfig des gefangenen Elefanten trotzdem nicht niederreißen.«

»Wenn die wilden Tiere im Käfig eingesperrt sind«, sagte die Priorin, »dann werden ihre Herzen in ihnen auf dem Schatten der eisernen Stangen über einem kleinen Feuer geröstet. Oh, wie über einem leisen Feuer werden die Herzen in gefangenen wilden Tieren geröstet«, rief sie mit fürchterlicher Energie aus.

»Immerhin«, sagte sie kurz darauf mit einem anderen Gesichtsausdruck und leicht kichernden Tonfall, »der Elefant erhielt seinen Lohn, wie er ihn verdient hatte. Die afrikanischen Elefanten sind fürchterliche Tyrannen in ihrem eigenen Land. Kein anderes Tier hat vor ihnen Frieden.«

»Was wurde denn aber aus dem Elefanten des Sultans?« fragte Athene.

»Der starb, der starb«, sagte die alte Frau und leckte sich ein wenig die Lippen.

»Im Käfig?« fragte Athene.

»Ja, im Käfig«, sagte die Priorin.

Athene legte ihre gefalteten Hände auf den Tisch, genau wie der alte Graf, als er den Brief der Priorin gelesen hatte. Sie blickte sich im Zimmer um. Die strahlende Röte wich langsam aus ihren Wangen zurück. Die Abendtafel war beendet, und sie hatten ihre Portweingläser fast geleert.

»Nun glaube ich«, sagte sie, »daß ich mit Erlaubnis meiner gnädigen Tante ins Bett gehen möchte. Ich bin müde.«

»Was sagst du?« sagte die Priorin. »Du darfst uns doch wirklich nicht jetzt schon deiner wertvollen Gegenwart berauben, meine kleine Muskatblüte. Ich alte Frau hatte eben daran gedacht, mich jetzt zurückzuziehen, fand aber, ihr beiden Kindergespielen könntet euch hier noch ein halbes Stündchen miteinander unterhalten. Das hast du Boris ja auch versprochen, dem lieben Jungen.«

»Ja, aber das muß bis morgen warten«, sagte Athene, »denn ich glaube, ich habe ein wenig zuviel von dem guten Wein getrunken. Sehen Sie nur selber, meine Hand zittert, wenn ich sie auf den Tisch lege.«

Die Priorin starrte das junge Mädchen an. Sie begriff wahrscheinlich, dachte Boris, daß sie nicht hätte von Käfigen sprechen dürfen, daß sie hier den einzigen Fehler des Abends begangen hatte.

Athene sah Boris an, und er fühlte, er habe doch den einen bescheidenen Sieg errungen, daß sie betrübt war, sich von ihm zu trennen, ebenso wie ihr Vater betrübt gewesen war, als er ihn von Hopballehus fortschickte. Im großen und ganzen sah sie wohl ein, daß sie sich hier etwas plötzlich aus der Schlacht zurückzog, und es war ihr zutiefst gegen die Natur, aber unter den gegebenen Umständen hielt sie es doch für die beste Taktik. Sie sah ihm zum Abschied in die Augen, und Boris nahm diesen Blick in Empfang wie einen Orden vor der Front. Es war kein hoher Orden, aber in diesem Feldzug konnte man keinen höheren erwarten. Das junge Mädchen sagte der Priorin sehr lieb gute Nacht, machte einen Knicks vor ihr und war weg.

Die Priorin wandte sich in fürchterlicher Erregung an ihren Neffen. »Du darfst sie nicht von dir gehen lassen«, sagte sie, »eile ihr nach. Halte sie fest, verliere keine Zeit.«

»Wir müssen sie lieber in Frieden lassen«, sagte

Boris, »sie hat ja die Wahrheit gesagt. Sie will mich nicht haben.«

Bei einer solchen offenkundigen Meuterei seitens der beiden jungen Menschen, deren Glück zu machen sie beschlossen hatte, blieb der Priorin die Sprache weg, jedenfalls der Glaube an den Nutzen der Sprache. Sie und Boris blieben noch fünf Minuten im Zimmer beisammen, und wenn Boris später auf alles zurückschaute, kam es ihm so vor, als sei ihr Gedankenaustausch sozusagen ausschließlich pantomimisch vor sich gegangen.

Die Priorin stand, ohne sich vom Fleck zu rühren, und sah ihren Neffen an, und er wußte nicht, ob sie ihn in der nächsten Sekunde erwürgen oder küssen würde. Sie tat nichts von beidem. Sie lachte ihm mitten ins Gesicht. Dann kramte sie in ihrer Kleidtasche, holte den Brief heraus, den sie am Morgen erhalten hatte, und reichte ihm diesen.

Dieser Brief war der letzte tödliche Hieb mitten auf den Kopf des jungen Mannes. Er war von der Freundin der Priorin geschrieben, die erste Hofdame bei der Königinwitwe war. Mit tiefem Bedauern teilte sie hiermit seiner Tante die letzten Neuigkeiten aus der Hauptstadt mit. Sein Name sei an die Öffentlichkeit gezogen worden, er sei sogar von dem Hofprediger als einer der Verderber der Jugend in der großen Sache, die im Augenblick sie alle beschäftigte, besonders angeprangert worden. Es war klar, er stand am Rand eines Abgrunds und mußte hineinstürzen und verschwinden, es sei denn, er könnte diese Ehe durchsetzen.

Er stand einen Augenblick ganz still, das Gesicht vor Schmerz verzogen. Sein ganzes Wesen lehnte sich dagegen auf, in dieser Weise aus der Rolle des Sterns des Abends und der elegischen Liebhaberstimmung in die fürchterliche Wirklichkeit zurückgerissen zu werden, die ihm bis zum Ekel zuwider war. Als er den Blick hob, um seiner Tante den Brief zurückzugeben, bemerkte er, daß sie ganz dicht bei ihm stand. Sie hob ihre rechte Hand, den Ellbogen fest in die Seite gepreßt, und zeigte auf die Tür.

»Tante Cathinka«, sagte Boris, »Sie wissen es vielleicht nicht, aber der Willenskraft eines Mannes sind Grenzen gesetzt.«

Die alte Dame starrte ihn unverwandt an. Sie streckte ihre kleine, dürre, schmächtige Hand aus und berührte ihn. Ihr Gesicht verzog sich zu einer kleinen, schiefen Grimasse. Dann drehte sie sich auf dem Absatz um und holte vom anderen Ende des Zimmers eine Karaffe und ein kleines Glas. Sehr vorsichtig füllte sie das Glas, reichte es ihm und nickte zwei-, dreimal. Aus reinster Verzweiflung trank er es aus.

Der Inhalt des Glases war eine Flüssigkeit von der Farbe uralten, dunklen Bernsteins. Sie hatte einen scharfen und bitteren Geschmack. Scharf und bitter war auch der Blick in den alten, dunkelfarbigen Frauenaugen, die den seinen über den Rand des Glases begegneten. Während er trank, stand sie da und lächelte. Dann sprach sie. Boris entsann sich seltsamerweise späterhin dieser Worte, die er nicht verstand. »Hilf ihm nun, guter Faru«, sagte sie.

Eine Sekunde oder zwei, nachdem er gegangen war, schloß sie ganz leise die Tür hinter ihm.

9

Siehe da, dachte Boris, jetzt ist wohl die Stunde gekommen, zu weinen und das Herz der stolzen Schönheit mit Tränen zum Schmelzen zu bringen. Ihm fiel die Legende von der unheimlichen Pilgerbande ein, den alten Henkern, die einst im zwölften Jahrhundert durch Europa gewandert sein sollten, von Wallfahrtsort zu Wallfahrtsort. Sie hatten die Merkmale ihres Handwerks bei sich, Daumenschrauben, Geißeln, Rad und Zangen, und diese Leute, hieß es, die konnten weinen, wann sie wollten.

»Ja«, sagte der junge Mann zu sich selber, »aber ich habe nicht genügend Menschen gehenkt, gerädert und gevierteilt, um es zu können. Einige wenige habe ich zwar aufs Rad geflochten, das haben wir ja alle getan, aber ich bin bei alledem nur ein junger Henker, ein Henkerlehrling, und die Gabe, zu weinen, wann ich will, die habe ich mir nicht angeeignet.«

Er ging durch den langen, breiten Korridor, der zu Athenes Zimmer führte. Hier hatte er linker Hand eine Reihe von Porträts verblichener Klosterdamen und auf der rechten eine Reihe hoher Fenster. Der Fußboden war in schwarze und weiße Vierecke eingeteilt, und der ganze Raum blickte ihn in der nächtlichen Dämmerung so ernst an. Er hörte seine eigenen Schritte, verhängnisvoll für andere und für ihn selber. Er sah aus einem der Fenster hinaus, als er vorüberging. Der Mond stand hoch am Himmel, klar und kalt, aber die Bäume und Rasenflächen des Parks lagen in einem silbrigen Dunst. Dort draußen lag der ganze edle blaue Weltenraum, voller mannigfaltiger Dinge, in dem der Erdball zwischen Tausenden von Sternen angeschwommen kam, einige nahe und andere weit fort. »O Welt«, dachte er, »o reiche Welt.« In seinem heißen Hirn tauchten ein paar längst vergessene Verszeilen auf:

»Athena, Herrin, auf des Loxias Gebot
Komm ich, empfange gnädig du den Sündigen;
Kein schnöder Flüchtling komm ich, noch unlautrer Hand;
Nein abgestumpft schon, ich ein Aufgeriebener
Durch irren Gang zu fremden Menschenwohnungen,
Da festes Land und Meereswogen ich durchlief.«

Er war bis zur Tür gelangt. Er drehte den Türgriff um und trat ein.

Von allen Eindrücken dieser Nacht, die Boris späterhin in der Erinnerung bewahrt hatte, war der Übergang in Farben und Licht vom Flur zu Athenes Zimmer das, was sich ihm am tiefsten eingeprägt hatte.

Das vornehmste Gästezimmer der Priorin war ein geräumiges Eckzimmer mit Fenstern nach zwei Seiten. Vor diesen waren jetzt die Vorhänge vorgezogen. Das ganze Zimmer war mit rosa Seide ausgeschlagen, und ganz im Innern glühte der hellrote Vorhang des Himmelbetts. Zwei Lampen mit blaß-rosa Glocken waren von der Kammerjungfer der Priorin angezündet worden. Auf dem Fußboden lag ein weinfarbener Teppich mit einem Muster aus kleinen Rosenknospen, die in der Nähe der Lampen gleichsam das Licht aufsogen, aber weiter entfernt aussahen wie ein purpurfarbenes Bebemoor, von dem man sich am liebsten fernhalten sollte. Das ganze Zimmer war erfüllt von einem Duft von Weihrauch und Blumen. Ein großer Strauß zierte den Tisch am Bett.

Boris hatte sofort klar vor sich gesehen, was der Situation und seinen eigenen Gefühlen am meisten glich. Er war während eines Aufenthaltes in Madrid eine Zeitlang dem Stierkampf ergeben gewesen. Ihm war der Augenblick vertraut, da der Stier aus seinem finsteren Verlies unter der Tribüne plötzlich in den blendenden Sonnenschein der Arena hinausrast, viele hundert Augenpaare auf sich gerichtet. Ähnlich so war er nun selber aus dem ruhigen Mondlicht des kühlen, schwarz und weißen Korridors in die mannigfaltig rotglühende Atmosphäre hinausgeschleudert. Das Blut stieg ihm zu Kopf und preßte ihm die Brust zusammen. Betäubt fragte er sich, ob dies wohl eine Wirkung von der Priorin Liebestrank sei? Auch wußte er nicht, ob Athene nun das Pferd sein werde, das zerfetzt aus der Arena geschleift wird, überwunden und willenlos, oder vielleicht der Matador, der ihn selbst für alle Zeiten zu Boden streckte. Aber eins von diesen beiden würde sie sein müssen. Er konnte hier niemandem anderes begegnen.

Athene stand mitten im Zimmer, sie hatte ihr Kleid

ausgezogen und war im Hemd und weißen Rüschenhosen und sah in diesem Anzug aus wie ein kräftiger Matrosenjunge, der eben das Deck spülen will. Als er eintrat, wandte sie sich um und starrte ihn an.

Bis zu diesem Augenblick hatte Boris gefürchtet, er werde alles zerstören, weil er sich des Lachens nicht würde erwehren können. Seine Lachlust hatte ihm früher in zärtlichen oder schwierigen Situationen die Kraft genommen. Aber hier war keine Gefahr mehr dafür. Er war im selben Augenblick, als er über die Schwelle trat, ebenso ernst wie das Mädchen selber. Ehe er sich dessen noch bewußt war, hatte er sie um das Handgelenk gepackt und sie an sich gezogen. Ihrer beider Atem begegnete sich und mischte sich. Beide entblößten die Zähne zu etwas ähnlichem wie einem Lächeln, das sowohl ein Flehen war als auch eine Herausforderung.

»Athene«, sagte er, »ich habe dich mein ganzes Leben lang geliebt, du weißt doch selber sehr gut, wenn du mich von dir weist, dann verdorre ich und verschwinde, ja, o Gott, ich verschwinde, Athene. Neige dich doch nieder zu mir und wirf mich in die Tiefe zurück. Hab Erbarmen mit mir.«

Einen Augenblick starrte das helläugige Mädchen ihn verwirrt an, dann schoß sie zu ihrer vollen Höhe empor, wie eine Schlange, wenn sie sich zum Stoß anschickt. Daß sie nicht nach Hilfe zu schreien versuchte, bewies ihm, daß sie ihre Situation hier im Haus ohne Freund erfaßt hatte, klarer, als er es ihr zugetraut hätte, oder auch, daß ihre breite junge Brust ein gut Teil reinster Kampfeslust barg. Im nächsten Augenblick schlug sie zu, wie ein Schmied mit seinem Hammer. Ihre blitzschnelle, harte, starke Faust traf ihn am Mund und schlug ihm zwei Zähne aus. Der Schmerz und der Geruch und Geschmack von Blut, das seinen Mund füllte, bewirkte, daß er vor Wut außer sich geriet. Er ließ sie los, um besser zupacken zu können, und eine Sekunde später hielten sie sich in einer Umarmung auf Leben und Tod umschlungen.

Im selben Augenblick fühlte Boris, wie sein Herz in der Brust emporflog, gleich einem Vogel, der sich nach oben in einen Baum schwingt und hier ein Lied anstimmt. Etwas Glücklicheres hätte ihm gar nicht widerfahren können. Er hatte nicht gewußt, wie dieser Konflikt zwischen ihnen zu lösen wäre, aber sie hatte es gewußt. Und wie um ein Schiff, das auf die offene See hinausfährt, die Küsten versinken und verschwinden, so versanken nun alle Qualen seines Lebens um seine befreite Seele. Sein bisheriges Dasein hatte ihm nur sehr wenig Gelegenheit zu reinem Zorn gegeben, jetzt gab er sich ohne Vorbehalt dem Rausch der Raserei hin. Das Herz lachte ihm im Leibe, wie das Herz in den alten Teutonen lachte, für die die Wonne des Zorns an sich die höchste Wollust war und die von ihrem Paradies nichts Besseres forderten, als jeden Tag einmal getötet zu werden.

Er hätte niemals mit einem jungen Mann, und wenn es die Einherier aus Walhall gewesen wären, so kämpfen können, wie er mit diesem jungen Weibe hier kämpfte. Alle Großwildjäger wissen, daß die Jagd auf Wildschweine und Büffel, wie gefährlich diese Tiere auch sein können, nicht das gleiche sein kann wie die Jagd auf die großen Karnivoren, die einen, falls sie Glück haben, fressen, wenn der Kampf zu Ende ist. Boris hatte einmal bei einem Besuch bei seinen russischen Verwandten zugesehen, wie sein Pferd von einem Rudel Wölfe aufgefressen wurde. Selbst einer von den wilden Elefanten der Priorin würde hiernach nicht die gleichen Gefühle in ihm erweckt haben. Die wütende Liebe alter Zeiten, die ihre Wurzel nicht in Symphatie oder Verwandtschaft hat, sondern in Gegensatz und Widerstand, erfüllte ihn ganz und gar.

Falls der Schatten der jungen Frauen, die sich an ihn geklammert hatten und aus deren weichen Armen sich der flüchtige Liebhaber gerissen hatte, sich jetzt in dem rosenfarbenen Gästezimmer der Priorin befunden hätten, dann müßte für sie die Eitelkeit ihres Geschlechts befriedigt sein, wenn sie sähen, wie er mit tödlichem Ernst dies junge Mädchen begehrte, das es sich jetzt weniger angelegen sein ließ, sich ihm zu entwinden, als ihn zu töten. Sie taumelten ein paarmal vor und zurück, und eine von den Lampen kippte um, fiel zu Boden und erlosch. Dann stabilisierte sich der Kampf. Ohne sich von der Stelle zu bewegen, umschlungen und aneinander gepreßt, schwankten sie einen Augenblick, bis sie einen Halt mit den Füßen gewannen, das Gleichgewicht des einen derartig abhängig von dem anderen und mit ihm verschmolzen, daß keines von ihnen so recht wußte, wo sein eigener Körper aufhörte und der des Gegners begann. Sie atmeten schwer. Ihr Atemhauch auf seinem Gesicht war frisch und aromatisch wie der Duft eines Apfels. Sein eigener Mund lief dauernd voller Blut.

Das junge Mädchen hatte keine weibliche Neigung zum Beißen und Kratzen. Sie verließ sich wie eine junge Bärin auf ihre Stärke, und an Gewicht war sie ihm etwas über. Sie widerstand so steif wie ein Baumstamm seinem Versuch, sie in die Knie zu zwingen. Mit einer plötzlichen Bewegung faßte sie mit den Händen um seine Kehle. Er preßte ihr die Ellenbogen in die Seiten und hielt sie ganz dicht an sich. Sie stand da wie ein Krieger, der, das Heft seines erhobenen Schwertes pressend, schwört, daß er siegen oder sterben wolle. Er hatte nicht gewußt, wie stark ihre Hände und Handgelenke waren. Nach Luft ringend, den Mund voll Blut, sah er das ganze Zimmer von der einen Seite zur anderen schaukeln. Rote und schwarze Flecken schwammen vor ihm her. Da griff er nach dem Sieg eines letzten Augenblicks. Mit der Hand um ihr Genick drückte er ihren Kopf nach vorn und preßte seinen Mund auf den ihren. Ihre Zähne scheuerten gegen seine Zähne.

Auf der Stelle spürte er durch seinen ganzen Leib,

der von den Knien bis zu den Lippen an dem ihren klebte, die entsetzliche Wirkung, die sein Kuß auf das Mädchen hatte. Sie konnte ihr Lebtag nicht geküßt worden sein, ja, sie konnte nicht einmal von Küssen gehört oder gelesen haben. Dieser Kuß, der mit Gewalt genommen wurde und ihr gänzlich unerwartet kam, erfüllte ihr ganzes Wesen mit einem Abscheu bis zum Sterben. Das Blut wich aus ihren Wangen, so als habe er einen Degen quer durch sie hindurchgejagt. Sie erstarrte in seinen Armen wie eine Blindschleiche, die man berührt. So schien alle Kraft und Gelenkigkeit, gegen die er gekämpft hatte, zurückzuweichen wie eine Woge vor einer Badenden. Er sah, wie ihr Blick sich trübte und ihr Gesicht, ganz dicht an dem seinen, farblos wurde wie das Gesicht eines Leichnams. Sie fiel so plötzlich, daß er mit hinuntermußte, wie eine Ertrinkende, die an einem schweren Stein befestigt ist. Sein Gesicht schlug auf das ihre auf.

Er erhob sich auf die Knie und dachte, sie sei tot. Als er sah, daß es nicht der Fall war, besann er sich einen Augenblick. Dann hob er sie mühsam hoch und legte sie aufs Bett. Jetzt glich sie in der Tat der ruhenden Statue eines jungen, gepanzerten Ritters, der im Kampf gefallen ist, auf einem steinernen Sarkophag. Ihr Gesicht hatte den Ausdruck tödlichen Widerwillens bewahrt. Er stand eine Weile da und betrachtete sie, selber fast ebenso regungslos. Er wußte nicht, daß sein eigenes Gesicht den gleichen Ausdruck hatte wie das ihre.

Wäre jetzt der Gedanke an den Hofkaplan in ihm aufgestiegen, ja, wäre der Hofkaplan in Fleisch und Blut aus der Fensternische hervorgetreten, so würde ihm das nichts ausgemacht haben. Der Geist hatte ihn fast ebenso gründlich verlassen, wie er sie verlassen hatte. Die Wirkungen des Weines waren verflogen. Ebenfalls die Wirkung von dem Liebestrank der Priorin, der vielleicht nur für eine einmalige Kraftanstrengung berechnet war. Er wischte sich seinen blutenden Mund und verließ das Gemach.

Glücklich in seinem eigenen Zimmer und im Bett, mußte er über die Frage nachdenken, inwieweit das Mädchen nunmehr, wenn sie erwachte, über ihre verlorene Unschuld jammern würde. Er lachte im Dunkeln ein wenig, und es wollte ihm so scheinen, als ob ein dünnes, gellendes Gelächter, einem siedenden Dampfstrahl aus einem Kessel verwandt, wie ein Echo seines eigenen Lachens irgendwo in dem großen Haus in der Dunkelheit auftönte.

10

Früh am nächsten Tage ließ die Priorin Boris holen. Er wurde unruhig, als er sie sah, denn sie schien ganz stark eingeschrumpft zu sein. Sie füllte weder ihre Kleider noch ihren Lehnsessel aus, und er hätte gar zu gern gewußt, welcher Art die nächtlichen Stunden waren, die in ihrem einsamen Bett über sie hinweggegangen waren und ihr so alle Kräfte herausgepreßt hatten. »Wenn dies alles«, dachte er, »noch lange weitergeht, dann wird nichts mehr von ihr übrig sein. Immerhin, ich selber sehe wohl noch schlimmer aus.«

Aber sie schien glänzender Stimmung zu sein und froh, ihn bei sich zu sehen, beinahe so, als habe sie gefürchtet, er wäre weggelaufen.

Sie forderte ihn auf, sich zu setzen. »Ich habe auch Athene holen lassen«, sagte sie.

Boris war froh, daß sie keine Fragen an ihn richtete. Sein Mund war geschwollen und tat ihm weh, wenn er sprach. Während er wartete, dachte er an den Vicomte de Valmont, der de passion, les mines du lendemain liebte. Ob das Ungewöhnliche der Umstände diesem Morgen wohl eine besondere Anziehungskraft verliehen hätte in den Augen des trockenen und kalten alten Eroberers von vor hundert Jahren? Oder ob er nicht eher die Achseln gezuckt hätte über den romantischen Wert der Situation als dem reinsten Unsinn? Athenes Kommen machte seinen Betrachtungen ein Ende.

Sie trug denselben großen, dunkelgrauen Mantel, in dem er sie auf Hopballehus gesehen hatte, und sah aus, als sei sie im Begriff, fortzufahren. Ja, sie machte in solchem Maße den Eindruck, dem Kloster den Rücken gekehrt zu haben und schon fort zu sein, daß er sich seltsam und schmerzlich ausgeschlossen fühlte dadurch. Sie schien auf dem besten Wege zu dem äußersten Skelettzustande zu sein, in dem er sie sich in der vergangenen Nacht vorgestellt hatte. Sie trug jetzt wahrhaftig einen Totenkopf auf ihren starken Schultern, ihre Augen lagen, an sich erloschen, in schwarzen Höhlen. Sie hatte von ihrer Gewohnheit, auf einem Bein zu stehen, abgelassen, so als habe sie jetzt, um sich gerade und im Gleichgewicht halten zu können, beide nötig. Der Priorin Aug' in Auge gegenüber, deren Züge andauernd so lebendig waren, konnte sie sehr wohl an einen jungen Märtyrer vor der Schranke gemahnen, geradewegs vom unterirdischen Gefängnis und der Folterbank kommend.

Eine Sekunde dachte Boris daran, ob es für sie nicht besser wäre, er sagte ihr die Wahrheit und erklärte ihr, daß er ihr keinen Schaden zugefügt habe und daß es aller Wahrscheinlichkeit nach niemals dazu kommen würde, kurzum, daß sie als Siegerin aus ihrer Kraftprobe hervorgegangen sei. »Aber nein«, sagte er bei sich, »das wäre es nicht.« Demjenigen, der sich darauf einstellt, ein zentnerschweres Gewicht zu heben, und statt dessen einen angemalten Karton hingehalten bekommt, dem wird der Arm ausgekugelt. In seiner tiefen Bewunderung für ihr schönes Gerippe war er fürwahr der letzte, ihr dergleichen zu wünschen. Für sie war es das Beste, die volle Last auf sich zu nehmen. Dies wild jungfräuliche Geschöpf, das nicht glücklich gemacht werden wollte, mag es nun seine Lust befriedigen. Wie ein Künstler, der seine Statue im Schmelztiegel hat und sieht, daß das Erz ihm ausgegangen ist, und der nunmehr zu allem greift, was er an edlem Metall besitzt, von seinem Tisch, aus seiner Geldtruhe, aus dem Schmuckkasten seiner Frauen, und alles in den Tiegel wirft – so hatte er sein ganzes Wesen, Leib und Seele, in die verhängnisvollen Tiefen ihrer Natur geworfen. Nun mochte sie selber zusehen, was sie daraus machen konnte.

Die Priorin sah die beiden jungen Menschen an, blickte vom einen zum anderen und wandte sich alsdann an das Mädchen.

»Ich bin«, sagte sie mit harter, schleppender Stimme, »von Boris darüber unterrichtet worden, was heute nacht hier vor sich gegangen ist. Ich entschuldige ihn nicht, es ist eine abscheuliche Tat, ein unschuldiges Mädchen zu verführen. Aber ich weiß, daß er gereizt worden ist, und ebenso, daß eine aufrichtige Reue seine Verfehlung verringert. Aber du, Athene, bei deiner Herkunft und mit deiner Erziehung, was hast du getan? Du mußt doch deine eigene Natur gekannt haben, du hättest niemals herkommen dürfen.«

»Nein, gnädige Tante«, sagte Athene und sah der alten Dame starr in die Augen, »das hat nichts damit zu tun. Ich kam, weil Sie mir sagten, es sei meine Pflicht. Jetzt gehe ich wieder fort, und wenn Sie lieber nicht an mich denken mögen, so brauchen Sie es ja nur zu lassen.«

»O nein, keineswegs«, sagte die Priorin, »so kannst du nicht von hier fortgehen. Ich bin entsetzt darüber, was heute hier unter dem Dach des Klosters Seven geschehen ist. Du kennst mich schlecht, wenn du meinst, ich werde nicht dafür sorgen, daß es wiedergutgemacht wird. Sollte ich mich etwa so treulos in meiner Freundschaft für deinen Vater zeigen, der ein Edelmann ist? Ehe das geschehene Unrecht nicht gesühnt ist, kommst du nicht von hier fort.«

Athene sah zuerst aus, als wollte sie dies so behandeln, wie es das verdiente, und gar nicht antworten. Dann fragte sie: »Wie soll es gesühnt werden?«

»Wir haben Veranlassung, dankbar zu sein«, sagte die Priorin, »daß Boris, wie schuldig er auch sein mag, doch Pflichtgefühl hat. Er will dich heiraten, sogar jetzt noch.« Mit diesen Worten warf sie ihrem Neffen einen kleinen, harten und schillernden Blick zu, der auf ihn wirkte, als habe sie ihn angerührt.

»Ich will ihn nicht heiraten«, sagte Athene.

Die Priorin bekam jetzt einen feuerroten Kopf. »Was soll das heißen?« fragte sie mit schriller Stimme. »Du weist einen ehrenvollen Antrag zurück, mit dem dein Vater einverstanden ist, und empfängst den verschmähten Liebhaber im Dunkel der Nacht?«

»Ich finde, es macht keinen Unterschied«, sagte Athene, »ob etwas am Tage oder nachts geschieht.«

»Und wenn du nun ein Kind bekommst?« schrie die Priorin.

»Was sagen Sie?« rief Athene aus.

Die Priorin unterdrückte mit wunderbarer Geisteskraft ihre lodernde Wut. »Du dauerst mich ebenso tief, wie ich dich tadele«, sagte sie, »aber wenn du nun ein Kind bekommst, unglückseliges Mädchen?«

Athenes Welt stürzte offensichtlich rechts und links um sie zusammen wie eine Stellung unter schwerem Feuer, immerhin hielt sie sie noch tapfer. »Ein Kind«, sagte sie, »dem zwei Vorderzähne fehlen werden? Was wollen Sie mir einreden? Ich bin nicht in der Kapelle auf Hopballehus gewesen, und unser guter Pastor hat weder über mich noch ihn auch nur ein Wort gepredigt. Nein, gute Tante, nun immer langsam!«

Die alte Dame betrachtete sie mit einem forschenden Blick. »Athene«, sagte sie endlich, und zum erstenmal während dieser Unterredung brachte sie dem Mädchen eine Spur von Mitleid entgegen. »Nichts möchte ich weniger gern, als dich dessen berauben, was du von deiner Unschuld noch übrig haben magst. Aber aller Wahrscheinlichkeit nach bekommst du ein Kind.«

»Dann«, sagte Athene, indem sie von der Erde, die bebte und zusammenbrach, einen Vorstoß in das himmlische Reich unternahm, »kann mein Vater es Astronomie lehren.«

Boris stützte den Ellenbogen auf den Tisch und das Gesicht in die Hand. Und wenn es ihn das Leben gekostet hätte, so hätte er ein Lachen nicht zurückhalten können. Halbtot und erstarrt, war das Mädchen noch nicht aus dem Felde geschlagen. Einiges von ihrer Blässe und versteinerten Haltung mochte auf den Wein vom vergangenen Abend und die nachherigen Anstrengungen zurückzuführen sein, und Gott mag wissen, ob die Priorin und er selber wohl jemals mit ihr zu Rande kommen würden. Sie hatte die magnetische, die Mahlstrom-Eigenschaft, derzufolge alles, was in ihren Bewußtseinskreis geriet, in ihr eigenes Dasein eingesogen und eins mit ihr wurde. Das ist eine Eigenschaft, dachte er, die aller Wahrscheinlichkeit nach für die Märtyrer charakteristisch gewesen ist und die seinerzeit sehr wohl den Großinquisitor, ja Kaiser Nero selber zum Wahnsinn getrieben haben mochten. Die Folterbank, den Scheiterhaufen und die Löwen in der Arena nahmen sie in Besitz und teilten diesen dadurch eine große harmonische Schönheit mit. Aber den Kaiser ließen sie draußen. Wie sehr er sich auch anstrengte, um ihrer Herr zu werden, sie hatten überhaupt kein Verhältnis zu ihm. Ja, er hörte ihnen gegenüber ganz einfach auf zu existieren. Sie waren wie die Höhlen des Löwen, wo alle Spuren hinein-, aber keine hinausführt, oder wie der Fluß, der in Blut und Schmutz in seinem eigenen Wesen ertrinkt und weiterströmt. Jetzt, als die alte Frau und der junge Mann gerade meinten, sie sei hoffnungslos umzingelt, da stand dies Mädchen da, bereit, aus dem Kloster Seven fortzureiten, gleichwie Samson, als er um Mitternacht aufstand und die Türen im Stadttor und beide Pfosten packte und sie mit den Riegeln hochhob und auf seine Schultern legte und sie auf die Höhe des Berges trug, der dicht vor Hebron liegt. Wenn sie nun aber seiner wirklich ansichtig würde, dachte er, ob die Tochter des Riesen ihn dann auf dem Rücken ihrer Hand nach Hopballehus tragen und dort dazu anstellen wird, ihre Einhörner zu striegeln und zu tränken? Wieder kamen ihm ein paar Zeilen aus Aischylos in den Sinn, und der Wein gestern abend und die ganze gespannte Situation mochten wohl daran schuld sein, daß er in dieser Weise die Klassiker und die Heilige Schrift und die Volkssagen seiner Heimat durcheinandermischte, denn dergleichen ließ er sich sonst nicht zuschulden kommen:

»O Pallas, o du meines Hauses Retterin,
Und mein, der darbt des Vaterlandes, du ja du
Hast heimgeführt mich, und in Hellas saget man:
›Argeier wieder ist der Mann, und Vatergut
Bewohnt er, durch Athenes und des Loxias
Verfügung, und des dritten allobwaltenden
Erretters.‹«

»Und was dann mit der Ehre deines Hauses?« fragte die Priorin mit vernichtender Ruhe. »Glaubst du, Athene, irgendeine Tochter derer von Hopballehus habe jemals vor dir einen Bastard zur Welt gebracht?«

Bei diesen Worten wurde Athene blutrot über das ganze Gesicht, es flammte dunkler als ihr flammendes Haar. Sie tat einen Schritt auf die alte Dame zu. »Wird mein Kind einer sein?« rief sie leise aus, jedoch mit einem tiefen Unterton vom Gebrüll der Löwin, vom Scheitel bis zur Sohle die gekränkte Tochter einer mächtigen Rasse. »Wäre mein Kind ein Bastard?«

»Du weißt aber auch gar nichts, Athene«, sagte die alte Dame. »Wenn Boris dich nicht heiratet, was sollte dein Kind dann anderes sein als ein Bastard?« Wie mutig die Priorin auch war, so erkannte sie ohne Zweifel, daß das Mädchen, wenn es wollte, sie mit den bloßen Fäusten zerschmettern könnte. Sie warf Boris, der sich ganz still verhielt und sich nicht dazu berufen fühlte, sich in die Diskussion der Frauen über sein

Kind einzumischen, einen scharfen Blick von der Seite zu.

Athene rührte sich nicht vom Fleck. Sie stand ein paar Sekunden völlig regungslos da. »Nun«, sagte sie endlich, »fahre ich nach Hause nach Hopballehus und spreche mit meinem Vater. Ich werde ihn über alle diese Dinge um Rat fragen.«

»Nein«, sagte die Priorin von neuem, »das würde nicht recht sein. Wenn du deinem Vater erzählst, was du getan hast, brichst du ihm das Herz. Das kann ich unmöglich zugeben. Und wenn du jetzt von hier fortgehst, wer kann dann wissen, ob Boris immer noch gewillt ist, dich zu heiraten, wenn ihr euch wiederseht? Nein, Athene, du mußt Boris heiraten, und du darfst deinem Vater niemals etwas von dem sagen, was hier geschehen ist. Diese beiden Dinge mußt du mir versprechen. Dann kannst du gehen.«

»Gut«, sagte Athene, »ich werde Papa nie etwas sagen. – Und was Boris anbetrifft, so verspreche ich Ihnen, daß ich ihn heirate. Aber, meine gnädige Tante, wenn wir verheiratet sind, dann werde ich ihn töten, sobald ich überhaupt nur kann. Ich war heute nacht nicht weit davon entfernt, das kann er Ihnen erzählen, wenn er will. Diese drei Dinge verspreche ich Ihnen. Und nun möchte ich gehen.«

Nach Athenes Worten entstand eine sehr lange Pause. Ohne weiterhin zu sprechen, hatten die drei Menschen im Zimmer an ihren eigenen Gedanken genug, um sich damit zu beschäftigen.

In diese Stille hinein hörte man ein hartes und scharfes Geräusch. Es wurde an die Fensterscheiben geklopft. Boris erinnerte sich jetzt, daß er schon vorher während der Unterredung dies Geräusch gehört hatte, ohne dessen zu achten. Jetzt wurde dreiviermal hintereinander geklopft. Erst jetzt wurde es ihm so richtig klar, als er sah, was für einen furchtbaren Eindruck dies Geräusch auf seine Tante machte. Sie hatte es ebenso wie er in der Hitze des Gefechts überhört.

Jetzt zog es ihre Aufmerksamkeit auf sich, und in derselben Sekunde ward sie von einem tödlichen Grauen gepackt. Sie schaute verstohlen zum Fenster und wurde leichenfahl. Sie bekam Zuckungen an Armen und Beinen. Ihre Augen liefen an den Wänden und Türen auf und nieder wie eine Ratte, die sieht, daß sie eingesperrt ist, und nach einem Schlupfloch sucht. Boris wandte sich zum Fenster, um herauszubekommen, was sie eigentlich so entsetzte, er hatte nicht geglaubt, daß es irgend etwas auf der Welt gebe, was dazu imstande wäre. Auf dem ausgehauenen Fenstersims draußen saß der Affe und kauerte sich zusammen, das Gesicht an der Scheibe.

Boris stand auf, um ihn einzulassen. »Nein, nein«, kreischte die alte Dame in krampfhaftem Entsetzen. Es klopfte wieder, der Affe hatte offenbar etwas in der Hand, mit dem er gegen die Scheibe schlug. Die Priorin erhob sich von dem Sessel, sie wankte, als sie aufstand, schien aber, sobald sie auf den Beinen war, durchaus gesund, zur Flucht bereit. Aber im nächsten Augenblick fiel das Fensterglas klirrend zu Boden, und der Affe hüpfte herein.

In derselben Sekunde, ohne sich umzuschauen, so als handele es sich darum, den Flammen eines sich heranwälzenden Feuers zu entfliehen, hatte die Priorin mit beiden Händen ihre Röcke vor sich zusammengerafft und rannte los und warf sich gegen die Tür. Da diese verschlossen war, nahm sie sich keine Zeit, sie zu öffnen. Mit der überraschendsten, erstaunlichsten Leichtigkeit und Schnelligkeit klomm sie am Türpfosten hoch und saß nun zusammengekauert auf dem geschnitzten Karnies, von wo aus sie, vor entsetzlicher Wut bebend, nach denen unten im Zimmer die Zähne fletschte. Aber der Affe war hinter ihr her. Genauso schnell wie sie kletterte er am Türrahmen in die Höhe und streckte schon die Hand aus, um sie zu packen, als sie sich behende auf der entgegengesetzten Seite nach unten gleiten ließ. Fortgesetzt das Kleid mit beiden Händen hocherhoben und tief vornübergeneigt, so als wolle sie sich auf alle viere niederwerfen, flüchtete sie wild, gleichsam wie geblendet vor Furcht, an der Wand entlang. Aber ständig flitzte der Affe hinter ihr her, und er war schneller als sie. Er sprang an ihr hoch, griff in ihr Spitzenhäubchen und riß es ihr vom Kopf. Das Gesicht, das sie den beiden jungen Menschen zukehrte, war schon verwandelt, eingeschrumpft und runzelig und von einer seltsam dunkelbraunen Färbung. Es entstand ein kurzer, wilder Kampf. Boris war auf dem Sprunge, sich dazwischenzuwerfen, um seine Tante zu retten, aber schon in der nächsten Sekunde, mitten in dem roten Wohnzimmer, vor den Augen des alten, gepuderten Generals und seiner Frau Gemahlin, am hellichten Tag und vor ihren Augen, trat eine Häutung ein, eine große Metamorphose.

Die alte Dame, mit der sie soeben gesprochen hatten, wurde zuckend und schnaufend zu Boden geworfen, zerschmettert und verwandelt. Wo sie gelegen hatte, saß jetzt ein Affe und kauerte sich winselnd zusammen, gründlich überwunden und bezwungen, während er nach einem Winkel suchte, in dem er sich verkriechen konnte. Und wo der Affe umhergehüpft war, dort erhob sich, ein wenig atemlos von ihren Anstrengungen und mit stark geröteten Wangen, die wirkliche Priorin des Kloster Seven.

Der Affe kroch so weit wie möglich von den Fenstern fort: Dort im Schatten fuhr er noch lange Zeit mit seinen Zuckungen und seinem Winseln fort. Dann schüttelte er alle Widerwärtigkeit ab, setzte in einem leichten und anmutigen Sprung auf einen Piedestal, der die Marmorbüste des Philosophen Immanuel Kant trug, und beobachtete von hier aus mit glitzernden Augen die drei Menschen im Zimmer.

Die Priorin holte ihr kleines Taschentuch hervor und hielt es sich gegen die Augen. Zuerst konnte sie keine Worte finden, aber ihre Haltung war von der gleichen würdevollen und freundlichen Ruhe geprägt, deren sich die beiden jungen Leute von ihrer Kindheit her an ihr erinnerten.

Die beiden waren dem Lauf der Ereignisse gefolgt, viel zu gelähmt vor Staunen, um ein Wort zu sagen, sich zu rühren oder sich auch nur anzusehen. Jetzt, da der grausige Tornado, der alles beherrscht hatte, vorübergezogen war und der gewohnte Friede sich wieder auf das Zimmer hinabsenkte, wachten sie auf und sahen, daß sie dicht beieinander standen. Sie drehten sich um und standen sich nunmehr von Angesicht zu Angesicht gegenüber.

Athenes helle Strahlenaugen mit den dunklen Ringen ergriffen diesmal nicht unmittelbar Besitz von Boris. Sie war sich seiner bewußt als eines selbständigen Geschöpfes außerhalb ihrer selbst, sie erkannte ihn als einen Menschen, und dies bewegte ihn auf die seltsamste Weise, so, als erkenne er sich selber auch zum erstenmal in seinem Leben als Mensch. Sogar die Erinnerung an ihren Kampf in der Nacht stand in ihrem habichtsblanken Blick zu lesen, und sie sah klar, sie wußte auch, wer ihn gesandt hatte, und hatte keine sonderlich hohe Meinung von seinem Mut. Aber sie sprach in diesem einen Blick einen unverbrüchlichen Befehl aus, sozusagen ein Gesetz. Zwischen ihr und ihm, die bei den Geschehnissen der letzten Minuten gemeinsam zugegen gewesen waren, auf der einen Seite, und der ganzen übrigen Welt, die nicht dabeigewesen war, auf der anderen Seite, war von jetzt ab eine unübersteigbare Grenze gezogen.

Die Priorin nahm das Tuch von den Augen und ließ sich mit einem weichen Schwung, der gleichsam alles beiseite fegte, in ihrem großen Lehnsessel nieder.

»Discite justitiam, et non temnere divos«, sagte sie.

Franz Kafka

Die Verwandlung

I

Als Gregor Samsa eines Morgens aus unruhigen Träumen erwachte, fand er sich in seinem Bett zu einem ungeheueren Ungeziefer verwandelt. Er lag auf seinem panzerartig harten Rücken und sah, wenn er den Kopf ein wenig hob, seinen gewölbten, braunen, von bogenförmigen Versteifungen geteilten Bauch, auf dessen Höhe sich die Bettdecke, zum gänzlichen Niedergleiten bereit, kaum noch erhalten konnte. Seine vielen, im Vergleich zu seinem sonstigen Umfang kläglich dünnen Beine flimmerten ihm hilflos vor den Augen.

›Was ist mit mir geschehen?‹ dachte er. Es war kein Traum. Sein Zimmer, ein richtiges, nur etwas zu kleines Menschenzimmer, lag ruhig zwischen den vier wohlbekannten Wänden. Über dem Tisch, auf dem eine auseinandergepackte Musterkollektion von Tuchwaren ausgebreitet war – Samsa war Reisender –, hing das Bild, das er vor kurzem aus einer illustrierten Zeitschrift ausgeschnitten und in einem hübschen, vergoldeten Rahmen untergebracht hatte. Es stellte eine Dame dar, die, mit einem Pelzhut und einer Pelzboa versehen, aufrecht dasaß und einen schweren Pelzmuff, in dem ihr ganzer Unterarm verschwunden war, dem Beschauer entgegenhob.

Gregors Blick richtete sich dann zum Fenster, und das trübe Wetter – man hörte Regentropfen auf das Fensterblech aufschlagen – machte ihn ganz melancholisch. ›Wie wäre es, wenn ich noch ein wenig weiterschliefe und alle Narrheiten vergäße‹, dachte er, aber das war gänzlich undurchführbar, denn er war gewöhnt, auf der rechten Seite zu schlafen, konnte sich aber in seinem gegenwärtigen Zustand nicht in diese Lage bringen. Mit welcher Kraft er sich auch auf die rechte Seite warf, immer wieder schaukelte er in die Rückenlage zurück. Er versuchte es wohl hundertmal, schloß die Augen, um die zappelnden Beine nicht sehen zu müssen, und ließ erst ab, als er in der Seite einen noch nie gefühlten, leichten, dumpfen Schmerz zu fühlen begann.

›Ach Gott‹, dachte er, ›was für einen anstrengenden Beruf habe ich gewählt! Tagaus, tagein auf der Reise. Die geschäftlichen Aufregungen sind viel größer, als im eigentlichen Geschäft zu Hause, und außerdem ist mir noch diese Plage des Reisens auferlegt, die Sorgen um die Zuganschlüsse, das unregelmäßige, schlechte Essen, ein immer wechselnder, nie andauernder, nie herzlich werdender menschlicher Verkehr. Der Teufel soll das alles holen!‹ Er fühlte ein leichtes Jucken oben auf dem Bauch; schob sich auf dem Rücken langsam näher zum Bettpfosten, um den Kopf besser heben zu können; fand die juckende Stelle, die mit lauter kleinen weißen Pünktchen besetzt war, die er nicht zu beurteilen verstand; und wollte mit einem Bein die Stelle betasten, zog es aber gleich zurück, denn bei der Berührung umwehten ihn Kälteschauer.

Er glitt wieder in seine frühere Lage zurück. ›Dies frühzeitige Aufstehn‹, dachte er, ›macht einen ganz blödsinnig. Der Mensch muß seinen Schlaf haben. Andere Reisende leben wie Haremsfrauen. Wenn ich zum Beispiel im Laufe des Vormittags ins Gasthaus zurückgehe, um die erlangten Aufträge zu überschreiben, sitzen diese Herren erst beim Frühstück. Das sollte ich bei meinem Chef versuchen; ich würde auf der Stelle hinausfliegen. Wer weiß übrigens, ob das nicht sehr gut für mich wäre. Wenn ich mich nicht wegen meiner Eltern zurückhielte, ich hätte längst gekündigt, ich wäre vor den Chef hingetreten und hätte ihm meine Meinung von Grund des Herzens aus gesagt. Vom Pult hätte er fallen müssen! Es ist auch eine sonderbare Art, sich auf das Pult zu setzen und von der Höhe herab mit dem Angestellten zu reden, der überdies wegen der

Schwerhörigkeit des Chefs ganz nahe herantreten muß. Nun, die Hoffnung ist noch nicht gänzlich aufgegeben; habe ich einmal das Geld beisammen, um die Schuld der Eltern an ihn abzuzahlen – es dürfte noch fünf bis sechs Jahre dauern –, mache ich die Sache unbedingt. Dann wird der große Schnitt gemacht. Vorläufig allerdings muß ich aufstehen, denn mein Zug fährt um fünf.‹

Und er sah zur Weckuhr hinüber, die auf dem Kasten tickte. ›Himmlischer Vater!‹ dachte er. Es war halb sieben Uhr, und die Zeiger gingen ruhig vorwärts, es war sogar halb vorüber, es näherte sich schon drei Viertel. Sollte der Wecker nicht geläutet haben? Man sah vom Bett aus, daß er auf vier Uhr richtig eingestellt war; gewiß hatte er auch geläutet. Ja, aber war es möglich, dieses möbelerschütternde Läuten ruhig zu verschlafen? Nun, ruhig hatte er ja nicht geschlafen, aber wahrscheinlich desto fester. Was aber sollte er jetzt tun? Der nächste Zug ging um sieben Uhr; um den einzuholen, hätte er sich unsinnig beeilen müssen, und die Kollektion war noch nicht eingepackt, und er selbst fühlte sich durchaus nicht besonders frisch und beweglich. Und selbst wenn er den Zug einholte, ein Donnerwetter des Chefs war nicht zu vermeiden, denn der Geschäftsdiener hatte beim Fünfuhrzug gewartet und die Meldung von seiner Versäumnis längst erstattet. Er war eine Kreatur des Chefs, ohne Rückgrat und Verstand. Wie nun, wenn er sich krank meldete? Das wäre aber äußerst peinlich und verdächtig, denn Gregor war während seines fünfjährigen Dienstes noch nicht einmal krank gewesen. Gewiß würde der Chef mit dem Krankenkassenarzt kommen, würde den Eltern wegen des faulen Sohnes Vorwürfe machen und alle Einwände durch den Hinweis auf den Krankenkassenarzt abschneiden, für den es ja überhaupt nur ganz gesunde, aber arbeitsscheue Menschen gibt. Und hätte er übrigens in diesem Falle so ganz unrecht? Gregor fühlte sich tatsächlich, abgesehen von einer nach dem langen Schlaf wirklich überflüssigen Schläfrigkeit, ganz wohl und hatte sogar einen besonders kräftigen Hunger.

Als er dies alles in größter Eile überlegte, ohne sich entschließen zu können, das Bett zu verlassen – gerade schlug der Wecker drei Viertel sieben –, klopfte es vorsichtig an die Tür am Kopfende seines Bettes. »Gregor«, rief es – es war die Mutter –, »es ist drei Viertel sieben. Wolltest du nicht wegfahren?« Die sanfte Stimme! Gregor erschrak, als er seine antwortende Stimme hörte, die wohl unverkennbar seine frühere war, in die sich aber, wie von unten her, ein nicht zu unterdrückendes, schmerzliches Piepsen mischte, das die Worte förmlich nur im ersten Augenblick in ihrer Deutlichkeit beließ, um sie im Nachklang derart zu zerstören, daß man nicht wußte, ob man recht gehört hatte. Gregor hatte ausführlich antworten und alles erklären wollen, beschränkte sich aber bei diesen Umständen darauf, zu sagen: »Ja, ja, danke Mutter, ich stehe schon auf.« Infolge der Holztür war die Veränderung in Gregors Stimme draußen wohl nicht zu merken, denn die Mutter beruhigte sich mit dieser Erklärung und schlürfte davon. Aber durch das kleine Gespräch waren die anderen Familienmitglieder darauf aufmerksam geworden, daß Gregor wider Erwarten noch zu Hause war, und schon klopfte an der einen Seitentür der Vater, schwach, aber mit der Faust. »Gregor! Gregor!« rief er, »was ist denn?« Und nach einer kleinen Weile mahnte er nochmals mit tieferer Stimme: »Gregor! Gregor!« An der anderen Seitentür aber klagte leise die Schwester: »Gregor? Ist dir nicht wohl? Brauchst du etwas?« Nach beiden Seiten hin antwortete Gregor: »Bin schon fertig«, und bemühte sich durch die sorgfältigste Aussprache und durch Einschaltung von langen Pausen zwischen den einzelnen Worten seiner Stimme alles Auffallende zu nehmen. Der Vater kehrte auch zu seinem Frühstück zurück, die Schwester aber flüsterte: »Gregor, mach auf, ich beschwöre dich.« Gregor aber dachte gar nicht daran, aufzumachen, sondern lobte die vom Reisen her übernommene Vorsicht, auch zu Hause alle Türen während der Nacht zu versperren.

Zunächst wollte er ruhig und ungestört aufstehen, sich anziehen und vor allem frühstücken, und dann erst das Weitere überlegen, denn, das merkte er wohl, im Bett würde er mit dem Nachdenken zu keinem vernünftigen Ende kommen. Er erinnerte sich, schon öfters im Bett irgendeinen vielleicht durch ungeschicktes Liegen erzeugten, leichten Schmerz empfunden zu haben, der sich dann beim Aufstehen als reine Einbildung herausstellte, und er war gespannt, wie sich seine heutigen Vorstellungen allmählich auflösen würden. Daß die Veränderung der Stimme nichts anderes war als der Vorbote einer tüchtigen Verkühlung, einer Berufskrankheit der Reisenden, daran zweifelte er nicht im geringsten.

Die Decke abzuwerfen war ganz einfach; er brauchte sich nur ein wenig aufzublasen, und sie fiel von selbst. Aber weiterhin wurde es schwierig, besonders weil er so ungemein breit war. Er hätte Arme und Hände gebraucht, um sich aufzurichten; statt dessen aber hatte er nur die vielen Beinchen, die ununterbrochen in der verschiedensten Bewegung waren und die er überdies nicht beherrschen konnte. Wollte er eines einmal einknicken, so war es das erste, daß es sich streckte; und gelang es ihm endlich, mit diesem Bein das auszuführen, was er wollte, so arbeiteten inzwischen alle anderen, wie freigelassen, in höchster schmerzlicher Aufregung. ›Nur sich nicht im Bett unnütz aufhalten‹, sagte sich Gregor.

Zuerst wollte er mit dem unteren Teil seines Körpers aus dem Bett hinauskommen, aber dieser untere Teil, den er übrigens noch nicht gesehen hatte und von dem er sich auch keine rechte Vorstellung machen konnte, erwies sich als zu schwer beweglich; es ging so langsam; und als er schließlich, fast wild geworden, mit gesammelter Kraft, ohne Rücksicht sich vorwärtsstieß, hatte er die Richtung falsch gewählt, schlug an den unteren Bettpfosten heftig an, und der brennende Schmerz, den er empfand, belehrte ihn, daß gerade der untere Teil seines Körpers augenblicklich vielleicht der empfindlichste war. Er versuchte es daher, zuerst den Oberkörper aus dem Bett zu bekommen, und drehte vorsichtig den Kopf dem Bettrand zu. Dies gelang auch leicht, und trotz ihrer Breite und Schwere folgte schließlich die Körpermasse langsam der Wendung des Kopfes. Aber als er den Kopf endlich außerhalb des Bettes in der freien Luft hielt, bekam er Angst, weiter auf diese Weise vorzurücken, denn wenn er sich schließlich so fallen ließ, mußte geradezu ein Wunder geschehen, wenn der Kopf nicht verletzt werden sollte. Und die Besinnung durfte er gerade jetzt um keinen Preis verlieren; lieber wollte er im Bett bleiben.

Aber als er wieder nach gleicher Mühe aufseufzend so dalag wie früher und wieder seine Beinchen womöglich noch ärger gegeneinander kämpfen sah und keine Möglichkeit fand, in diese Willkür Ruhe und Ordnung zu bringen, sagte er sich wieder, daß er unmöglich im Bett bleiben könne und daß es das Vernünftigste sei, alles zu opfern, wenn auch nur die kleinste Hoffnung bestünde, sich dadurch vom Bett zu befreien. Gleichzeitig aber vergaß er nicht, sich zwischendurch daran zu erinnern, daß viel besser als verzweifelte Entschlüsse ruhige und ruhigste Überlegung sei. In solchen Augenblicken richtete er die Augen möglichst scharf auf das Fenster, aber leider war aus dem Anblick des Morgennebels, der sogar die andere Seite der engen Straße verhüllte, wenig Zuversicht und Munterkeit zu holen. ›Schon sieben Uhr‹, sagte er sich beim neuerlichen Schlagen des Weckers, ›schon sieben Uhr und immer noch ein solcher Nebel.‹ Und ein Weilchen lang lag er ruhig mit schwachem Atem, als erwarte er vielleicht von der völligen Stille die Wiederkehr der wirklichen und selbstverständlichen Verhältnisse.

Dann aber sagte er sich: ›Ehe es ein Viertel acht schlägt, muß ich unbedingt das Bett vollständig verlassen haben. Im übrigen wird auch bis dahin jemand aus dem Geschäft kommen, um nach mir zu fragen, denn das Geschäft wird vor sieben Uhr geöffnet.‹ Und er machte sich nun daran, den Körper in seiner ganzen Länge vollständig gleichmäßig aus dem Bett hinauszuschaukeln. Wenn er sich auf diese Weise aus dem Bett fallen ließ, blieb der Kopf, den er beim Fall scharf heben wollte, voraussichtlich unverletzt. Der Rücken schien hart zu sein; dem würde wohl bei dem Fall auf den Teppich nichts geschehen. Das größte Bedenken machte ihm die Rücksicht auf den lauten Krach, den es geben müßte und der wahrscheinlich hinter allen Türen wenn nicht Schrecken, so doch Besorgnisse erregen würde. Das mußte aber gewagt werden.

Als Gregor schon zur Hälfte aus dem Bett ragte – die neue Methode war mehr ein Spiel als eine Anstrengung, er brauchte immer nur ruckweise zu schaukeln –, fiel ihm ein, wie einfach alles wäre, wenn man ihm zu Hilfe käme. Zwei starke Leute – er dachte an seinen Vater und das Dienstmädchen – hätten vollständig genügt; sie hätten ihre Arme nur unter seinen gewölbten Rücken schieben, ihn so aus dem Bett schälen, sich mit der Last niederbeugen und dann bloß vorsichtig dulden müssen, daß er den Überschwung auf dem Fußboden vollzog, wo dann die Beinchen hoffentlich einen Sinn bekommen würden. Nun, ganz abgesehen davon, daß die Türen versperrt waren, hätte er wirklich um Hilfe rufen sollen? Trotz aller Not konnte er bei diesem Gedanken ein Lächeln nicht unterdrücken.

Schon war er so weit, daß er bei stärkerem Schaukeln kaum das Gleichgewicht noch erhielt, und sehr bald mußte er sich nun endgültig entscheiden, denn es war in fünf Minuten ein Viertel acht – als es an der Wohnungstür läutete. ›Das ist jemand aus dem Geschäft‹, sagte er sich und erstarrte fast, während seine

Beinchen nur desto eiliger tanzten. Einen Augenblick blieb alles still. ›Sie öffnen nicht‹, sagte sich Gregor, befangen in irgendeiner unsinnigen Hoffnung. Aber dann ging natürlich wie immer das Dienstmädchen festen Schrittes zur Tür und öffnete. Gregor brauchte nur das erste Grußwort des Besuchers zu hören und wußte schon, wer es war – der Prokurist selbst. Warum war nur Gregor dazu verurteilt, bei einer Firma zu dienen, wo man bei dem kleinsten Versäumnis gleich den größten Verdacht faßte? Waren denn alle Angestellten samt und sonders Lumpen, gab es denn unter ihnen keinen treuen, ergebenen Menschen, der, wenn er auch nur ein paar Morgenstunden für das Geschäft nicht ausgenützt hatte, vor Gewissensbissen närrisch wurde und geradezu nicht imstande war, das Bett zu verlassen? Genügte es wirklich nicht, einen Lehrjungen nachfragen zu lassen – wenn überhaupt diese Fragerei nötig war –, mußte da der Prokurist selbst kommen, und mußte dadurch der ganzen unschuldigen Familie gezeigt werden, daß die Untersuchung dieser verdächtigen Angelegenheit nur dem Verstand des Prokuristen anvertraut werden konnte? Und mehr infolge der Erregung, in welche Gregor durch diese Überlegungen versetzt wurde, als infolge eines richtigen Entschlusses, schwang er sich mit aller Macht aus dem Bett. Es gab einen lauten Schlag, aber ein eigentlicher Krach war es nicht. Ein wenig wurde der Fall durch den Teppich abgeschwächt, auch war der Rücken elastischer, als Gregor gedacht hatte, daher kam der nicht gar so auffallende dumpfe Klang. Nur den Kopf hatte er nicht vorsichtig genug gehalten und ihn angeschlagen; er drehte ihn und rieb ihn an dem Teppich vor Ärger und Schmerz.

»Da drin ist etwas gefallen«, sagte der Prokurist im Nebenzimmer links. Gregor suchte sich vorzustellen, ob nicht auch einmal dem Prokuristen etwas Ähnliches passieren könnte, wie heute ihm; die Möglichkeit dessen mußte man doch eigentlich zugeben. Aber wie zur rohen Antwort auf diese Frage machte jetzt der Prokurist im Nebenzimmer ein paar bestimmte Schritte und ließ seine Lackstiefel knarren. Aus dem Nebenzimmer rechts flüsterte die Schwester, um Gregor zu verständigen: »Gregor, der Prokurist ist da.« »Ich weiß«, sagte Gregor vor sich hin; aber so laut, daß es die Schwester hätte hören können, wagte er die Stimme nicht zu erheben.

»Gregor«, sagte nun der Vater aus dem Nebenzimmer links, »der Herr Prokurist ist gekommen und erkundigt sich, warum du nicht mit dem Frühzug weggefahren bist. Wir wissen nicht, was wir ihm sagen sollen. Übrigens will er auch mit dir persönlich sprechen. Also bitte mach die Tür auf. Er wird die Unordnung im Zimmer zu entschuldigen schon die Güte haben.« »Guten Morgen, Herr Samsa«, rief der Prokurist freundlich dazwischen. »Ihm ist nicht wohl«, sagte die Mutter zum Prokuristen, während der Vater noch an der Tür redete, »ihm ist nicht wohl, glauben Sie mir, Herr Prokurist. Wie würde denn Gregor sonst einen Zug versäumen! Der Junge hat ja nichts im Kopf als das Geschäft. Ich ärgere mich schon fast, daß er abends niemals ausgeht; jetzt war er doch acht Tage in der Stadt, aber jeden Abend war er zu Hause. Da sitzt er bei uns am Tisch und liest still die Zeitung oder studiert Fahrpläne. Es ist schon eine Zerstreuung für ihn, wenn er sich mit Laubsägearbeiten beschäftigt. Da hat er zum Beispiel im Laufe von zwei, drei Abenden einen kleinen Rahmen geschnitzt; Sie werden staunen, wie hübsch er ist; er hängt drin im Zimmer; Sie werden ihn gleich sehen, bis Gregor aufmacht. Ich bin übrigens glücklich, daß Sie da sind, Herr Prokurist; wir allein hätten Gregor nicht dazu gebracht, die Tür zu öffnen? Er ist so hartnäckig; und bestimmt ist ihm nicht wohl, trotzdem er es am Morgen geleugnet hat.« »Ich komme gleich«, sagte Gregor langsam und bedächtig und rührte sich nicht, um kein Wort der Gespräche zu verlieren. »Anders, gnädige Frau, kann ich es mir auch nicht erklären«, sagte der Prokurist, »hoffentlich ist es nichts Ernstes. Wenn ich auch andererseits sagen muß, daß wir Geschäftsleute – wie man will, leider oder auch glücklicherweise – ein leichtes Unwohlsein sehr oft aus geschäftlichen Rücksichten einfach überwinden müssen.« »Also kann der Herr Prokurist schon zu dir hinein?« fragte der ungeduldige Vater und klopfte wiederum an die Tür. »Nein«, sagte Gregor. Im Nebenzimmer links trat eine peinliche Stille ein, im Nebenzimmer rechts begann die Schwester zu schluchzen.

Warum ging denn die Schwester nicht zu den anderen? Sie war wohl erst jetzt aus dem Bett aufgestanden und hatte noch gar nicht angefangen, sich anzuziehen. Und warum weinte sie denn? Weil er nicht aufstand und den Prokuristen nicht hereinließ, weil er in Gefahr war, den Posten zu verlieren, und weil dann der Chef die Eltern mit den alten Forderungen wieder verfolgen würde? Das waren doch vorläufig wohl unnötige Sorgen. Noch war Gregor hier und dachte nicht im geringsten daran, seine Familie zu verlassen. Augenblicklich lag er wohl da auf dem Teppich, und niemand, der seinen Zustand gekannt hätte, hätte im Ernst von ihm verlangt, daß er den Prokuristen hereinlasse. Aber wegen dieser kleinen Unhöflichkeit, für die sich ja später leicht eine passende Ausrede finden würde, konnte Gregor doch nicht gut sofort weggeschickt werden. Und Gregor schien es, daß es viel vernünftiger wäre, ihn jetzt in Ruhe zu lassen, statt ihn mit Weinen und Zureden zu stören. Aber es war eben die Ungewißheit, welche die anderen bedrängte und ihr Benehmen entschuldigte.

»Herr Samsa«, rief nun der Prokurist mit erhobener Stimme, »was ist denn los? Sie verbarrikadieren sich da in Ihrem Zimmer, antworten bloß mit Ja und Nein, machen Ihren Eltern schwere, unnötige Sorgen und versäumen – dies nur nebenbei erwähnt – Ihre geschäftlichen Pflichten in einer eigentlich unerhörten

Weise. Ich spreche hier im Namen Ihrer Eltern und Ihres Chefs und bitte Sie ganz ernsthaft um eine augenblickliche, deutliche Erklärung. Ich staune, ich staune. Ich glaubte, Sie als einen ruhigen, vernünftigen Menschen zu kennen, und nun scheinen Sie plötzlich anfangen zu wollen, mit sonderbaren Launen zu paradieren. Der Chef deutete mir zwar heute früh eine mögliche Erklärung für Ihre Versäumnisse an – sie betraf das Ihnen seit kurzem anvertraute Inkasso –, aber ich legte wahrhaftig fast mein Ehrenwort dafür ein, daß diese Erklärung nicht zutreffen könne. Nun aber sehe ich hier Ihren unbegreiflichen Starrsinn und verliere ganz und gar jede Lust, mich auch nur im geringsten für Sie einzusetzen. Und Ihre Stellung ist durchaus nicht die festeste. Ich hatte ursprünglich die Absicht, Ihnen das alles unter vier Augen zu sagen, aber da Sie mich hier nutzlos meine Zeit versäumen lassen, weiß ich nicht warum es nicht auch Ihre Herren Eltern erfahren sollen. Ihre Leistungen in der letzten Zeit waren also sehr unbefriedigend; es ist zwar nicht die Jahreszeit, um besondere Geschäfte zu machen, das erkennen wir an; aber eine Jahreszeit, um keine Geschäfte zu machen, gibt es überhaupt nicht, Herr Samsa, darf es nicht geben.« »Aber Herr Prokurist«, rief Gregor außer sich und vergaß in der Aufregung alles andere, »ich mache ja sofort, augenblicklich auf. Ein leichtes Unwohlsein, ein Schwindelanfall haben mich verhindert, aufzustehen. Ich liege noch jetzt im Bett. Jetzt bin ich aber schon wieder ganz frisch. Eben steige ich aus dem Bett. Nur einen kleinen Augenblick Geduld! Es geht noch nicht so gut, wie ich dachte. Es ist mir aber schon wohl. Wie das nur einen Menschen so überfallen kann! Noch gestern abend war mir ganz gut, meine Eltern wissen es ja, oder besser, schon gestern abend hatte ich eine kleine Vorahnung. Man hätte es mir ansehen müssen. Warum habe ich es nur im Geschäft nicht gemeldet! Aber man denkt eben immer, daß man die Krankheit ohne Zuhausebleiben überstehen wird. Herr Prokurist! Schonen Sie meine Eltern! Für alle die Vorwürfe, die Sie mir jetzt machen, ist ja kein Grund; man hat mir ja davon auch kein Wort gesagt. Sie haben vielleicht die letzten Aufträge, die ich geschickt habe, nicht gelesen. Übrigens, noch mit dem Achtuhrzug fahre ich auf die Reise, die paar Stunden Ruhe haben mich gekräftigt. Halten Sie sich nur nicht auf, Herr Prokurist; ich bin gleich selbst im Geschäft, und haben Sie die Güte, das zu sagen und mich dem Herrn Chef zu empfehlen!«

Und während Gregor dies alles hastig ausstieß und kaum wußte, was er sprach, hatte er sich leicht, wohl infolge der im Bett bereits erlangten Übung, dem Kasten genähert und versuchte nun, an ihm sich aufzurichten. Er wollte tatsächlich die Tür aufmachen, tatsächlich sich sehen lassen und mit dem Prokuristen sprechen; er war begierig zu erfahren, was die anderen, die jetzt so nach ihm verlangten, bei seinem Anblick sagen würden. Würden sie erschrecken, dann hatte Gregor keine Verantwortung mehr und konnte ruhig sein. Würden sie aber alles ruhig hinnehmen, dann hatte auch er keinen Grund, sich aufzuregen, und konnte, wenn er sich beeilte, um acht Uhr tatsächlich auf dem Bahnhof sein. Zuerst glitt er nun einige Male von dem glatten Kasten ab, aber endlich gab er sich einen letzten Schwung und stand aufrecht da: auf die Schmerzen im Unterleib achtete er gar nicht mehr, so sehr sie auch brannten. Nun ließ er sich gegen die Rückenlehne eines nahen Stuhles fallen, an deren Rändern er sich mit seinen Beinchen festhielt. Damit hatte er aber auch die Herrschaft über sich erlangt und verstummte, denn nun konnte er den Prokuristen anhören.

»Haben Sie auch nur ein Wort verstanden?« fragte der Prokurist die Eltern, »er macht sich doch wohl nicht einen Narren aus uns?« »Um Gottes willen«, rief die Mutter schon unter Weinen, »er ist vielleicht schwerkrank, und wir quälen ihn. Grete! Grete!« schrie sie dann. »Mutter?« rief die Schwester von der anderen Seite. Sie verständigten sich durch Gregors Zimmer. »Du mußt augenblicklich zum Arzt. Gregor ist krank. Rasch um den Arzt. Hast du Gregor jetzt reden hören?« »Das war eine Tierstimme«, sagte der Prokurist, auffallend leise gegenüber dem Schreien der Mutter. »Anna! Anna!« rief der Vater durch das Vorzimmer in die Küche und klatschte in die Hände, »sofort einen Schlosser holen!« Und schon liefen die zwei Mädchen mit rauschenden Röcken durch das Vorzimmer – wie hatte sich die Schwester denn so schnell angezogen? – und rissen die Wohnungstüre auf. Man hörte gar nicht die Türe zuschlagen; sie hatten sie wohl offengelassen, wie es in Wohnungen zu sein pflegt, in denen ein großes Unglück geschehen ist.

Gregor war aber viel ruhiger geworden. Man verstand zwar also seine Worte nicht mehr, trotzdem sie ihm genug klar, klarer als früher, vorgekommen waren, vielleicht infolge der Gewöhnung des Ohres. Aber immerhin glaubte man nun schon daran, daß es mit ihm nicht ganz in Ordnung war, und war bereit, ihm zu helfen. Die Zuversicht und Sicherheit, mit welchen die ersten Anordnungen getroffen worden waren, taten ihm wohl. Er fühlte sich wieder einbezogen in den menschlichen Kreis und erhoffte von beiden, vom Arzt und vom Schlosser, ohne sie eigentlich genau zu scheiden, großartige und überraschende Leistungen. Um für die sich nähernden entscheidenden Besprechungen eine möglichst klare Stimme zu bekommen, hustete er ein wenig ab, allerdings bemüht, dies ganz gedämpft zu tun, da möglicherweise auch schon dieses Geräusch anders als menschlicher Husten klang, was er selbst zu entscheiden sich nicht mehr getraute. Im Nebenzimmer war es inzwischen ganz still geworden. Vielleicht saßen die Eltern mit dem Prokuristen beim Tisch und tuschelten, vielleicht lehnten alle an der Tür und horchten.

Gregor schob sich langsam mit dem Sessel zur Tür hin, ließ ihn dort los, warf sich gegen die Tür, hielt sich an ihr aufrecht – die Ballen seiner Beinchen hatten ein wenig Klebstoff – und ruhte sich dort einen Augenblick lang von der Anstrengung aus. Dann aber machte er sich daran, mit dem Mund den Schlüssel im Schloß umzudrehen. Es schien leider, daß er keine eigentlichen Zähne hatte – womit sollte er gleich den Schlüssel fassen? –, aber dafür waren die Kiefer freilich sehr stark; mit ihrer Hilfe brachte er auch wirklich den Schlüssel in Bewegung und achtete nicht darauf, daß er sich zweifellos irgendeinen Schaden zufügte, denn eine braune Flüssigkeit kam ihm aus dem Mund, floß über den Schlüssel und tropfte auf den Boden. »Hören Sie nur«, sagte der Prokurist im Nebenzimmer, »er dreht den Schlüssel um.« Das war für Gregor eine große Aufmunterung; aber alle hätten ihm zurufen sollen, auch der Vater und die Mutter: ›Frisch, Gregor‹, hätten sie rufen sollen, ›immer nur heran, fest an das Schloß heran!‹ Und in der Vorstellung, daß alle seine Bemühungen mit Spannung verfolgten, verbiß er sich mit allem, was er an Kraft aufbringen konnte, besinnungslos in den Schlüssel. Je nach dem Fortschreiten der Drehung des Schlüssels umtanzte er das Schloß; hielt sich jetzt nur noch mit dem Munde aufrecht, und je nach Bedarf hing er sich an den Schlüssel oder drückte ihn dann wieder nieder mit der ganzen Last seines Körpers. Der hellere Klang des endlich zurückschnappenden Schlosses erweckte Gregor förmlich. Aufatmend sagte er sich: ›Ich habe also den Schlosser nicht gebraucht‹, und legte den Kopf auf die Klinke, um die Türe gänzlich zu öffnen.

Da er die Türe auf diese Weise öffnen mußte, war sie eigentlich schon recht weit geöffnet, und er selbst noch nicht zu sehen. Er mußte sich erst langsam um den einen Türflügel herumdrehen, und zwar sehr vorsichtig, wenn er nicht gerade vor dem Eintritt ins Zimmer plump auf den Rücken fallen wollte. Er war noch mit jener schwierigen Bewegung beschäftigt und hatte nicht Zeit, auf anderes zu achten, da hörte er schon den Prokuristen ein lautes »Oh!« ausstoßen – es klang, wie wenn der Wind saust –, und nun sah er ihn auch, wie er, der der Nächste an der Türe war, die Hand gegen den offenen Mund drückte und langsam zurückwich, als vertreibe ihn eine unsichtbare, gleichmäßig fortwirkende Kraft. Die Mutter – sie stand hier trotz der Anwesenheit des Prokuristen mit von der Nacht her noch aufgelösten, hoch sich sträubenden Haaren – sah zuerst mit gefalteten Händen den Vater an, ging dann zwei Schritte zu Gregor hin und fiel inmitten ihrer rings um sie herum sich ausbreitenden Röcke nieder, das Gesicht ganz unauffindbar zu ihrer Brust gesenkt. Der Vater ballte mit feindseligem Ausdruck die Faust, als wolle er Gregor in sein Zimmer zurückstoßen, sah sich dann unsicher im Wohnzimmer um, beschattete dann mit den Händen die Augen und weinte, daß sich seine mächtige Brust schüttelte.

Gregor trat nun gar nicht in das Zimmer, sondern lehnte sich von innen an den festgeriegelten Türflügel, so daß sein Leib nur zur Hälfte und darüber der seitlich geneigte Kopf zu sehen war, mit dem er zu den anderen hinüberlugte. Es war inzwischen viel heller geworden; klar stand auf der anderen Straßenseite ein Ausschnitt des gegenüberliegenden, endlosen, grauschwarzen Hauses – es war ein Krankenhaus – mit seinen hart die Front durchbrechenden regelmäßigen Fenstern; der Regen fiel noch nieder, aber nur mit großen, einzeln sichtbaren und förmlich auch einzelnweise auf die Erde hinuntergeworfenen Tropfen. Das Frühstücksgeschirr stand in überreicher Zahl auf dem Tisch, denn für den Vater war das Frühstück die wichtigste Mahlzeit des Tages, die er bei der Lektüre verschiedener Zeitungen stundenlang hinzog. Gerade an der gegenüberliegenden Wand hing eine Photographie Gregors aus seiner Militärzeit, die ihn als Leutnant darstellte, wie er, die Hand am Degen, sorglos lächelnd, Respekt für seine Haltung und Uniform verlangte. Die Tür zum Vorzimmer war geöffnet, und man sah, da auch die Wohnungstür offen war, auf den Vorplatz der Wohnung hinaus und auf den Beginn der abwärts führenden Treppe.

»Nun«, sagte Gregor und war sich dessen wohl bewußt, daß er der einzige war, der die Ruhe bewahrt hatte, »ich werde mich gleich anziehen, die Kollektion zusammenpacken und wegfahren. Wollt ihr, wollt ihr mich wegfahren lassen? Nun, Herr Prokurist, Sie sehen, ich bin nicht starrköpfig und ich arbeite gern; das Reisen ist beschwerlich, aber ich könnte ohne das Reisen nicht leben. Wohin gehen Sie denn, Herr Prokurist? Ins Geschäft? Ja? Werden Sie alles wahrheitsgetreu berichten? Man kann im Augenblick unfähig sein zu arbeiten, aber dann ist gerade der richtige Zeitpunkt, sich an die früheren Leistungen zu erinnern und zu bedenken, daß man später, nach Beseitigung des Hindernisses, gewiß desto fleißiger und gesammelter arbeiten wird. Ich bin ja dem Herrn Chef so sehr verpflichtet, das wissen Sie doch recht gut. Andererseits habe ich die Sorge um meine Eltern und die Schwester. Ich bin in der Klemme, ich werde mich aber auch wieder herausarbeiten. Machen Sie es mir aber nicht schwieriger, als es schon ist. Halten Sie im Geschäft meine Partei! Man liebt den Reisenden nicht, ich weiß. Man denkt, er verdient ein Heidengeld und führt dabei ein schönes Leben. Man hat eben keine besondere Veranlassung, dieses Vorurteil besser zu durchdenken. Sie aber, Herr Prokurist, Sie haben einen besseren Überblick über die Verhältnisse als das sonstige Personal, ja sogar, ganz im Vertrauen gesagt, einen besseren Überblick als der Chef selbst, der in seiner Eigenschaft als Unternehmer sich in seinem Urteil leicht zuungunsten eines Angestellten beirren läßt. Sie wissen auch sehr wohl, daß der Reisende, der fast das ganze Jahr außerhalb des Geschäftes ist, so leicht ein Opfer von Klatschereien, Zufälligkeiten und grundlosen Beschwerden werden kann, gegen die sich zu wehren ihm ganz unmöglich ist, da er von ihnen meist gar nichts erfährt und nur dann, wenn er erschöpft eine Reise beendet hat, zu Hause die schlimmen, auf ihre Ursachen hin nicht mehr zu durchschauenden Folgen am eigenen Leibe zu spüren bekommt. Herr Prokurist, gehen Sie nicht weg, ohne mir ein Wort gesagt zu haben, das mir zeigt, daß Sie mir wenigstens zu einem kleinen Teil recht geben!«

Aber der Prokurist hatte sich schon bei den ersten Worten Gregors abgewendet, und nur über die zuckende Schulter hinweg sah er mit aufgeworfenen Lippen nach Gregor zurück. Und während Gregors Rede stand er keinen Augenblick still, sondern verzog sich, ohne Gregor aus den Augen zu lassen, gegen die Tür, aber ganz allmählich, als bestehe ein geheimes Verbot, das Zimmer zu verlassen. Schon war er im Vorzimmer, und nach der plötzlichen Bewegung, mit der er zum letztenmal den Fuß aus dem Wohnzimmer zog, hätte man glauben können, er habe sich soeben die Sohle verbrannt. Im Vorzimmer aber streckte er die rechte Hand weit von sich zur Treppe hin, als warte dort auf ihn eine geradezu überirdische Erlösung.

Gregor sah ein, daß er den Prokuristen in dieser Stimmung auf keinen Fall weggehen lassen dürfe, wenn dadurch seine Stellung im Geschäft nicht aufs äußerste gefährdet werden sollte. Die Eltern verstanden das alles nicht so gut; sie hatten sich in den langen Jahren die Überzeugung gebildet, daß Gregor in diesem Geschäft für sein Leben versorgt war, und hatten außerdem jetzt mit den augenblicklichen Sorgen so viel zu tun, daß ihnen jede Voraussicht abhanden gekommen war. Aber Gregor hatte diese Voraussicht. Der Prokurist mußte gehalten, beruhigt, überzeugt und schließlich gewonnen werden; die Zukunft Gregors und seiner Familie hing doch davon ab! Wäre doch die Schwester hier gewesen! Sie war klug, sie hatte schon geweint, als Gregor noch ruhig auf dem Rücken lag. Und gewiß hätte der Prokurist, dieser Damenfreund, sich von ihr lenken lassen; sie hätte die Wohnungstür zugemacht und ihm im Vorzimmer den Schrecken ausgeredet. Aber die Schwester war eben nicht da, Gregor selbst mußte handeln. Und ohne daran zu denken, daß er seine gegenwärtigen Fähigkeiten, sich zu bewegen, noch gar nicht kannte, ohne auch daran zu denken, daß seine Rede möglicher-, ja wahrscheinlicherweise wieder nicht verstanden worden war, verließ er den Türflügel; schob sich durch die Öffnung; wollte zum Prokuristen hingehen, der sich schon am Geländer des Vorplatzes lächerlicherweise mit beiden Händen festhielt; fiel aber sofort, nach Halt suchend, mit einem kleinen Schrei auf seine vielen Beinchen nieder. Kaum war das geschehen, fühlte er zum erstenmal an diesem Morgen ein körperliches Wohlbehagen; die Beinchen hatten festen Boden unter sich; sie gehorchten vollkommen, wie er zu seiner Freude merkte; strebten sogar danach, ihn fortzutragen, wohin er wollte; und schon glaubte er, die endgültige Besserung alles Leidens stehe unmittelbar bevor. Aber im gleichen Augenblick, als er da schaukelnd vor verhaltener Bewegung, gar nicht weit von seiner Mutter entfernt, ihr gerade gegenüber auf dem Boden lag, sprang diese, die doch so ganz in sich versunken schien, mit einem Male in die Höhe, die Arme weit ausgestreckt, die Finger gespreizt, rief: »Hilfe, um Gottes willen, Hilfe!«, hielt den Kopf geneigt, als wolle sie Gregor besser sehen, lief aber, im Widerspruch dazu, sinnlos zurück; hatte vergessen, daß hinter ihr der gedeckte Tisch stand; setzte sich, als sie bei ihm angekommen war, wie in Zerstreutheit, eilig auf ihn: und schien gar nicht zu merken, daß neben ihr aus der umgeworfenen großen Kanne der Kaffee in vollem Strome auf den Teppich sich ergoß.

»Mutter, Mutter«, sagte Gregor leise und sah zu ihr hinauf. Der Prokurist war ihm für einen Augenblick ganz aus dem Sinn gekommen; dagegen konnte er sich nicht versagen, im Anblick des fließenden Kaffees mehrmals mit den Kiefern ins Leere zu schnappen.

Darüber schrie die Mutter neuerdings auf, flüchtete vom Tisch und fiel dem ihr entgegeneilenden Vater in die Arme. Aber Gregor hatte jetzt keine Zeit für seine Eltern; der Prokurist war schon auf der Treppe; das Kinn auf dem Geländer, sah er noch zum letzten Male zurück. Gregor nahm einen Anlauf, um ihn möglichst sicher einzuholen; der Prokurist mußte etwas ahnen, denn er machte einen Sprung über mehrere Stufen und verschwand: »Hu!« aber schrie er noch, es klang durchs ganze Treppenhaus. Leider schien nun auch diese Flucht des Prokuristen den Vater, der bisher verhältnismäßig gefaßt gewesen war, völlig zu verwirren, denn statt selbst dem Prokuristen nachzulaufen oder wenigstens Gregor in der Verfolgung nicht zu hindern, packte er mit der Rechten den Stock des Prokuristen, den dieser mit Hut und Überzieher auf einem Sessel zurückgelassen hatte, holte mit der Linken eine große Zeitung vom Tisch und machte sich unter Füßestampfen daran, Gregor durch Schwenken des Stockes und der Zeitung in sein Zimmer zurückzutreiben. Kein Bitten Gregors half, kein Bitten wurde auch verstanden, er mochte den Kopf noch so demütig drehen, der Vater stampfte nur stärker mit den Füßen. Drüben hatte die Mutter trotz des kühlen Wetters ein Fenster aufgerissen, und hinausgelehnt drückte sie ihr Gesicht weit außerhalb des Fensters in ihre Hände. Zwischen Gasse und Treppenhaus entstand eine starke Zugluft, die Fenstervorhänge flogen auf, die Zeitungen auf dem Tische rauschten, einzelne Blätter wehten über den Boden hin. Unerbittlich drängte der Vater und stieß Zischlaute aus, wie ein Wilder. Nun hatte aber Gregor noch gar keine Übung im Rückwärtsgehen, es ging wirklich sehr langsam. Wenn sich Gregor nur hätte umdrehen dürfen, er wäre gleich in seinem Zimmer gewesen, aber er fürchtete sich, den Vater durch die zeitraubende Umdrehung ungeduldig zu machen, und jeden Augenblick drohte ihm doch von dem Stock in des Vaters Hand der tödliche Schlag auf den Rücken oder auf den Kopf. Endlich aber blieb Gregor doch nichts anderes übrig, denn er merkte mit Entsetzen, daß er im Rückwärtsgehen nicht einmal die Richtung einzuhalten verstand; und so begann er, unter unaufhörlichen ängstlichen Seitenblicken nach dem Vater, sich nach Möglichkeit rasch, in Wirklichkeit aber doch nur sehr langsam umzudrehen. Vielleicht merkte der Vater seinen guten Willen, denn er störte ihn hierbei nicht, sondern dirigierte sogar hie und da die Drehbewegung von der Ferne mit der Spitze seines Stockes. Wenn nur nicht dieses unerträgliche Zischen des Vaters gewesen wäre! Gregor verlor darüber ganz den Kopf. Er war schon fast ganz umgedreht, als er sich, immer auf dieses Zischen horchend, sogar irrte und sich wieder ein Stück zurückdrehte. Als er aber endlich glücklich mit dem Kopf vor der Türöffnung war, zeigte es sich, daß sein Körper zu breit war, um ohne weiteres durchzukommen. Dem Vater fiel es natürlich in seiner gegenwärtigen Verfassung auch nicht entfernt ein, etwa den anderen Türflügel zu öffnen, um für Gregor einen genügenden Durchgang zu schaffen. Seine fixe Idee war bloß, daß Gregor so rasch als möglich in sein Zimmer müsse. Niemals hätte er auch die umständlichen Vorbereitungen gestattet, die Gregor brauchte, um sich aufzurichten und vielleicht auf diese Weise durch die Tür zu kommen. Vielmehr trieb er, als gäbe es kein Hindernis, Gregor jetzt unter besonderem Lärm vorwärts; es klang schon hinter Gregor gar nicht mehr wie die Stimme bloß eines einzigen Vaters; nun gab es wirklich keinen Spaß mehr, und Gregor drängte sich – geschehe was wolle – in die Tür. Die eine Seite seines Körpers hob sich, er lag schief in der Türöffnung, seine eine Flanke war ganz wundgerieben, an der weißen Tür blieben häßliche Flecken, bald steckte er fest und hätte sich allein nicht mehr rühren können, die Beinchen auf der einen Seite hingen zitternd oben in der Luft, die auf der andern waren schmerzhaft zu Boden gedrückt – da gab ihm der

Vater von hinten einen jetzt wahrhaft erlösenden starken Stoß, und er flog, heftig blutend, weit in sein Zimmer hinein. Die Tür wurde noch mit dem Stock zugeschlagen, dann wurde es endlich still.

II

Erst in der Abenddämmerung erwachte Gregor aus seinem schweren ohnmachtsähnlichen Schlaf. Er wäre gewiß nicht viel später auch ohne Störung erwacht, denn er fühlte sich genügend ausgeruht und ausgeschlafen, doch schien es ihm, als hätten ihn ein flüchtiger Schritt und ein vorsichtiges Schließen der zum Vorzimmer führenden Tür geweckt. Der Schein der elektrischen Straßenlampen lag bleich hier und da auf der Zimmerdecke und auf den höheren Teilen der Möbel, aber unten bei Gregor war es finster. Langsam schob er sich, noch ungeschickt mit seinen Fühlern tastend, die er erst jetzt schätzen lernte, zur Türe hin, um nachzusehen, was dort geschehen war. Seine linke Seite schien eine einzige lange, unangenehm spannende Narbe, und er mußte auf seinen zwei Beinreihen regelrecht hinken. Ein Beinchen war übrigens im Laufe der vormittägigen Vorfälle schwer verletzt worden – es war fast ein Wunder, daß nur eines verletzt worden war – und schleppte leblos nach.

Erst bei der Tür merkte er, was ihn dorthin eigentlich gelockt hatte; es war der Geruch von etwas Eßbarem gewesen. Denn dort stand ein Napf mit süßer Milch gefüllt, in der kleine Schnitten von Weißbrot schwammen. Fast hätte er vor Freude gelacht, denn er hatte noch größeren Hunger als am Morgen, und gleich tauchte er seinen Kopf fast bis über die Augen in die Milch hinein. Aber bald zog er ihn enttäuscht wieder zurück; nicht nur, daß ihm das Essen wegen seiner heiklen linken Seite Schwierigkeiten machte – und er konnte nur essen, wenn der ganze Körper schnaufend mitarbeitete –, so schmeckte ihm überdies die Milch, die sonst sein Lieblingsgetränk war und die ihm gewiß die Schwester deshalb hereingestellt hatte, gar nicht, ja, er wandte sich fast mit Widerwillen von dem Napf ab und kroch in die Zimmermitte zurück.

Im Wohnzimmer war, wie Gregor durch die Türspalte sah, das Gas angezündet, aber während sonst zu dieser Tageszeit der Vater seine nachmittags erscheinende Zeitung der Mutter und manchmal auch der Schwester mit erhobener Stimme vorzulesen pflegte, hörte man jetzt keinen Laut. Nun, vielleicht war dieses Vorlesen, von dem ihm die Schwester immer erzählte und schrieb, in der letzten Zeit überhaupt aus der Übung gekommen. Aber auch ringsherum war es so still, trotzdem doch gewiß die Wohnung nicht leer war. ›Was für ein stilles Leben die Familie doch führte‹, sagte sich Gregor und fühlte, während er starr vor sich ins Dunkle sah, einen großen Stolz darüber, daß er seinen Eltern und seiner Schwester ein solches Leben in einer so schönen Wohnung hatte verschaffen können. Wie aber, wenn jetzt alle Ruhe, aller Wohlstand, alle Zufriedenheit ein Ende mit Schrecken nehmen sollten? Um sich nicht in solche Gedanken zu verlieren, setzte sich Gregor lieber in Bewegung und kroch im Zimmer auf und ab.

Einmal während des langen Abends wurde die eine Seitentür und einmal die andere bis zu einer kleinen Spalte geöffnet und rasch wieder geschlossen; jemand hatte wohl das Bedürfnis, hereinzukommen, aber auch wieder zu viele Bedenken. Gregor machte nun unmittelbar bei der Wohnzimmertür halt, entschlossen, den zögernden Besucher doch irgendwie hereinzubringen oder doch wenigstens zu erfahren, wer es sei; aber nun wurde die Tür nicht mehr geöffnet und Gregor wartete vergebens. Früh, als die Türen versperrt waren, hatten alle zu ihm hereinkommen wollen, jetzt, da er die eine Tür geöffnet hatte und die anderen offenbar während des Tages geöffnet worden waren, kam keiner mehr, und die Schlüssel steckten nun auch von außen.

Spät erst in der Nacht wurde das Licht im Wohnzimmer ausgelöscht, und nun war leicht festzustellen, daß die Eltern und die Schwester so lange wachgeblieben waren, denn wie man genau hören konnte, entfernten sich jetzt alle drei auf den Fußspitzen. Nun kam gewiß bis zum Morgen niemand mehr zu Gregor herein; er hatte also eine lange Zeit, um ungestört zu überlegen, wie er sein Leben jetzt neu ordnen sollte. Aber das hohe freie Zimmer, in dem er gezwungen war, flach auf dem Boden zu liegen, ängstigte ihn, ohne daß er die Ursache herausfinden konnte, denn es war ja sein seit fünf Jahren von ihm bewohntes Zimmer – und mit einer halb unbewußten Wendung und nicht ohne eine leichte Scham eilte er unter das Kanapee, wo er sich, trotzdem sein Rücken ein wenig gedrückt wurde und trotzdem er den Kopf nicht mehr erheben konnte, gleich sehr behaglich fühlte und nur bedauerte, daß sein Körper zu breit war, um vollständig unter dem Kanapee untergebracht zu werden.

Dort blieb er die ganze Nacht, die er zum Teil im Halbschlaf, aus dem ihn der Hunger immer wieder aufschreckte, verbrachte, zum Teil aber in Sorgen und undeutlichen Hoffnungen, die aber alle zu dem Schlusse führten, daß er sich vorläufig ruhig verhalten und durch Geduld und größte Rücksichtnahme der Familie die Unannehmlichkeiten erträglich machen müsse, die er ihr in seinem gegenwärtigen Zustand nun einmal zu verursachen gezwungen war.

Schon am frühen Morgen, es war fast noch Nacht, hatte Gregor Gelegenheit, die Kraft seiner eben gefaßten Entschlüsse zu prüfen, denn vom Vorzimmer her öffnete die Schwester, fast völlig angezogen, die Tür und sah mit Spannung herein. Sie fand ihn nicht gleich, aber als sie ihn unter dem Kanapee bemerkte – Gott, er mußte doch irgendwo sein, er hatte doch nicht wegfliegen können –, erschrak sie so sehr, daß sie, ohne sich beherrschen zu können, die Tür von außen wieder zuschlug. Aber als bereue sie ihr Benehmen, öffnete sie die Tür sofort wieder und trat, als sei sie bei einem Schwerkranken oder gar bei einem Fremden, auf den Fußspitzen herein. Gregor hatte den Kopf bis knapp zum Rande des Kanapees vorgeschoben und beobachtete sie. Ob sie wohl bemerken würde, daß er die Milch stehengelassen hatte, und zwar keineswegs aus Mangel an Hunger, und ob sie eine andere Speise hereinbringen würde, die ihm besser entsprach? Täte sie es nicht von selbst, er wollte lieber verhungern, als sie darauf aufmerksam zu machen, trotzdem es ihn eigentlich ungeheuer drängte, unterm Kanapee vorzuschießen, sich der Schwester zu Füßen zu werfen und sie um irgend etwas Gutes zum Essen zu bitten. Aber die Schwester bemerkte sofort mit Verwunderung den noch vollen Napf, aus dem nur ein wenig Milch ringsherum verschüttet war, sie hob ihn gleich auf, zwar nicht mit den bloßen Händen, sondern mit einem Fetzen, und trug ihn hinaus. Gregor war äußerst neugierig, was sie zum Ersatze bringen würde, und er machte sich die verschiedensten Gedanken darüber. Niemals aber hätte er erraten können, was die Schwester in ihrer Güte wirklich tat. Sie brachte ihm, um seinen Geschmack zu prüfen, eine ganze Auswahl, alles auf einer alten Zeitung ausgebreitet. Da waren altes, halb verfaultes Gemüse; Knochen vom Nachtmahl her, die von festgewordener weißer Soße umgeben waren; ein paar Rosinen und Mandeln; ein Käse, den Gregor vor zwei Tagen für ungenießbar erklärt hatte; ein trockenes Brot, ein mit Butter beschmiertes Brot und ein mit Butter beschmiertes und gesalzenes Brot. Außerdem stellte sie zu dem allen noch den wahrscheinlich ein für allemal für Gregor bestimmten Napf, in den sie Wasser gegossen hatte. Und aus Zartgefühl, da sie wußte, daß Gregor vor ihr nicht essen würde, entfernte sie sich eiligst und drehte sogar den Schlüssel um, damit nur Gregor merken könne, daß er es sich so behaglich machen dürfe, wie er wolle. Gregors Beinchen schwirrten, als es jetzt zum Essen ging. Seine Wunden mußten übrigens auch schon vollständig geheilt sein, er fühlte keine Behinderung mehr, er staunte darüber und dachte daran, wie er vor mehr als einem Monat sich mit dem Messer ganz wenig in den Finger geschnitten und wie ihm diese Wunde noch vorgestern genug weh getan hatte. ›Sollte ich jetzt weniger Feingefühl haben?‹ dachte er und saugte schon gierig an dem Käse, zu dem es ihn vor allen anderen Speisen sofort und nachdrücklich gezogen hatte. Rasch hintereinander und mit vor Befriedigung tränenden Augen verzehrte er den Käse, das Gemüse und die Soße; die frischen Speisen dagegen schmeckten ihm nicht, er konnte nicht einmal ihren Geruch vertragen und schleppte sogar die Sachen, die er essen wollte, ein Stückchen weiter weg. Er war schon längst mit allem fertig und lag nur noch faul auf der gleichen Stelle, als die Schwester zum Zeichen, daß er sich zurückziehen solle, langsam den Schlüssel umdrehte. Das schreckte ihn sofort auf, trotzdem er schon fast schlummerte, und er eilte wieder unter das Kanapee. Aber es kostete ihn große Selbstüberwindung, auch nur die kurze Zeit, während welcher die Schwester im Zimmer war, unter dem Kanapee zu bleiben, denn von dem reichlichen Essen hatte sich sein Leib ein wenig gerundet und er konnte dort in der Enge kaum atmen. Unter kleinen Erstickungsanfällen sah er mit etwas hervorgequollenen Augen zu, wie die nichtsahnende Schwester mit einem Besen nicht nur die Überbleibsel zusammenkehrte, sondern selbst die von Gregor gar nicht berührten Speisen, als seien also auch diese nicht mehr zu gebrauchen, und wie sie alles hastig in einen Kübel schüttete, den sie mit einem Holzdeckel schloß, worauf sie alles hinaustrug. Kaum hatte sie sich umgedreht, zog sich schon Gregor unter dem Kanapee hervor und streckte und blähte sich.

Auf diese Weise bekam nun Gregor täglich sein Essen, einmal am Morgen, wenn die Eltern und das

Dienstmädchen noch schliefen, das zweitemal nach dem allgemeinen Mittagessen, denn dann schliefen die Eltern gleichfalls noch ein Weilchen, und das Dienstmädchen wurde von der Schwester mit irgendeiner Besorgung weggeschickt. Gewiß wollten auch sie nicht, daß Gregor verhungerte, aber vielleicht hätten sie es nicht ertragen können, von seinem Essen mehr als durch Hörensagen zu erfahren, vielleicht wollte die Schwester ihnen auch eine möglicherweise nur kleine Trauer ersparen, denn tatsächlich litten sie ja gerade genug.

Mit welchen Ausreden man an jenem ersten Vormittag den Arzt und den Schlosser wieder aus der Wohnung geschafft hatte, konnte Gregor gar nicht erfahren, denn da er nicht verstanden wurde, dachte niemand daran, auch die Schwester nicht, daß er die anderen verstehen könne, und so mußte er sich, wenn die Schwester in seinem Zimmer war, damit begnügen, nur hier und da ihre Seufzer und Anrufe der Heiligen zu hören. Erst später, als sie sich ein wenig an alles gewöhnt hatte – von vollständiger Gewöhnung konnte natürlich niemals die Rede sein –, erhaschte Gregor manchmal eine Bemerkung, die freundlich gemeint war oder so gedeutet werden konnte. »Heute hat es ihm aber geschmeckt«, sagte sie, wenn Gregor unter dem Essen tüchtig aufgeräumt hatte, während sie im gegenteiligen Fall, der sich allmählich immer häufiger wiederholte, fast traurig zu sagen pflegte: »Nun ist wieder alles stehengeblieben.«

Während aber Gregor unmittelbar keine Neuigkeit erfahren konnte, erhorchte er manches aus den Nebenzimmern, und wo er nur einmal Stimmen hörte, lief er gleich zu der betreffenden Tür und drückte sich mit ganzem Leib an sie. Besonders in der ersten Zeit gab es kein Gespräch, das nicht irgendwie, wenn auch nur im geheimen, von ihm handelte. Zwei Tage lang waren bei allen Mahlzeiten Beratungen darüber zu hören, wie man sich jetzt verhalten solle; aber auch zwischen den Mahlzeiten sprach man über das gleiche

Thema, denn immer waren zumindest zwei Familienmitglieder zu Hause, da wohl niemand allein zu Hause bleiben wollte und man die Wohnung doch auf keinen Fall gänzlich verlassen konnte. Auch hatte das Dienstmädchen gleich am ersten Tag – es war nicht ganz klar, was und wieviel sie von dem vorgefallenen wußte – kniefällig die Mutter gebeten, sie sofort zu entlassen, und als sie sich eine Viertelstunde danach verabschiedete, dankte sie für die Entlassung unter Tränen, wie für die größte Wohltat, die man ihr hier erwiesen hatte, und gab, ohne daß man es von ihr verlangte, einen fürchterlichen Schwur ab, niemandem auch nur das geringste zu verraten.

Nun mußte die Schwester im Verein mit der Mutter auch kochen; allerdings machte das nicht viel Mühe, denn man aß fast nichts. Immer wieder hörte Gregor, wie der eine den anderen vergebens zum Essen aufforderte und keine andere Antwort bekam, als: »Danke, ich habe genug« oder etwas Ähnliches. Getrunken wurde vielleicht auch nichts. Öfters fragte die Schwester den Vater, ob er Bier haben wolle, und herzlich erbot sie sich, es selbst zu holen, und als der Vater schwieg, sagte sie, um ihm jedes Bedenken zu nehmen, sie könne auch die Hausmeisterin darum schicken, aber dann sagte der Vater schließlich ein großes »Nein«, und es wurde nicht mehr davon gesprochen.

Schon im Laufe des ersten Tages legte der Vater die ganzen Vermögensverhältnisse und Aussichten sowohl der Mutter als auch der Schwester dar. Hie und da stand er vom Tische auf und holte aus seiner kleinen Wertheimkassa, die er aus dem vor fünf Jahren erfolgten Zusammenbruch seines Geschäftes gerettet hatte, irgendeinen Beleg oder irgendein Vormerkbuch. Man hörte, wie er das komplizierte Schloß aufsperrte und nach Entnahme des Gesuchten wieder verschloß. Diese Erklärungen des Vaters waren zum Teil das erste Erfreuliche, was Gregor seit seiner Gefangenschaft zu hören bekam. Er war der Meinung gewesen, daß dem Vater von jenem Geschäft her nicht das geringste übriggeblieben war, zumindest hatte ihm der Vater nichts Gegenteiliges gesagt, und Gregor allerdings hatte ihn auch nicht darum gefragt. Gregors Sorge war damals nur gewesen, alles daranzusetzen, um die Familie das geschäftliche Unglück, das alle in eine vollständige Hoffnungslosigkeit gebracht hatte, möglichst rasch vergessen zu lassen. Und so hatte er damals mit ganz besonderem Feuer zu arbeiten angefangen und war fast über Nacht aus einem kleinen Kommis ein Reisender geworden, der natürlich ganz andere Möglichkeiten des Geldverdienens hatte und dessen Arbeitserfolge sich sofort in Form der Provision zu Bargeld verwandelten, das der erstaunten und beglückten Familie zu Hause auf den Tisch gelegt werden konnte. Es waren schöne Zeiten gewesen, und niemals nachher hatten sie sich, wenigstens in diesem Glanze, wiederholt, trotzdem Gregor später so viel Geld verdiente, daß er den Aufwand der ganzen Familie zu tragen imstande war und auch trug. Man hatte sich eben daran gewöhnt, sowohl die Familie als auch Gregor, man nahm das Geld dankbar an, er lieferte es gerne ab, aber eine besondere Wärme wollte sich nicht mehr ergeben. Nur die Schwester war Gregor doch noch nahe geblieben, und es war sein geheimer Plan, sie, die zum Unterschied von Gregor Musik sehr liebte und rührend Violine zu spielen verstand, nächstes Jahr, ohne Rücksicht auf die großen Kosten, die das verursachen mußte und die man schon auf andere Weise hereinbringen würde, auf das Konservatorium zu schicken. Öfters während der kurzen Aufenthalte Gregors in der Stadt wurde in den Gesprächen mit der Schwester das Konservatorium erwähnt, aber immer nur als schöner Traum, an dessen Verwirklichung nicht zu denken war, und die Eltern hörten nicht einmal diese unschuldigen Erwähnungen gern; aber Gregor dachte sehr bestimmt daran und beabsichtigte, es am Weihnachtsabend feierlich zu erklären.

Solche in seinem gegenwärtigen Zustand ganz nutzlose Gedanken gingen ihm durch den Kopf, während er dort aufrecht an der Türe klebte und horchte. Manchmal konnte er vor allgemeiner Müdigkeit gar nicht mehr zuhören und ließ den Kopf nachlässig gegen die Tür schlagen, hielt ihn aber sofort wieder fest, denn selbst das kleine Geräusch, das er damit verursacht hatte, war nebenan gehört worden und hatte alle verstummen lassen. »Was er nun wieder treibt«, sagte der Vater nach einer Weile, offenbar zur Türe hingewendet, und dann erst wurde das unterbrochene Gespräch allmählich wieder aufgenommen.

Gregor erfuhr nun zur Genüge – denn der Vater pflegte sich in seinen Erklärungen öfters zu wiederholen, teils, weil er selbst sich mit diesen Dingen schon lange nicht beschäftigt hatte, teils auch, weil die Mutter nicht alles gleich beim erstenmal verstand –, daß trotz allen Unglücks ein allerdings ganz kleines Vermögen aus der alten Zeit noch vorhanden war, das die nicht angerührten Zinsen in der Zwischenzeit ein wenig hatten anwachsen lassen. Außerdem aber war das Geld, das Gregor allmonatlich nach Hause gebracht hatte – er selbst hatte nur ein paar Gulden für sich behalten –, nicht vollständig aufgebraucht worden und hatte sich zu einem kleinen Kapital angesammelt. Gregor, hinter seiner Türe, nickte eifrig, erfreut über diese unerwartete Vorsicht und Sparsamkeit. Eigentlich hätte er ja mit diesen überschüssigen Geldern die Schuld des Vaters gegenüber dem Chef weiter abgetragen haben können, und jener Tag, an dem er diesen Posten hätte loswerden können, wäre weit näher gewesen, aber jetzt war es zweifellos besser so, wie es der Vater eingerichtet hatte.

Nun genügte dieses Geld aber ganz und gar nicht, um die Familie etwa von den Zinsen leben zu lassen; es genügte vielleicht, um die Familie ein, höchstens zwei Jahre zu erhalten, mehr war es nicht. Es war also bloß eine Summe, die man eigentlich nicht angreifen durfte und die für den Notfall zurückgelegt werden mußte; das Geld zum Leben aber mußte man verdienen. Nun war aber der Vater ein zwar gesunder, aber alter Mann, der schon fünf Jahre nichts gearbeitet hatte und sich jedenfalls nicht viel zutrauen durfte; er hatte in diesen fünf Jahren, welche die ersten Ferien seines mühevollen und doch erfolglosen Lebens waren, viel Fett angesetzt und war dadurch recht schwerfällig geworden. Und die alte Mutter sollte nun vielleicht Geld verdienen, die an Asthma litt, der eine Wanderung durch die Wohnung schon Anstrengung verursachte und die jeden zweiten Tag in Atembeschwerden auf dem Sofa beim offenen Fenster verbrachte? Und die Schwester sollte Geld verdienen, die noch ein Kind war mit ihren siebzehn Jahren und der ihre bisherige Lebensweise so sehr zu gönnen war, die daraus bestanden hatte, sich nett zu kleiden, lange zu schlafen, in der Wirtschaft mitzuhelfen, an ein paar bescheidenen Vergnügungen sich zu beteiligen und vor allem Violine zu spielen? Wenn die Rede auf diese Notwendigkeit des Geldverdienens kam, ließ zuerst immer Gregor die Tür los und warf sich auf das neben der Tür befindliche kühle Ledersofa, denn ihm war ganz heiß vor Beschämung und Trauer.

Oft lag er dort die ganzen langen Nächte über, schlief keinen Augenblick und scharrte nur stundenlang auf dem Leder. Oder er scheute nicht die große Mühe, einen Sessel zum Fenster zu schieben, dann die Fensterbrüstung hinaufzukriechen und, in den Sessel gestemmt, sich ans Fenster zu lehnen, offenbar nur in irgendeiner Erinnerung an das Befreiende, das früher für ihn darin gelegen war, aus dem Fenster zu schauen. Denn tatsächlich sah er von Tag zu Tag die auch nur ein wenig entfernten Dinge immer undeutlicher; das gegenüberliegende Krankenhaus, dessen nur allzu häufigen Anblick er früher verflucht hatte, bekam er überhaupt nicht mehr zu Gesicht, und wenn er nicht genau gewußt hätte, daß er in der stillen, aber völlig städtischen Charlottenstraße wohnte, hätte er glauben können, von seinem Fenster aus in eine Einöde zu schauen, in welcher der graue Himmel und die graue Erde ununterscheidbar sich vereinigten. Nur zweimal hatte die aufmerksame Schwester sehen müssen, daß der Sessel beim Fenster stand, als sie schon jedesmal, nachdem sie das Zimmer aufgeräumt hatte, den Sessel wieder genau zum Fenster hinschob, ja sogar von nun ab den inneren Fensterflügel offenließ.

Hätte Gregor nur mit der Schwester sprechen und ihr für alles danken können, was sie für ihn machen mußte, er hätte ihre Dienste leichter ertragen; so aber litt er darunter. Die Schwester suchte freilich die Peinlichkeit des Ganzen möglichst zu verwischen, und je längere Zeit verging, desto besser gelang es ihr natürlich auch, aber auch Gregor durchschaute mit der Zeit alles viel genauer. Schon ihr Eintritt war für ihn schrecklich. Kaum war sie eingetreten, lief sie, ohne sich Zeit zu nehmen, die Türe zu schließen, so sehr sie sonst darauf achtete, jedem den Anblick von Gregors Zimmer zu ersparen, geradewegs zum Fenster und riß es, als ersticke sie fast, mit hastigen Händen auf, blieb auch, selbst wenn es noch so kalt war, ein Weilchen beim Fenster und atmete tief. Mit diesem Laufen und Lärmen erschreckte sie Gregor täglich zweimal; die ganze Zeit über zitterte er unter dem Kanapee und wußte doch sehr gut, daß sie ihn gewiß gerne damit verschont hätte, wenn es ihr nur möglich gewesen wäre, sich in einem Zimmer, in dem sich Gregor befand, bei geschlossenem Fenster aufzuhalten.

Einmal, es war wohl schon ein Monat seit Gregors Verwandlung vergangen, und es war doch schon für die Schwester kein besonderer Grund mehr, über Gregors Aussehen in Erstaunen zu geraten, kam sie ein wenig früher als sonst und traf Gregor noch an, wie er, unbeweglich und so recht zum Erschrecken aufgestellt, aus dem Fenster schaute. Es wäre für Gregor nicht unerwartet gewesen, wenn sie nicht eingetreten wäre, da er sie durch seine Stellung verhinderte, sofort das Fenster zu öffnen, aber sie trat nicht nur nicht ein, sie fuhr sogar zurück und schloß die Tür; ein Fremder hätte geradezu denken können, Gregor habe ihr aufgelauert und habe sie beißen wollen. Gregor versteckte sich natürlich sofort unter dem Kanapee, aber er mußte bis zum Mittag warten, ehe die Schwester wiederkam, und sie schien viel unruhiger als sonst. Er erkannte daraus, daß ihr sein Anblick noch immer unerträglich war und ihr auch weiterhin unerträglich bleiben müsse, und daß sie sich wohl sehr überwinden mußte, vor dem Anblick auch nur der kleinen Partie seines Körpers nicht davonzulaufen, mit der er unter dem Kanapee hervorragte. Um ihr auch diesen Anblick zu ersparen, trug er eines Tages auf seinem Rücken – er brauchte zu dieser Arbeit vier Stunden – das Leintuch auf das Kanapee und ordnete es in einer solchen Weise an, daß er nun gänzlich verdeckt war, und daß die Schwester, selbst wenn sie sich bückte, ihn nicht sehen konnte. Wäre dieses Leintuch ihrer Meinung nach nicht nötig gewesen, dann hätte sie es ja entfernen können, denn daß es nicht zum Vergnügen Gregors gehören konnte, sich so ganz und gar abzusperren, war doch klar genug, aber sie ließ das Leintuch, so wie es war, und Gregor glaubte sogar einen dankbaren Blick erhascht zu haben, als er einmal mit dem Kopf vorsichtig das Leintuch ein wenig lüftete, um nachzusehen, wie die Schwester diese neue Einrichtung aufnahm.

In den ersten vierzehn Tagen konnten es die Eltern nicht über sich bringen, zu ihm hereinzukommen, und er hörte oft, wie sie die jetzige Arbeit der Schwester völlig anerkannten, während sie sich bisher häufig über die Schwester geärgert hatten, weil sie ihnen als ein etwas nutzloses Mädchen erschienen war. Nun aber warteten oft beide, der Vater und die Mutter, vor Gregors Zimmer, während die Schwester dort aufräumte, und kaum war sie herausgekommen, mußte sie ganz genau erzählen, wie es in dem Zimmer aussah, was Gregor gegessen hatte, wie er sich diesmal benommen hatte, und ob vielleicht eine kleine Besserung zu bemerken war. Die Mutter übrigens wollte verhältnismäßig bald Gregor besuchen, aber der Vater und die Schwester hielten sie zuerst mit Vernunftgründen zurück, denen Gregor sehr aufmerksam zuhörte, und die er vollständig billigte. Später aber mußte man sie mit Gewalt zurückhalten, und wenn sie dann rief: »Laßt mich doch zu Gregor, er ist ja mein unglücklicher Sohn! Begreift ihr es denn nicht, daß ich zu ihm muß?«, dann dachte Gregor, daß es vielleicht doch gut wäre, wenn die Mutter hereinkäme, nicht jeden Tag natürlich, aber vielleicht einmal in der Woche; sie verstand doch alles viel besser als die Schwester, die trotz all ihrem Mute doch nur ein Kind war und im letzten Grunde vielleicht nur aus kindlichem Leichtsinn eine so schwere Aufgabe übernommen hatte.

Der Wunsch Gregors, die Mutter zu sehen, ging bald in Erfüllung. Während des Tages wollte Gregor schon aus Rücksicht auf seine Eltern sich nicht beim Fenster zeigen, kriechen konnte er aber auf den paar Quadratmetern des Fußbodens auch nicht viel, das ruhige Liegen ertrug er schon während der Nacht schwer, das Essen machte ihm bald nicht mehr das geringste Vergnügen, und so nahm er zur Zerstreuung die Gewohnheit an, kreuz und quer über Wände und Plafond zu kriechen. Besonders oben auf der Decke hing er gern; es war ganz anders, als das Liegen auf dem Fußboden; man atmete freier; ein leichtes Schwingen ging durch den Körper; und in der fast glücklichen Zerstreutheit, in der sich Gregor dort oben befand, konnte es geschehen, daß er zu seiner eigenen Überraschung sich losließ und auf den Boden klatschte. Aber nun hatte er natürlich seinen Körper ganz anders in der Gewalt als früher und beschädigte sich selbst bei einem so großen Falle nicht. Die Schwester nun bemerkte sofort diese neue Unterhaltung, die Gregor für sich gefunden hatte – er hinterließ ja auch beim Kriechen hie und da Spuren seines Klebstoffes –, und da setzte sie es sich in den Kopf, Gregor das Kriechen in größtem Ausmaße zu ermöglichen und die Möbel, die es verhinderten, also vor allem den Kasten und den Schreibtisch, wegzuschaffen. Nun war sie aber nicht imstande, dies allein zu tun; den Vater wagte sie nicht um Hilfe zu bitten; das Dienstmädchen hätte ihr ganz gewiß nicht geholfen, denn dieses etwa sechzehnjährige Mädchen harrte zwar tapfer seit der Entlassung der früheren Köchin aus, hatte aber um die Vergünstigung gebeten, die Küche unaufhörlich versperrt halten zu dürfen und nur auf besonderen Anruf öffnen zu müssen; so blieb der Schwester also nichts übrig, als einmal in Abwesenheit des Vaters die Mutter zu holen. Mit Ausrufen erregter Freude kam die Mutter auch heran, verstummte aber an der Tür vor Gregors Zimmer. Zuerst sah natürlich die Schwester nach, ob alles im Zimmer in Ordnung war; dann erst ließ sie die Mutter eintreten. Gregor hatte in größter Eile das Leintuch noch tiefer und mehr in Falten gezogen, das Ganze sah wirklich nur wie ein zufällig über das Kanapee geworfenes Leintuch aus. Gregor unterließ auch diesmal, unter dem Leintuch zu spionieren; er verzichtete darauf, die Mutter schon diesmal zu sehen, und war nur froh, daß sie nun doch gekommen war. »Komm nur, man sieht ihn nicht«, sagte die Schwester, und offenbar führte sie die Mutter an der Hand. Gregor hörte nun, wie die zwei schwachen Frauen den immerhin schweren alten Kasten von seinem Platze rückten, und wie die Schwester immerfort den größten Teil der Arbeit für sich beanspruchte, ohne auf die Warnungen der Mutter zu hören, welche fürchtete, daß sie sich überanstrengen werde. Es dauerte sehr lange. Wohl nach schon viertelstündiger Arbeit sagte die Mutter, man solle den Kasten doch lieber hier stehen lassen, denn erstens sei er zu schwer, sie würden vor Ankunft des Vaters nicht fertig werden und mit dem Kasten in der

Mitte des Zimmers Gregor jeden Weg verrammeln, zweitens aber sei es doch gar nicht sicher, daß Gregor mit der Entfernung der Möbel ein Gefallen geschehe. Ihr scheine das Gegenteil der Fall zu sein; ihr bedrücke der Anblick der leeren Wand geradezu das Herz; und warum solle nicht auch Gregor diese Empfindung haben, da er doch an die Zimmermöbel längst gewöhnt sei und sich deshalb im leeren Zimmer verlassen fühlen werde. »Und ist es dann nicht so«, schloß die Mutter ganz leise, wie sie überhaupt fast flüsterte, als wolle sie vermeiden, daß Gregor, dessen genauen Aufenthalt sie ja nicht kannte, auch nur den Klang der Stimme höre, denn daß er die Worte nicht verstand, davon war sie überzeugt, »und ist es nicht so, als ob wir durch die Entfernung der Möbel zeigten, daß wir jede Hoffnung auf Besserung aufgeben und ihn rücksichtslos sich selbst überlassen? Ich glaube, es wäre das beste, wir suchen das Zimmer genau in dem Zustand zu erhalten, in dem es früher war, damit Gregor, wenn er wieder zu uns zurückkommt, alles unverändert findet und um so leichter die Zwischenzeit vergessen kann.«

Beim Anhören dieser Worte der Mutter erkannte Gregor, daß der Mangel jeder unmittelbaren menschlichen Ansprache, verbunden mit dem einförmigen Leben inmitten der Familie, im Laufe dieser zwei Monate seinen Verstand hatte verwirren müssen, denn anders konnte er es sich nicht erklären, daß er ernsthaft danach hatte verlangen können, daß sein Zimmer ausgeleert würde. Hatte er wirklich Lust, das warme, mit ererbten Möbeln gemütlich ausgestattete Zimmer in eine Höhle verwandeln zu lassen, in der er dann freilich nach allen Richtungen ungestört würde kriechen können, jedoch auch unter gleichzeitigem schnellen, gänzlichen Vergessen seiner menschlichen Vergangenheit? War er doch jetzt schon nahe daran, zu vergessen, und nur die seit langem nicht gehörte Stimme der Mutter hatte ihn aufgerüttelt. Nichts sollte entfernt werden; alles mußte bleiben; die guten Einwirkungen der Möbel auf seinen Zustand konnte er nicht entbehren; und wenn die Möbel ihn hinderten, das sinnlose Herumkriechen zu betreiben, so war es kein Schaden, sondern ein großer Vorteil.

Aber die Schwester war leider anderer Meinung; sie hatte sich, allerdings nicht ganz unberechtigt angewöhnt, bei Besprechungen der Angelegenheiten Gregors als besonders Sachverständige gegenüber den Eltern aufzutreten, und so war auch jetzt der Rat der Mutter für die Schwester Grund genug, auf der Entfernung nicht nur des Kastens und des Schreibtisches, an die sie zuerst allein gedacht hatte, sondern auf die Entfernung sämtlicher Möbel, mit Ausnahme des unentbehrlichen Kanapees, zu bestehen. Es waren natürlich nicht nur kindlicher Trotz und das in der letzten Zeit so unerwartet und schwer erworbene Selbstvertrauen, das sie zu dieser Forderung bestimmte; sie hatte doch auch tatsächlich beobachtet, daß Gregor viel Raum zum Kriechen brauchte, dagegen die Möbel, soweit man sehen konnte, nicht im geringsten benützte. Vielleicht aber spielte auch der schwärmerische Sinn der Mädchen ihres Alters mit, der bei jeder Gelegenheit seine Befriedigung sucht, und durch den Grete jetzt sich dazu verlocken ließ, die Lage Gregors noch schreckenerregender machen zu wollen, um dann noch mehr als bis jetzt für ihn leisten zu können. Denn in einem Raum, in dem Gregor ganz allein die leeren Wände beherrschte, würde wohl kein Mensch außer Grete jemals einzutreten sich getrauen.

Und so ließ sie sich von ihrem Entschlusse durch die Mutter nicht abbringen, die auch in diesem Zimmer vor lauter Unruhe unsicher schien, bald verstummte und der Schwester nach Kräften beim Hinausschaffen des Kastens half. Nun, den Kasten konnte Gregor im Notfall noch entbehren, aber schon der Schreibtisch mußte bleiben. Und kaum hatten die Frauen mit dem Kasten, an den sie sich ächzend drückten, das Zimmer verlassen, als Gregor den Kopf unter dem Kanapee hervorstieß, um zu sehen, wie er vorsichtig und möglichst rücksichtsvoll eingreifen könnte. Aber zum Unglück war es gerade die Mutter, welche zuerst zurückkehrte, während Grete im Nebenzimmer den Kasten umfangen hielt und ihn allein hin und her schwang, ohne ihn natürlich von der Stelle zu bringen. Die Mutter aber war Gregors Anblick nicht gewöhnt, er hätte sie krank machen können, und so eilte Gregor erschrocken im Rückwärtslauf bis an das andere Ende des Kanapees, konnte es aber nicht mehr verhindern, daß das Leintuch vorne ein wenig sich bewegte. Das genügte, um die Mutter aufmerksam zu machen. Sie stockte, stand einen Augenblick still und ging dann zu Grete zurück.

Trotzdem sich Gregor immer wieder sagte, daß ja nichts Außergewöhnliches geschehe, sondern nur ein paar Möbel umgestellt würden, wirkte doch, wie er sich bald eingestehen mußte, dieses Hin- und Hergehen der Frauen, ihre kleinen Zurufe, das Kratzen der Möbel auf dem Boden wie ein großer, von allen Seiten genährter Trubel auf ihn, und er mußte sich, so fest er Kopf und Beine an sich zog und den Leib bis an den Boden drückte, unweigerlich sagen, daß er das Ganze nicht lange aushalten werde. Sie räumten ihm sein Zimmer aus; nahmen ihm alles, was ihm lieb war; den Kasten, in dem die Laubsäge und andere Werkzeuge lagen, hatten sie schon hinausgetragen; lockerten jetzt den schon im Boden fest eingegrabenen Schreibtisch, an dem er als Handelsakademiker, als Bürgerschüler, ja sogar schon als Volksschüler seine Aufgaben geschrieben hatte – da hatte er wirklich keine Zeit mehr, die guten Absichten zu prüfen, welche die zwei Frauen hatten, deren Existenz er übrigens fast vergessen hatte, denn vor Erschöpfung arbeiteten sie schon stumm, und man hörte nur das schwere Tappen ihrer Füße.

Und so brach er denn hervor – die Frauen stützten

sich gerade im Nebenzimmer an den Schreibtisch, um ein wenig zu verschnaufen –, wechselte viermal die Richtung des Laufes, er wußte wirklich nicht, was er zuerst retten sollte, da sah er an der im übrigen schon leeren Wand auffallend das Bild der in lauter Pelzwerk gekleideten Dame hängen, kroch eilends hinauf und preßte sich an das Glas, das ihn festhielt und seinem heißen Bauch wohltat. Dieses Bild wenigstens, das Gregor jetzt ganz verdeckte, würde nun gewiß niemand wegnehmen. Er verdrehte den Kopf nach der Tür des Wohnzimmers, um die Frauen bei ihrer Rückkehr zu beobachten.

Sie hatten sich nicht viel Ruhe gegönnt und kamen schon wieder; Grete hatte den Arm um die Mutter gelegt und trug sie fast. »Also was nehmen wir jetzt?« sagte Grete und sah sich um. Da kreuzten sich ihre Blicke mit denen Gregors an der Wand. Wohl nur infolge der Gegenwart der Mutter behielt sie ihre Fassung, beugte ihr Gesicht zur Mutter, um diese vom Herumschauen abzuhalten, und sagte, allerdings zitternd und unüberlegt: »Komm, wollen wir nicht lieber auf einen Augenblick noch ins Wohnzimmer zurückgehen?« Die Absicht Gretes war für Gregor klar, sie wollte die Mutter in Sicherheit bringen und dann ihn von der Wand hinunterjagen. Nun, sie konnte es ja immerhin versuchen! Er saß auf seinem Bild und gab es nicht her. Lieber würde er Grete ins Gesicht springen.

Aber Gretes Worte hatten die Mutter erst recht beunruhigt, sie trat zur Seite, erblickte den riesigen braunen Fleck auf der geblümten Tapete, rief, ehe ihr eigentlich zum Bewußtsein kam, daß das Gregor war, was sie sah, mit schreiender, rauher Stimme: »Ach Gott, ach Gott!« und fiel mit ausgebreiteten Armen, als gebe sie alles auf, über das Kanapee hin und rührte sich nicht. »Du, Gregor!« rief die Schwester mit erhobener Faust und eindringlichen Blicken. Es waren seit der Verwandlung die ersten Worte, die sie unmittelbar an ihn gerichtet hatte. Sie lief ins Nebenzimmer, um irgendeine Essenz zu holen, mit der sie die Mutter aus ihrer Ohnmacht wecken könnte; Gregor wollte auch helfen – zur Rettung des Bildes war noch Zeit –; er klebte aber fest an dem Glas und mußte sich mit Gewalt losreißen; er lief dann auch ins Nebenzimmer, als könne er der Schwester irgendeinen Rat geben, wie in früherer Zeit; mußte dann aber untätig hinter ihr stehen; während sie in verschiedenen Fläschchen kramte, erschreckte sie noch, als sie sich umdrehte; eine Flasche fiel auf den Boden und zerbrach: ein Splitter verletzte Gregor im Gesicht, irgendeine ätzende Medizin umfloß ihn; Grete nahm nun, ohne sich länger aufzuhalten, soviel Fläschchen, als sie nur halten konnte, und rannte mit ihnen zur Mutter hinein; die Tür schlug sie mit dem Fuße zu. Gregor war nun von der Mutter abgeschlossen, die durch seine Schuld vielleicht dem Tode nahe war; die Tür durfte er nicht öffnen, wollte er die Schwester, die bei der Mutter bleiben mußte, nicht verjagen; er hatte jetzt nichts zu tun, als zu warten; und von Selbstvorwürfen und Besorgnis bedrängt, begann er zu kriechen, überkroch alles, Wände, Möbel und Zimmerdecke, und fiel endlich in seiner Verzweiflung, als sich das ganze Zimmer schon um ihn zu drehen anfing, mitten auf den großen Tisch.

Es verging eine kleine Weile, Gregor lag matt da, ringsherum war es still, vielleicht war das ein gutes Zeichen. Da läutete es. Das Mädchen war natürlich in ihrer Küche eingesperrt und Grete mußte daher öffnen gehen. Der Vater war gekommen. »Was ist geschehen?« waren seine ersten Worte; Gretes Aussehen hatte ihm wohl alles verraten. Grete antwortete mit dumpfer Stimme, offenbar drückte sie ihr Gesicht an des Vaters Brust: »Die Mutter war ohnmächtig, aber es geht ihr schon besser. Gregor ist ausgebrochen.« »Ich habe es ja erwartet«, sagte der Vater, »ich habe es euch ja immer gesagt, aber ihr Frauen wollt nicht hören.« Gregor war es klar, daß der Vater Gretes allzu kurze Mitteilung schlecht gedeutet hatte und annahm, daß Gregor sich irgendeine Gewalttat habe zuschulden kommen lassen. Deshalb mußte Gregor den Vater jetzt zu besänftigen suchen, denn ihn aufzuklären hatte er weder Zeit noch Möglichkeit. Und so flüchtete er sich zur Tür seines Zimmers und drückte sich an sie, damit der Vater beim Eintritt vom Vorzimmer her gleich sehen könne, daß Gregor die beste Absicht habe, sofort in sein Zimmer zurückzukehren, und daß es nicht nötig sei, ihn zurückzutreiben, sondern daß man nur die Tür zu öffnen brauche, und gleich werde er verschwinden.

Aber der Vater war nicht in der Stimmung, solche Feinheiten zu bemerken: »Ah!« rief er gleich beim Eintritt in einem Tone, als sei er gleichzeitig wütend und froh. Gregor zog den Kopf von der Tür zurück und hob ihn gegen den Vater. So hatte er sich den Vater wirklich nicht vorgestellt, wie er jetzt dastand; allerdings hatte er in der letzten Zeit über dem neuartigen Herumkriechen versäumt, sich so wie früher um die Vorgänge in der übrigen Wohnung zu kümmern, und hätte eigentlich darauf gefaßt sein müssen, veränderte Verhältnisse anzutreffen. Trotzdem, trotzdem, war das noch der Vater? Der gleiche Mann, der müde im Bett vergraben lag, wenn früher Gregor zu einer Geschäftsreise ausgerückt war; der ihn an Abenden der Heimkehr im Schlafrock im Lehnstuhl empfangen hatte; gar nicht recht imstande war, aufzustehen, sondern zum Zeichen der Freude nur die Arme gehoben hatte, und der bei den seltenen gemeinsamen Spaziergängen an ein paar Sonntagen im Jahr und an den höchsten Feiertagen zwischen Gregor und der Mutter, die schon an und für sich langsam gingen, immer noch ein wenig langsamer, in seinen alten Mantel eingepackt, mit stets vorsichtig aufgesetztem Krückstock sich vorwärts arbeitete und, wenn er etwas sagen wollte, fast immer stillstand und seine Begleitung um sich versammelte? Nun aber war er recht gut aufgerichtet; in eine straffe blaue Uniform mit Goldknöpfen gekleidet, wie sie Diener der Bankinstitute tragen; über dem hohen steifen Kragen des Rockes entwickelte sich sein starkes Doppelkinn; unter den buschigen Augenbrauen drang der Blick der schwarzen Augen frisch und aufmerksam hervor; das sonst zerzauste weiße Haar war zu einer peinlich genauen, leuchtenden Scheitelfrisur niedergekämmt. Er warf seine Mütze, auf der ein Goldmonogramm, wahrscheinlich das einer Bank, angebracht war, über das ganze Zimmer im Bogen auf das Kanapee hin und ging, die Enden seines langen Uniformrockes zurückgeschlagen, die Hände in den Hosentaschen, mit verbissenem Gesicht auf Gregor zu. Er wußte wohl selbst nicht, was er vorhatte; immerhin hob er die Füße ungewöhnlich hoch, und Gregor staunte über die Riesengröße seiner Stiefelsohlen. Doch hielt er sich dabei nicht auf, er wußte ja noch vom ersten Tage seines neuen Lebens her, daß der Vater ihm gegenüber nur die größte Strenge für angebracht ansah. Und so lief er vor dem Vater her, stockte, wenn der Vater stehenblieb, und eilte schon wieder vorwärts, wenn sich der Vater nur rührte. So machten sie mehrmals die Runde um das Zimmer, ohne daß sich etwas Entscheidendes ereignete, ja ohne daß das Ganze infolge seines langsamen Tempos den Anschein einer Verfolgung gehabt hätte. Deshalb blieb auch Gregor vorläufig auf dem Fußboden, zumal er fürchtete, der Vater könnte eine Flucht auf die Wände oder auf den Plafond für besondere Bosheit halten. Allerdings mußte sich Gregor sagen, daß er sogar dieses Laufen nicht lange aushalten würde; denn während der Vater einen Schritt machte, mußte er eine Unzahl von Bewegungen ausführen. Atemnot begann sich schon bemerkbar zu machen, wie er ja auch in seiner früheren Zeit keine ganz vertrauenswürdige Lunge besessen hatte. Als er nun so dahintorkelte, um alle Kräfte für den Lauf zu sammeln, kaum die Augen offenhielt; in seiner Stumpfheit an eine andere Rettung als durch Laufen gar nicht dachte; und fast schon vergessen hatte, daß ihm die Wände freistanden, die hier allerdings mit sorgfältig geschnitzten Möbeln voll Zacken und Spitzen verstellt waren – da flog knapp neben ihm, leicht geschleudert, irgend etwas nieder und rollte vor ihm her. Es war ein Apfel; gleich flog ihm ein zweiter nach; Gregor blieb vor Schrecken stehen; ein Weiterlaufen war nutzlos, denn der Vater hatte sich entschlossen, ihn zu bombardieren. Aus der Obstschale auf der Kredenz hatte er sich die Taschen gefüllt und warf nun, ohne vorläufig scharf zu zielen, Apfel für Apfel. Diese kleinen roten Äpfel rollten wie elektrisiert auf dem Boden herum und stießen aneinander. Ein schwach geworfener Apfel streifte Gregors Rücken, glitt aber unschädlich ab. Ein ihm sofort nachfliegender drang dagegen förmlich in Gregors Rücken ein; Gregor wollte sich weiterschleppen, als könne der überraschende unglaubliche Schmerz mit dem Ortswechsel vergehen; doch fühlte er sich wie festgenagelt und streckte sich in vollständiger Verwirrung aller Sinne. Nur mit dem letzten Blick sah er noch, wie die Tür seines Zimmers aufgerissen wurde, und vor der schreienden Schwester die Mutter hervoreilte, im Hemd, denn die Schwester hatte sie entkleidet, um ihr in der Ohnmacht Atemfreiheit zu verschaffen, wie dann die Mutter auf den Vater zulief und ihr auf dem Weg die aufgebundenen Röcke einer nach dem anderen zu Boden glitten, und wie sie stolpernd über die Röcke auf den Vater eindrang und ihn umarmend, in gänzlicher Vereinigung mit ihm – nun versagte aber Gregors Sehkraft schon – die Hände an des Vaters Hinterkopf um Schonung von Gregors Leben bat.

III

Die schwere Verwundung Gregors, an der er über einen Monat litt – der Apfel blieb, da ihn niemand zu entfernen wagte, als sichtbares Andenken im Fleische sitzen –, schien selbst den Vater daran erinnert zu haben, daß Gregor trotz seiner gegenwärtigen traurigen und ekelhaften Gestalt ein Familienmitglied war, das man nicht wie einen Feind behandeln durfte, sondern demgegenüber es das Gebot der Familienpflicht war, den Widerwillen hinunterzuschlucken und zu dulden, nichts als zu dulden.

Und wenn nun auch Gregor durch seine Wunde an Beweglichkeit wahrscheinlich für immer verloren hatte und vorläufig zur Durchquerung seines Zimmers wie ein alter Invalide lange, lange Minuten brauchte – an das Kriechen in der Höhe war nicht zu denken –, so bekam er für diese Verschlimmerung seines Zustandes einen seiner Meinung nach vollständig genügenden Ersatz dadurch, daß immer gegen Abend die Wohnzimmertür, die er schon ein bis zwei Stunden vorher scharf zu beobachten pflegte, geöffnet wurde, so daß er, im Dunkel seines Zimmers liegend, vom Wohnzimmer aus unsichtbar, die ganze Familie beim beleuchteten Tische sehen und ihre Reden, gewissermaßen mit allgemeiner Erlaubnis, also ganz anders als früher, anhören durfte.

Freilich waren es nicht mehr die lebhaften Unterhaltungen der früheren Zeiten, an die Gregor in den kleinen Hotelzimmern stets mit einigem Verlangen gedacht hatte, wenn er sich müde in das feuchte Bettzeug hatte werfen müssen. Es ging jetzt meist nur sehr still zu. Der Vater schlief bald nach dem Nachtessen in seinem Sessel ein; die Mutter und Schwester ermahnten einander zur Stille; die Mutter nähte, weit unter das Licht vorgebeugt, feine Wäsche für ein Modengeschäft; die Schwester, die eine Stellung als Verkäuferin angenommen hatte, lernte am Abend Stenographie und Französisch, um vielleicht später einmal einen besseren Posten zu erreichen. Manchmal wachte der Vater auf, und als wisse er gar nicht, daß er geschlafen habe, sagte er zur Mutter: »Wie lange du heute schon wieder nähst!« und schlief sofort wieder ein, während Mutter und Schwester einander müde zulächelten.

Mit einer Art Eigensinn weigerte sich der Vater, auch zu Hause seine Dieneruniform abzulegen; und während der Schlafrock nutzlos am Kleiderhaken hing, schlummerte der Vater vollständig angezogen auf seinem Platz, als sei er immer zu seinem Dienste bereit und warte auch hier auf die Stimme des Vorgesetzten. Infolgedessen verlor die gleich anfangs nicht neue Uniform trotz aller Sorgfalt von Mutter und Schwester an Reinlichkeit, und Gregor sah oft ganze Abende lang auf dieses über und über fleckige, mit seinen stets geputzten Goldknöpfen leuchtende Kleid, in dem der alte Mann höchst unbequem und doch ruhig schlief.

Sobald die Uhr zehn schlug, suchte die Mutter durch leise Zusprache den Vater zu wecken und dann zu überreden, ins Bett zu gehen, denn hier war es doch kein richtiger Schlaf, und diesen hatte der Vater, der um sechs Uhr seinen Dienst antreten mußte, äußerst nötig. Aber in dem Eigensinn, der ihn, seitdem er Diener war, ergriffen hatte, bestand er immer darauf, noch länger bei Tisch zu bleiben, trotzdem er regelmäßig einschlief, und war dann überdies nur mit der größten Mühe zu bewegen, den Sessel mit dem Bett zu vertauschen. Da mochten Mutter und Schwester mit kleinen Ermahnungen noch so sehr auf ihn eindringen, viertelstundenlang schüttelte er langsam den Kopf, hielt die Augen geschlossen und stand nicht auf. Die Mutter zupfte ihn am Ärmel, sagte ihm Schmeichelworte ins Ohr, die Schwester verließ ihre Aufgabe, um der Mutter zu helfen, aber beim Vater verfing das nicht. Er versank nur noch tiefer in seinen Sessel. Erst als ihn die Frauen unter den Achseln faßten, schlug er die Augen auf, sah abwechselnd die Mutter und die

Schwester an und pflegte zu sagen: »Das ist ein Leben. Das ist die Ruhe meiner alten Tage.« Und auf die beiden Frauen gestützt, erhob er sich, umständlich, als sei er für sich selbst die größte Last, ließ sich von den Frauen bis zur Türe führen, winkte ihnen dort ab und ging nun selbständig weiter, während die Mutter ihr Nähzeug, die Schwester ihre Feder eiligst hinwarfen, um hinter dem Vater zu laufen und ihm weiter behilflich zu sein.

Wer hatte in dieser abgearbeiteten und übermüdeten Familie Zeit, sich um Gregor mehr zu kümmern, als unbedingt nötig war? Der Haushalt wurde immer mehr eingeschränkt; das Dienstmädchen wurde nun doch entlassen; eine riesige knochige Bedienerin mit weißem, den Kopf umflatterndem Haar kam des Morgens und des Abends, um die schwerste Arbeit zu leisten; alles andere besorgte die Mutter neben ihrer vielen Näharbeit. Es geschah sogar, daß verschiedene Familienschmuckstücke, welche früher die Mutter und die Schwester überglücklich bei Unterhaltungen und Feierlichkeiten getragen hatten, verkauft wurden, wie Gregor am Abend aus der allgemeinen Besprechung der erzielten Preise erfuhr. Die größte Klage war aber stets, daß man diese für die gegenwärtigen Verhältnisse allzu große Wohnung nicht verlassen konnte, da es nicht auszudenken war, wie man Gregor übersiedeln sollte. Aber Gregor sah wohl ein, daß es nicht nur die Rücksicht auf ihn war, welche eine Übersiedlung verhinderte, denn ihn hätte man doch in einer passenden Kiste mit ein paar Luftlöchern leicht transportieren können; was die Familie hauptsächlich vom Wohnungswechsel abhielt, war vielmehr die völlige Hoffnungslosigkeit und der Gedanke daran, daß sie mit einem Unglück geschlagen war, wie niemand sonst im ganzen Verwandten- und Bekanntenkreis. Was die Welt von armen Leuten verlangt, erfüllten sie bis zum äußersten, der Vater holte den kleinen Bankbeamten das Frühstück, die Mutter opferte sich für die Wäsche fremder Leute, die Schwester lief nach dem Befehl der Kunden hinter dem Pulte hin und her, aber weiter reichten die Kräfte der Familie schon nicht. Und die Wunde im Rücken fing Gregor wie neu zu schmerzen an, wenn Mutter und Schwester, nachdem sie den Vater zu Bett gebracht hatten, nun zurückkehrten, die Arbeit liegenließen, nahe zusammenrückten, schon Wange an Wange saßen; wenn jetzt die Mutter, auf Gregors Zimmer zeigend, sagte: »Mach' dort die Türe zu, Grete«, und wenn nun Gregor wieder im Dunkel war, während nebenan die Frauen ihre Tränen vermischten oder gar tränenlos den Tisch anstarrten.

Die Nächte und Tage verbrachte Gregor fast ganz ohne Schlaf. Manchmal dachte er daran, beim nächsten Öffnen der Tür die Angelegenheiten der Familie ganz so wie früher wieder in die Hand zu nehmen; in seinen Gedanken erschienen wieder nach langer Zeit der Chef und der Prokurist, die Kommis und die Lehrjungen, der so begriffsstutzige Hausknecht, zwei, drei Freunde aus anderen Geschäften, ein Stubenmädchen aus einem Hotel in der Provinz, eine liebe, flüchtige Erinnerung, eine Kassiererin aus einem Hutgeschäft, um die er sich ernsthaft, aber zu langsam beworben hatte – sie alle erschienen untermischt mit Fremden oder schon Vergessenen, aber statt ihm und seiner Familie zu helfen, waren sie sämtlich unzugänglich, und er war froh, wenn sie verschwanden. Dann aber war er wieder gar nicht in der Laune, sich um seine Familie zu sorgen, bloß Wut über die schlechte Wartung erfüllte ihn, und trotzdem er sich nichts vorstellen konnte, worauf er Appetit gehabt hätte, machte er doch Pläne, wie er in die Speisekammer gelangen könnte, um dort zu nehmen, was ihm, auch wenn er keinen Hunger hatte, immerhin gebührte. Ohne jetzt mehr nachzudenken, womit man Gregor einen besonderen Gefallen machen könnte, schob die Schwester eiligst, ehe sie morgens und mittags ins Geschäft lief, mit dem Fuß irgendeine beliebige Speise in Gregors Zimmer hinein, um sie am Abend, gleichgültig dagegen, ob die Speise vielleicht nur verkostet oder – der häufigste Fall – gänzlich unberührt war, mit einem Schwenken des Besens hinauszukehren. Das Aufräumen des Zimmers, das sie nun immer abends besorgte, konnte gar nicht mehr schneller getan sein. Schmutzstreifen zogen sich die Wände entlang, hie und da lagen Knäuel von Staub und Unrat. In der ersten Zeit stellte sich Gregor bei der Ankunft der Schwester in derartige besonders bezeichnende Winkel, um ihr durch diese Stellung gewissermaßen einen Vorwurf zu machen. Aber er hätte wohl wochenlang dort bleiben können, ohne daß sich die Schwester gebessert hätte; sie sah ja den Schmutz genau so wie er, aber sie hatte sich eben entschlossen, ihn zu lassen. Dabei wachte sie mit einer an ihr ganz neuen Empfindlichkeit, die überhaupt die ganze Familie ergriffen hatte, darüber, daß das Aufräumen von Gregors Zimmer ihr vorbehalten blieb. Einmal hatte die Mutter Gregors Zimmer einer großen Reinigung unterzogen, die ihr nur nach Verbrauch einiger Kübel Wasser gelungen war – die viele Feuchtigkeit kränkte allerdings Gregor auch und er lag breit, verbittert und unbeweglich auf dem Kanapee –, aber die Strafe blieb für die Mutter nicht aus. Denn kaum hatte am Abend die Schwester die Veränderung in Gregors Zimmer bemerkt, als sie, aufs höchste beleidigt, ins Wohnzimmer lief und, trotz der beschwörend erhobenen Hände der Mutter, in einen Weinkrampf ausbrach, dem die Eltern – der Vater war natürlich aus seinem Sessel aufgeschreckt worden – zuerst erstaunt und hilflos zusahen; bis auch sie sich zu rühren anfingen; der Vater rechts der Mutter Vorwürfe machte, daß sie Gregors Zimmer nicht der Schwester zur Reinigung überließ; links dagegen die Schwester anschrie, sie werde niemals mehr Gregors Zimmer reinigen dürfen; während die Mutter den Vater, der sich vor Erregung nicht mehr kannte, ins Schlafzimmer zu schleppen suchte; die Schwester, von Schluchzen geschüttelt, mit ihren kleinen Fäusten den Tisch bearbeitete; und Gregor laut vor Wut darüber zischte, daß es keinem einfiel, die Tür zu schließen und ihm diesen Anblick und Lärm zu ersparen.

Aber selbst wenn die Schwester, erschöpft von ihrer Berufsarbeit, dessen überdrüssig geworden war, für Gregor, wie früher, zu sorgen, so hätte noch keineswegs die Mutter für sie eintreten müssen und Gregor hätte doch nicht vernachlässigt werden brauchen. Denn nun war die Bedienerin da. Diese alte Witwe, die in ihrem langen Leben mit Hilfe ihres starken Knochenbaues das Ärgste überstanden haben mochte, hatte keinen eigentlichen Abscheu vor Gregor. Ohne irgendwie neugierig zu sein, hatte sie zufällig einmal die Tür von Gregors Zimmer aufgemacht und war im Anblick Gregors, der, gänzlich überrascht, trotzdem ihn niemand jagte, hin und her zu laufen begann, die Hände im Schoß gefaltet staunend stehengeblieben. Seitdem versäumte sie nicht, stets flüchtig morgens und abends die Tür ein wenig zu öffnen und zu Gregor hineinzuschauen. Anfangs rief sie ihn auch zu sich herbei, mit Worten, die sie wahrscheinlich für freundlich hielt, wie »Komm mal herüber, alter Mistkäfer!« oder »Seht mal den alten Mistkäfer!« Auf solche Ansprachen antwortete Gregor mit nichts, sondern blieb unbeweglich auf seinem Platz, als sei die Tür gar nicht geöffnet worden. Hätte man doch dieser Bedienerin, statt sie nach ihrer Laune ihn nutzlos stören zu lassen, lieber den Befehl gegeben, sein Zimmer täglich zu reinigen! Einmal am frühen Morgen – ein heftiger Regen, vielleicht schon ein Zeichen des kommenden Frühjahrs, schlug an die Scheiben – war Gregor, als die Bedienerin mit ihren Redensarten wieder begann, derartig erbittert, daß er, wie zum Angriff, allerdings langsam und hinfällig, sich gegen sie wendete. Die Bedienerin aber, statt sich zu fürchten, hob bloß einen in der Nähe der Tür befindlichen Stuhl hoch empor, und wie sie mit groß geöffnetem Munde dastand, war ihre Absicht klar, den Mund erst zu schließen, wenn der Sessel in ihrer Hand auf Gregors Rücken niederschlagen würde. »Also weiter geht es nicht?« fragte sie, als Gregor sich wieder umdrehte, und stellte den Sessel ruhig in die Ecke zurück.

Gregor aß nun fast gar nichts mehr. Nur wenn er zufällig an der vorbereiteten Speise vorüberkam, nahm er zum Spiel einen Bissen in den Mund, hielt ihn dort stundenlang und spie ihn dann meist wieder aus. Zuerst dachte er, es sei die Trauer über den Zustand seines Zimmers, die ihn vom Essen abhalte, aber gerade mit den Veränderungen des Zimmers söhnte er sich sehr bald aus. Man hatte sich angewöhnt, Dinge, die man anderswo nicht unterbringen konnte, in dieses Zimmer hineinzustellen, und solcher Dinge gab es nun viele, da man ein Zimmer der Wohnung an drei Zimmerherren vermietet hatte. Diese ernsten Herren – alle drei hatten Vollbärte, wie Gregor einmal durch eine Türspalte feststellte – waren peinlich auf Ordnung, nicht nur in ihrem Zimmer, sondern, da sie sich nun einmal hier eingemietet hatten, in der ganzen Wirtschaft, also insbesondere in der Küche, bedacht. Unnützen oder gar schmutzigen Kram ertrugen sie nicht. Überdies hatten sie zum größten Teil ihre eigenen Einrichtungsstücke mitgebracht. Aus diesem Grunde waren viele Dinge überflüssig geworden, die zwar nicht verkäuflich waren, die man aber auch nicht wegwerfen wollte. Alle diese wanderten in Gregors Zimmer. Ebenso auch die Aschenkiste und die Abfallkiste aus der Küche. Was nur im Augenblick unbrauchbar war, schleuderte die Bedienerin, die es immer sehr eilig hatte, einfach in Gregors Zimmer; Gregor sah glücklicherweise meist nur den betreffenden Gegenstand und die Hand, die ihn hielt. Die Bedienerin hatte vielleicht die Absicht, bei Zeit und Gelegenheit die Dinge wiederzuholen oder alle insgesamt mit einemmal hinauszuwerfen, tatsächlich aber blieben sie dort liegen, wohin sie durch den ersten Wurf gekommen waren, wenn nicht Gregor sich durch das Rumpelzeug wand und es in Bewegung brachte, zuerst gezwungen, weil kein sonstiger Platz zum Kriechen frei war, später aber mit wachsendem Vergnügen, obwohl er nach solchen Wanderungen, zum Sterben müde und traurig, wieder stundenlang sich nicht rührte.

Da die Zimmerherren manchmal auch ihr Abendessen zu Hause im gemeinsamen Wohnzimmer einnahmen, blieb die Wohnzimmertür an manchen Abenden geschlossen, aber Gregor verzichtete ganz leicht auf das Öffnen der Tür, hatte er doch schon manche Abende, an denen sie geöffnet war, nicht ausgenützt, sondern war, ohne daß es die Familie merkte, im dunkelsten Winkel seines Zimmers gelegen. Einmal aber hatte die Bedienerin die Tür zum Wohnzimmer ein wenig offen gelassen; und sie blieb so offen, auch als die Zimmerherren am Abend eintraten und Licht gemacht wurde. Sie setzten sich oben an den Tisch, wo in früheren Zeiten der Vater, die Mutter und Gregor gegessen hatten, entfalteten die Servietten und nahmen Messer und Gabel in die Hand. Sofort erschien in der Tür die Mutter mit einer Schüssel Fleisch und knapp hinter ihr die Schwester mit einer Schüssel hochgeschichteter Kartoffeln. Das Essen dampfte mit starkem Rauch. Die Zimmerherren beugten sich über die vor sie hingestellten Schüsseln, als wollten sie sie vor dem Essen prüfen, und tatsächlich zerschnitt der, welcher in der Mitte saß und den anderen zwei als Autorität zu gelten schien, ein Stück Fleisch noch auf der Schüssel, offenbar um festzustellen, ob es mürbe genug sei und ob es nicht etwa in die Küche zurückgeschickt werden solle. Er war befriedigt, und Mutter und Schwester, die gespannt zugesehen hatten, begannen aufatmend zu lächeln.

Die Familie selbst aß in der Küche. Trotzdem kam der Vater, ehe er in die Küche ging, in dieses Zimmer herein und machte mit einer einzigen Verbeugung, die Kappe in der Hand, einen Rundgang um den Tisch.

Die Zimmerherren erhoben sich sämtlich und murmelten etwas in ihre Bärte. Als sie dann allein waren, aßen sie fast unter vollkommenem Stillschweigen. Sonderbar schien es Gregor, daß man aus allen mannigfachen Geräuschen des Essens immer wieder ihre kauenden Zähne heraushörte, als ob damit Gregor gezeigt werden sollte, daß man Zähne brauche, um zu essen, und daß man auch mit den schönsten zahnlosen Kiefern nichts ausrichten könne. ›Ich habe ja Appetit‹, sagte sich Gregor sorgenvoll, ›aber nicht auf diese Dinge. Wie sich diese Zimmerherren nähren, und ich komme um!‹

Gerade an diesem Abend – Gregor erinnerte sich nicht, während der ganzen Zeit die Violine gehört zu haben – ertönte sie von der Küche her. Die Zimmerherren hatten schon ihr Nachtmahl beendet, der mittlere hatte eine Zeitung hervorgezogen, den zwei anderen je ein Blatt gegeben, und nun lasen sie zurückgelehnt und rauchten. Als die Violine zu spielen begann, wurden sie aufmerksam, erhoben sich und gingen auf den Fußspitzen zur Vorzimmertür, in der sie aneinandergedrängt stehenblieben. Man mußte sie von der Küche aus gehört haben, denn der Vater rief: »Ist den Herren das Spiel vielleicht unangenehm? Es kann sofort eingestellt werden.« »Im Gegenteil«, sagte der mittlere der Herren, »möchte das Fräulein nicht zu uns hereinkommen und hier im Zimmer spielen, wo es doch viel bequemer und gemütlicher ist?« »O bitte«, rief der Vater, als sei er der Violinspieler. Die Herren traten ins Zimmer zurück und warteten. Bald kam der Vater mit dem Notenpult, die Mutter mit den Noten und die Schwester mit der Violine. Die Schwester bereitete alles ruhig zum Spiele vor; die Eltern, die niemals früher Zimmer vermietet hatten und deshalb die Höflichkeit gegen die Zimmerherren übertrieben, wagten gar nicht, sich auf ihre eigenen Sessel zu setzen; der Vater lehnte an der Tür, die rechte Hand zwischen zwei Knöpfe des geschlossenen Livreerockes gesteckt;

die Mutter aber erhielt von einem Herrn einen Sessel angeboten und saß, da sie den Sessel dort ließ, wohin ihn der Herr zufällig gestellt hatte, abseits in einem Winkel.

Die Schwester begann zu spielen; Vater und Mutter verfolgten, jeder von seiner Seite, aufmerksam die Bewegungen ihrer Hände. Gregor hatte, von dem Spiele angezogen, sich ein wenig weiter vorgewagt und war schon mit dem Kopf im Wohnzimmer. Er wunderte sich kaum darüber, daß er in letzter Zeit so wenig Rücksicht auf die andern nahm; früher war diese Rücksichtnahme sein Stolz gewesen. Und dabei hätte er gerade jetzt mehr Grund gehabt, sich zu verstecken, denn infolge des Staubes, der in seinem Zimmer überall lag und bei der kleinsten Bewegung umherflog, war auch er ganz staubbedeckt; Fäden, Haare, Speiseüberreste schleppte er auf seinem Rücken und an den Seiten mit sich herum; seine Gleichgültigkeit gegen alles war viel zu groß, als daß er sich, wie früher mehrmals während des Tages, auf den Rücken gelegt und am Teppich gescheuert hätte. Und trotz dieses Zustandes hatte er keine Scheu, ein Stück auf dem makellosen Fußboden des Wohnzimmers vorzurücken.

Allerdings achtete auch niemand auf ihn. Die Familie war gänzlich vom Violinspiel in Anspruch genommen; die Zimmerherren dagegen, die zunächst, die Hände in den Hosentaschen, viel zu nahe hinter dem Notenpult der Schwester sich aufgestellt hatten, so daß sie alle in die Noten hätten sehen können, was sicher die Schwester stören mußte, zogen sich bald unter halblauten Gesprächen mit gesenkten Köpfen zum Fenster zurück, wo sie, vom Vater besorgt beobachtet, auch blieben. Es hatte nun wirklich den überdeutlichen Anschein, als wären sie in ihrer Annahme, ein schönes oder unterhaltendes Violinspiel zu hören, enttäuscht, hätten die ganze Vorführung satt und ließen sich nur aus Höflichkeit noch in ihrer Ruhe stören. Besonders die Art, wie sie alle aus Nase und Mund den Rauch ihrer Zigarren in die Höhe bliesen, ließ auf große Nervosität schließen. Und doch spielte die Schwester so schön. Ihr Gesicht war zur Seite geneigt, prüfend und traurig folgten ihre Blicke den Notenzeilen. Gregor kroch noch ein Stück vorwärts und hielt den Kopf eng an den Boden, um möglicherweise ihren Blicken begegnen zu können. War er ein Tier, da ihn Musik so ergriff? Ihm war, als zeige sich ihm der Weg zu der ersehnten unbekannten Nahrung. Er war entschlossen, bis zur Schwester vorzudringen, sie am Rock zu zupfen und ihr dadurch anzudeuten, sie möge doch mit ihrer Violine in sein Zimmer kommen, denn niemand lohnte hier das Spiel so, wie er es lohnen wollte. Er wollte sie nicht mehr aus seinem Zimmer lassen, wenigstens nicht, solange er lebte; seine Schreckgestalt sollte ihm zum erstenmal nützlich werden; an allen Türen seines Zimmers wollte er gleichzeitig sein und den Angreifern entgegenfauchen; die Schwester aber sollte nicht gezwungen, sondern freiwillig bei ihm bleiben; sie sollte neben ihm auf dem Kanapee sitzen, das Ohr zu ihm herunterneigen, und er wollte ihr dann anvertrauen, daß er die feste Absicht gehabt habe, sie auf das Konservatorium zu schicken, und daß er dies, wenn nicht das Unglück dazwischen gekommen wäre, vergangene Weihnachten – Weihnachten war doch wohl schon vorüber? – allen gesagt hätte, ohne sich um irgendwelche Widerreden zu kümmern. Nach dieser Erklärung würde die Schwester in Tränen der Rührung ausbrechen, und Gregor würde sich bis zu ihrer Achsel erheben und ihren Hals küssen, den sie, seitdem sie ins Geschäft ging, frei ohne Band oder Kragen trug.

»Herr Samsa!« rief der mittlere Herr dem Vater zu und zeigte, ohne ein weiteres Wort zu verlieren, mit dem Zeigefinger auf den langsam sich vorwärtsbewegenden Gregor. Die Violine verstummte, der mittlere Zimmerherr lächelte erst einmal kopfschüttelnd seinen Freunden zu und sah dann wieder auf Gregor hin. Der Vater schien es für nötiger zu halten, statt

Gregor zu vertreiben, vorerst die Zimmerherren zu beruhigen, trotzdem diese gar nicht aufgeregt waren und Gregor sie mehr als das Violinspiel zu unterhalten schien. Er eilte zu ihnen und suchte sie mit ausgebreiteten Armen in ihr Zimmer zu drängen und gleichzeitig mit seinem Körper ihnen den Ausblick auf Gregor zu nehmen. Sie wurden nun tatsächlich ein wenig böse, man wußte nicht mehr, ob über das Benehmen des Vaters oder über die ihnen jetzt aufgehende Erkenntnis, ohne es zu wissen, einen solchen Zimmernachbar wie Gregor besessen zu haben. Sie verlangten vom Vater Erklärungen, hoben ihrerseits die Arme, zupften unruhig an ihren Bärten und wichen nur langsam gegen ihr Zimmer zurück. Inzwischen hatte die Schwester die Verlorenheit, in die sie nach dem plötzlich abgebrochenen Spiel verfallen war, überwunden, hatte sich, nachdem sie eine Zeitlang in den lässig hängenden Händen Violine und Bogen gehalten und weiter, als spiele sie noch, in die Noten gesehen hatte, mit einem Male aufgerafft, hatte das Instrument auf den Schoß der Mutter gelegt, die in Atembeschwerden mit heftig arbeitenden Lungen noch auf ihrem Sessel saß, und war in das Nebenzimmer gelaufen, dem sich die Zimmerherren unter dem Drängen des Vaters schon schneller näherten. Man sah, wie unter den geübten Händen der Schwester die Decken und Polster in den Betten in die Höhe flogen und sich ordneten. Noch ehe die Herren das Zimmer erreicht hatten, war sie mit dem Aufbetten fertig und schlüpfte heraus. Der Vater schien wieder von seinem Eigensinn derartig ergriffen, daß er jeden Respekt vergaß, den er seinen Mietern immerhin schuldete. Er drängte nur und drängte, bis schon in der Tür des Zimmers der mittlere der Herren donnernd mit dem Fuß aufstampfte und dadurch den Vater zum Stehen brachte. »Ich erkläre hiermit«, sagte er, hob die Hand und suchte mit den Blicken auch die Mutter und die Schwester, »daß ich mit Rücksicht auf die in dieser Wohnung und Familie herrschenden widerlichen Verhältnisse« – hierbei spie er kurz entschlossen auf den Boden – »mein Zimmer augenblicklich kündige. Ich werde natürlich auch für die Tage, die ich hier gewohnt habe, nicht das geringste bezahlen, dagegen werde ich es mir noch überlegen, ob ich nicht mit irgendwelchen – glauben Sie mir – sehr leicht zu begründenden Forderungen gegen Sie auftreten werde.« Er schwieg und sah gerade vor sich hin, als erwarte er etwas. Tatsächlich fielen sofort seine zwei Freunde mit den Worten ein: »Auch wir kündigen augenblicklich.« Darauf faßte er die Türklinke und schloß mit einem Krach die Tür.

Der Vater wankte mit tastenden Händen zu seinem Sessel und ließ sich in ihn fallen; es sah aus, als strecke er sich zu seinem gewöhnlichen Abendschläfchen, aber das starke Nicken seines wie haltlosen Kopfes zeigte, daß er ganz und gar nicht schlief. Gregor war die ganze Zeit still auf dem Platz gelegen, auf dem ihn die Zimmerherren ertappt hatten. Die Enttäuschung über das Mißlingen seines Planes, vielleicht aber auch die durch das viele Hungern verursachte Schwäche machten es ihm unmöglich, sich zu bewegen. Er fürchtete mit einer gewissen Bestimmtheit schon für den nächsten Augenblick einen allgemeinen über ihn sich entladenden Zusammensturz und wartete. Nicht einmal die Violine schreckte ihn auf, die, unter den zitternden Fingern der Mutter hervor, ihr vom Schoße fiel und einen hallenden Ton von sich gab.

»Liebe Eltern«, sagte die Schwester und schlug zur Einleitung mit der Hand auf den Tisch, »so geht es nicht weiter. Wenn ihr das vielleicht nicht einsehet, ich sehe es ein. Ich will vor diesem Untier nicht den Namen meines Bruders aussprechen, und sage daher bloß: wir müssen versuchen, es loszuwerden. Wir haben das Menschenmögliche versucht, es zu pflegen und zu dulden, ich glaube, es kann uns niemand den geringsten Vorwurf machen.«

»Sie hat tausendmal recht«, sagte der Vater für sich.

Die Mutter, die noch immer nicht genug Atem finden konnte, fing in die vorgehaltene Hand mit einem irrsinnigen Ausdruck der Augen dumpf zu husten an.

Die Schwester eilte zur Mutter und hielt ihr die Stirn. Der Vater schien durch die Worte der Schwester auf bestimmtere Gedanken gebracht zu sein, hatte sich aufrecht gesetzt, spielte mit seiner Dienermütze zwischen den Tellern, die noch vom Nachtmahl der Zimmerherren her auf dem Tische lagen, und sah bisweilen auf den stillen Gregor hin.

»Wir müssen es loszuwerden suchen«, sagte die Schwester nun ausschließlich zum Vater, denn die Mutter hörte in ihrem Husten nichts, »es bringt euch noch beide um, ich sehe es kommen. Wenn man schon so schwer arbeiten muß, wie wir alle, kann man nicht noch zu Hause diese ewige Quälerei ertragen. Ich kann es auch nicht mehr.« Und sie brach so heftig in Weinen aus, daß ihre Tränen auf das Gesicht der Mutter niederflossen, von dem sie sie mit mechanischen Handbewegungen wischte.

»Kind«, sagte der Vater mitleidig und mit auffallendem Verständnis, »was sollen wir aber tun?«

Die Schwester zuckte nur die Achseln zum Zeichen der Ratlosigkeit, die sie nun während des Weinens im Gegensatz zu ihrer früheren Sicherheit ergriffen hatte.

»Wenn er uns verstünde«, sagte der Vater halb fragend; die Schwester schüttelte aus dem Weinen heraus heftig die Hand zum Zeichen, daß daran nicht zu denken sei.

»Wenn er uns verstünde«, wiederholte der Vater und nahm durch Schließen der Augen die Überzeugung der Schwester von der Unmöglichkeit dessen in sich auf, »dann wäre vielleicht ein Übereinkommen mit ihm möglich. Aber so –«

»Weg muß er«, rief die Schwester, »das ist das einzige Mittel, Vater. Du mußt bloß den Gedanken loszuwerden suchen, daß es Gregor ist. Daß wir es so lange geglaubt haben, das ist ja unser eigentliches Unglück. Aber wie kann es denn Gregor sein? Wenn es Gregor wäre, er hätte längst eingesehen, daß ein Zusammenleben von Menschen mit einem solchen Tier nicht möglich ist, und wäre freiwillig fortgegangen. Wir hätten dann keinen Bruder, aber könnten weiter leben und sein Andenken in Ehren halten. So aber verfolgt uns dieses Tier, vertreibt die Zimmerherren, will offenbar die ganze Wohnung einnehmen und uns auf der Gasse übernachten lassen. Sieh nur, Vater«, schrie sie plötzlich auf, »er fängt schon wieder an!« Und in einem für Gregor gänzlich unverständlichen Schrecken verließ die Schwester sogar die Mutter, stieß sich förmlich von ihrem Sessel ab, als wollte sie lieber die Mutter opfern, als in Gregors Nähe bleiben, und eilte hinter den Vater, der, lediglich durch ihr Benehmen erregt, auch aufstand und die Arme wie zum Schutze der Schwester vor ihr halb erhob.

Aber Gregor fiel es doch gar nicht ein, irgend jemandem und gar seiner Schwester Angst machen zu wollen. Er hatte bloß angefangen, sich umzudrehen, um in sein Zimmer zurückzuwandern, und das nahm sich allerdings auffallend aus, da er infolge seines leidenden Zustandes bei den schwierigen Umdrehungen mit seinem Kopfe nachhelfen mußte, den er hierbei viele Male hob und gegen den Boden schlug. Er hielt inne und sah sich um. Seine gute Absicht schien erkannt worden zu sein; es war nur ein augenblicklicher Schrecken gewesen. Nun sahen ihn alle schweigend und traurig an. Die Mutter lag, die Beine ausgestreckt und aneinandergedrückt, in ihrem Sessel, die Augen fielen ihr vor Ermattung fast zu; der Vater und die Schwester saßen nebeneinander, die Schwester hatte ihre Hand um des Vaters Hals gelegt.

›Nun darf ich mich vielleicht schon umdrehen‹, dachte Gregor und begann seine Arbeit wieder. Er konnte das Schnaufen der Anstrengung nicht unterdrücken und mußte auch hie und da ausruhen. Im übrigen drängte ihn auch niemand, es war alles ihm selbst überlassen. Als er die Umdrehung vollendet hatte, fing er sofort an, geradeaus zurückzuwandern. Er staunte über die große Entfernung, die ihn von seinem Zimmer trennte, und begriff gar nicht, wie er bei seiner Schwäche vor kurzer Zeit den gleichen Weg, fast ohne es zu merken, zurückgelegt hatte. Immerfort nur auf rasches Kriechen bedacht, achtete er kaum darauf, daß kein Wort, kein Ausruf seiner Familie ihn störte. Erst als er schon in der Tür war, wendete er den Kopf, nicht vollständig, denn er fühlte den Hals steif werden, immerhin sah er noch, daß sich hinter ihm nichts verändert hatte, nur die Schwester war aufgestanden. Sein letzter Blick streifte die Mutter, die nun völlig eingeschlafen war.

Kaum war er innerhalb seines Zimmers, wurde die Tür eiligst zugedrückt, festgeriegelt und versperrt. Über den plötzlichen Lärm hinter sich erschrak Gregor so, daß ihm die Beinchen einknickten. Es war die Schwester, die sich so beeilt hatte. Aufrecht war sie schon dagestanden und hatte gewartet, leichtfüßig war sie dann vorwärtsgesprungen, Gregor hatte sie gar nicht kommen hören, und ein »Endlich!« rief sie den Eltern zu, während sie den Schlüssel im Schloß umdrehte.

›Und jetzt?‹ fragte sich Gregor und sah sich im Dunkeln um. Er machte bald die Entdeckung, daß er sich nun überhaupt nicht mehr rühren konnte. Er wunderte sich darüber nicht, eher kam es ihm unnatürlich vor, daß er sich bis jetzt tatsächlich mit diesen dünnen Beinchen hatte fortbewegen können. Im übrigen fühlte er sich verhältnismäßig behaglich. Er hatte zwar Schmerzen im ganzen Leib, aber ihm war, als würden sie allmählich schwächer und schwächer und würden schließlich ganz vergehen. Den verfaulten Apfel in seinem Rücken und die entzündete Umgebung, die ganz von weichem Staub bedeckt war, spürte er schon kaum. An seine Familie dachte er mit Rührung und Liebe zurück. Seine Meinung darüber, daß er verschwinden müsse, war womöglich noch entschiedener als die seiner Schwester. In diesem Zustand leeren und friedlichen Nachdenkens blieb er, bis die Turmuhr die dritte Morgenstunde schlug. Den Anfang des allgemeinen Hellerwerdens draußen vor dem Fenster erlebte er noch. Dann sank sein Kopf ohne seinen Willen gänzlich nieder, und aus seinen Nüstern strömte sein letzter Atem schwach hervor.

Als am frühen Morgen die Bedienerin kam – vor lauter Kraft und Eile schlug sie, wie oft man sie auch schon gebeten hatte, das zu vermeiden, alle Türen derartig zu, daß in der ganzen Wohnung von ihrem Kommen an kein ruhiger Schlaf mehr möglich war –, fand sie bei ihrem gewöhnlichen kurzen Besuch an Gregor zuerst nichts Besonderes. Sie dachte, er liege absichtlich so unbeweglich da und spiele den Beleidigten; sie traute ihm allen möglichen Verstand zu. Weil sie zufällig den langen Besen in der Hand hielt, suchte sie mit ihm Gregor von der Tür aus zu kitzeln. Als sich auch da kein Erfolg zeigte, wurde sie ärgerlich und stieß ein wenig in Gregor hinein, und erst als sie ihn ohne jeden Widerstand von seinem Platze geschoben hatte, wurde sie aufmerksam. Als sie bald den wahren Sachverhalt erkannte, machte sie große Augen, pfiff vor sich hin, hielt sich aber nicht lange auf, sondern riß die Tür des Schlafzimmers auf und rief mit lauter Stimme in das Dunkel hinein: »Sehen Sie nur mal an, es ist krepiert; da liegt es, ganz und gar krepiert!«

Das Ehepaar Samsa saß im Ehebett aufrecht da und hatte zu tun, den Schrecken über die Bedienerin zu verwinden, ehe es dazu kam, ihre Meldung aufzufassen. Dann aber stiegen Herr und Frau Samsa, jeder auf seiner Seite, eiligst aus dem Bett, Herr Samsa warf die Decke über seine Schultern, Frau Samsa kam nur im Nachthemd hervor; so traten sie in Gregors Zimmer. Inzwischen hatte sich auch die Tür des Wohnzimmers geöffnet, in dem Grete seit dem Einzug der Zimmerherren schlief; sie war völlig angezogen, als hätte sie gar nicht geschlafen, auch ihr bleiches Gesicht schien das zu beweisen. »Tot?« sagte Frau Samsa und sah fragend zur Bedienerin auf, trotzdem sie doch alles selbst prüfen und sogar ohne Prüfung erkennen konnte. »Das will ich meinen«, sagte die Bedienerin und stieß zum Beweis Gregors Leiche mit dem Besen noch ein großes Stück seitwärts. Frau Samsa machte eine Bewegung, als wolle sie den Besen zurückhalten, tat es aber nicht. »Nun«, sagte Herr Samsa, »jetzt können wir Gott danken.« Er bekreuzigte sich, und die drei Frauen folgten seinem Beispiel. Grete, die kein Auge von der Leiche wendete, sagte: »Seht nur, wie mager er war. Er hat ja auch schon so lange Zeit nichts gegessen. So wie die Speisen hineinkamen, sind sie wieder herausgekommen.« Tatsächlich war Gregors Körper vollständig flach und trocken, man erkannte das eigentlich erst jetzt, da er nicht mehr von den Beinchen gehoben war und auch sonst nichts den Blick ablenkte.

»Komm, Grete, auf ein Weilchen zu uns herein«, sagte Frau Samsa mit einem wehmütigen Lächeln, und Grete ging, nicht ohne nach der Leiche zurückzusehen, hinter den Eltern ins Schlafzimmer. Die Bedienerin schloß die Tür und öffnete gänzlich das Fenster. Trotz des frühen Morgens war der frischen Luft schon etwas Lauigkeit beigemischt. Es war eben schon Ende März.

Aus ihrem Zimmer traten die drei Zimmerherren und sahen sich erstaunt nach ihrem Frühstück um; man hatte sie vergessen. »Wo ist das Frühstück?« fragte der mittlere der Herren mürrisch die Bedienerin. Diese aber legte den Finger an den Mund und winkte dann hastig und schweigend den Herren zu, sie möchten in Gregors Zimmer kommen. Sie kamen auch und standen dann, die Hände in den Taschen ihrer etwas abgenützten Röckchen, in dem nun schon ganz hellen Zimmer um Gregors Leiche herum.

Da öffnete sich die Tür des Schlafzimmers, und Herr Samsa erschien in seiner Livree, an einem Arm seine

Frau, am anderen seine Tochter. Alle waren ein wenig verweint; Grete drückte bisweilen ihr Gesicht an den Arm des Vaters.

»Verlassen Sie sofort meine Wohnung!« sagte Herr Samsa und zeigte auf die Tür, ohne die Frauen von sich zu lassen. »Wie meinen Sie das?« sagte der mittlere der Herren etwas bestürzt und lächelte süßlich. Die zwei anderen hielten die Hände auf dem Rücken und rieben sie ununterbrochen aneinander, wie in freudiger Erwartung eines großen Streites, der aber für sie günstig ausfallen mußte. »Ich meine es genau so, wie ich es sage«, antwortete Herr Samsa und ging in einer Linie mit seinen zwei Begleiterinnen auf den Zimmerherrn zu. Dieser stand zuerst still da und sah zu Boden, als ob sich die Dinge in seinem Kopf zu einer neuen Ordnung zusammenstellten. »Dann gehen wir also«, sagte er dann und sah zu Herrn Samsa auf, als verlange er in einer plötzlich ihn überkommenden Demut sogar für diesen Entschluß eine neue Genehmigung. Herr Samsa nickte ihm bloß mehrmals kurz mit großen Augen zu. Daraufhin ging der Herr tatsächlich sofort mit langen Schritten ins Vorzimmer; seine beiden Freunde hatten schon ein Weilchen lang mit ganz ruhigen Händen aufgehorcht und hüpften ihm jetzt geradezu nach, wie in Angst, Herr Samsa könnte vor ihnen ins Vorzimmer eintreten und die Verbindung mit ihrem Führer stören. Im Vorzimmer nahmen alle drei die Hüte vom Kleiderrechen, zogen ihre Stöcke aus dem Stockbehälter, verbeugten sich stumm und verließen die Wohnung. In einem, wie sich zeigte, gänzlich unbegründeten Mißtrauen trat Herr Samsa mit den zwei Frauen auf den Vorplatz hinaus; an das Geländer gelehnt, sahen sie zu, wie die drei Herren zwar langsam, aber ständig die lange Treppe hinunterstiegen, in jedem Stockwerk in einer bestimmten Biegung des Treppenhauses verschwanden und nach ein paar Augenblicken wieder hervorkamen; je tiefer sie gelangten, desto mehr verlor sich das Interesse der Familie Samsa für sie, und als ihnen entgegen und dann hoch über sie hinweg ein Fleischergeselle mit der Trage auf dem Kopf in stolzer Haltung heraufstieg, verließ bald Herr Samsa mit den Frauen das Geländer, und alle kehrten, wie erleichtert, in ihre Wohnung zurück.

Sie beschlossen, den heutigen Tag zum Ausruhen und Spazierengehen zu verwenden; sie hatten diese Arbeitsunterbrechung nicht nur verdient, sie brauchten sie sogar unbedingt. Und so setzten sie sich zum Tisch und schrieben drei Entschuldigungsbriefe, Herr Samsa an seine Direktion, Frau Samsa an ihren Auftraggeber und Grete an ihren Prinzipal. Während des Schreibens kam die Bedienerin herein, um zu sagen, daß sie fortgehe, denn ihre Morgenarbeit war beendet. Die drei Schreibenden nickten zuerst bloß, ohne aufzuschauen, erst als die Bedienerin sich immer noch nicht entfernen wollte, sah man ärgerlich auf. »Nun?« fragte Herr Samsa. Die Bedienerin stand lächelnd in der Tür, als habe sie der Familie ein großes Glück zu melden, werde es aber nur dann tun, wenn sie gründlich ausgefragt werde. Die fast aufrechte kleine Straußenfeder auf ihrem Hut, über die sich Herr Samsa schon während ihrer ganzen Dienstzeit ärgerte, schwankte leicht nach allen Richtungen. »Also was wollen Sie eigentlich?« fragte Frau Samsa, vor welcher die Bedienerin noch am meisten Respekt hatte. »Ja«, antwortete die Bedienerin und konnte vor freundlichem Lachen nicht gleich weiterreden, »also darüber, wie das Zeug von nebenan weggeschafft werden soll, müssen Sie sich keine Sorge machen. Es ist schon in Ordnung.« Frau Samsa und Grete beugten sich zu ihren Briefen nieder, als wollten sie weiterschreiben; Herr Samsa, welcher merkte, daß die Bedienerin nun alles ausführlich zu beschreiben anfangen wollte, wehrte dies mit ausgestreckter Hand entschieden ab. Da sie aber nicht erzählen durfte, erinnerte sie sich an die große Eile, die sie hatte, rief offenbar beleidigt: »Adjes allseits«, drehte sich wild um und verließ unter fürchterlichem Türezuschlagen die Wohnung.

»Abends wird sie entlassen«, sagte Herr Samsa, bekam aber weder von seiner Frau noch von seiner Tochter eine Antwort, denn die Bedienerin schien ihre kaum gewonnene Ruhe wieder gestört zu haben. Sie erhoben sich, gingen zum Fenster und blieben dort, sich umschlungen haltend. Herr Samsa drehte sich in seinem Sessel nach ihnen um und beobachtete sie still ein Weilchen. Dann rief er: »Also kommt doch her. Laßt schon endlich die alten Sachen. Und nehmt auch ein wenig Rücksicht auf mich.« Gleich folgten ihm die Frauen, eilten zu ihm, liebkosten ihn und beendeten rasch ihre Briefe.

Dann verließen alle drei gemeinschaftlich die Wohnung, was sie schon seit Monaten nicht getan hatten, und fuhren mit der Elektrischen ins Freie vor die Stadt. Der Wagen, in dem sie allein saßen, war ganz von warmer Sonne durchschienen. Sie besprachen, bequem auf ihren Sitzen zurückgelehnt, die Aussichten für die Zukunft, und es fand sich, daß diese bei näherer Betrachtung durchaus nicht schlecht waren, denn alle drei Anstellungen waren, worüber sie einander eigentlich noch gar nicht ausgefragt hatten, überaus günstig und besonders für später vielversprechend. Die größte augenblickliche Besserung der Lage mußte sich natürlich leicht durch einen Wohnungswechsel ergeben; sie wollten nun eine kleinere und billigere, aber besser gelegene und überhaupt praktischere Wohnung nehmen, als es die jetzige, noch von Gregor ausgesuchte, war. Während sie sich so unterhielten, fiel es Herrn und Frau Samsa im Anblick ihrer immer lebhafter werdenden Tochter fast gleichzeitig ein, wie sie in der letzten Zeit trotz aller Plage, die ihre Wangen bleich gemacht hatte, zu einem schönen und üppigen Mädchen aufgeblüht war. Stiller werdend und fast unbewußt durch Blicke sich verständigend, dachten sie daran, daß es nun Zeit werde, auch einen braven Mann für sie zu suchen. Und es war ihnen wie eine Bestätigung ihrer neuen Träume und guten Absichten, als am Ziele ihrer Fahrt die Tochter als erste sich erhob und ihren jungen Körper dehnte.

Dokumente und Berichte

Aber es ziemt dem Naturforscher, auch diese grauenvollen Nachtseiten der menschlichen Natur anzuschauen und zu durchwandern; und die tierische Gier des Lykanthropen gehört ebensogut zu dem vollen Bilde des Menschen wie die aus einer begeisterten Stimmung hervorbrechende Halluzination eines Dichters.

Rudolf Leubuscher, Über die Werwölfe und Tierverwandlungen im Mittelalter.

Semiramis trieb es mit einem Pferde, Pasiphae mit einem Stiere, Aristo aus Ephesus mit einer Eselin, Fulvius mit einer Stute, andere mit Hunden, Ziegen etc. daraus bisweilen Monstra entstehen, Zentauren, Waldmenschen und andere verwunderliche Gespenster zum Schrecken der Menschen.

Robert Burton, Schwermut der Liebe

Benjamin Hederich

Beschreibung des Triton

Triton, des Neptuni und der Amphitritae, oder, nach anderen, des Oceani und der Thetyos, nach den dritten des Oceani und der Celaenus, und nach den vierdten des Nerei Sohn, war einer von den Meer-Göttern und wurde gebildet als ein halber Mensch und halber Delphin, mit Haaren auf dem Kopfe wie weißer Epheu, mit Fisch-Ohren, einer Menschen-Nase, grossem Maule, kleinen, aber sehr harten Schuppen, Tiger-Zähnen, kleinen blauen Augen, starken Floß-Federn unten am Leibe, 2 See-Pferde-Füssen, und einem doppelten Delphin-Schwantze. In den Händen hatte er eine besondere Schnecken-Muschel, mit der er dem Neptuno seine Music aufmachte, allein auch, da die Riesen den Himmel bestürmeten, unversehens einen solchen Schall damit gab, daß solche Feinde erschracken und, weil sie meynten, daß etwan sonst ein ungeheures Wunder-Thier, so dermassen schrie, den Göttern zu Hülfe komme, hauffenweise ausrissen. Immittelst aber soll er doch auch endlich selbst, nach einigen, endlich in dem Nilo gestorben, nach anderen aber von einem Tanagräer, oder auch selbst von dem Baccho umgebracht worden seyn, als er in und an dem Ägäischen Meere grossen Schaden gethan und sich letztlich durch den ihn zu berücken am Ufer aufgestelleten Wein bethören lassen, daß er sich voll gesoffen und also am Ufer schlafend liegen geblieben. Seinen Wagen sollen sonst blaue Pferde gezogen haben und seine Tochter, die Tritia, gewesen seyn, wird aber am sichersten für eine blosse Chimäre der Poeten gehalten, welche sich durch eine besondere Art Fische, so obiger Beschreibung fast gleichet, auf solche Grillen bringen lassen.

Nachrichten von Meerweibern, Meermännern und Fischmenschen

Ein Meerweib

Nykiöping auf der Insel Moors in Jütland, vom 15. August. Dieser Ort hat die Ehre, der neubegierigen Welt eine Nachricht von einem besondern Vorfall zu ertheilen, welche bisher von vielen für unglaublich gehalten worden, dessen Wahrheit aber nun deutlich zu ersehen ist. Nicht weit von hier, auf einem kleinen an der Westsee gelegenen Striche Landes, Haardbör genannt, haben 4 Fischer in der Nacht zwischen dem 11. und 12. dieses Monats, da sie ihrem Fischfange nachgegangen waren, wider alles Vermuthen, ein sogenanntes Meerweib gefangen. Dieses Meerwunder ist nach oben zu wie ein Mensch, nach unten aber wie ein Fisch gestaltet. Die Farbe des Leibes ist gelb und blaß. Es hat zugeschlossene Augen, am Kopfe lange schwarze Haare, und die Gliedmaßen, welche die Hände vorstellen, sind zwischen den Fingern mit einer Haut, wie die Füße der Gänse, zusammen gewachsen. Man hat Ursache zu glauben, daß dieses Geschöpf noch zu der Zeit, da man es fing, gelebet habe. Denn kurz vorher, ehe die Fischer bemerket, daß in ihrem Garn etwas besonderes verwickelt seyn müßte, haben sie eine ausserordentliche Menge Dörsche und Herringe gefangen. Weil nun diese Fische sich in diesem Gewässer vorher niemals so häufig haben finden lassen, so urtheilet man, daß sie etwa von dem Meerweibe müssen gejaget worden seyn. Man hat Mühe gehabt, dieses Meerwunder ans Land zu bringen, welches jedoch endlich, mit gänzlicher zu Grunderichtung des Fischergarns, bewirket worden ist. Die 4 Fischer und andere Einwohner haben seitdem ein ausserordentlich grosses Faß verfertigen lassen, dasselbe mit salzem Meerwasser angefüllet, und das Meerweib derein gesetzet. Auf diese Weise hoffet man dasselbe für der Fäulung zu bewahren.

(Vossische Zeitung. Berlin 1749. Nr. 109)

Beinahe fängt man ein Meerwunder

Londen, den 24. August. Nachrichten vom 10. May aus denen Bermuden geben, daß man an dem dortigen Meer-Ufer ein See-Ungeheuer von der Grösse eines zwölfjährigen Kindes, langen schwarzen Haupt-Haaren und einem Fisch gleich gestalteten Unterleibe gesehen, daß, sobald solches gemerket, daß man es gewahr worden, es wieder nach dem Wasser sich zu begeben gesuchet, viele Personen, um solches zu tödten, ihm nachgefolget, aber weil es eine menschliche Gestalt gehabt, von Mitleiden gerühret, es entwischen lassen.

(Hamburgischer Correspondent 1736. Nr. 140)

Ein Meermann

Vigos, vom 6. April. Neulich haben die Fischer aus dem Kirchspiel des H. Fausti ein Monstrum, oder eine Art von einem so genannten Meer-Mann, in ihren Netzen gefangen, und glücklich ans Land gebracht. Dieses Ungeheuer ist folgendermassen beschaffen. Seine Länge vom Kopf bis zum Füssen erstreckt sich auf 5 und einen halben Fuß. Der Kopf, welcher einer Ziege gleich kömmt, ist oben gantz kahl; unten aber befindet sich ein langer Bart, dessen Locken sehr weit herab hängen. Das Fell oder die Haut, so wohl am Kopfe als Leibe, ist schwartz, und hin und wieder mit dünnen Haaren bewachsen. Es hat einen ungemein langen Hals, und der Rumpf, welcher einem menschlichen sonst ziemlich ähnlich siehet, ist ungewöhnlich dicke und lang. Die Arme sind kurtz, die Hände breit und klein, die Finger ausserordentlich lang, und bis zur ersten Junctur zusammen gewachsen, wie Endten-Füsse, von dar an aber abgesondert, wie Menschen-Finger zu seyn pflegen. Die sehr lange Nägel kommen fast denen Thier-Klauen bey, und die grossen Brüste hängen ein wenig herunter. Derjenige Theil, welcher deutlich zeiget, daß dieses Monstrum männlich sey, ist unproportionierlich starck. Die Lenden sind kurtz, und bis an die Knie zusammen gewachsen; die Schenkel aber ein wenig kurtz und von einander gesondert. Die Füsse gleichen denen menschlichen zwar in allen Stücken, doch hängen die Zehe an einander, wie Endten-Füsse. An denen Fersen siehet man Floß-Federn, so, daß selbige die Gestalt haben wie die geflügelten Füsse des Mercurii. Unten, am Ende des Rückgrads, ist eine in die Queere gehende Floß-Feder, in natürlicher Form eines Frauenzimmer-Fächels, ohngefehr 12 Zoll lang; die aber, wenn sie sich ausbreitet, wohl 15 bis 16 Zoll im Umfange hat.

(Vossische Zeitung. Berlin 1739. Nr. 58)

Eine seltsame Geschichte

Aus Frankreich, den 16. May. Zu Riaville, einem unter das Amt Verdun gehörigen Dorff, hat sich folgende seltsame Begebenheit ereignet: Es hat sich nemlich ein Bauersmann schon bey 6 Jahren in einem schmerzhafften Zustand befunden, und beklaget, daß er ein Thier in seinem Leibe spühre, welches von einer Seiten zur andern springe, wie man denn auch, wenn er einem die Hand an solchen Ort geleget, eine starcke Bewegung verspühren können. Ob nun schon die Medici alles versucht, ihn davon zu befreyen, so hat doch nichts helfen wollen. Endlich hat man ihm noch einmal etwas scharffes eingegeben, welches so guten Effeckt getan, daß er den 3ten Tag ein lebendiges Thier ausgeworffen, welches 5 Zoll lang war. Der Kopff sahe gantz schwartz aus, und hatte funckelnde Augen, auch 2 kleine schwartze Hörner. Es hatte auch 6 Füsse, so spitzig wie die Nadeln, und einen Schweiff wie ein Fisch. Der Leib war rund und aufm Rücken haarig, der Bauch aber Schneeweiß, und an demselben 8 Eyder, aus denen ein weisser Safft gieng; welches Muthmassung gab, daß noch mehr dergleichen Thier in dieses Mannes Leib seyn würden, wie er denn auch sagte, daß ihn noch etwas steche. Dieses Thier hat einen Tag gelebt, bißweilen den Kopff aufgehoben, und ist zum öfftern aus der Pfanne, worein man es gethan hatte, auf die Erde gesprungen, auch, als man die Pfanne ins Feuer gesetzt, herausgekrochen, aber endlich, als man es wieder hinein gethan, mit so grossen Krachen zerborsten, als wenn man eine Flinte loß gebrennet hätte.

(Vossische Zeitung. Berlin 1728. Nr. 69)

Die schottische Meerjungfrau

Im Jahre 1814 hatte sich eine Meerfrau an den Schottischen Küsten gezeigt, und endlich gelang es einem gewissen William Dellan, als er am 30. September desselben Jahres an der Küste der Halbinsel Maggen der Provinz Ulster in Irland seine Netze auswarf, nach einer solchen Meerfrau zu schießen, und da sie verwundet war, sie durch seinen Wasserhund fangen zu lassen. Er nahm sie mit ans Land, setzte sie in ein mit Meerwasser gefülltes Boot und nährte sie mit Fischen und Heringen. Sie maß 5 Fuß 4 Zoll vom Scheitel bis an die Spitze des Schwanzes, in den sie ebenfalls auslief, hatte einen großen Mund, eine platte Nase, rote Augen, grüne, über eine Elle lange Haare, an jeder Hand außer dem Daumen drei sehr lange Finger und glich von den Hüften aufwärts, auch der Farbe nach, einem wohlgebildeten Frauenzimmer.

(Grässe, Beiträge zur Literatur und Sage des Mittelalters)

Berichte über Tier- und Wildmenschen

Die beiden hessischen Knaben

Ein in hessischen Landen aufgefundener Knabe war, wie sich in der Folge herausstellte, und wie er selbst erzählte, im Alter von drei Jahren von Wölfen gefangen und in wunderbarer Weise aufgezogen worden. Von ihrer Beute boten ihm die Wölfe den besseren Teil zur Nahrung an, machten zur Winterszeit eine mit Blättern ausgelegte Grube und schützten in dieser den Knaben vor der grimmigen Kälte. Sie nötigten ihn zum Gang und Lauf auf Händen und Füßen, bis er hierin durch Übung ihre Schnelligkeit erworben hatte und die größten Sprünge ausführen konnte. Nach seiner Entdeckung wurde er durch angelegte Holzschienen aufgerichtet und dazu veranlaßt, sich auf menschliche Weise zu bewegen und einherzugehen. Der Knabe sprach sich öfter dahin aus, daß er weit lieber mit Wölfen als mit Menschen verkehre. Man hatte ihn, der Merkwürdigkeit und Betrachtung wegen, an den Hof des Fürsten von Hessen gebracht.

Ferner geschah es, daß in der Wetterau bei dem Gute Echtzel ein Knabe aufgefangen wurde, welcher 12 Jahre lang bei den Wölfen gelebt hatte, in einem großen Walde, welcher die Hart genannt zu werden pflegt. Edelleute, welche der Jagd wegen sich hier aufhielten, hatten ihn gefangen. Der Knabe lebte noch bis ungefähr ins achzigste Jahr. Es geschah im Jahre 1344, zur Winterszeit und im Schnee, daß sie ihn ergriffen.

(aus der Chronik eines anonymen Mönchs, in: Pistorius, Scriptores rerum a Germanis gestarum. Frankfurt 1619)

Der irische Jüngling

Es wurde ein Jüngling von 16 Jahren nach Amsterdam gebracht, welcher in Irland seinen Eltern entwichen war, von frühester Jugend an unter wilden Schafen gelebt und deren Natur gleichsam angenommen hatte. Er war von gelenkigem Körper, in ununterbrochener Bewegung, von trotziger Miene, festem Fleisch, trockener, sonnverbrannter Haut, strammen Gliedmaßen, zurückweichender, niedriger Stirn, gewölbtem, höckerigem Hinterhaupt, roh, planlos, unerschrocken, jeder Menschlichkeit bar. Im Übrigen war er von gesunder Körperbeschaffenheit und erfreute sich des besten Wohlseins. Er hatte keine menschliche Stimme, sondern blöckte wie ein Schaf, verweigerte unsere gewöhnlichen Speisen und Getränke, verzehrte dagegen nur Gras und Heu wie die Schafe. Alles mehrmals hin und herwendend und stückweise untersuchend wählte und kostete er endlich bald dies, bald jenes, je nachdem die Nase oder der Gaumen es angenehmer fand. Er hatte in rauhen Bergen und wilden Orten gelebt; er selbst war nicht weniger wild und ungebändigt, ein Freund von Höhlen, wegelosen Gegenden, unzugänglichen Orten. Er war gewohnt, unter freiem Himmel zu leben, ertrug Winter und Sommer und entging sehr lange den Nachstellungen der Jäger, bis er endlich in ihre Netze geriet. Er hatte mehr das Ansehen eines Tieres als eines Menschen. Den Waldgeist hatte er, nur ungern unter Menschen verweilend, erst nach langer Zeit ausgezogen. Seine Kehle war weit und breit, die Zunge an dem Gaumen gleichsam angefügt. Die Gegend der Herzgrube war in Folge des vorwärts geneigten Ganges nach oben gerückt.

(Bericht des Amsterdamer Arztes Nicolaus Tulpius von 1672)

Der litauische Bärenknabe

1661. Jäger, die in den litauischen Wäldern ihre Beute verfolgten, sahen einen Trupp Bären. Unter ihnen bemerkten sie zwei kleine Wesen, welche menschliche Gestalt hatten. Sie verfolgten sie mit solchem Eifer, daß sie eins auffingen, ungeachtet seines Widerstandes und Geschreies, seines Zähnefletschens und seiner Verteidigung mit den Nägeln, gleich der eines jungen und ungezähmten Bären. Man fesselte ihn und brachte ihn nach Warschau vor den König und die Königin von Polen. Der ganze Adel und die ganze Stadt lief herbei, um das Kind zu sehen, welches damals etwa neun Jahre alt zu sein schien. Seine Haut war extrem weiß, ebenso seine Haare. Seine Glieder waren gut proportioniert und vollkräftig. Sein Gesicht war hübsch, seine Augen blau, alle seine Sinne aber so vertiert, er des Verstandes und der Vernunft so entblößt, daß er von einem Menschen nichts zu haben schien als den Körper. Er hatte nicht einmal den Gebrauch der Sprache, und alle seine Neigungen waren tierischer Art. Man erkannte ihn indessen als Menschen an, und in dieser Eigenschaft wurde er durch den Bischof von Posen getauft und Joseph genannt. Die Königin von Polen wollte seine Patin sein, der Gesandte von Frankreich wurde sein Pate. Man hatte keine geringe Mühe, die wilde Natur dieses Kindes zu mäßigen und zu zähmen, sowie auch ihm einige Begriffe von Religion beizubringen; denn er lernte niemals sprechen, obwohl er eine fehlerlose Zunge hatte. Man bemerkte indessen doch, daß die Zeit des Unterrichtes keine gänzlich verlorene war; denn wenn man ihm den Namen Gott nannte, so erhob er Hände und Augen zum Himmel. Der König gab ihn einem polnischen Edelmann, der ihn in sein Haus aufnahm, damit er mit den übrigen Bedienten Dienste leiste. Allein er konnte nie die Wildheit seines Naturells aufgeben, die er unter den Tieren erworben hatte. Gleichwohl nahm er die Gewohnheit an, auf zwei Füßen zu gehen, und er ging hin, wohin man ihn rief. Rohes und gekochtes Fleisch waren ihm gleich willkommen. Kleider konnte er am Körper nicht leiden, ebensowenig Schuhe; niemals bedeckte er den Kopf. Von Zeit zu Zeit floh er in die Wälder, wo er sich damit vergnügte, mit den Nägeln Baumrinden abzureißen und ihren Saft zu saugen. Man bemerkte eines Tages einen Bären, der zwei Menschen getötet hatte, in seine Nähe kommen, ohne daß er ihm ein Leid zufügte. Im Gegenteil, er liebkoste ihn, beleckte seinen Körper und sein Gesicht. Dies berichtet Johann Redwits von ihm in einem Alkäischen Gedicht.

(Louis Moréri, Le Grand Dictionnaire historique. Tome VI. Basel 1732)

Das Kind mit Ziegenkopff

Aus Rom/ vom 21. Julii. In der Kardinalsversammlung ist/ auf eingebrachte Relation des Bischoffs zu Brescia/ disputiret worden/ ob man das mit einem Ziegenkopff und Hörnern in seinem Kirchenspiel geborne Kind tauffen solte/ worauff endlich beschlossen worden/ solches zu tauffen mit dem Beysatz/ so viel es helfen könte.

(Berliner Ordinari- und Postzeitungen. 1676. Nr. 125)

Ein Hundskind

Halberstadt/ vom 16. November. Auff hiesiger Nachbarschafft ist vor einigen Tagen eine Weibes Person eingezogen worden/ welche zwar anfangs einer schlechten Hurerey bezüchtiget/ wie es aber mit ihr zur Geburt gekommen/ hat sie eine Mißgeburt zur Welt gebracht/ welche halb ein Mensch und halb ein Hund gewesen; Als nun hierüber jedermänniglich bestürtzet/ auch weil die Person unzüchtiges Gemüth bekannt/

allerhand Gedancken geschöpffet worden/ hat solches verursachet/ daß sie nach vorbey gebrachten Kindbette vor die Obrigkeit gezogen/ und scharff examiniret worden/ da sie dann gestanden/ daß sie auff einen gottlosen Ort schwanger worden/ welches vor züchtigen Ohren verborgen gehalten wird. Sie ist darauff in starcker Hafft genommen/ und weil sie die Sodomiterey/ ihren eigenen Geständniß nach/ schon etliche Jahre her getrieben/ wird ihr die Sententz bald gefället/ und der Proceß gemachet werden. Die Mißgeburt ist/ nachdem sie einige Stunden ans Tages Licht gewesen/ gestorben.

(Dienstagischer Postilion. Berlin 1687. 48. Woche)

Es geht nicht mit rechten Dingen zu

Frankreich. Eines Zimmermanns Frau zu Abeville hat 3 Mißgeburten zur Welt gebracht/ davon jedes 4 Füsse hat wie Hände/ einen grossen Kopf und einen langen Schwantz wie eine Ratte: sie haben aber nicht länger als etliche Stunden gelebet/ und sollen nach Paris in die Anatomie gebracht werden.

Frankreich. Von dem Weibe/welche jüngst gemeldter massen 3 Mißgeburten zur Welt gebracht/ sind noch gantz sonderbare Umstände gemeldet worden: nemlich es sollen zwey Jahr her merckliche Anzeigen der Schwangerschaft bey ihr verspühret worden seyn: weil sie aber nicht gebähren können/ hätte man vermeynet/ sie wäre bezaubert/ und zu dem Ende den Marquis von Mailli Dancourt/ welcher in dem Ruff ist/ daß er Mittel dagegen zu verordnen wisse/ gebrauchet. Hierauf hätte sichs bald angelassen/ als wollte es mit ihr zur Geburt kommen. Da nun eine ihrer Nachbarinnen eiligst zu ihr geholet worden/ hätte dieselbe sie in den Wehen angetroffen/ und 3 Paquete/ wie mit Pergament umgeben/ von ihr gehen sehen: als sie nun eines davon

eröffnet/ hätte sie angemercket/ daß etwas herausgelauffen/ so sie nicht erkennen können/ weil es geschwinde entwischet/ und darauf von der Katze aufgefressen wäre. Hierauf hätte man die andern 2 Paquete verwahret/ und einen Chirurgum herbeygeruffen/ welcher bey derer Eröffnung 2 Thiere darin gefunden/ die 8 Stunden gelebet/ und im übrigen die Grösse einer Mauß/ jedoch keine Haut/ aber 4 Füsse wie Hände/ einen Mauß-Schwantz/ ein Horn/ einen grossen und oben gerundeten Kopf/ Zung und Ohren wie ein Kind/ ein grosses Maul ohne Zähnen/ schwartze und runde Augen mit einem schwartzen so genannten Zauber-Creyß gehabt hätten.
(Wöchentliche Relationen. Halle 1711. Nr. 40 und 41)

Der wilde Knabe von Hameln

Hannover, den 24. Dec. 1725. Der Intendant des Zucht-Hauses zu Zelle hat Seiner Königl. Majest. einen gewissen Jungen, ohngefehr 15 Jahr alt, präsentiret, welcher vor einiger Zeit in dem Holtz bey Hameln gefunden worden, auf Händen und Füssen herum gekrochen, und viel behender als ein Eich-Hörngen auf die Bäume klettern können. Er hat nichts anders als Kraut und Mooß von Bäumen gegessen, so lange er im Holtz gewesen. Man weiß aber nicht, wie er dahin gekommen. Weil er Sr. Königl. Majestät bey der Tafel präsentiret worden, haben ihm Selbige von verschiedenen Speisen etwas vorwerffen lassen, auch befohlen, daß man selbigem alles, was er essen könte, reichen, und, so viel nur möglich, unterrichten solte.

Hannover, den 12. Januar. Der Knabe, welcher im vorigen Sommer von denen Jägern im Walde bey Hameln angetroffen, und von dar nach Zelle, auch letzthin anhero vor Ihro Königl. Majestät gebracht worden, ist sehr wilder und grober Art, und, da man ihn im Walde erblicket, gantz nackend gewesen, und soll er zu seiner Behausung einen hohlen Baum gehabt haben, den er mit Mooß ausgefüttert. Anfangs hat er keine Kleider auf dem Leibe haben wollen, sondern alles gleich zerrissen, aber auf starckes Anreden und Bedrohungen mit Schlägen dieselben endlich behalten, und lässet sich nunmehro ziemlich regieren. Die Augen stehen ihm etwas wunderlich im Kopfe, und die Haare sind ihm vorwerts ins Angesicht gewachsen gewesen, anitzo aber sind sie schon anders gewöhnet; er greiffet mit den Händen gantz plump in die Schüssel, und reisset das Fleisch mit den Zähnen von einander; seine angenehmste Speise ist Hasel-Nüsse und grün Kraut, ohne Zweifel darum, weil er im Walde mit dergleichen sich mag ernehret haben; er küsset die Hand, seine Danckbarkeit damit anzudeuten, und kratzet mit einem Fusse aus; wird ihm Geld gegeben, so stecket ers bey sich; er hat zwar wenig Verstand und keine Sprache, jedoch wenn man ihm nunmehro ein und andere Buchstaben vorsaget, so kan er sie vernehmlich nachsprechen, weil ihm die Zunge gelöset ist. Man hat observiret, daß derselbe Mine gemacht, als wenn er vor sich gesungen, und hat geschienen, als wenn es der Melodey eines Schäfer-Liedes gleich gewesen, welches er ohne Zweiffel denen Schäfern (so vielleicht nahe am Walde gehütet) mag abgelernet haben. Wie er vor Sr. Königl. Majestät gestellet worden, hat er sich gar dreiste aufgeführet, und wunderliche Gestus gemacht, auch wie man sagt, sich mit beyden Armen auf die Tafel geleget, und alle angesehen. Man hat ihn wieder nach Zelle ins Waysen-Haus gebracht, und beschlossen, ihn in die Schule gehen zu lassen, um zu sehen, ob er durch das viele Lesen und Beten der Kinder bald zu unserer Sprache gebracht werden könne. Wie er mag in den Wald gekommen seyn, ist noch unbekandt; indessen hoffet man, wenn er erst wird sprechen können, von ihm selbst einige Nachricht zu erhalten.

Hannover, den 4. April. Der ohnlängst bey Hameln gefundene wilde Knabe ist auf hohen Befehl über Hamburg nunmehro nach Engelland gesandt worden, da Ihro Königl. Groß-Brittannische Majestät denselben an der Cron-Printzeßin von Wallis Königl. Hoheit sollen geschencket haben. Es ist dieses Knabens bisher nicht nur in unterschiedenen Zeitungen erwehnet worden, sondern hat auch zu allerhand Raisonnements und Erzehlungen Gelegenheit gegeben, ob und wie er sich habe können in denen Waldungen aufhalten? Ja das Andencken der bekandten Historie, oder vielmehr Fabel, ist mit ihm wiederum erneuert, da in Hameln Anno 1284 am Tage Johannis des Täuffers, ein unbekandter Mensch, so in bunten seltsamen Kleidern, mit einer Pfeiffe spielend, aufgezogen kommen, 130 Kinder zusammen gebracht, welche er in den Koppel-Berg soll geführet haben. Welche Geschichte diesen Orth berühmt gemacht; wovon sonst Theodorus Kirchmayer, Samuel Erich, Martin Schoockius und Franc. Wörger pro und contra gehandelt. Vermuthlich sind die zu der Zeit entführten Kinder bey denen Creutz-Fahrten nach dem Gelobten Lande als junge Recruten, um die Lufft in denen entlegenen Ländern desto besser zu gewöhnen, bey Hameln zu Schiffe gebracht, und also bey guten Wind und Wetter auf einmal mit ihnen davon geeilet worden. Was nun aber den neulicher Zeit vor Hameln gefundenen Knaben anbetrifft, so hat man nunmehro folgende beglaubte Nachricht davon eingezogen: Es ist dieser Fündling Anno 1724 im Julio nicht weit von der Stadt zuerst im Korn, in einer Furche sitzend, von einem dasigen Bürger angetroffen worden, wie er aber denselben wahrnimmt, springt er gleich auf und läufft in das Holtz. Er hat zwar Anfangs ein Hemde, so mit Bind-Faden zugebunden gewesen, angehabt, allein kurtz darauf, wie er auch von andern Leuten gefunden wird, hat er hiervon nur noch einige Stücke am Leibe gehabt; Vielleicht daß er solches selbst zerrissen, da er der Kleidung vorher nicht gewohnt gewesen, wie aus Mitleiden das Hemde ihn jemand mag angethan haben, und kömmt also fast nackend wieder bey Leute so im Felde arbeiten. Dieselbe geben ihm zu trincken, als er aber getruncken, nimmt er einen Stein und zerschlägt den Krug. Indessen wird er von denen Leuten, so ihn im Felde angetroffen, bis vor die Stadt genommen, woselbst er von vielen Kindern begleitet wird, so denselben Peter geheissen. Wie nun der Herr Bürgermeister Severin hievon Nachricht bekömmt, läst er ihn in das Armen-Haus bringen. Man hat ihn zwar einen Stroh-Sack hingeworffen darauf zu schlaffen, allein er hat sich dessen gar nicht bedienet, sondern auf allen Vieren gesessen, und also etwas geschlaffen. Vorher aber immer einen Ausgang im Zimmer gesucht. Wie er gekleidet wird, so er ungern gelitten, ist das seine gröste Freude gewesen, wenn er die Mützen oder Hüte in die Weser geworffen, hat dabey vergnügt auf die Brust geschlagen. Vor lebendige Fische hat er sich gefürchtet, jedoch sie gern gegessen. Er hat auch Zeichen einer Guthertzigkeit von sich spühren lassen, denn wenn ihm jemand Geld gegeben, oder was es auch gewesen, hat er solches denenjenigen alles wieder gegeben, bey welchen er im Hause gewesen, und ihn gespeiset. Sonst hat man auch Anfangs wahrgenommen, daß er die Rinde oder das junge Bast vom Holtz gekäuet. Von Hameln ist er endlich nach Zelle ins Waysens-Haus geschicket worden, von da ihn Königl. Majestät Anno 1725 bey Dero hohen Gegenwart in Hannover anhero bringen lassen, da er überall dreiste zugegangen; auf Königl. Majest. Rent-Kammer hat er damals etliche Schachteln mit rohten Oblaten ausgegessen. Er siehet sonst nicht übel aus, hat schwartze krause Haare, so ihm ziemlich in das Gesicht gewachsen. Die Stimme ist etwas Viehisch und wild, man hat angefangen ihn das ABC zu lernen, und weiß er unter allen Buchstaben das R am deutlichsten auszusprechen. Bisweilen soll er des Nachts auch wilden Laut eines

Gesangs von sich geben. Wenn er zu jemand kömmt, küsset er den Leuten die Hände. Er soll sich letztlich sehr gefreuet haben, wie er ein grün mit Silber besetztes Kleid bekommen. Woher er aber gekommen, und wer sein Vater, hievon hat man bisher noch keine gewisse Nachricht bekommen. Es hat zwar neulich der Herr Inspector Heumann zu Göttingen den Krüger zu Wichtringen, oder vielmehr Lüchtringen, im Paderbornischen zum Vater wollen angeben, allein folgende Umstände geben dieses nicht zu: Erstlich hat zwar der Krüger zum Stein-Kruge vor Lüchtringen am Solling im Paderbornischen gelegen zwey unsinnige Kinder gehabt, und zwar einen Sohn und Tochter, allein zu geschweigen daß er seine Kinder noch bey sich, so hat desselben unsinniger Sohn auch blonte Haare, und unser gefundene Peter gantz schwartz krause, so auch alles verstehet was man ihm saget.
(Hamburgischer Correspondent 1726. Nr. 1, 11, 58 und 59)

London, vom 16. Januar. Am 8ten dieses wurde der bekannte Peter, welcher im Jahre 1724 in einem Walde ohnweit Hameln gefunden, darauf nach Engelland gebracht, und seither zu Cheshunt in Hertfordshire unterhalten worden, von da nach der Königin Pallast gebracht, damit die Königl. Familie ihn in Augenschein nehmen könnte. Dieser Mann ist itzt 60 Jahre alt, kan kein verständliches Wort sprechen, und hat noch alle Spuren seiner vorigen Wildheit an sich.
(Vossische Zeitung. Berlin 1767. Nr. 16)

Ein Orangotan

Londen, vom 8. September. Aus unsern West-Indischen Colonien ist sonst nichts neues allhier eingelauffen, als daß eines von unsern Schiffen aus Angola, in Aethiopien, in Carolina angelanget sey, und eine Mißgeburt mit gebracht habe, welche in Ost-Indien ein Orangotan, oder wilder Mensch, genennet würde. Gemeldete Creatur sey von Gattung ein Weibchen, habe einen 2 Fuß langen Leib, Menschen-Hände, Füsse mit Gelencken und Nägeln, nach Proportion der Grösse, könne auf den Füssen gehen, ordentlich auf einem Stuhle sitzen, auch aus einer Schale trincken, und solche mit den Händen halten. Der Leib wäre mit Haaren, wie ein Bär, bewachsen, die Haut darunter aber sähe weiß aus, das Gesichte, nebst den Händen, röthlich, und übrigens gleiche es den Indianern viel an Gestalt.

Londen, vom 3. Oktober. Das seltsame Geschöpfe, das vor einiger Zeit mit dem Schiffer, der Sprecher genannt, aus Carolina herüber gekommen, und in einem Walde in Guinea gefangen worden ist, hat eine Höhe von 2 Ellen, und gleichet sonst in allen Stücken einer Weibes-Person, außer dem Kopfe, der einem Affen oder einer Meer-Katze ähnlich siehet. Diese heßliche Creatur wird dennoch auch von der Liebe gar erschrecklich geplagt, und hat den Cajüten-Jungen ihrer zärtlichen Zuneigung gewürdiget, mit dem sie den gantzen Tag spielet, und des Caressirens und Leckens fast nicht satt wird, auch sich sehr traurig anstellet, wenn ihr Geliebter entfernet ist, übrigens aber bezeiget sie sich gantz keusch, und läst sich von keinem Menschen anrühren. Der Schiffer versichert, es wären ihm schon in Guinea 250 Pfund Sterlings davor geboten worden.

(Vossische Zeitung. Berlin 1738. Nr. 112 und 123)

Der Wilde von Kronstadt

Hier haben Sie die Nachricht von dem Wilden, der vor einigen Jahren auf der siebenbürgisch-wallachischen Grenze gefunden und nach Kronstadt gebracht wurde, woselbst er im Jahre 1784 noch am Leben war. Auf welche Weise dieser Arme in den Wald geraten, ob er in der Jugend seinen Eltern entlaufen, oder von einer unglücklichen Mutter im Walde selbst geboren wurde, darüber konnte ich nichts erfahren. Man muß daher das Faktum, wie es ist, in der traurigen Gallerie der Gemälde dieser Art aufbewahren.

Der unglückliche Mensch war männlichen Geschlechts und von mittlerer Größe. Er hatte einen äußerst verwilderten Blick. Seine Augen lagen tief im Kopfe und rollten in wilder Bewegung umher. Die Stirne war stark einwärts gebogen und die Haare von aschgrauer Farbe, in die Stirne heruntergewachsen, kurz und struppigt. Er hatte starke Augenbrauen, welche weit über die Augen hervorragten und eine kleine plattgedrückte Nase. Der Hals schien aufgedunsen und in der Gegend der Luftröhre kropfartig dick. Der Mund, den er beständig halb offen hielt und durch welchen er schnaufend den Atem einzog, stand etwas hervor. Die Zunge war beinahe unbeweglich, und die Backen mehr eingefallen als voll, und wie das Gesicht, mit einer gelblich schmutzigen Haut überzogen. Man fühlte es beim ersten Anblick dieses Gesichtes, aus welchem Wildheit und tierisches Wesen hervorleuchtete, daß es keinem vernünftigen Geschöpfe angehöre; ein neuer Beweis für die Bemerkung, welche man auch in Tollhäusern bestätigt findet, daß jenes eigentümliche Gepräge, welches die Vernunft der menschlichen Bildung aufdrückt, bei allen denjenigen Personen mehr oder weniger vermißt werde, welchen der Vernunftgebrauch in höherem oder geringerem Grade versagt ist. Der übrige Körper des Wilden, besonders der Rükken und die Brust waren stark behaart; die Muskeln an Arm und Beinen stärker und sichtbarer, als bei gewöhnlichen Menschen; die Hände schwielig (welches vermutlich von dem verschiedenen Gebrauche derselben herrührte) und die Haut durchgängig so schmutzig gelb und dick, wie am Gesichte. An den Fingern hatte er sehr lange Nägel und an den Ellenbogen und Knieen dichte, knotenartige Verhärtungen. Die Fußzehen waren länger als bei gewöhnlichen Menschen. Er ging zwar aufrecht, aber etwas schwerfällig; es schien, als ob er sich von einem Fuße auf den andern würfe. Kopf und Brust trug er vorwärts, welches, wie ich vermute, daher zu erklären ist, weil er im Walde sich auf allen Vieren fortzubewegen gewohnt war. Er ging barfuß und konnte schlechterdings keine Schuhe an den Füßen leiden. Die Sprache, selbst jede Spur eines artikulierten Tones, mangelte ihm ganz. Was er hören ließ, war ein unverständliches Gebrumme, welches sich dann äußerte, wenn ihn sein Begleiter vor sich her trieb; und dieses Gebrumme ging in ein Geheul über, wenn er eines Waldes oder eines Baumes ansichtig wurde. Er schien dadurch seine Begierde nach seinem gewohnten Aufenthalt ausdrücken zu wollen; denn als er einmal auf meinem Zimmer war, wo man die Aussicht nach einem Berge hat, der mit mehreren Baumgärten bepflanzt ist, fing er bei dem Anblick der Bäume jämmerlich an zu heulen. – Von Vernunft waren wenige Spuren bei ihm anzutreffen. Er bezeigte für keine Sache Aufmerksamkeit. Man mochte ihm zeigen was man wollte, so wurde man mit einem gleichgültigen Blicke abgefertigt. Weder ein menschliches Wort, noch was immer für eine Stimme oder Gebärde war ihm verständlich. Man konnte lachen, oder sich zornig stellen, er blieb unbewußt und verriet auch nicht die mindeste Fertigkeit, wie dergleichen doch an mehreren wild gefundenen Menschen, besonders an dem Mädchen, von welchem Condamine in seiner *Histoire d'une jeune fille sauvage* Nachricht gibt, beobachtet wurden. Selbst die bei den wildesten Völkern und schon an kleinen Kindern sichtbare Neigung nach Gegenständen, welche in die Sinne fallen, war an ihm nicht bemerklich. Er strebte, als ich ihn das erste Mal sah, durchaus nach keinem Eigentum. Wahrscheinlich war die völlige Ungewohntheit seines neuen Zustandes und die Sehnsucht nach seinem vorigen Aufenthalt, die er bei dem Anblick eines Gartens oder eines Waldes sichtbar zeigte, Schuld daran. Daher erkläre ich es auch, warum er anfänglich bei dem Anblick eines Weibes nicht die geringste Regung bezeigte.* Als ich ihn aber nach Verlauf von drei Jahren wieder sah, hatte seine Apathie in diesem Punkte aufgehört. Sobald er ein Frauenzimmer bemerkte, brach er in ein heftiges Freudengeschrei aus und suchte seine rege gewordene Begierde auch durch Gebärden auszudrücken. So wenig Neigung er aber, als ich ihn das erste mal sah, für etwas hatte, so wenig Abneigung bemerkte man an ihm *gegen* etwas, solche Empfindungen ausgenommen, die er bereits gehabt hatte. Bei keiner Sache, welche andern Menschen Furcht einflößt, ahnte er eine Gefahr. Nur wenn er einen widrigen Eindruck erhalten hatte, bezeigte er Abneigung gegen die Sache, welche ihm die unangenehme Empfindung verursachte. Mit einer Stecknadel, die man ihm in die Haut stieß, konnte er zum Laufen gebracht werden; aber ein bloßer Degen, den man auf seine Brust oder über seinen Kopf hielt, jagte ihm keine Furcht ein. Übrigens bemerkte ich an ihm keine Menschenscheu, welche man sonst an Personen seiner Art wahrnimmt. Bei dem Anblick mehrerer Menschen blieb er ebenso unempfindlich, als ob er allein wäre. Kein Ton eines musikalischen Instruments rührte ihn; nur beim Trommelschlag schien er furchtsam zu werden und suchte sich zu entfernen. – Leidenschaften äußerte er, außer der Sehnsucht nach seinem vorigen Aufenthalt keine, und diese wurde zu-

* Anmerkung von Rauber: Über diesen Umstand sich zu verwundern, liegt keine Berechtigung vor. Denn woran hätte der Wilde von Kronstadt und ebenso Peter von Hameln das Weib erkennen sollen? Sie sahen zunächst beide nur ein, mit anderen als männlichen Kleidern bedecktes menschliches Wesen. Nur das menschliche Weib in dem von allen Kulturhüllen befreiten Zustande und der Verkehr mit ihm hätte entscheiden können. Das Folgende bestätigt diese Bemerkung.

letzt durch die Gewohnheit vermindert. Doch zeigte er Zorn und Unwillen, wenn er Hunger und Durst fühlte, und würde in diesem Falle wohl selbst einen Menschen angepackt haben, so wenig er sonst ihnen oder irgendeinem Tiere gefährlich war. – Außer der ursprünglichen Menschengestalt, welche übrigens in diesem Zustande der Verwilderung einen demütigenden Anblick gewährte, und außer dem aufrechten Gange vermißte man an ihm alle jene charakteristischen Züge, wodurch sich der Mensch vor den Tieren auszeichnet: vielmehr war es eine erbarmungswürdige Szene, dieses unbehilfliche Geschöpf zu sehen, wie es vor seinem Treiber brummend und wild herumblikkend einherwankte und mit stumpfer Unempfindlichkeit gegen alles, was ihm vorkam, sich nach dem Aufenthalte der Raubtiere sehnte. Um diesem heftigen Triebe Einhalt zu tun, wurde er anfänglich, sobald er vor die Stadttore kam, und sich den Gärten, die er für Wälder hielt, näherte, mit Stricken gebunden, und von mehreren Personen begleitet, weil er sich sonst mit Gewalt losgerissen hätte und seinem vorigen Aufenthalt im Walde zugelaufen wäre. Seine Speisen waren anfänglich nichts, als allerhand Baumblätter, Gras, Wurzeln und rohes Fleisch. Erst nach und nach gewöhnte er sich an gekochte Speisen, und nach der Aussage desjenigen, bei welchem er wohnte, soll ein ganzes Jahr verflossen sein, bis er gekochte Speisen essen lernte; dann aber milderte sich auch die tierische Wildheit merklich.

Das Alter desselben vermag ich nicht mit Gewißheit anzugeben. Dem äußern Ansehen nach mochte er drei- bis fünfundzwanzig Jahre haben. *Die Sprache erlernte er vermutlich niemals.* Als ich ihn nach drei Jahren wieder sah, fand ich ihn noch immer sprachlos, obgleich in vielen Stücken merklich verändert. Seine Miene verriet noch immer etwas Tierisches, war aber ungleich sanfter geworden. Sein Blick hatte die vorige Wildheit verloren; sein Gang war fester und ordentlicher. Die

Begierde nach Speise, welche er nun von allen Gattungen, besonders Hülsenfrüchte liebte, gab er durch unverständliche Töne zu verstehen, und bezeigte eine sichtliche Zufriedenheit, wenn man ihm etwas zu essen brachte, bediente sich auch wohl des Löffels. Selbst an den Gebrauch der Schuhe und der übrigen Kleider hatte er sich gewöhnen gelernt: war aber unbekümmert, wenn sie auch noch so sehr zerrissen waren. Nach und nach fand er auch seine Wohnung ohne Führer; das einzige Geschäft, wozu man ihn brauchen konnte, bestand darin, daß er einen Krug, den man ihm in die Hand gab, bei dem Brunnen mit Wasser füllte und wieder nach Hause brachte. Dies war der einzige Dienst, welchen er seinem Ernährer zu leisten vermochte. Übrigens wußte er für seine Nahrung auch dadurch zu sorgen, daß er die Häuser fleißig besuchte, wo man ihm etwas zu essen gegeben hatte. – Der Trieb der Nachahmung zeigte sich auch in vielen Stükken; doch machte nichts einen bleibenden Eindruck auf ihn, und hatte er auch eine Sache mehrmals nachgeahmt, so vergaß er sie doch bald wieder, wenn man die Gewohnheit ausnimmt, welche mit seinen natürlichen Bedürfnissen, dem Essen, Trinken, Schlaf usw. in einem näheren Zusammenhange standen. Durch diese geleitet fand er des Abends sein Lager und des Mittags die Häuser, wo er Nahrung zu erwarten hatte. Den Wert des Geldes lernte er nie kennen. Er nahm es zwar an, aber in der Absicht, um damit zu spielen, und machte sich auch nichts daraus, wenn er es wieder verlor. Überhaupt glich er in allen Stücken einem Kinde, dessen Fähigkeiten sich zu entwickeln beginnen, nur mit dem Unterschiede, daß er – der Sprache unfähig – keine Fortschritte in dieser Entwicklung machen konnte, sondern stets auf derselben niederen Stufe stehen blieb. Auch darin hatte er mit einem Kinde Ähnlichkeit, daß er alles, was man ihm zeigte, begaffte, aber mit kalter Gedankenlosigkeit seinen Blick von demjenigen, was er begafft hatte, auf etwas Neues hinwandte. Wenn man ihm einen Spiegel vorhielt, suchte er das Bild, welches er sah, hinter dem Spiegel auf; war aber ganz gleichgültig, wenn er dasselbe nicht mehr fand und den Spiegel aus dem Auge verlor. Der Ton musikalischer Instrumente schien ihn jetzt zwar etwas zu rühren: aber es war eine flüchtige Rührung, die keinen Eindruck hinterließ. Als ich ihn in meinem Zimmer vor das Klavier führte, hörte er die Töne mit einem scheinbaren Vergnügen an, traute sich aber nicht eine Taste anzurühren und bezeigte eine große Furcht, als ich ihn dazu zwingen wollte. Seit dem Jahre 1784, in welchem ich Kronstadt verließ, hatte ich keine Gelegenheit weiter, Nachrichten von demselben einzuzieen.

(Aus einem Schreiben an Michael Wagner, den Verfasser der »Beiträge zur philosophischen Anthropologie«, 1794)

Jean Itard

Bericht über die ersten Entwicklungsschritte eines jungen Wilden

Ein Kind von 11 bis 12 Jahren wurde in den Wäldern von Caune gesichtet. Es war vollständig nackt, suchte Eicheln und Wurzeln als Nahrung. Gegen Ende des Jahres VII wurde es wieder am gleichen Ort von drei Jägern gesehen. Sie ergriffen es im Moment, als es auf einen Baum klettern wollte, um sich ihrer Verfolgung zu entziehen. In einen Weiler der Nachbarschaft geführt und der Obhut einer Witwe überlassen, entfloh es im Verlaufe einer Woche. Es suchte die Berge zu erreichen, wo es in der winterlichen Kälte herumirrte, kaum bedeckt mit einem zerrissenen Hemd. Während der Nacht zog es sich zurück an einsame Orte, am Tag näherte es sich den benachbarten Dörfern und führte so ein vagabundierendes Leben bis zum Tage, an dem es von sich aus in ein bewohntes Haus im Departement Saint-Sernin eintrat.

Es wurde wieder aufgenommen, überwacht und gepflegt während zwei oder drei Tagen. Von hier wurde es ins Hospice Saint-Affrique verbracht, darauf nach Rodez, wo es mehrere Monate blieb. Während seines Aufenthaltes an diesen verschiedenen Orten sah man es immer gleich wild, ungeduldig und in Bewegung, immer darauf bedacht, zu entfliehen. Ein Minister, Gönner der Wissenschaften, glaubte, daß dieses Ereignis für die Kenntnis der menschlichen Natur aufschlußreich sein könnte. Er gab Anweisung, daß das Kind nach Paris gebracht werde. Dorthin kam es Ende des Jahres VIII in Begleitung eines armen und achtbaren Greises, welcher versprach, es wieder zu sich zu nehmen und an ihm Vaterstelle zu vertreten, wenn die Gesellschaft es verlassen sollte.

Übermäßige, ja unvernünftige Hoffnungen gingen in Paris der Ankunft des Knaben vom Aveyron voraus. Viele Neugierige machten sich ein Vergnügen daraus, sein Erstaunen beim Betrachten der schönen Dinge in der Hauptstadt zu sehen. Viele sonst durch ihre Einsicht bekannte Persönlichkeiten dachten nicht daran, daß unsere Organe umso weniger anpassungsfähig sind und die Nachahmung umso schwerer ist, je isolierter ein Mensch lebt und je älter er ist. Sie glaubten, daß die Erziehung dieses Individuums die Angelegenheit einiger Monate sei und daß man schon bald über sein vergangenes Leben die interessantesten Auskünfte bekommen könne. Was sah man statt dessen? Ein widerlich schmutziges Kind, von spastischen und zeitweise krampfartigen Zuckungen befallen, das sich ständig wie gewisse Tiere in einer Menagerie hin- und herwiegte. Es biß und kratzte seine Betreuer und war dann wieder ganz gleichgültig.

Es ist leicht begreiflich, daß ein solches Wesen nur vorübergehend die Aufmerksamkeit der Neugierigen reizen konnte. Man rannte in Massen herzu, man sah es, ohne es zu beobachten, man beurteilte es, ohne es zu kennen und dann sprach man nicht mehr davon. In der allgemeinen Gleichgültigkeit vergaßen die Leiter und der berühmte Direktor der staatlichen Taubstummenanstalten nicht, daß man diesem Kinde gegenüber Verpflichtungen übernommen hatte, die es zu erfüllen galt. Sie erhofften wie ich viel von einer medizinischen Behandlung und übergaben das Kind mir zur Pflege.

Bevor man jedoch Einzelheiten und Ergebnisse dieser Maßnahme aufzeigt, muß man den Ausgangspunkt festhalten, die erste Zeit in Erinnerung rufen und beschreiben, um das besser zu bewerten, was erreicht wurde. Indem man Vergangenheit und Gegenwart vergleicht, kann man festlegen, was von der Zukunft erwartet werden kann. Ich werde die bereits bekannten Tatsachen rasch zusammenfassen. Damit man nicht den falschen Verdacht hegt, ich übertreibe im Bestreben etwas zu erreichen, werde ich hier eine sehr genaue

Beschreibung wiedergeben. Ein Arzt verfaßte sie, der ebenso rühmlich bekannt war für seine Beobachtungsgabe wie für seine Kenntnis der Geisteskrankheiten, anläßlich einer wissenschaftlichen Sitzung, der beizuwohnen ich die Ehre hatte.

Was vorerst die Funktion der Sinne des jungen Wilden anbelangt, so konstatierte *Pinel* so große Trägheit derselben, daß sich der Unglückliche in dieser Hinsicht unter dem Stand einiger unserer Haustiere befand. Seine Augen waren ausdruckslos, fixierten nicht, wanderten unstet von einem Gegenstand zum andern ohne je anzuhalten; zudem waren sie so wenig geübt, daß sie kaum einen plastischen Gegenstand von einem Gemälde unterscheiden konnten. Das Gehörorgan war unempfindlich gegen den stärksten Lärm und gegen die zarteste Musik. Was die Stimme anbelangt, so blieb er entweder ganz stumm oder ließ nur einen monotonen, gutturalen Laut hören. Das Geruchsorgan war so wenig entwickelt, daß er mit derselben Gleichgültigkeit Parfumdüfte aufnahm wie den Gestank seines Kotes, von welchem sein Bett voll war. Schließlich blieb auch der Tastsinn beschränkt auf die mechanischen Funktionen des Betastens des Körpers. Was die intellektuellen Fähigkeiten betrifft, so stellt der Berichterstatter ihn dar als unfähig einer Aufmerksamkeit, die über die Gegenstände seiner Bedürfnisse hinausgeht, unfähig jeder geistigen Arbeit, ohne Gedächtnis, Urteil, ohne Eignung für die Nachahmung. Er war so sehr beschränkt, sogar was die Erfüllung seiner Bedürfnisse anbelangte, daß er nicht einmal so weit kam, eine Türe zu öffnen oder auf einen Stuhl zu steigen, um Nahrungsmittel zu holen, die man außer seine Reichweite gestellt hatte. Schließlich besaß er auch keine Mittel sich zu verständigen. Seine Gesten und seine Körperbewegungen verrieten weder Ausdruck noch Absicht. Ohne sichtbaren Grund wechselte er rasch von apathischer Traurigkeit zu maßlosen Ausbrüchen des Lachens. Er blieb auch unempfindlich gegen jeglichen seelischen Affekt. Seine Unterscheidungsfähigkeit beschränkte sich fast nur auf eine Berechnung aus Gefräßigkeit, sein Vergnügen auf eine angenehme Geschmacksempfindung, seine Intelligenz auf die Bereitschaft, einige unzusammenhängende, auf seine Bedürfnisse bezogene Gedanken zu reproduzieren. Seine ganze Existenz war – kurz gesagt — ein rein animalisches Leben.

Pinel berichtete hierauf noch verschiedene, in Bicêtres gesammelte Geschichten von Kindern, welche vollständig idiotisch waren. Er zog zwischen diesen Unglücklichen und dem Knaben, der uns beschäftigt, die schärfsten Vergleiche und kam zum Ergebnis einer absoluten Identität zwischen den jungen Idioten und dem Wilden vom Aveyron. Diese Tatsache führte logischerweise zum Schluß, daß ein Mensch, der mit dieser bis jetzt unheilbaren Krankheit behaftet ist, keiner irgendwelchen gesellschaftlichen Einordnung und Erziehung fähig sei.

Das war auch die Schlußfolgerung von *Pinel*, die sich übrigens als philosophischer Zweifel in allen seinen Schriften ausbreitete und in der Prognose nur eine mehr oder weniger sichere Wahrscheinlichkeitsrechnung sah.

Ich teilte diese Ansicht keineswegs und schöpfte immer noch einige Hoffnung trotz der Wahrheit der Schilderung und der Richtigkeit der Vergleiche. Ich gründete meine Hoffnung auf die Betrachtung einerseits der Ursache und andererseits der Heilbarkeit dieser scheinbaren Idiotie. Bei diesen beiden Betrachtungen muß ich mich noch etwas länger aufhalten. Sie beruhen auf einer Reihe von Tatsachen, die ich erzählen muß und in die ich mehrmals meine eigenen Überlegungen hineinflechten werde. Es ist ein philosophisches Problem, den Intelligenzgrad und die Gedankenart eines jungen Menschen zu bestimmen, welcher während seiner Kindheit ohne jegliche Erziehung, ganz von Individuen gleicher Art getrennt, gelebt hat. Ich müßte mich sehr täuschen, wenn die Lösung dieses Problems sich nicht darauf beschränken würde, diesem Jugendlichen eine Intelligenz zuzubilligen, die sich nur auf die kleine Anzahl seiner Bedürfnisse bezieht und die alle jene einfachen und komplizierten Ideen vermissen läßt, die wir der Erziehung verdanken. Diese verbinden sich auf so vielfältige Weise in unserem Geist allein schon durch die Kenntnis der Schriftzeichen. Nun, das seelische Bild dieses jungen Menschen wird dasjenige des Wilden vom Aveyron sein, und die Lösung des genannten Problems würde das Maß und die Ursache des intellektuellen Standes des Knaben angeben. Aber um das Vorhandensein dieser Ursache mit noch mehr Berechtigung vertreten zu können, muß man beweisen, daß sie mehrere Jahre bestanden hat. Man hat mir den Vorwurf gemacht, der Knabe vom Aveyron sei nur ein armer Schwachsinniger gewesen, der, von seinen Eltern verabscheut, erst kürzlich im Walde ausgesetzt worden sei. Wer eine solche Behauptung aufstellt, hat den Knaben bei seiner Ankunft in Paris nicht beobachtet.

Er hätte sonst gesehen, daß alle seine Gewohnheiten geprägt waren von einem Leben in der Einsamkeit, vom Herumirren. Er hatte eine unüberwindliche Abneigung gegen die Gesellschaft und ihre Gewohnheiten, unsere Kleidung, unsere Möbel, gegen den Aufenthalt in unsern Wohnungen, die Zubereitung unserer Mahlzeiten, eine tiefe Gleichgültigkeit gegen unsere Vergnügungen und Bedürfnisse, daneben eine leidenschaftliche Sehnsucht nach der Freiheit der Felder, trotz neuer Bedürfnisse und wachsender Neigungen. Während eines kurzen Aufenthaltes in Mont-Morency wäre er ohne die strengsten Vorsichtsmaßnahmen bestimmt in die Wälder entwischt. Zweimal lief er aus der Taubstummenanstalt davon, trotz der Überwachung durch seine Erzieherin.

Sein Bedürfnis nach Ortsveränderung war außergewöhnlich groß, geradezu lästig, seit er Schuhe trug, und bemerkenswert durch die Schwierigkeit, sich unserer ruhigen, abgemessenen Gehweise anzupassen, sowie durch seine ständige Tendenz, sich in Trab oder Galopp fortzubewegen.

Hartnäckig blieb er bei der Gewohnheit, an allem zu riechen, sogar an Gegenständen, die wir für geruchlos ansehen. Das Kauen wurde nur durch rasche Bewegung mit den Schneidezähnen ausgeführt, was darauf hinweist, daß der Junge hauptsächlich von pflanzlicher Nahrung lebte. Aber unter gewissen Umständen hatte er seine Beute auch unter kleinen toten Tieren gesucht. Man zeigte ihm einen toten Kanarienvogel: im Augenblick war das Tier seiner großen und kleinen Federn beraubt, mit den Fingernägeln aufgerissen, beschnuppert und weggeworfen.

Andere Zeichen eines vollständig isolierten, unsichern und vagabundierenden Lebens waren viele verschiedenartige Narben, welche den Körper des Knaben bedeckten. Ohne von der Narbe vorn am Hals zu sprechen – denn diese erwähne ich später, da sie besondere Aufmerksamkeit verdient – hatte er vier im Gesicht, sechs auf dem linken Arm, drei in der Nähe der rechten Schulter, vier in der Nähe der Geschlechtsorgane, eine am linken Gesäßteil, drei an einem Bein, zwei am andern. Das macht dreiundzwanzig Narben, von denen die einen von tierischen Bissen herzurühren scheinen, die andern von mehr oder weniger breiten und tiefen Riß- und Kratzwunden. Dies waren zahlreiche und unvergängliche Zeugen der langdauernden und vollständigen Verlassenheit dieses Unglücklichen. Von einem allgemeinen und philosophischen Gesichtspunkt aus betrachtet, zeugt dies ebensosehr von der Schwäche und Unzulänglichkeit des allein auf sich angewiesenen Menschen, als auch für die Hilfsquellen der Natur, die scheinbar nach widersprüchlichen Gesetzen arbeitet, nämlich wieder gut zu machen und zu erhalten, was sie beschädigte und zerstörte. Fügt man diesen Tatsachen die ebenfalls authentischen Beobachtungen der Landbewohner und Nachbarn des Waldes bei, wo dieses Kind aufgefunden worden war, dann wird man wissen, daß es sich nach seiner Aufnahme in die Gemeinschaft in den ersten Tagen nur von Eicheln, rohen Kartoffeln und Kastanien ernährte. Es gab keinerlei Laute von sich und es gelang ihm trotz der äußerst aufmerksamen Beaufsichtigung mehrere Male zu entkommen. Es widersetzte sich in einem Bett zu schlafen usw. Man wird vor allem auch wissen, daß es schon mehr als fünf Jahre vorher gesehen worden war, völlig nackt und die Nähe der Menschen fliehend. Dies läßt vermuten, daß es schon seit seinem erstmaligen Erscheinen so zu leben gewohnt war und daß diese Gewohnheit das Resultat eines mindestens zweijährigen Aufenthaltes in unbewohnten Gebieten sein mußte. Auf diese Art hatte das Kind in einer absoluten Einsamkeit während ungefähr sieben von zwölf Jahren gelebt, ein Alter, das es zu haben schien, als man es in den Wäldern von La Caune ergreifen konnte. Es ist wahrscheinlich und fast bewiesen, daß es im Alter von vier bis fünf Jahren verlassen worden war und daß, wenn es zu jener Zeit schon ein wenig gesprochen und einen Anfang von Erziehung erhalten hatte, dies als Folge seiner Isolierung aus seinem Gedächtnis ausgelöscht worden ist.

Das schien mir die Ursache seines gegenwärtigen Zustandes zu sein. Man sieht nun, weshalb ich den Erfolg meiner Maßnahmen günstig beurteilte. In Berücksichtigung der kurzen Zeit, die der Knabe vom Aveyron unter den Menschen lebte, war er viel weniger ein jugendlicher Imbeziller als ein Kind von zehn oder zwölf Monaten, bei dem noch asoziale Gewohnheiten dazukamen, eine sture Unaufmerksamkeit, wenig angepaßte Organe und eine Sensibilität, welche durch die Ereignisse abgestumpft war. Von dieser letzteren aus betrachtet war er ein rein medizinischer Fall, dessen Behandlung in den Bereich der eigentlichen Geisteskrankheiten gehörte. In England wurde dieses verfeinerte medizinische Spezialgebiet von *Willis* und von *Crichton* begründet und neuerdings auch in Frankreich ausgebreitet durch die Erfolge und die Schriften von Professor *Pinel*.

Mehr durch den Geist ihrer ganzen Lehre als durch ihre einzelnen Vorschriften – denn diese hätten sich an einen solchen unvorhergesehenen Einzelfall nicht angepaßt – beschränkte ich die seelische Behandlung oder die Erziehung des Wilden vom Aveyron auf fünf Gesichtspunkte.

Erster Gesichtspunkt: Ihn mit dem Leben in der Gemeinschaft vertraut machen, indem man ihm dieses schöner gestaltet als in den bisherigen Monaten seit seiner Festnahme und vor allem ähnlicher dem Leben, das er früher geführt hatte.

Zweiter Gesichtspunkt: Die Sensibilität seiner Nerven durch die stärksten Stimulantien und hie und da durch lebhafte seelische Affekte wecken.

Dritter Gesichtspunkt: Seinen Ideenkreis erweitern, indem man ihm neue Bedürfnisse schafft und seine Beziehungen zu den ihn umgebenden Menschen vervielfacht.

Vierter Gesichtspunkt: Ihn zum Gebrauch der Sprache anleiten, wobei die Übung der Nachahmung durch das zwingende Gebot der Notwendigkeit bestimmt wird.

Fünfter Gesichtspunkt: Eine Zeitlang die einfachsten geistigen Tätigkeiten auf die Gegenstände seiner körperlichen Bedürfnisse anwenden und dann deren Anwendung auf den Lehrstoff bestimmen.

J. A. L. Singh

Die „Wolfskinder" von Midnapore

Auf unseren Missionsfahrten kamen wir auf der Suche nach menschlichen Wohnungen durch den dichtesten Dschungel des Distrikts Midnapore und stießen in das Gebiet von Morbhanj Raj vor.

Auf einer dieser Fahrten gelangten wir in ein Dorf namens Godamuri im Grenzbereich zwischen Midnapore und Morbhanj. Wir fanden im Dorfe Obdach im Kuhstall eines Mannes, der Chunarem hieß und seiner Abstammung nach zu den Kora (einem der alten Eingeborenenstämme Indiens) gehörte. In der Nacht kam der Mann zu uns und erzählte sehr erschreckt von einem menschlichen Geist im nahen Dschungel. Der Manush-Bagha (Menschgeist) glich seinen Gliedern nach einem Menschen, jedoch mit dem schrecklichen Kopf eines Geistes. Auf meine Frage hin berichtete er, daß man ihn bei Abenddämmerung sehen könne. Der Ort, den er mir nannte, war etwa sieben Meilen vom Dorf entfernt. Er und seine Frau baten mich, ihn von dem Ort zu verbannen, denn sie hatten eine unheimliche Angst vor ihm.

Am 9. Oktober 1920 gingen wir am Abend, lange vor Einbruch der Dämmerung, etwa um 16.30 Uhr oder 17 Uhr heimlich auf den Hochstand und warteten dort gespannt ungefähr eine Stunde lang. Plötzlich kam ein ausgewachsener Wolf aus einem der Löcher, das durch das ständige Heraus- und Hereinlaufen der Tiere ganz glattrandig geworden war. Diesem Tier folgte ein zweites von derselben Größe und Art, diesem ein drittes, welchem sich dicht zwei Junge hintereinander anschlossen; zwei zugleich konnten nicht durch das Loch.

Dicht hinter den Jungen kam der Geist – ein schrecklich aussehendes Wesen – Hand, Fuß und Körper wie ein Menschenwesen; aber der Kopf war ein großer Ball von irgend etwas, das die Schultern und einen Teil des Oberkörpers bedeckte und nur die scharfen Umrisse des Gesichtes freiließ, und dieses Gesicht war das eines Menschen. Auf den Fersen folgte ihm ein anderes gräßliches Geschöpf, das genau wie das erste aussah, nur etwas kleiner war. Ihre Augen waren hell und durchdringend, anders als menschliche Augen. Ich kam sofort zu der Folgerung, daß dies menschliche Wesen seien.

Der erste Geist zeigte zunächst den Oberkörper zu ebener Erde, stützte die Ellbogen auf den Rand der Höhle, schaute zur einen und dann zur andern Seite und sprang heraus. Er schaute vom Höhlenausgang im ganzen Kreise herum, bevor er heraussprang und den Wolfsjungen folgte. Ihm folgte ein anderer kleiner Geist von derselben Art, der sich ganz gleich benahm. Beide liefen auf allen Vieren.

Meine Freunde hoben sofort die Gewehre, um auf die Geister zu schießen. Sie hätten sie getötet, wenn ich sie nicht davon abgebracht hätte. Ich hielt ihre Gewehrläufe, reichte Messrs. Rose und Richards das Fernglas und sagte ihnen, ich sei sicher, daß diese Geister menschliche Kinder seien. Nach einem Blick durch das Fernglas erklärten sich alle, die auf dem Hochstand waren, mit mir einig, außer Chunarem. Er hielt noch immer daran fest, daß es nicht menschliche Wesen, sondern Manush-Baghas seien. Wir stimmten ihm alle nicht bei und stiegen vom Machan herunter ...

17. Oktober 1920. Nach einigen Spaten- und Schaufelstichen kam einer der Wölfe eilig heraus und rannte, so schnell er konnte, in den Dschungel. Alsbald erschien der zweite, um sein Leben bangend, und folgte dem andern auf dem Fuß. Ein dritter erschien. Er schoß wie ein Blitz auf die Erdoberfläche und wandte sich gegen die Grabenden. Dann floh er wieder hinein, kam sofort wieder heraus, um die grabenden Männer zu vertreiben — heulte, rannte ratlos umher,

scharrte wütend im Boden und fletschte die Zähne. Er war nicht gewillt, den Ort zu verlassen.

Ich hatte fest im Sinn, ihn zu fangen, weil ich aus seinem ganzen Gehaben sofort schloß, daß es die Wolfsmutter sein müsse, deren Natur so wild und deren Liebe so groß war. Dies berührte mich mit Verwunderung. Ich konnte nur staunen, daß ein Tier so edel fühlte, edler sogar als ein Mensch – das höchste der Geschöpfe –, daß es diesen merkwürdigen Wesen, die es (oder einer der andern zwei ausgewachsenen Wölfe, die vor ihm herausgekommen waren) sicher einmal als Futter für die Wolfsjungen mitgebracht hatte, alle Liebe und Besorgtheit einer zärtlichen und vorbildlichen Mutter angedeihen ließ. Wer auch immer oder was immer diese merkwürdigen Wesen waren, sicher waren sie nicht ihre Jungen, sondern waren ursprünglich als Futter für die jungen Wölfe hergebracht worden. Sie bei den Wölfen leben zu lassen und in dieser Weise aufzuziehen, ist göttlich. Ich vergaß die Wichtigkeit des Augenblicks und war benommen und untätig. Währenddessen durchbohrten die Männer die Wölfin mit Pfeilen und sie fiel tot nieder.

Nachdem die Wolfsmutter tot war, war die Arbeit leicht. Als der Zugang aufgegraben war, fiel der ganze Tempel rundherum ein und legte glücklicherweise die Mittelhöhle frei, ohne den Bau darin zu zerstören. Die Höhle war eine Vertiefung in Form eines Kesselbodens. Sie war flach und glatt, wie auszementiert. Der Platz war so sauber, daß nirgends auch nur ein Stückchen Knochen zu sehen war, geschweige denn die kleinste Spur von Ausscheidungen oder einer anderen Unsauberkeit. Die Höhle hatte einen besonderen, den Wölfen eigenen Geruch, das war alles.

Dort hatte die Wolfsfamilie gelebt. Die beiden Jungen und die andern zwei häßlichen Wesen lagen in einer Ecke, aneinandergeklammert wie ein Klumpen von Affen. Man hatte wirklich seine Mühe, sie voneinander zu trennen. Die Geister waren wilder als die

Wolfsjungen, schnitten Grimassen, zeigten die Zähne, gingen auf uns los, wenn sie zu sehr belästigt wurden, und rannten wieder zurück, um aufs neue den Affenklumpen zu bilden. Wir waren ratlos und wußten nicht, was tun.

Ich ersann einen Ausweg. Ich ließ mir von den Männern vier große Tücher geben, die man in dieser Gegend Gilap nennt (die Winterbekleidung der Dorfbewohner). Ich warf eins davon über das Knäuel von Kindern und Tieren und trennte sie voneinander. Auf diese Weise trennten wir sie alle, jedes wurde einzeln in ein Tuch gebunden, so daß nur der Kopf frei blieb. Die Wolfsjungen schenkten wir den Eingeborenen, die beim Graben geholfen hatten, und zahlten ihnen ihren Lohn. Sie gingen glücklich fort und verkauften die Jungen auf dem Markt zu einem guten Preis.

Ich nahm die beiden Menschenkinder an mich und ging zurück zu Chunas Haus in Godamuri. Ich bat ihn, ein Auge auf die Kinder zu haben. Ich hielt sie in einer Ecke seines Hofes in einer Umzäunung aus langen Pfählen aus Siel-Holz, die es ihnen unmöglich machte, herauszukommen. Die Grundfläche der Einfriedung maß acht mal acht Fuß. Zwei kleine irdene Töpfe für Reis und Wasser wurden an den Zaun gestellt, so daß die Hüter Essen und Trinken von außen einfüllen konnten. Chuna war einverstanden, sie bis zu meiner Rückkehr zu behalten.

Am Samstag, dem 23. Oktober, kam ich zurück. Auf dem Rückweg erzählte man mir, als ich in die Nähe von Godamuri kam, in welch schlechtem Zustand die Kinder seien. Sie waren sich selbst überlassen gewesen ohne Essen und Trinken. Denn daß Geister in Chunas Hof lebten, war mehr als genug, um bei ihm und seiner Familie Panik auszulösen. Sie hatten den Ort in größter Eile verlassen, kaum daß wir den Rücken gekehrt hatten, und waren fortgezogen, niemand wußte wohin. Die Panik war so groß, daß sie das ganze Dorf entvölkerte.

Ich fand die Lage recht schwierig, aber ohne zu zögern oder diesem Gedanken länger nachzuhängen, ging ich sofort zur Umzäunung, brach den Siel-Verschlag auf und fand die armen Kinder in ihrem eigenen Schmutz liegen, nach Atem ringend vor Hunger, Durst und Angst. Sie taten mir wirklich leid, und ich weinte über mein Versäumnis. Ich sprengte kaltes Wasser über ihr Gesicht. Sie öffneten den Mund, ich flößte ihnen Wasser ein und sie tranken. Ich nahm eines nach dem andern auf den Arm und trug sie zum Ochsenkarren. Ich versuchte, ihnen etwas heißen Tee zu geben.

Die Ernährung war schwierig. Sie wollten nichts in den Mund nehmen. Ich versuchte es durch Saugwirkung. Ich zerriß mein Taschentuch und drehte es zu einem Docht. Ich tauchte ihn in die Teetasse; und als es gut vollgesogen war, führte ich ein Ende ihnen in den Mund, während das andere in der Tasse blieb. Zu meiner großen Überraschung saugten sie wie kleine Kinder am Docht. Ich dankte Gott inbrünstig, daß er mir in seiner großen Güte meine Nachlässigkeit, die Kinder einer solchen Pflege überlassen zu haben, vergeben hatte.

Ich blieb einige Tage in Godamuri, um die Kinder zu hüten und zu pflegen und sie für diese Reise im Ochsenwagen zu stärken, in welchem man gut durchgeschüttelt wird auf dem 75 Meilen langen Weg bis Midnapore. Ich hielt sie allein bei roher Milch, und ihr Zustand verbesserte sich so, daß sie kaum wiederzuerkennen waren. Als ich fand, sie seien in so gutem Gesundheitszustand, daß sie die Reise überstehen könnten, rüstete ich zum Aufbruch ...

Vom allerersten Anfang an war zu bemerken, daß sie sich gerne zurückzogen. Sie verkrochen sich zusammen in eine Ecke des Zimmers und saßen stundenlang dort, das Gesicht gegen die Wand gekehrt wie in Gedanken über ein großes Problem versunken. Sie waren gänzlich teilnahmslos gegenüber allem, was im Raum vor sich ging. Auf nichts ließ sich ihre Aufmerksamkeit lenken. Sie saßen die ganze Zeit sinnend dort. Wenn wir von Zeit zu Zeit versuchten, auf irgend etwas ihre Aufmerksamkeit zu lenken, indem wir sie anrührten und auf etwas hinwiesen, so schenkten sie dem nur gezwungenermaßen einen Blick, als ob sie ins Leere schauten, und wandten die Augen dann immer sogleich wieder der Ecke zu.

Wir ließen sie nie allein, sondern absichtlich immer mit einigen Waisenkindern zusammen im Zimmer, und dies aus zwei Gründen: erstens, damit sie bewacht wären und nicht ausreißen könnten; zweitens, um sie mit den anderen Kindern in Kontakt zu bringen. Die Kinder spielten, plapperten und sprangen gewöhnlich im Zimmer umher, aber all das interessierte die Wolfskinder nicht im geringsten. Sie blieben interesselos und gleichgültig.

Von Anfang an waren sie scheu. Ich legte das als Furcht aus. Nach ihrer Auffindung und Gefangennahme suchten sie ständig die Wölfe und ihre Jungen. Man merkte, daß sie mit ihnen zusammensein wollten, als sie jedoch herausfanden, daß das hier nicht möglich sei, wollten sie auch nicht mit den Kindern oder irgend jemand anderem verkehren. Sie konnten den Anblick von Kindern nie ertragen und versuchten sie immer zu meiden. Wenn jemand anderes im Zimmer war, so hinderte sie das, auch nur irgend etwas zu tun, sei es auch nur, ihren Kopf in eine andere Richtung zu wenden, sich ein wenig umherzubewegen, den Platz zu wechseln oder sich umzudrehen. Sogar daß man sie anschaute, war ihnen unerwünscht. Sie wollten ganz für sich sein und mieden menschliche Gesellschaft gänzlich. Wenn wir in ihre Nähe kamen, schnitten sie Grimassen und zeigten manchmal die Zähne als Zeichen dafür, daß sie weder unsere Berührung noch unsere Gesellschaft wünschten. Dies konnte man jederzeit beobachten, auch bei Nacht.

Als sie einmal, am Samstag, dem 29. Januar 1921, ausreißen wollten, versuchte ein Mädchen namens Roda, ihre Flucht zu verhindern. Sie bissen und zerkratzten sie aber so, daß sie sie in Ruhe lassen mußte. Sie rannten hinaus und verkrochen sich in die Lantana-Büsche außerhalb der Umzäunung. Sie liefen schnell wie Eichhörnchen und konnten nicht eingeholt werden. Sie kauerten im dichten Buschwerk und konnten nicht weiter verfolgt werden. Wir mußten auf das Gebüsch einschlagen, um von ihnen irgendein Zeichen zu erhalten. Es war wirklich eine Aufgabe, sie aufzufinden, denn sie blieben lautlos sitzen, bis sie entdeckt waren. Es war ihre zweite Natur, menschlicher Gesellschaft und Wohnung fernzubleiben. Man brachte sie nach Hause zurück, aber sie verharrten nach wie vor in ihrer mürrischen Haltung.

Sie hatten einen sehr ausgeprägten Geruchssinn und konnten Fleisch oder irgend etwas anderes aus großer Entfernung riechen wie Tiere. Am 15. September 1922 roch Kamala Fleisch über eine Entfernung von 70 Yards und rannte schnell zur Küchenveranda, wo das Fleisch gerade zugerichtet wurde. Mit wildem Blick versuchte sie es zu ergreifen, rollte die Augen und bewegte die Kiefer hin und her. Ihre Zähne klapperten, während sie schreckliche Knurrlaute von sich gab, die weder menschlich noch tierisch waren.

Kamala und Amala konnten nicht wie Menschen gehen. Sie gingen auf allen Vieren: den Kopf aufrecht auf den breiten Schultern, den Körper gestreckt, auf das Hüftgelenk gestützt. Ober- und Unterschenkel stießen am Knie in einem stumpfen Winkel zusammen, das Bein ruhte auf der erhobenen Ferse; der vordere Teil des Fußes blieb mit gespreizten Zehen auf dem Boden und trug das ganze Körpergewicht. Der Oberkörper ruhte auf den ausgestreckten Händen, die mit den Handflächen und gespreizten Fingern auf den Boden gestützt waren.

Die Fortbewegung ging ruckweise vor sich: ein Heben und Senken zuerst des Kopfes, dann der Taille, ob sie langsam gingen oder schnell. Außerdem gingen sie, wenn sie sich langsam fortbewegten, meist auf Händen und Knien, aber dann konnten sie nicht schnell laufen. Auf allen Vieren konnten sie sehr schnell laufen, und es war wirklich mühsam, sie einzuholen.

Kamala und Amala pflegten beide wie kleine Schweinchen oder junge Hunde einander überlappend zu schlafen. Wenn sie sich auf den Boden niederlegten, so schliefen sie im allgemeinen sitzend oder liegend bei zusammengerolltem Körper ein, wobei sich Hände und Füße berührten. Sie hatten einen leichten Schlaf, das leiseste Geräusch schreckte sie auf. Sie schliefen nie nach Mitternacht und strichen gern nachts umher, ganz ohne Furcht, nicht wie menschliche Kinder in diesem Alter.

Kamala und Amala konnten für Kinder von einem Jahr bzw. weniger als einem Jahr gelten, wenn wir auch ihr Alter auf acht und auf anderthalb Jahre schätzten. Man mußte sie wie kleine Kinder dieses Alters behandeln. Sie konnten nicht sprechen und hatten in jeder Hinsicht die Natur von Tieren. Sie hatten tierische Eigenschaften und Lebensbedingungen beinahe bis zur Vollkommenheit in der Tierwelt ausgebildet. Dies zu ändern, hieß eine erworbene und bisher ständige Gewohnheit ändern, was für sie gar nicht leicht war. Wir waren praktisch nicht imstande, sie zu verstehen, da wir nicht die gleiche Erfahrung hatten wie sie. Dies aber ist sicher, daß sie mit ihren fixierten Gewohnheiten viel Ungemach und Beschwerde auf sich nehmen mußten, damit ein solcher Wandel sich überhaupt vollziehen konnte.

Wie konnten Kamala und Amala in jeder Hinsicht

zu Tieren geworden sein? Ihre Glieder und ihr Körper waren zwar die von menschlichen Wesen, machten aber so weitgehende Veränderungen durch, daß ihnen die erworbenen tierischen Bewegungen natürlich wurden. Dies geschah, weil sie in ihrer frühesten Kindheit unter die Wölfe geworfen worden waren. Sie hatten keine Gelegenheit gehabt, ihre Glieder in der menschlichen Welt wie Menschenkinder zu gebrauchen. Als kleine Babies hatten sie kein anderes Vorbild, das sie hätten nachahmen können, als das der Tiere. Sie sahen die Wölfe und ahmten sie nach. Damit sie dies konnten, erfuhren ihre Glieder eine Deformation und paßten sich den Erfordernissen und Umständen des Lebens an, das sie mit den Wölfen führen mußten.

Dies war etwas Neues. Obgleich menschliche und tierische Kräfte in ihnen gegenwärtig waren – im Gehirn, im Herzen, in den Gliedern und im Körper (nicht wie bei einem jungen Hund, der nur über die tierischen Kräfte verfügt), wuchsen sie doch nur auf der tierischen Seite, und ihre Fortbewegungsart änderte sich entsprechend und paßte sich ihrer Umgebung an. Sie wuchsen einfach als Tiere auf.

Kamala und Amala wurden anhänglicher an Mrs. Singh als irgendein Tier im Hause, weil die menschliche Seite ihrer Fähigkeiten sich zu entwickeln begann; wenn auch sehr, sehr langsam, viel langsamer als bei einem anderen Menschenkind in dem Vergleichsalter von einem Jahr bzw. weniger als einem Jahr. Ihr Verstand lag wie im Schlafe. Von seinem Vorhandensein hatten sie schon beim ersten Anlaß gewisse Anzeichen gezeigt, als sie aus der Öffnung der Wolfshöhle herausguckten. Dies war am 9. und 17. Oktober 1920 gewesen. Verstand war sicher vorhanden, aber nicht genügend entwickelt und gepflegt. Er lag wie in einem Schlummerzustand, weil sie in frühester Kindheit aus dem Kontakt mit menschlichen Wesen herausgeworfen worden waren und seither ganz allein nur unter Tieren lebten.

In jener Zeit entwickelte sich ihre tierische Seite und gab ihnen einen bestimmten tierischen Charakter und einen Körper, der so verändert war, daß sie sich der Gesellschaft, den Umständen und der Umgebung – kurz dem Milieu – anpassen konnten, und die menschliche Seite lag brach, sozusagen im unbewußten Zustand. Wenn sie nun an Menschlichkeit zunehmen sollten, so mußten sie gegen ihren fixierten tierischen Charakter ankämpfen, der sich in den Jahren bei den Wölfen in der Höhle und im Dschungel, d. h. in der Umgebung der Tiere, ausgebildet hatte. Sie konnten nicht wie Menschenkinder dieses Alters in menschlicher Gesellschaft und Umgebung frei aufwachsen. Das Wachstum war behindert und machte darum nur sehr, sehr langsame Fortschritte.

Einige ihrer Gewohnheiten, die jetzt nicht mehr nötig waren, mußten sie ablegen. Sie mußten sich Mühe geben, sich der neuen Umgebung anzupassen, in die sie nun hineingestellt waren. Die entwickelten tierischen Eigenschaften, die ihren Körper, den Geruchssinn und andere Sinne in so großem Maße verändert hatten, waren nun überflüssig geworden. Sie mußten sie aufgeben und jede weitere Entwicklung in dieser Richtung in der gegenwärtigen Umgebung aufhalten. Ein neues Leben, das in der Gesamtentwicklung aller menschlichen Sinne bestand, eröffnete sich ihnen. Zunächst hörte jegliches Wachstum in ihnen eine Zeitlang auf, denn sie mußten gegen die seit frühester Kindheit erworbenen tierischen Instinkte ankämpfen, die ihnen in ihrer Umgebung eine rein tierische Entwicklung gegeben hatte. Die Umgebung hatte nun gewechselt, und sie mußten sich einer neuen Lebenssphäre anpassen...

Kamalas Entwicklung von einer tierischen Existenz zu den Grundlagen eines menschlichen Lebens begann mit dem Essen. Die Kenntnis neuer Dinge begann damit, daß sie ganz neue Nahrungsmittel kennenlernte. Lange Zeit hatte sie nur an Fleisch und Milch Geschmack gefunden, wie die Wölfe im Dschungel. Von dem Augenblick an, da sie zu uns gekommen war, hatte sie neue Dinge gegessen und gesehen, und ihre Lebensweise in unserer Mitte war ihr auch ganz neu. Sie war aus dem Leben des Dschungels herausgenommen und in die menschliche Gesellschaft hineingeworfen worden. Ihr früheres Leben und diese menschliche Gesellschaft waren einander in jeder Hinsicht diametral entgegengesetzt, und so wurden Kamala und Amala ganz verwirrt und wußten nicht, was sie tun sollten. Deshalb versuchten sie denn auch mehrmals auszureißen. Menschliche Gesellschaft war ihnen neu und in jeder Hinsicht unangenehm. Die Gewohnheiten des Dschungellebens wurden schwer erschüttert. Diese Gewohnheiten dauerten zwar noch fort; aber da sie im praktischen Leben keine Verwendung finden konnten, wurden sie, weil die tierischen Vorbilder und Einflüsse fehlten, von Tag zu Tag schwächer. Jetzt kamen sie im Waisenhaus direkt unter den besonnenen und liebevollen Einfluß der menschlichen Gesellschaft.

In ihrem Geist ging ein großer Kampf vor sich, und die Umgebung und die Umstände verwirrten sie. Als die Gewohnheiten des Dschungels abgebaut wurden, setzten sich die neu erworbenen Begriffe von der neuen Umgebung in ihrem Geist fest, der vorher passiv dagelegen hatte. Solange ihr Geist diese Anschauungen in sich aufnahm, blieben Kamala und Amala passiv, wenn auch von Zeit zu Zeit ihre früheren Gewohnheiten durchbrachen in Form von Zorn und Laune.

Das Ergebnis dieses inneren Kampfes zeigte sich zuerst in der Entwicklung des Geschmacksinns. Einiges von der neuen Nahrung, wie Zwieback und Kuchen, war das erste, das Kamala und Amala anzuziehen vermochte. Dies war der Anfang der Wandlung, die mit Kamala vor sich ging und der zufolge sie langsam als ein menschliches Kind heranwuchs, als sie etwa 11 Jahre alt war. Das Vergnügen, das sie beim Genuß der neuen Speisen empfand, war die Ursache dafür, daß sie unbemerkt und unbewußt schrittweise und sehr, sehr langsam unter menschlichen Einfluß geriet.

Kamala und Amala setzten zunächst alles daran, sich vom Zugriff der menschlichen Gesellschaft und Umgebung zu befreien. Als sie erkannten, daß ihr Versuch, die frühere Freiheit wiederzuerlangen, scheitern mußte, gaben sie diesen Versuch langsam auf und blieben passiv. Es ist Tatsache, daß, wenn der Körper untätig ist, der Geist intensiv arbeitet. Dies war auch bei Kamala der Fall. Sie war ein verständiges Wesen, wenn sie auch in ihrer frühesten Jugend von einer verständigen Umgebung getrennt und in den Dschungel unter die Wölfe geworfen worden war. Sie hatte die Altersgrenze noch nicht überschritten, nach der ein Wachstum unmöglich gewesen wäre. Ihr menschliches Leben war seit ihrer Kindheit nicht gewachsen, sondern hatte im Schlaf gelegen. Als das andere Leben, d. h. dasjenige im Dschungel und sein Wachsen abgebrochen war, mußte das menschliche Leben in ihr zu wachsen beginnen, denn sie lebte in einer menschlichen Gesellschaft und kam unter den Einfluß menschlicher Vorbilder, welche die Kinder ihr gaben. Es kann nur gesagt werden, daß Kamala sehr spät damit begann und daß deshalb ihr Fortschritt sehr langsam war. Sie konnte nicht auf einer unbeschriebenen Tafel beginnen mit all ihren früheren Erfahrungen im Hintergrund, die sie während ihres Lebens mit den Wölfen im Dschungel gemacht hatte, und den erworbenen Gewohnheiten, die ihr zur zweiten Natur geworden waren. Sie war nicht dafür ausgestattet, alles zu tun, was sie die Kinder tun sah, aber das Vorbild der Kinder ließ sie über alles Beobachtete nachsinnen. Obgleich sie zu Beginn die Gesellschaft von Mrs. Singh oder den Kindern nicht mochte, bekam sie langsam eine Ahnung von dem Vergnügen an dieser Gemeinschaft, und die wachsende Zuneigung zu ihr weckte in ihr ein Gefallen an menschlicher Gesellschaft.

Sie begann ihre neue Nahrung gern zu haben, und von da aus war es nur ein Schritt zur Zuneigung zu der Person, die die Nahrung verteilte. Die menschliche Berührung während der Massage hatte einen besonders besänftigenden Einfluß auf sie und ließ sie ihre wilde tierische Natur aufgeben und an deren Stelle eine Art primitiver Liebe zunächst zu Mrs. Singh entwickeln. Hier nun hörte es nicht auf, wie es bei unseren Haustieren der Fall ist, sondern weil sie menschlichen Verstand besaß, kam sie weiter voran und wurde sich ihres Lebens inmitten dieser Kinder bewußt und erkannte, daß deren Verhalten ihr gegenüber vorbildlich für sie und auf die Dauer von ihr nachzuahmen sei. Mit anderen Worten, ihr geistiges Wachstum begann.

Nachdem sie Geschmack an der Nahrung gefunden und Neigung zu Mrs. Singh gefaßt hatte, begann sie auch andere Dinge zu lieben. Schrittweise fand sie Gefallen an den Kindern, an Kleidern, hauptsächlich roten, am Aufrechtstehen auf beiden Beinen, sobald ihre Gelenke dies gestatteten. Auf diese Weise gelangte sie unter den Einfluß von menschlicher Gesellschaft, von Freundschaft und mütterlicher Liebe zu einem Wissen über neue Dinge.

Kamalas Geisteszustand war am Anfang sehr schwer zu bestimmen. Sie war virtuell ein Tier. Nur dann und wann ließ sich ein Aufblitzen von Verstand bemerken, z. B. am Ausgang der Wolfshöhle, bevor wir Kamala einfingen: da hatte sie nach beiden Seiten ausgeschaut und war erst dann herausgesprungen und den Wolfsjungen gefolgt. Amala hatte dasselbe getan.

In den ersten drei Jahren, die sie unter uns verbrachte, lernte sie nur mit dem Kopf nicken, um ja zu sagen oder ihn hin und her zu schütteln, wenn sie ihre Ablehnung kundtun wollte, aber sie konnte kein einziges Wort hervorbringen. Dieses Nicken und Kopfschütteln ermöglichte es uns, richtig zu verstehen, was sie meinte und führte uns nie fehl. Sie blieb immer ganz still und war – diese zwei Zeichen ausgenommen – stumm.

All dieses zeigt, daß Kamalas Geist arbeitete und daß ihr Verstand zunahm, wie der eines etwa einjährigen Kindes. Die menschlichen Hirnzellen hatten im Schlummer gelegen und die tierischen Hirnzellen während dieser acht Jahre ihres Lebens im Dschungel sich regen und entwickeln lassen. Aber da diese tierischen Hirnzellen nun keinen Spielraum für ihr Wirken mehr hatten, lagen sie ihrerseits nun im Schlummer und gaben den menschlichen Teil des Gehirns zur Wirkung und Entwicklung frei; so begann Kamala als ein Menschenkind zu wachsen.

Ihr geistiger Zustand während dieser Stufe ihres Lebens bei uns kann folgendermaßen erklärt werden. Ihre Geistesverfassung und ihre anderen im Dschungel erworbenen Gewohnheiten und Tätigkeiten waren schwer erschüttert worden und zu einem Stillstand gekommen. Aber Gehirn und Geist können bei einem heranwachsenden Kinde nicht passiv bleiben, und Kamalas geistiges Wachstum begann und die Fähigkeit, etwas zu erforschen, entwickelte sich in ihr wie in einem Menschenkinde. Früher konnte sie kein Wort hervorbringen. Daß sie später sinngemäß einige wenige Worte anwenden und korrekt aussprechen konnte, zeigt, daß ihr Geist im verborgenen gearbeitet hatte und daß ihr Verstand sich für das Verständnis des menschlichen Lebens und Milieus öffnete.

Die Natur oder vielmehr der Zufall hatte mir dieses Phänomen an die Hand gegeben und mir ein wundervolles Feld geboten für Versuche und Forschungen über Fragen, die andernfalls so nicht zugänglich gewesen wären. Diese Fragen waren folgende, wenn ich sie hier anführen darf:

1. Wieviele der menschlichen Eigenschaften sind »erworben« und wieviele ererbt?

2. Wie groß ist der Geselligkeitstrieb, der im Charakter und Verhalten des Individuums an sich liegt?

3. Wie steht es um die »Vorfahren des Menschen«? Sind sie ein Mythos, den die Anthropologen zu einer wissenschaftlichen Theorie umzugestalten sich bemühen?

Was die erste Frage betrifft, so führt sie zur scharfen Kontroverse über die relative Wichtigkeit von Vererbung und Umwelt. Wenn der Mensch durch Vererbung und Vorbestimmung gebunden ist und nur winzig kleine Abwandlungen infolge Umweltsveränderungen möglich sind, dann würden alle ständigen Bemühungen um soziale Verbesserungen ihren ganzen Sinn verlieren. Aber wenn es im Gegenteil bewiesen werden kann, daß die Umwelt überwiegt bei der Bildung von Charakter und Gewohnheit, dann würden die löblichen Anstrengungen in der Sozialarbeit wo nicht das tausendjährige Reich, so doch mindestens die klare Schau einer besseren Welt bringen, welche verwirklicht werden könnte, wenn wir nur den richtigen Weg einschlügen. Die Theorie des sozialen Fortschritts legt nahe, daß diese Ansicht richtiger ist, und der Fall von Kamala zeigt deutlich, daß der Einfluß ihrer Wolfsumgebung beinahe allmächtig gewesen war und ihr sogar die Fähigkeit genommen hatte, die für ein menschliches Leben nötigen Modifikationen des menschlichen Körpers, die ihn vom Tierleibe scheiden, zu entwickeln.

Was den zweiten Punkt betrifft, so ist die Entdeckung von noch größerer Wichtigkeit. Als Grundprinzip des Geselligkeitstriebs anerkennen führende Soziologen das »Artbewußtsein«, das ist nach der Definition von Giddings »ein Zustand des Bewußtseins, demzufolge jedes Wesen, ob auf hoher oder niedriger Lebensstufe, ein anderes mit Bewußtsein begabtes Wesen als von gleicher Art wie es selbst erkennt«. Hier haben wir ein mit Bewußtsein begabtes menschliches Wesen, das dieses Prinzip von Artbewußtsein und Zusammenschluß widerlegt. Es ist klar, daß Kamala und Amala sich zuerst mehr Tieren als Menschen zuwandten.

Zu Punkt drei: War unser »affenähnlicher Vorfahr«, der das »missing link« bildet, diesem Mädchen gleich? Dieses Mädchen scheint aber in der Ahnenkette einen noch weiter zurückliegenden Platz einzunehmen. Wir dürfen jedoch nicht vergessen, daß dieses Mädchen Kamala eine künstliche Schöpfung ist; alle ihre Unstimmigkeiten entsprangen einem plötzlichen Wechsel der Umgebung, an den sie sich erst eine Zeitlang anpassen mußte.

Es wäre unmöglich gewesen, eine solche Änderung zustande zu bringen und zu beweisen, wäre Kamala nicht aufgefunden und neun Jahre lang sorgfältig beobachtet worden mit strenger Untersuchung aller Begebenheiten und Ereignisse ihres täglichen Lebens im Waisenhaus.

Kamala wurde ein neuer Mensch im Jahr 1928. Sie war ein Kind von etwa drei oder vier Jahren im Hinblick auf ihr Wachstum als Menschenkind, wenn sie auch meiner Schätzung nach 16 Jahre alt sein mußte. Wir haben gesehen, wie ihre Sinne, ihr Verständigungsvermögen und ihr Wortschatz sich entwickelten. Man wäre erstaunt gewesen, hätte man ein sich entwickelndes Menschenkind wie Kamala gesehen, wie sie nach und nach alle ihre menschlichen Fähigkeiten entfaltete, obgleich erst so spät in ihrem Leben und anders als normalerweise zu Hause aufwachsende Kinder. Der vorzeitige Tod schnitt die fesselnde Untersuchung der späten Entwicklung dieses menschlichen Wesens aus einem wolfsähnlichen Dasein zu dem eines Menschen ab, einer Entwicklung, die mehrere Jahre hinter dem tatsächlichen Alter herging. Ich überlasse es jetzt Ihnen, über die Bedeutung der beiden Faktoren im menschlichen Leben zu entscheiden, die der Vererbung und des Einflusses der Umwelt.

Zwei Fälle von Lykanthropie

Gilles Garnier

Gegen Ende des Herbstes 1573 wurden durch einen Parlamentserlaß die Bauern in der Umgegend von Dôle autorisiert, auf Werwölfe Jagd zu machen.

Einige Monate später verurteilte das Parlament von Dôle den Gilles Garnier, genannt den Eremiten von St. Bonnot zum Feuertode, weil er als Wolf mehrere Kinder getötet habe. Die einzelnen Angaben sind: Der Angeklagte habe bald nach dem letzten Tage des Festes des heil. Michael unter der Gestalt eines Werwolfes, ungefähr eine Viertelstunde von der Stadt entfernt, in dem Orte Gorge, einem Weinberge zu Chastenoy gehörig, nahe bei dem Gehölze de la Serre ein kleines Mädchen von 10 oder 12 Jahren mit seinen scheinbar in Tatzen verwandelten Händen und seinen Zähnen getötet, habe sie dann bis zu dem Gehölze geschleppt, entkleidet, das Fleisch von ihren Schenkeln und Armen abgenagt und damit nicht zufrieden, auch noch seiner Frau Apollinie in seine Wohnung, die Eremitage von St. Bonnot, nahe bei Amenges etwas mitgebracht – er habe acht Tage nach dem Allerheiligenfeste ebenfalls als Werwolf, nahe an der Wiese de la Pouppe, auf dem Territorium von Athume und Chastenoy ein anderes Mädchen ergriffen und ihr mit seinen Zähnen und Händen fünf Wunden beigebracht, mit der Absicht, sie zu verzehren, woran er indeß durch das Hinzukommen von drei Personen verhindert wurde, was er mehrmals anerkannt und eingestanden hat – er habe vierzehn Tage nach dem Allerheiligenfeste gleichfalls als Wolf, ungefähr eine Meile von Dôle zwischen Gredisans und Menoté ein anderes männliches Kind von ungefähr zehn Jahren erdrosselt und getötet, wie die vorigen, und von dem Fleische der Schenkel, Beine und des Bauches gegessen, nachdem er noch ein Bein von dem Körper gänzlich losgetrennt

— endlich habe er am Freitag vor dem letzten Bartholomäusfeste einen Knaben von 12 bis 13 Jahren unter einem großen Birnbaum nahe bei dem Gehölze des Dorfes Perrouze ergriffen, in das Gehölz geschleppt, erwürgt, um ihn ebenso, wie die andern Kinder zu verzehren, was er auch getan hätte, wenn er nicht durch das Herannahen von Menschen daran verhindert worden wäre. Aber das Kind war schon tot, und der Angeklagte erschien als Mensch und nicht mehr als Wolf. Trotzdem es aber Freitag war, würde er unfehlbar von dem Fleisch gegessen haben, wenn nicht Leute gekommen wären, wie er mehrmals gestanden hat.

Auf Grund der freiwillig wiederholt abgelegten Geständnisse verurteilte ihn der Gerichtshof, zum Richtplatz geschleift und dort lebendig verbrannt zu werden.

(Calmeil, Der Wahnsinn in den vier letzten Jahrhunderten. Halle 1848, zitiert nach Leubuscher)

Roulet

Im Jahre 1598 wurde in Angers der Prozeß eines Lykanthropen verhandelt. Man sieht wie ansteckend diese Vorstellungen waren. Man hatte in der Nähe von Caude an einem wilden abgelegenen Orte den zerfleischten Leichnam eines fünfzehnjährigen Knaben gefunden. Als man hinzukam, flüchteten zwei Wölfe, die noch von dem Körper gefressen hatten. Man verfolgte sie, kam von der Spur ab, fand aber in der Nähe einen seltsam verwilderten Knaben mit langem Haar und Bart und mit blutigen Händen, mit langen Nägeln, wie mit Krallen. Dieser Mensch hieß Roulet. Nach einigen Zeugenaussagen sollte er ebenfalls erst bei der Annäherung von Menschen von dem Leichnam geflüchtet sein. Er war blutarm und erbettelte sich mit seinem Cousin Julien und seinem Bruder Jean seinen Unterhalt in den benachbarten Ortschaften. Als die

Tat geschah, war er schon acht Tage von Hause entfernt. Im Verhör gab er an, daß er sich auf seiner Reise mit seinen Begleitern in Wölfe umwandle, mit Hilfe einer Salbe, die er von seinen Eltern erhalten habe. Er gestand ein, daß er das Kind überfallen und zuerst durch Ersticken getötet; die beiden andern Wölfe seien seine Verwandten gewesen; er erkannte die Kleider wieder, die er an jenem Tage angehabt, den Leichnam des Kindes, gab die Stelle an, an der die Tat geschehen, erkannte den Vater des Kindes als denjenigen, der auf das Geschrei desselben zuerst zur Hilfe herbeigeeilt.

Roulet zeigte sich im Gefängnis als Idiot. Bei seiner Gefangennehmung war sein Bauch sehr gespannt, aufgetrieben und hart; im Gefängnis trank er an dem Abend einen ganzen Eimer mit Wasser aus und wollte seitdem nichts mehr zu sich nehmen. Seine Eltern waren brave Leute, und es erwies sich, daß sein Bruder und sein Cousin sich an demselben Tage nicht an demselben Orte befunden haben. Es ist wahrscheinlich, daß wirkliche Wölfe jenen Knaben zerrissen haben; hätte ihn Roulet getötet, so begreift man nicht, wie Wölfe so plötzlich auf den Leichnam hätten losstürzen können. Roulet mag sich in der Nähe befunden haben, und um seinen Hunger zu stillen, da er schon acht Tage in den Wäldern umherirrte, mag er, während man die Wölfe verfolgte, sich auf den Leichnam gestürzt haben, wobei er sich mit Blut besudelte.

Der *Lieutenant criminel* verurteilte Roulet zum Tode. Er appellierte jedoch an das Parlament zu Paris, und dieses erkannte: es steckt mehr Tollheit in dem armen Idioten, als Bosheit und Zauberei und befahl, ihn auf zwei Jahre in ein Irrenhaus zu stecken, damit er unterrichtet und zur Erkenntnis Gottes zurückgeführt werde, die er in seiner bittern Armut außer Acht gelassen habe.

(Pierre de Lancre, L'incrédulité et méscréance du sortilège. Paris 1622 – zitiert nach Leubuscher)

Eberhard David Hauber

Curiose Erzählung von den Währ-Wölffen

Es ist allgemein bekannt, daß unter anderen Stücken der vermeynten Macht der Zauberer und Hexen auch diese seyn solle, daß sie sich in unterschiedliche Thiere verwandeln, oder die Gestalten derselben annehmen können. Und daß insonderheit die Frauen in Katzen, und unterweilen in Hasen, die Männer aber in Wölffe verwandelt werden, welche Wölffe dann Währ- oder Wahr-Wölffe, Franz. Loups Garoux, genennet werden. Die nachfolgende Erzählung darvon enthält unterschiedene Dinge, welche mir sonst nicht bekannt gewesen, insonderheit daß man darauf Achtung gibt, Heerden-weise kan lauffen sehen, da sonsten dergleichen Wölffe in den Hexen-Processen sehr rar sind, und unter hundert Männern, welche als Zauberer verurtheilet worden, kaum 3 oder 4 gefunden worden, die bekennet haben, oder auch nur beschuldiget worden sind, daß sie Währ-Wölffe gewesen seyn. Es erhellet auch aus folgender Erzählung, daß jemand wider seinen Willen ein Wahr-Wolff werden kan. Sie findet sich in der *Nord-Schwedischen Hexerey*, oder *Simia Dei, Gottes Affe* (pag. CII.), und lautet also:

»Nicht unfüglich lässet sich allhier bey dieser Gelegenheit, (weilen ich ohne dis der teufelischen Verwandelung gedencke,) mit anfügen, das gemeine, ja leyder überhand genommene und eingerissene Land-Ubel, so sich meistens in denen Nordischen Landen und daselbst angräntzenden Fürstenthümern, absonderlich in Cur- und Liefland zuträget, daß sich allda die Hexen und zauberische Unholden in Wölffe verwandeln, bey Nacht-Zeit herum lauffen, die Leute, Vieh und Feld-Früchte jämmerlich beschädigen und großen Schaden verursachen; (dahero sie auch Wahr- oder Gefahr- und von etlichen gar Fahr-Wölffe genennet werden.) *des Morgens gegen Tage*, (wann man es will beobachten,) *siehet man sie häuffig über Feld und nach Haus, ihren Dörfern und Wohnungen zu, wieder anheim lauffen*, da sie dann ihre natürliche Menschen-Gestalt wieder annehmen, ihre Gewerb und Verrichtung gleich andern Menschen leisten und üben, essen, trincken, reden und leben wie verständige Menschen zu thun pflegen. Lächerlich und fabelhaft lautet es zwar, und will manchem zu beglauben schwer fallen, wie dann unterschiedliche Autores von dergleichen Wahr- oder Währ-Wölffen nicht das geringste achten oder halten wollen. Dagegen andere, welche dessen bessere Nachricht haben, es bekräftigen, das Gegentheil, und daß es gewißlich also sey, beweisen und glaubwürdige Exempel anziehen. Derer aller ich hieher mich zu bedienen, (ausser einem einigen zu gedencken,) unterlasse. Es erzählet mir eine besonders glaubwürdige Person, daß sie nicht nur von solchen Währ-Wölffen gehöret viel, sondern auch um das Jahr 1637 selbsten *solche Währ-Wölffe in Menge gesehen*, und auch beynahe mit seinem höchsten Schaden, habe kennen lernen. Solche Begebenheit, und *wie man so leichtlich in dergleichen teufelisches Unwesen auch wohl recht unschuldig und unwissend gerathen könne*, berichtet er auf das ausführlichste mit folgenden Umständen. Es begabe sich, daß in der Curländischen Stadt *Dublin*, er von etlichen Teutschen eines Tages um weyhnachtliche Zeit in einen *Krug*, (denn so werden allda die gemeine Gast- oder Wirths-Häuser genennet,) geführet wurde, welche ihm als einen Landes-Mann und neuen Ankömmling mit einem Willkommens-Trunck beehren wolten. Es ware aber in solcher Gast-Stube einer Seits besonders ein Tisch von gemeinen Land-Bauren rings umher besetzt, aus denen einer nach geraumen Darinnen-seyn, von dem Tisch aufgestanden, das bey sich stehende Trinck-Geschirr zur Hand genommen, vor der Teutschen Zech-Tisch getreten, und da es sonsten gebräuchlich, daß, wann einer dem andern eines zubringet, man der Land-Sprache nachzusagen pflege: *Puß Guntzing*! (zu teutsch:) *es gilt dir, mein Herr*! als habe selbiger Bauer mit besonderm Bücken und Neigen, auch freundlichem Gesichte und geneigten Geberden ihme (der Sprache noch unbekannten) es mit diesen Worten zugebracht: *Puß do dac man güntzig!* (zu teutsch:) *es gilt dir wie mir, mein Herr*! Er, ob er zwar nicht wuste, was dieses gesagt wäre, doch leichtlich aus den Geberden abnehmen kunte, daß ihm der Bauer eines zugebracht, wolte ihm auf teutsch den Trunck gesegnen; allein es wurde so balden von seinem an der Seiten sitzenden Lands-Mann ihme die Hand auf das Maul geleget, und so wohl demselbigen als auch allen andern anwesenden Teutschen verbothen, er solte es ihme ja nicht gesegnen, auch sich nicht neigen, als ob ers ihm gesegnete, weil er nicht wüste, was es auf sich habe, darauf sie von dem Tisch aufgesprungen, den Bauern überfallen, erbärmlich geschlagen, und so lange in der Stuben herum gezogen, bis daß sie Blut sahen, alsdann sie ihn mit noch vielem Bedrohen und aller Beschimpffung zum Hause hinaus gestossen. Nach diesem habe er gefragt, warum sie den guten Kerl so unverschuldet geschlagen hätten, der es doch ihme so freundlich zugebracht habe? Darauf sie zur Antwort gegeben, wann er ihm hätte den Trunck gesegnet, wäre er des Abends für gewiß zu einem Währ-Wolff, jener aber dessen erledigt worden, und solte er es sicher glauben, dann dergleichen Verführung und böse Anführung sey schon vielen der Sprach unkündigen Teutschen widerfahren. Und deswegen hätte er also, bis man Blut von ihm gesehen, auch wider ihren Selbst-Willen, (einig zu seinem Besten,) müssen geschlagen werden. Auch wurden ihme darauf des folgenden Morgens *eine Menge solcher nach Haus lauffenden Wölffe* gezeiget, welche in diesem vor den natürlichen Wölffen kunten erkennet werden: Weil sie den Schweiff oder Schwantz wie ein gerades Scheid oder Stück Holtz heraus reckten, da hergegen andere natürliche Wölffe denselben unter sich und zwischen den Beinen hencken lassen.«

Dieses ist die Nachricht von den Währ-Wölffen in der Nord-Schwedischen Hexerey. Es ist ein so offenbahres Mährgen oder vielmehr schändliche Lügen, daß es keiner Widerlegung bedarff. Der Autor der Erzählung hat sich entweder überhaupt der üblen Gewohnheit derer, so in frembde Länder gereiset haben, bedienet, das ist, Lügen von denselben erzählet, oder er hat sich wenigstens, welches auch die üble Gewohnheit vieler Leute ist, der Leichtgläubigkeit des Autoris bedienet, und demselben, weil ihm durch Erzählung solcher erdichteten Geschichte ein Gefallen geschähe, ein Mährgen aufgebunden. Gesetzet auch, daß die gantze Erzählung wahr wäre, so beweiset doch dieselbe nicht, was der Autor, der sie anführet, damit beweisen will, nemlich daß die Menschen Wölffe werden. Dann dieses hat der Autor der Erzählung nicht bezeugen können, weil er weder gesehen, daß ein Mensch ein Wolff, noch daß ein Wolff ein Mensch worden, sondern solche unvernünfftige Lügen nur hat er in dem Krug von der Sauff-Gesellschafft erzählen hören. Der Krug ist aber gewiß nicht der Ort, oder die darin versammelte Sauff-Gesellschafft die Leute, von welchen solche wichtige Wahrheiten gelernet oder aus deren Discursen bewiesen werden können. Wo die Stadt Dublin in Cur- oder Lief-Land liege, ist mir nicht bekannt.

Joseph von Görres

Die dämonische Metamorphose

In einem, nach der auseinandergesetzten Weise, durch dämonische Einwirkungen zerrütteten Leben, muß auch notwendig eine der Anwandlung, die es erfahren, entsprechende Veränderung des allgemeinen Lebensgefühls eintreten, weil es im Selbstergreifen jedesmal so sich nimmt, wie es sich findet. Es findet sich aber durch jene Einwirkung unter andern auch degradiert, und von der höheren Stufe, die es zuvor eingenommen, auf eine tiefere herabgebracht. Der Mensch aber, ursprünglich Herr der tierischen Schöpfung, ist, durch den Fall an sie näher herangerückt, ihr Tyrann geworden, und jedes weitere Niedersteigen wird also auf dieser gewiesenen Bahn, zuerst in diese ihm am nächsten stehenden Naturreiche geschehen, und der sinkende Mensch mehr und mehr den dortigen Naturhervorbringungen sich verähnlicht finden. Am raschesten und gründlichsten aber wird dies Sinken durch jene dämonischen Verbindungen erwirkt, mit gleicher Raschheit und in gleich tiefem Absturz wird also auch diese Verähnlichung erfolgen, und das Gemeingefühl, die aufgeprägte Form in sich vorfindend, wird sie zur Anschauung bringen. So wird uns also die Metamorphose in Tiergestalt, die uns im Naturgebiet als Krankheit, im Gefolge einer ähnlichen durch die Naturkräfte gewirkten Zerrüttung, begegnet, auch hier im Dämonischen wiederkehren, als eine der Formen, in denen sich der dämonische Einfluß äußert. Um nun die unterscheidenden Kennzeichen dieser neuen Form zu gewinnen, müssen wir die auf sie sprechenden Tatsachen zuerst uns vor Augen stellen. Vorübergehend an mannigfaltigem Hin- und Herreden, dessen hier wie überall in Menge vorhanden, und alle unreinen Berichte fallen lassend, halten wir uns an zwei Haupttatsachen, die beide, besonders aber die zweite in der Ordnung, rein und klar ausgemittelt, vollkommen hinreichend sind, uns zu orientieren, was wir von der ganzen Sache zu denken haben.

Den ersten faktischen Bericht enthält das Bekenntnis, das Peter Bourgot, genannt der große Peter und Michael Verdung, vor dem Inquisitionsrichter und dem Prior Bom in Poligni, in der Diözese Besançon, und vor vielen Zeugen im Jahr 1521, als er auf Malefizien angeklagt gewesen, abgelegt; das Johann Wier aus dem Original im Auszuge mitgeteilt. Petrus sagte aus: wie, als vor neunzehn Jahren, zur Zeit des Jahrmarkts in Poligni, der heftigste Platzregen die von ihm gehütete Herde also zerstreut, daß er nicht gewußt, wie er sie wieder zusammenfinden solle, ihm beim Suchen des Viehes drei schwarze Reiter begegnet seien. Der letzte unter diesen habe auf die Frage, was ihn treibe? nachdem er ihm seine Not geklagt, ihn gutes Muts zu sein geheißen, und ihm versprochen: wenn er sich ihm hingebe, wolle er ihm einen Meister schenken, der ihm behilflich sein werde, daß er fortan für seine Herde weder vom Wolf noch einer andern Bestie, oder sonst woher, einigen Schaden zu befahren habe. Zur Bestätigung des Gesagten habe er ihm das Wiederfinden alles jetzt verlorenen Viehes, und darüberhin noch Geld versprochen. Er sei die Bedingung eingegangen, und habe nach 4-5 Tagen am selben Orte sich einfinden zu wollen zugesagt. Da das Vieh wirklich sich gefunden, sei er am dritten Tage auch zu seinem Reiter zurückgekehrt, der ihn gefragt, ob er wirklich sich ihm ergeben wolle? Auf die Frage von seiner Seite, wer dann er sei? habe er erwidert: Der Diener des großen Höllenfürsten; aber fürchte dich deswegen nicht! Sie hätten nun miteinander eine Übereinkunft auf Absage des Christenglaubens getroffen; worauf er ihm die linke, schwarze und kalte Hand zum K u s s e dargereicht; er aber nun vor ihm niedergeknieet, und habe ihn, der später sich Moyset genannt, und ihm allen Kirchenbesuch untersagt, als Herrn gegrüßt. Dies sei zwei Jahre so hingegangen, aber die Kunst, das Vieh zu behüten, habe man ihm nicht mitgeteilt; bloß habe der Geist, wie es geschienen, seiner sich angenommen, wenn etwa Wölfe zum Vorschein gekommen. Bald darauf der Hut der Herde enthoben, habe er den Moyset vernachlässigt, und etwa 8–9 Jahre lang den Kirchendienst wieder mitgemacht; bis ihn M. Verdung dazu gebracht, das Bündnis auf die Bedingung: daß das versprochene Geld angeschafft werde, zu erneuen. Die Zusammenkunft sei Abends in Chastel Charlon im Walde geschehen, wo viele andere, mit blau brennenden grünen Kerzen in der Hand, sich eingefunden.

Eines Tages habe Verdung, der auch einen Geist, Guillemin genannt, gehabt, zu ihm geredet: wenn er nur ihm glaube, wolle er ihn dahin bringen, daß er mit beliebiger Geschwindigkeit im Laufe fortkommen könne. Da er das, auf das Versprechen neuer Geldleistungen, sich gefallen lassen, habe dieser ihn, nachdem er sich nackt ausgezogen, mit einer Salbe eingerieben, die er bei sich gehabt; worauf er sogleich geglaubt, er sei in einen wahren Wolf verwandelt. Es habe ihn gegraut, als er die vier Wolfsfüße und sein Wolfshaar geschaut, aber er sei nun im Laufe, schnell wie der Wind, dahin gerissen worden, und das habe nur geschehen können durch Hilfe seines Meisters, der sogleich zur Stelle gewesen bei solchem Fluge, obgleich er ihn nicht eher gesehen, als nachdem er die menschliche Gestalt wieder erlangt. Michael, in gleicher Weise eingesalbt, habe sich mit gleich erwünschter Geschwindigkeit, daß das Auge nicht nachkommen können, fortbewegt. Hätte das so ein oder die andere Stunde hindurch fortgedauert, dann sei, wenn Michael wieder sich und ihn gesalbt, die Menschengestalt schneller, als man hätte denken sollen, zurückgekehrt, die Salbe aber hätten beide von ihren Meistern erhalten. Wenn er nach einem solchen Laufe, kaum sich aufrecht erhaltend, über Ermüdung bei Michael geklagt, dann habe dieser erwidert: dies sei alles nichts, und es werde sich bald von selber geben. Einst aber, als er nach dessen Anleitung sich gesalbt, habe er einen sechs- bis siebenjährigen Knaben mit den Zähnen erfaßt, und umgebracht, da er ihn aber wegen des Lärmens und Geheuls habe verlassen müssen, sei er zu seinen Kleidern zurückgelaufen, wo er durch die andere Kräutersalbe wieder zur menschlichen Gestalt gekommen. Gleiches habe auch Michael vollbracht, und eines Tags in Wolfsgestalt eine Frau getötet, die Erbsen eingetan; der Herr von Chusnee sei aber darüber gekommen, und da sie auch ihn angegriffen, seien sie nicht zum Zwecke gekommen. Sie bekannten gleichfalls beide: wie sie ein vierjähriges Mädchen getötet, und es bis auf den Arm verzehrt; dem Michael habe das Fleisch wohl geschmeckt, ob er gleich wenig gegessen; seinem Magen aber habe es keineswegs behagt. Einem andern Mädchen hatten sie das Blut ausgesogen, und den Hals verzehrt; ein acht- bis neunjähriges Kind habe Peter erwürgt, weil es ihm früher das Almosen versagt, und er habe nach der Tat, sogleich an derselben Stelle, um Gottes Willen das Almosen geheischt. Michael sei, wenn auch bekleidet, in einen Wolf verwandelt worden, Peter aber nur nackt; er wisse auch nicht anzugeben, was aus den Haaren geworden, wenn er die Menschengestalt wiedererlangt. Er habe sich auch mit Wölfinnen, und zwar mit großer Lust, belaufen; bisweilen auch sei die Verwandlungszeit über Wunsch und Erwarten schnell vorbeigegangen. Sie fügten hinzu: auch ein wie aschgraues Pulver sei ihnen gegeben worden, damit sie den linken Arm und die Hand gerieben, wovon jedes Tier, das sie damit berührt, zu Grunde gegangen.

Der zweite Fall hat sich noch klarer und bestimmter herausgestellt. Im Jahre 1603 wurde vor dem Parlamente von Bordeaux, unter dem Vorsitze des ersten Präsidenten Daffis, eines damals seiner Einsicht und Tüchtigkeit wegen durch ganz Frankreich berühmten Juristen, der Prozeß eines solchen Wolfsmenschen, aus der Roche Chalais, im Lande Guienne, instruiert, und die Akten dieses wohl geführten Prozesses hat de Lancre in seinem Buche ausgezogen, aus welchem Auszug die folgenden Umstände als wesentlich sich herausstellen. Der ordentliche Richter hatte an Ort und Stelle, im Dorfe Paulot, die erste Instruktion gemacht, auf das Gerücht hin: Wie dort am hellen Tage ein Wolf ein junges Mädchen, Margarethe Poirier, angefallen, und wie ein junger Mensch von 13–14 Jahren, Jean Grenier, bedienstet bei Peter Combaut, sich gerühmt: daß er es gewesen, der sie in Wolfsgestalt angegriffen, und sie verzehrt haben würde, wenn sie ihn nicht mit einem Stocke abgetrieben. Die Angegriffene war von dreien Zeugen die Zweitverhörte, und hatte gewöhnlich mit Grenier das Vieh gehütet. Dabei nun hatte er ihr zum öftern erzählt: wie er, nach Belieben sich in einen Wolf verwandelnd, schon mehrere Hunde und zwei Kinder zerrissen, das Hundefleisch sei aber nicht so gut zu essen, wie das der Kinder. Eines Tages nun, wie sie wieder bei der Herde gewesen, habe sich ein wildes Tier über sie hergeworfen, sie bei ihrem Gewande an der rechten Hüfte fassend, und es zerreißend, worauf sie mit ihrem Stecken auf dasselbe zugeschlagen. Das Tier aber habe darauf 10–12 Schritte sich von ihr entfernt, und wie ein Hund sich auf die Hinterfüße setzend, sie mit einem wütenden Blicke angesehen; also daß sie voller Schrecken davon gelaufen. Das Tier sei dicker und kleiner als ein Wolf gewesen, habe auch einen kleineren Kopf gehabt, dabei braunes Haar und einen kleinen Schweif. Die dritte Zeugin, Jeanne Gaboriant, 18 Jahre alt, berichtete über manche Reden, die er geführt. Auf die Frage, warum er jetzt so schwarz sei, habe er erwidert: das komme von der Wolfshaut, die ihm Pierre Labourant, der an einer mächtigen Kette liege, gegeben, und ihm dabei gesagt: wenn er sie annehme, könne er sich in einen Wolf oder jedes andere Tier umwandeln. Das habe er dann auch vielmal getan, und sei jedesmal beim abnehmenden

Monde, Montags, Freitags und Samstags, aber nur eine Stunde des Tages, gegen Abend oder Morgen gelaufen, ihrer aber seien neune, von denen er einige nannte, die miteinander liefen.

Das schien hinreichend, den Angeschuldigten in Haft zu bringen, und in ihr vernommen, gestand er freiwillig mehr, als die Zeugen ausgesagt. Er sei der Sohn des Tagewerkers Peter Grenier, den er vor drei Monaten verlassen, weil er ihn hart geschlagen, wo er dann in der Gegend von Courtras teils auf den Bettel umhergeirrt, teils im Dienste verschiedener Herren gestanden. Einst habe ihn ein junger Mensch, Peter vom Hause Tilhaire genannt, auf der Straße gefunden, und ihm gesagt: im Walde von St. Anton wohne ein Herr, der sie zu sprechen verlange. Da er mit ihm hingegangen, hatten sie ihn schwarz gekleidet, auf schwarzem Rosse gefunden, und da sie ihn gegrüßt, sei er abgestiegen, und habe sie mit einem sehr kalten Munde geküßt, ihnen dann geboten, sich jedesmal einzufinden, wenn er nach ihnen verlange, und sei dann davon geritten. Das sei vor drei Jahren geschehen, als er 10–11 Jahre alt gewesen, und sie hätten ihn darauf noch dreimal gesehen. Er habe sie sein Pferd putzen lassen, ihnen Geld versprochen, und ein Glas Wein gereicht, wo sie dann wieder ihrer Wege gegangen. Zuvor seien sie aber von ihm mit einer Art Spieß, den er geführt, unter den Hinterbacken bezeichnet worden, wo sich auch wirklich an ihm ein kleines, rundes, unempfindliches Zeichen, in Form eines Siegels, fand. Er bestätigte die Aussage der Margarethe Poirier als vollkommen der Wahrheit gemäß, und gestand: wie er bei den Dörfern de la Doubla einst in ein Haus gegangen, und ein Kind in der Wiege, das er allein gefunden, hinter eine Palisade im Garten getragen, so viel als ihm beliebt, davon gefressen, und den Rest einem Wolfe gelassen, der nahebei gewesen. So nannte er noch mehr andere, mit denen er eben so verfahren, ihnen jedoch die Kleider nicht zerreißend, wie die Wölfe tun, sondern sie abziehend. Er laufe bei abnehmendem Monde, 1–2 Stunden am Tage, und bisweilen in der Nacht, aber auch an Kirchenfesten, am Tage vor Pfingsten, in der Fasten, und besonders in der heiligen Woche. Der Herr vom Walde gebe ihm dann jedesmal, wenn er ihn laufen lassen wolle, die Wolfshaut und die Salbe, die er beide bei sich bewahre, und er nehme sogleich die eine um, und salbe sich mit der andern nackt. Peter de la Tilhaire besitze gleichfalls eine solche, und sie seien viermal miteinander gelaufen, ohne jedoch jemand miteinander zu töten. Sein Vater, gleichfalls ein Läufer, habe ihn mehrmals auf den Lauf mitgenommen, und sie hätten einmal miteinander ein Mädchen bei Grillaut getötet und gefressen. Nach dem Laufen finde er sich sehr ermüdet, und Hände und Füße blutig von Dornen und Disteln zerrissen. Der Nagel seines linken Daumens war dick, und lang und klauenartig; er habe ihn auf Befehl des Herrn vom Walde also wachsen lassen müssen. Dieser lasse ihn nicht aus dem Gesicht, so lange er die Wolfsgestalt habe; so wie er, der Angeklagte, ihn aber aus den Augen verliere, komme er wieder zur Menschengestalt. – Man übergab ihn nun zweien Ärzten zur Untersuchung, und die befanden ihn im Geiste stumpf, beschränkt und unwissend; dabei von einem schwarzgalligten und melancholischen Temperamente; erklärten jedoch: daß er nach ihrer Meinung keineswegs an der Wolfskrankheit leide. Zugleich hatte man auch die Väter, der vom Angeklagten als gefressen angegebenen Kinder, geladen, und mit ihm konfrontiert, und es ergab sich: daß sie mit seinen Depositionen in Bezug auf Zeit und Ort, die Form des Werwolfes, die Wunden, die Hilfe, die die Angehörigen geleistet, die Waffen oder Stöcke, die sie dabei geführt, die Worte, mit denen sie den Wolf angeschrieen, bis zu den geringsten Einzelnheiten übereinstimmten. Einmal hatte er aus dreien Kindern das zarteste und fetteste ausgewählt, und dabei angeführt: wie der Bruder des Vaters der drei Kinder ihn davon bewaffnet abgewehrt, und als er geflohen, ihm nachgerufen: je t'arroutteray bien. Die Kinder wurden dem Richter vorgestellt, das angegriffene und verwundete war wirklich das wohlbeleibteste unter den dreien; und Jean Roullier, ihr Vater, sagte aus: wie der Bruder jener Worte wirklich sich bedient. Man ging noch weiter, und ließ ihn durch alle Dörfer und Häuser führen, wo er nach seiner Aussage durchgelaufen; und wie er in einem derselben den Mann gefunden, der jene Worte ausgesprochen, erkannte er ihn sogleich unter vielen andern, und faßte ihn beim Arm. Auch Marg. Poirier wurde herbeigebracht; er erkannte sie sogleich unter vier bis fünf Mädchen heraus, und sie ihn hinwiederum, und zeigte den Justizbeamten und ihm die noch nicht ganz geheilten Wunden an Mund und Kinn. Auch sein Vater wurde gehört und mit ihm konfrontiert; der Sohn schwankte etwas in seinen Angaben, als er ihn sah, und man überzeugte sich, daß Elend und Gefängnis ihn stumpf gemacht. Aber nach einigem Ausruhen bestand er auf seiner früheren Aussage gegen ihn, die auch darauf ging: seine Mutter habe sich von ihm getrennt, weil sie ihn einst Füße von Hunden und Kinderhände hätte ausbrechen sehen. Die Entscheidung des Parlamentes war so weise, wie die Führung des ganzen Prozesses musterhaft. Der Hof urteilte: man dürfe den Knaben, den der Dämon gegen andere Kinder bewaffnet, nicht verloren geben; um so mehr, da er nach dem Berichte der Geistlichen, die sich seiner angenommen, schon sein Verbrechen zu verabscheuen angefangen, was in vielen Tränen sich zu erkennen und die Hoffnung gebe, ihn Gott und einer besseren Lebensweise wieder zu gewinnen. Erwägend jedoch, daß er den Augen der Bewohner der Dörfer, wo er seine Verbrechen ausgeübt, entzogen, und in eine Lage gebracht werden müsse: daß man einerseits eine so verwahrloste, der Gottesfurcht entfremdete Natur, nicht länger zu fürchten habe; andererseits aber sich in Stand gesetzt finde, sie wieder auf bessere Wege zu bringen, hat der Rat den Jean Grenier verurteilt: auf Lebenszeit in ein Kloster der Stadt eingesperrt zu werden, um demselben alle die Zeit dienstbar zu sein; dabei unter Todesstrafe ihm verbietend, je sich von diesem Einsperrungsorte zu entfernen. Sein Vater und Peter, genannt Tilhaire, wurden weiterer Untersuchung aufbehalten, nach Monatsfrist jedoch entlassen.

Dort in seinem Kloster besuchte ihn nun später 1610 de Lancre, und erfuhr von ihm noch manches Bedeutende. Er war damals ein junger Mensch, 20–21 Jahre alt, von mittlerer Größe, eher klein für sein Alter; hatte wilde, kleine, tiefliegende, schwarze, wirre Augen, deren Haltung zeigte, daß er sich seines früheren Zustandes, von dem er einige Kenntnis hatte, schämte, und niemand ins Gesicht zu schauen wagte. Er hatte sehr lange, helle, mehr als gewöhnlich breite, etwas geschwärzte, und durch das Herumbeißen mit den Tieren beschädigte und abgenutzte Zähne. Seine Nägel waren lang, und einige schwarz von der Wurzel bis zum Ende, darunter auch der Daumennagel, den der Waldherr ihm zu beschneiden verboten; und diese also geschwärzten waren dabei auch wie halb abgeschliffen, und sonst noch außergewöhnlich, weil er der Hände nach Art der Füße sich bedient. Er war einigermaßen stumpfsinnig, doch nicht so, daß er darum sinnlos gewesen wäre, und nicht schnell ausgeführt hätte, was die guten Carmeliten, die sich seiner mit Liebe angenommen, ihm befahlen. Er zeigte nur wenig Geist, und kam schwer zu Stande mit Dingen, die nur bloß gesunden Menschenverstand forderten; wie einer, der immer bei den Herden zugebracht, und nichts von der Welt gesehen. Er machte kein Geheimnis daraus, daß er ein Werwolf gewesen, und daß er auf Befehl des Waldherrn über Land gelaufen, und meinte nur, das sei ihm nicht schimpflich, da er aufgehört habe, ein solcher zu sein. Er gestand aber auch dabei ohne Hehl, daß er noch immer eine große Lust in sich spüre, das Fleisch von Kindern zu essen; besonders sei das von jungen Mädchen ein Leckerbissen. Auf die Frage: ob er dergleichen wohl noch esse, wenn er dürfe? sagte er aufrichtig: Ja! Auch erzählten die Geistlichen, wie sie ihn, im Beginne seines Aufenthaltes im Kloster, bisweilen die ausgenommenen Eingeweide der Fische verstohlen hätten verzehren sehen. Er hatte auch damals eine wundersame Fertigkeit, auf allen Vieren zu gehen, und gleich den Tieren über Gräben zu springen. De Lancre erinnerte sich dabei eines andern Knaben von Saint Pa, der so schnell wie ein fliehender Hund gelaufen; sich dabei so geschwind zu kehren wußte, daß man es kaum bemerkte, und wie ein Windspiel über die Gräben sprang. Grenier versicherte ihm auch: wie er eine Wolfshaut gehabt, die der Herr ihm im Walde von Droilha, im Marquisat von Fronsac, gegeben, und die er auf dem Dache einer Scheune in seinem Ort verborgen; doch habe er sie ihm nicht allemal gebracht, wenn er ihn habe laufen lassen. Sein Vater habe gleichfalls ihrer sich bedient, und er äußerte deswegen, und weil er ihn so übel hatte aufwachsen lassen, große Abneigung gegen denselben; wollte ihn auch niemals sehen, ob er gleich mehrmal zum Kloster kam. Dagegen hatte er ein ganz besonderes Wohlgefallen, Wölfe zu sehen, und diese Zuneigung mochte wohl gegenseitig sein, da er in seinen Verhören öfters ausgesagt: wie er immer den größeren Teil der Beute mitlaufenden Wölfen überlassen. Seinen Herrn vom Walde verabscheute und verwünschte er übrigens zu der Zeit, und sagte von demselben: Wie er ihn im Anfange seines Aufenthalts im Kloster noch zweimal besucht, was ihm großen Schrecken eingejagt. Er habe ihm viel Geld versprochen, wenn er ihm wieder dienen wolle; doch sei er bald wieder abgezogen, weil er zum öftern das Kreuzeszeichen gegen ihn gemacht; was er auch jetzt noch öfters tue, damit er nicht wiederkehre. Er starb übrigens noch in demselben Jahre 1610, anfangs November, christlich unter der Obsorge der Klostergeistlichen.

Es sind hier zwei von Jugend auf verwahrloste, und im Hirtenleben vollends verwilderte Naturen, die zu Werwölfen geworden. Im einen, und wahrscheinlich auch im andern, liegt schon die Wolfsnatur verborgen; das schwarzgallige, zur Grausamkeit neigende Temperament, die bis zum Stumpfsinn gehende Beschränkung aller höheren Geisteskräfte, das wilde Auge, die Lust am Menschenfleische, die Sympathie mit den Wölfen, und die Fertigkeit, auf allen Vieren zu gehen, deuten entschieden auf die Vorherrschaft einer wildreißenden, animalischen Anlage hin, die nur eines geringen Anstoßes von Außen bedurfte, um in den Werwolf umzuschlagen. Dieser Anstoß kam aber, und darin haben die Ärzte im zweiten Falle keineswegs geirrt, nicht aus der Natur, sondern aus dem Willen; denn es ist der Herr vom Walde, der den Zustand zuerst herbeigeführt. Er ist aus der Huldigung, die in ihm dem Dämon geleistet worden, hervorgegangen, und der Huldigende wird durch den Kuß, der im ersten Falle von ihm gegeben, im andern empfangen wird, ihm in Dienstbarkeit zugewandt, und dem zum Symbol mit dem Mal bezeichnet. Der Dämon steht nun, als Objekt seines tierischen Sehens, mit Notwendigkeit in seinem Gesichtskreis, und zwar in der Form des schwarzen Gebieters, der seine Herde von Werwölfen in das Land entsendet, und den der eine unverwandt so lange bei sich sieht, als er im Zustande sich befindet, während der andere ihn wiederfindet, wenn er die vorige Gestalt wieder angenommen. Wie in solcher Weise im Sinnenrapport, so ist der Werwolf nun auch als Knecht des Waldherrn, der sein Roß ihm striegelt, auch im Willen dem seinigen unterwürfig und gebunden, und er treibt ihn hinaus zu Mord, Verderben und Kinderfraß. Aber Leben und Leben sind auch in dem kalten Kuß zueinander in Rapport gesetzt, und es ist dadurch dem Waldherrn möglich geworden, die Wolfsnatur im Diener zu jeder beliebigen Zeit aufzuregen, daß sie gegen die Menschennatur aufsteht, und sie während der Dauer des Zustandes niederhält. Es ist also ein dämonischer, mit Vorbedacht hervorgerufener Verkehr der sich hier zwischen beiden eröffnet hat; ohne darum die gleichzeitig mit eintretende Krankhaftigkeit, in der dieser Zustand physisch und vital allerdings wurzelt, auszuschließen. Diese Doppelartigkeit der Affektion zeigt sich eben daran, daß während das Laufen einerseits, als lunatische Krankheit, im abnehmenden Mond geschieht, und an die Tageszeit sich bindet, es andererseits, in seiner dämonischen Natur, gegen das Kirchliche gerichtet, auch am Vorabend der Feste und an diesen selbst geschieht. Auch die Salbung in ihrer Wirkung, einerseits durch die Kräfte der in sie eingehenden Stoffe, andererseits durch den Willensentschluß bedingt, zeigt solche Doppelnatur, und verknüpft daher die Krankheit mit der Bosheit. Die Salbe ist zweiartig: der Gebrauch der einen entkettet die Wolfsnatur mit allen ihren Trieben, und der Gesalbte erscheint sich selbst in Wolfsgestalt, der Lauf beginnt mit wilder Gewalt, andere Wölfe, vom Instinkt getrieben, gesellen dem Laufenden sich bei, und teilen sich mit ihm in die Beute. Die andere bindet wieder das losgekettete Tier, und der wiederhergestellte Mensch findet sich matt und müde, mit blutigen Extremitäten wieder. Die Gemeinschaft mit dem Waldherrn, und der Gebrauch der Salbe ist aber eine traditionelle Sache. Es besteht schon eine Genossenschaft, in die der Neuling sich aufgenommen findet, ein früher ihr Angehöriger führt ihn in dieselbe ein, ein solcher, in dem der Zustand schon habituell geworden und der daher der Salbe kaum bedarf. Sie würgen aber auch diese Werwölfe, und da entsteht die Frage: ob bloß im Gesichte, oder in der Wirklichkeit? Im ersten Falle ist die Coinzidenz ihres Laufens mit den Erwürgungen gerichtlich nicht ausgemittelt worden; im zweiten aber ist es mit Sorgfalt geschehen, und das Resultat spricht entscheidend für dies Zusammentreffen, das zu oft wiedergekehrt, als daß man es dem Zufalle zuschreiben könnte. Grenier lief also wirklich, nicht bloß in der Einbildung, das bewiesen die schwarzen, klauenartigen Nägel, die abgeschliffenen Zähne, der Appetit nach Menschenfleisch noch sieben Jahre hernach, als er längst zu laufen aufgehört. Er fiel auch wirklich die bezeichneten Kinder in Wolfsgestalt an, dafür zeugen die Aussagen der Angegriffenen, und mehr noch derjenigen, die herzugekommen, und von denen man voraussetzen muß, daß sie einen Wolf von einem Menschen zu unterscheiden wußten. Die andere Frage wird also sein: wie die unleugbare Sache zu erklären? und da möchte das mit dem Fernsehen verbundene Fernwirken sich als die zunächstliegende Erklärung bieten, eine Erklärung, die indessen durch die Akten weder gerechtfertigt noch auch abgewiesen wird. Um sie nämlich tatsächlich zu begründen, müßte eine Beobachtung vorliegen: wo man ihn in den Zustand eintreten, und fortdauernd als Mensch zur Stelle bleibend, zugleich aber anderwärts als Werwolf gesehen, eine solche Erfahrung ist aber hier in keiner Weise gegeben. Es wird also sicherer sein, vor der Hand die Wolfshaut, von der er beständig bis zuletzt geredet, ob sie sich gleich nicht vorgefunden, als dabei mitwirkend anzunehmen. Er war als Jüngling kleiner Statur, als Knabe in seiner Verkümmerung wahrscheinlich noch zwerghafter, und bei seinem Geschick, auf Vieren zu laufen, mochte eine umgenommene Wolfshaut ihm leicht das Ansehen eines Wolfes geben; um so mehr, da die Wut des Anfalls und der Schrecken der Angefallenen allzu scharf zuzuschauen nicht erlaubten. Die Art dieses Anfalls, minder mit den Tatzen als mit den Zähnen, und das Ausziehen der Kleider, die abfielen, ohne daß die Entkleideten wußten, wie ihnen geschah, verleugnen nicht den Menschen, der seiner Hände sich bedient. Es kommen auch wirklich im Prozesse eines andern Werwolfs Zeugenaussagen vor, daß man Hände und Füße, nach Menschenart, an ihm zu erkennen geglaubt. Der äußeren Form entsprechend war dann die innen in Wut aufgeregte Wolfsnatur, und es war der Dämon, der dieser ekstatischen Wütenden, als seines Werkzeugs zum Böseswirken, sich bediente. So führt das Hinnehmen der Tatsachen und das scharfe Zusehen hier wie überall auf die Spur der rechten Wahrheit; während das unbedingte Verneinen sich selbst um sie betrügt, die allzugroße Leichtgläubigkeit aber nur eine durch Irrtum verfälschte gewinnt.

Es liegen indessen auch andere Beispiele vor, worin das Wolfslaufen wieder mit der Sabbatsvision zusammenfällt. Ein wolfssüchtiges Weib salbt sich mit ihrer Salbe Kopf, Hals, Achseln und andere Glieder, in Anwesenheit des Magistrates ihres Ortes, der ihr das Leben zugesagt, wenn sie eine Probe ihrer Kunst vor ihm ablege. Sie fällt nieder, und wird von einem tiefen Schlaf befallen. Nach dreien Stunden erwacht sie gähling wieder, steht auf, und befragt: wo sie gewesen unterdessen? erwidert sie: wie sie, in einen Wolf verwandelt, nahe bei einer etlichen Meilen von da entlegenen Stadt, erst ein Schaf und dann eine Kuh zerrissen. Man hält nun Nachfrage an diesem Orte, und vernimmt: daß ein solcher Schade wirklich unter der dortigen Herde geschehen.* Lerchheimer seinerseits erzählt: Ich bin einmal mit einem Kirchendiener, meinem guten Freunde, in eines Landvogts Haus gegangen, der einen Werwolf, wie man solche Leute nennt, gefangen hielt. Den ließ er für uns kommen, daß wir Gespräch mit ihm hielten, und uns erkundigten, was es doch für ein Handel mit den Leuten wäre. Der Mensch gebärdete sich wie ein Unsinniger, lachte, hüpfte, als wenn er nicht aus einem Turme, sondern von einem Wohlleben käme. Bekannte neben vielem andern teufelischen Betrug und Gespenst: daß er am Ostertag nachts daheim bei seinem Gesind wär gewesen in Wolfsgestalt; welches Ort mehr dann zwanzig Meil von dannen war, und ein Fluß dazwischen, zwei-

* Sennertus de morb. occultis pass. 9. c. 5.

mal so breit als der Rhein für Köln. Wir fragten: Wie kamst du über's Wasser? Ich flog darüber. Wie kamst du aus dem Gefängnis? Ich zog die Füße aus dem Stocke, und flog zum Fenster hinaus. Was tatest du bei den Deinen? Ich ging umher und besah, wie sie lagen und schliefen. Warum kehrtest du wieder ins Gefängnis? Ich mußt wohl, mein Meister wollt es so haben. Rühmte darauf seinen Meister sehr. Da wir ihm sagten: das wäre ein böser Meister, sprach er: Könnt ihr mir einen besseren geben, den will ich annehmen. Er wußt von Gott so viel als ein Wolf. Es war ein erbärmliches Ding, den Menschen anzusehen und zu hören. Wir baten und erhieltens, daß er los ward, sonst hätte er müssen brennen. Gott bessere solche Gerichte.*

So ist es um diese Verzerrung der menschlichen Natur beschaffen, die in den angeführten Beispielen schon abscheulich genug, den Gipfel der Scheußlichkeit in jenem Peter Stumpf erreicht, der gegen Ende des sechzehnten Jahrhunderts in Bibburg, in der kölnischen Diözese, hingerichtet wurde. Er hatte nach den Akten mehr als sechzehn Jahre mit einer Succube zugehalten, und von ihr einen breiten Gürtel zum Geschenk erhalten, der, wenn er ihn anlegte, die Wirkung hatte, daß er sich und andern ein Wolf zu sein schien. In dieser Gestalt hatte er nacheinander fünfzehn Knaben erwürgt, und ihr Gehirn gefressen, auch zwei seiner Schwiegertöchter wurden von ihm angefallen, um sie zu seinem Fraß zu machen, während er seine eigene Stiefmutter und Tochter als Beischläferinnen sich beigelegt.** Wir haben eben gesehen, und Boguet bestätigt es: wie auch Beispiele von Frauen vorgekommen, die als Wölfinnen gelaufen; indessen begreift sich

* Christlich Bedenken und Erinnerung von Zauberei von A. Lerchheimer von Steinfelden. Straßburg 1586, p. 120

** Der Bericht, aus den Akten gezogen und mit Bildern erläutert, wurde damals als fliegendes Blatt in allgemeinen Umlauf gesetzt. Delrio Disquis. magic. L. II. Q. XVIII. p. 182. Werwölfe leicht, daß die Anlage im furchtsameren Geschlechte keineswegs nach dieser Seite hinüberneigt, und daß es daher lieber seiner Natur angemessenere Tiertypen zu seiner Metamorphose wählt. Da bietet sich denn zunächst die Katze, dies scheue, zaghafte, tückische Geschlecht, das mit glühendem Auge die Nacht durchschleichend, von Zeit zu Zeit mit seinem hexenhaften Gesange sie durchheult, der Einbildungskraft dar, und so dürfen wir uns denn nicht verwundern, wenn wir dieser Tierform so häufig im Hexenwesen begegnen. So bekennen bei Remy*** viele der wegen Zauberei Verhafteten einhellig: daß, wenn sie mehrere Jahre dem Dämon treulich gedient, er ihnen die Gewalt gebe, in Gestalt von Katzen oder auch von Mäusen, Heuschrecken u. s. w. durch enge Löcher in eines andern Haus zu schlüpfen. Dort angekommen, nähmen sie dann ihre Gestalt wieder an, und führten nun aus, was sie sich vorgenommen; wozu auch Totschläge gehören, hier aber an Erwachsenen durch Gift geübt, und nur an Kindern durch offene Gewalt, wie denn Barbelina Ragel gestand, in Katzengestalt ein Kind, es zwischen den Pfoten fassend, getötet zu haben. Es kann, die Wahrheit der Tatsache vorausgesetzt, von einer wirklichen Umbildung der Leiblichkeit so wenig hier, wie bei den Werwölfen die Rede sein, die Katzennatur, die im Leben herrschend geworden, herrscht auch in den Sinnen und im Selbstgefühl, daß sie sich als Katzen schauen, und dem gemäß auch als Katzen wirken, aber schauend wie wirkend, weil nach der negativen Seite hin gesteigert, in die Ferne des Raumes übergreifen, oder auch die Tat nur in der Intention voll-

wurden sonst noch gerichtet in Konstanz zur Zeit Kaisers Siegmunds, Orleans 1583, beim Parlament von Rennes 1598, Grenoble 1603 und an andern Orten. Gilles Garnier von Lyon, gerichtet 1573 in Dôle, hatte Kinder, erst in Wolfsgestalt, dann auch in der menschlichen angefallen. Bodin, Démonomanie p. 255.

*** Daemonolatreiae Libr. tres. p. 214.

führen. So sind es, nach Verschiedenheit des Bedürfnisses, auch andere Tierformen, in die sich der dämonisierte und darum innerlich deprimierte Mensch versetzt: eine Art von Seelenwanderung, in der das degradierte Selbstbewußtsein, nach und nach absteigend, alle Momente der tierischen Schöpfung durchwandert, die der Mensch, als Herr dieser Schöpfung, gebunden und verborgen in sich beschließt, und die alle umeinander, wenn er, statt sie zu beherrschen, sich von ihnen beherrschen läßt, in ihm erwachen, und dann ihn in ihre Art umbildend, das Regiment in ihm führen. Der Mensch kann also, niedersteigend im Geiste, zu verschiedenen Zeiten alle diese verschiedenen Tierlarven durchwandern. Das Leibliche wird freilich dabei in seiner stehenden Gewalt beharren, aber es wird, von dem der Larve eigentümlichen tierischen Trieb bemeistert und getrieben, eben darum auch die herrschende Physionomie derselben in sich ausprägen. Ein Mensch, der auf solche Weise proteusartig durch alle diese Formen durchgelaufen, und sie mimisch ausgedrückt, hat in ihnen dann seine in Einheit nach Unten gebundene Persönlichkeit entbunden, daß sie in ihre Elemente auseinandergefallen, und so ist er selbst zu einer Art von Tiersabbat geworden, in die Zeit ausgebreitet, in dem alle diese Gestalten, in der Einheit der Persönlichkeit fortdauernd zusammengehalten, sich sukzessiv aneinanderdrängen, und seinen Namen in Tierhieroglyphen aussprechen.

Diese visionäre Metamorphose bleibt nun ihrem Wesen nach im innerlichen Lebenskreise beschlossen, weil keine reale Metempsychose, durch alle Tierleiber hindurch, für den Menschen besteht.

Nachwort

Jede ernsthafte Ergründung der okkulten, surrealistischen, phantasmagorischen Gaben und Phänomene hat eine dialektische Verschränkung zur Voraussetzung, die ein romantischer Kopf sich niemals aneignen wird. Es bringt uns nämlich nicht weiter, die rätselhafte Seite am Rätselhaften pathetisch oder fanatisch zu unterstreichen; vielmehr durchdringen wir das Geheimnis nur in dem Grade, als wir es im Alltäglichen wiederfinden, kraft einer dialektischen Optik, die das Alltägliche als undurchdringlich, das Undurchdringliche als alltäglich erkennt.

Walter Benjamin

Der ganze Lebenslauf eines Menschen ist Verwandlung; alle seine Lebensalter sind Fabeln derselben, und so ist das ganze Geschlecht in einer fortgehenden Metamorphose.

J. G. Herder, Ideen zur Philosophie der Geschichte der Menschheit

Die Kentauren

> Ähnlich haben die Kentauren die Hälfte eines Menschen, die andere Hälfte aber, von der Brust abwärts, eines Pferdes. So ist auch jeglicher Mann zwieschichtig, unbeständig in allen seinen Wegen. Da gibt es eine Sorte, die finden sich zusammen in der Gemeinde, haben zwar den Schein eines gottseligen Wesens, aber seine Kraft verleugnen sie. Und in der Gemeinde sind sie wie Menschen, wenn sie aber sich selbst überlassen sind, werden sie wie das Vieh.
>
> Der Physiologus

In ältesten Zeiten war es allein den Göttern vorbehalten, sich in Tiere zu verwandeln. Der ägyptische Gott Osiris war wahrscheinlich der erste, dem Tiergestalt verliehen wurde: Man erzählt, daß er, als sich Isis mit Horus anschickte, Typhon zu bekämpfen, aus der Unterwelt zurückgekehrt sei, um seiner Gemahlin und seinem Sohn in Gestalt eines Wolfes gegen den Gott der Finsternis beizustehen. Und seitdem verehrten die Ägypter dieses Tier, dessen Erscheinen ihnen zum Sieg über Typhon verholfen hatte, und brachten ihm Opfer dar. Anubis, ein Sohn des Osiris, den dieser, im Glauben seine Gemahlin Isis zu umfangen, mit der Nephtys zeugte, ist ein Totengott, der den Verstorbenen eine gute Bestattung bereitet und ihnen den Eintritt in die Unterwelt ermöglicht. Ihm ist der Wüstenschakal, der heulend über die Gräber streift, heilig, und deshalb wurde er auch mit dem Kopf eines Schakals dargestellt.

Fast alle Gottheiten hatten ihre tierischen Verkörperungen. Adonis erschien als Eber, Demeter als Schwein und Dionysos als Stier. Für ihre Unternehmungen und zahlreichen Liebesabenteuer benutzten die Götter die Tiergestalt. Als Stier raubte Zeus Europa, als Schwan näherte er sich Leda, als Schlange zeugte er mit Persephone den Zagreus und als Kuckuck flüchtete er sich in den Schoß der spröden Hera, die er zu seiner Gemahlin machte. Poseidon und Demeter paarten sich als Rosse. Neben diesen Verwandlungen in Tiere gab es in der antiken Mythologie monströse Mischgestalten aus Mensch und Pferd, die Kentauren. Nach Pindar ging aus der Verbindung des thessalischen Königs Ixion mit einer Wolke, der Zeus die Gestalt Heras verliehen hatte, ein wilder Kerl hervor, dem man den Namen Kentauros gab. Dieser zeugte auf dem Berg Pelion mit magnesischen Stuten das Geschlecht der Kentauren. Man hielt sie für wilde Dämonen und Personifikationen von Naturgewalten. Wilhelm Mannhardt interpretiert sie als die antiken Entsprechungen zu den nordischen Berg- und Waldgeistern:

»Im Luftzuge, der den Wald belebt, äußerten sie sichtbar ihr Dasein, sei es, daß derselbe in Sturm und Wirbelwind zu furchtbarer Größe anschwillt und alles mit sich fortreißt, sei es, daß er als sanfterer Hauch den Wanderer umfächelt. Darum sind die Kentauren einerseits schreckhafte Unholde, welche Felsblöcke und entwurzelte Bäume als Waffen schleudern; auch das Geschenk Cheirons an Peleus, die auf dem Pelion geschnittene Esche, welche kein gewöhnlicher Sterblicher als Lanze heben kann, ist noch epische Verwertung dieses Zuges ... Andererseits aber erweisen sie sich dem Menschen freundlich und hilfreich. Diese Seite ihres Wesens hat ihren typischen Ausdruck gefunden in Cheiron, dessen Name, wenn wir recht sahen, mit der rettenden Tat einer Totenerweckung in einer berühmten Heldensage zusammenhing und daher zum leuchtenden Vorbilde ärztlicher Kunst, ja der Lebensrettungen und Auferweckungen des Asklepios wurde. Wie die deutschen wilden Leute und andere im Winde waltende Wesen waren sie von rauher, mit langen Haaren behangener Gestalt; dazu passen ihre riesigen, unförmlichen, den Waldgeist anzeigenden Füße im homerischen Hymnus.«

Die Wildheit der Kentauren verdeutlicht die bekannte Fabel von ihrem Kampf gegen die Lapithen, denen sie schließlich unterlagen. Jene Pferdemenschen aber, denen wie Cheiron und Pholos ein milder, gastlicher und menschenfreundlicher Sinn eigen ist, haben eine andere Genealogie. Cheiron ging aus der Umarmung des Kronos in Gestalt eines Hengstes mit Philyra hervor, der Tochter des Okeanos. »Als Philyra sah«, berichtet Hygin, »daß das Kind, das sie geboren hatte, ein ganz ungewohntes Äußeres besaß, bat sie Zeus, ihr eine andere Gestalt zu geben; darauf wurde sie in den Baum philyra, die Linde, verwandelt.« Während demnach Cheiron von der Linde abstammt, nahm Pholos aus der Esche seinen Ursprung.

In der älteren griechischen Kunst wurden die Kentauren mit vollständigem menschlichen Körper dargestellt, dem rückwärts die hintere Hälfte eines Pferdes angewachsen war. Auch Homer und Hesiod beschreiben sie als verunstaltete, Baumstämme schwingende Menschen mit zottigem Nacken und kräftigen Armen. Erst spätere Kunstwerke zeigen die Kentauren als richtige Tiermenschen, als jene Mischgestalten aus menschlichem Oberkörper und tierischem Unterleib mit vier Pferdefüßen.

Lukrez bestreitet im fünften Buch von »De rerum natura« die Existenz der Kentauren, mit der Begründung, daß ein Mensch langsamer wachse als ein Pferd und daß also mit drei Jahren der Kentaur ein ausgewachsenes Pferd und ein stammelndes Kind wäre: »Daß du nicht etwa denkst, aus Mensch und lastenbeschwertem/ Stamme der Rosse könnten Kentauren entstehen und dauern/ oder mit reißenden Hunden umgürtet Wesen wie Skylla/ Zwitter an Leib für Land und Meer, und andre dergleichen/ deren Glieder wir untereinander nicht einträchtig sehen./ Blühen sie doch nicht zugleich und nehmen im Körper die Kräfte/ auf nicht, noch werfen sie weg zugleich sie im schwindenden Alter/ ähnlich in Liebe entbrennen sie nicht, auf einerlei Weise/ kommen sie nicht zusammen, nicht Gleiches ist wohlig dem Leibe.«

Der Minotaurus

Der Minotaurus, halb Stier, halb Mensch, ging aus der Kopulation der Königin von Kreta mit einem von Poseidon aus dem Meer entsandten Stier hervor. Dädalus ermöglichte das Liebesabenteuer durch den Bau einer künstlichen Kuh, mit der sich die Königin drapierte, und der erfindungsreiche Konstrukteur entwarf auch das Labyrinth, in das dann der ungeheuerliche Sohn eingesperrt wurde. Minotaurus, »der ewige Schandfleck Kretas«, wie ihn Dante im Zwölften Gesang des »Inferno« nennt, lebte von Menschenfleisch; für seine Ernährung mußte Athen an König Minos einen jährlichen Tribut von sieben Knaben und sieben Jungfrauen entrichten, bis endlich Theseus sich entschloß, das Monstrum zu töten. Mit Hilfe des Fadens, den ihm Ariadne gab, fand er sich durch das Labyrinth und vollbrachte die Tat. Ovid spricht eher belustigt von diesem Fabelwesen als »dem Mann, der ein halber Stier und dem Stier, der ein halber Mann ist«. Gewöhnlich wird der Minotaurus als Mensch mit einem Stierkopf dargestellt, Dante allerdings beschreibt ihn als Stier mit dem Kopf eines Menschen. Eine sehr eigenwillige und kuriose Deutung gibt der sächsische Philologe Benjamin Hederich (1675-1748) in seinem »Schul-Lexikon«:

»Es war aber solcher Minotaurus nichts, als ein paar Kinder, welche die Pasiphae nehmlich eins von ihrem Gemahle, dem Minoe, und das andere von ihrem Galane, dem Tauro, einem Secretario, oder, nach anderen, einem Generale des Minois, wovon insonderheit letzteres mit der Zeit ein beruffener Strassen-Räuber in Creta geworden, weil ihn Minos so fort unter den Hirten auf den Gebirgen auferziehen lassen, also, daß wenn hernachmahls solcher König sich gern eines entschüttet wissen wolte, er ihn nur dahin schickte, wo ihn solcher Minotaurus erreichen kunte, da er denn gewiß lebendig nicht wieder zurück kam, bis endlich Theseus auch an ihn gerieth und, nachdem er sein Meister geworden, ihn nieder machte.«

Der Ursprung des Werwolfglaubens

Als Lykaon, der König der Arkadier, dem Zeus Menschenfleisch vorsetzte, verwandelte ihn der Göttervater in einen Wolf, der fortan heulend durch die Wälder zog. Damit hatten die Götter ein Privileg, das sie bisher nur für sich selbst in Anspruch nahmen, auch den Menschen zuteil werden lassen. Aber die Fähigkeit, sich in Tiere zu verwandeln, gewährten sie nur als Druckmittel und Strafe, und an die Stelle der Götter traten bald die Priester und Zauberer, die die vielen Metamorphosen in Szene setzten.

Die Verwandlung eines Menschen in ein Tier wurde von den Ägyptern als Ehre und Erhöhung empfunden, die Griechen und die nordischen Völker jedoch empfanden sie als schreckliches Mißgeschick. Je unbeliebter das Tier war, in das man verwandelt wurde, um so furchtbarer war die Strafe. So wurde der Wolf, den die Ägypter immer als hilfreichen Beschützer verehrten, in den europäischen Ländern wegen seiner Raubgier und seiner Schnelligkeit gefürchtet. Sämtliche Tierverwandlungen galten hier bereits, als sie nur die Götter praktizierten, als etwas Unreines. Diese wählten die tierische Gestalt immer, wenn es Gründe gab, ihre menschliche Gestalt lieber zu verbergen. »Im allgemeinen kann man die Metamorphosen«, schreibt

Hegel in der »Ästhetik«, »als Gegenteil der ägyptischen Tieranschauung und Tierverehrung betrachten, indem sie, von der sittlichen Seite des Geistes abgesehen, wesentlich die negative Richtung gegen die Natur enthalten, das Tierische und andere unorganische Formen zu einer Gestalt der Erniedrigung des Menschlichen zu machen, so daß also, wenn bei den Ägyptern die Götter der elementarischen Natur zu Tieren erhoben und belebt werden, hier umgekehrt ... die Naturgebilde als Strafe für irgendein leichteres oder schweres Vergehen und ungeheures Verbrechen auftreten, als Existenz eines Ungöttlichen, Unglückseligen und als Schmerzgestaltung, in welcher das Menschliche sich nicht mehr zu halten vermag.«

Alle bei Ovid geschilderten Metamorphosen werden über Menschen verhängt, die sich schuldig gemacht haben: Lykaons Verwandlung ist Strafe für die Impiëtät gegenüber den Göttern; Prokne und ihre Schwester Philomele setzen Tereus aus Rache für die Schändung und Verstümmelung ihrer Schwester seinen Sohn als Mahl vor und werden in Schwalben verwandelt, während Tereus zum Wiedehopf wird, dem auf dem Scheitel der Federkamm aufwärts steht und der Schnabel unmäßig hervorragt.

Im Buch des Propheten Daniel wird berichtet, wie der babylonische König Nebukadnezar wegen seiner Selbstgefälligkeit und mangelnden Gottesfurcht sein Reich verlor und zum tierischen Dasein verurteilt wurde: »und er ward verstoßen von den Leuten hinweg, und er aß Gras wie Ochsen, und sein Leib lag unter dem Tau des Himmels, und er ward naß, bis sein Haar wuchs so groß wie Adlersfedern und seine Nägel wie Vogelsklauen wurden.« Erst als er Gott wieder lobte und das Himmelreich pries, erhielt er seine königlichen Ehren, seine Herrlichkeit und seine menschliche Gestalt zurück. Diesseitigere Gründe hat die Verwandlung Nebukadnezars in der Erzählung »Der weiße Stier« von Voltaire, der die Bemühungen des göttlichen Sehers Mambres, der schönen Prinzessin Amaside ihren Geliebten, dem sie unbeirrt auch als Stier die Treue hält, zu retten, mit spöttischem Behagen schildert.

Die Sage von der Gottlosigkeit und Wildheit des arkadischen Königs Lykaon hängt mit den Menschenopfern zusammen, die noch im 4. Jahrhundert v. Chr. auf dem Gipfel des Lykaion, des »Wolfsbergs«, dem Zeus Lykaios dargebracht wurden. Wer von dem geopferten Fleisch aß, der wurde, so glaubte man, in einen Wolf verwandelt und bekam erst zehn Jahre danach (so Pausanias in der »Beschreibung Griechenlands«, VI, 8,2) seine menschliche Gestalt zurück. An jenen Kultus knüpften sich allerlei Werwolfgeschichten an. Nach Lykaon heißen Menschen, die an dem Wahn leiden, in einen reißenden Wolf verwandelt zu sein und ihre Mitmenschen zu verschlingen, Lykanthropen. In der Lykanthropie und anderen Tiermenschvorstellungen manifestieren sich kannibalische Wunschphantasien. In der Sagenform allerdings, wie sie Ovid erzählt, schimmert die Tendenz durch, die kannibalische Lust des Zeus zu unterschlagen, das heißt, den Gott davon zu entlasten, daß auch er Menschenfleisch begehrt. Die Tierverwandlung ist die Strafe für kannibalisches Tun, sie bannt die Gelüste in das Bild eines Tiers, dessen Gier als seinem Wesen gemäß empfunden wird.

In der »Geschichte einer infantilen Neurose« analysiert Sigmund Freud den Fall eines »Wolfmannes«, dessen Kannibalismus durch Regression von einer höheren Stufe her in der Angst vor dem Wolf zum Vorschein gekommen ist. Bei der Angst, vom Wolf gefressen zu werden, die auch in vielen Kindermärchen wie »Rotkäppchen« eine Rolle spielt, handelt es sich unbewußt um die infantile Angst, vom Vater koitiert zu werden. Der Psychoanalytiker Karl Abraham sieht deshalb in Phänomenen wie Lykanthropie und Wolfsphobie einen deutlichen Verweis auf die frühe kannibalische Entwicklungsstufe der menschlichen Libido: »Und wie gewisse psychische Produkte des gesunden und kranken Einzelwesens an jenes frühe Stadium seiner Kindheit erinnern, so bewahrt auch das Volk in Sagen und Märchen die Spuren seiner entferntesten Vergangenheit.«

Plato erwähnt die Sage, die man vom Tempel des Zeus Lykaios in Arkadien erzählt, im »Staat« und verweist auf den Zusammenhang mit gesellschaftlichen Zuständen, wo »der Mensch des Menschen Wolf« ist. Mit Lykaon vergleicht er den Führer eines Volkes, der seine Volksgenossen mit ungerechten Beschuldigungen, »wie sie das nicht selten tun, vor Gericht zieht, sie umbringt und, indem er ein Menschenleben vernichtet, mit Zunge und frevelndem Munde das Blut seiner Stammesgenossen trinkt«.

Die Verwandlung in einen Wolf

Werwolf (ältere Schreibweisen auch Wehrwolf und Wärwolf) heißt Mann-Wolf, ein Wolf, der eigentlich ein Mann ist. Die Verwandlung ermöglicht ein Ring aus Menschenhaut (vorzugsweise die Haut eines Selbstmörders oder Ermordeten), durch den man dreimal kriechen muß, meistens jedoch ein Gürtel, den man anlegen oder ein Tierfell, das man sich überwerfen muß. Bei der Rückverwandlung muß man wiederum dreimal durch den Ring kriechen beziehungsweise den Gürtel oder das Tierfell ablegen. Der Werwolf wird durch Verwundung entweder sofort zur Rückverwandlung gezwungen oder doch später dadurch erkannt. Durch den Tod wird der Zauber unter allen Umständen gebrochen. Der Verwandelte kann auch vorzeitig aus seinem tierischen Zustand erlöst werden, wenn man seinen Namen nennt oder ihm aus Mitleid einen Bissen Essen schenkt. Besonders in den skandinavischen Ländern glaubt man an eine Verwandlung durch bestimmte Umstände bei der Geburt: wenn eine schwangere Frau etwa durch eine Fohleneihülle kriecht, wird sie zwar ohne Schmerzen gebären, aber das Kind wird, wenn es erwachsen ist, fast jede Nacht zum Werwolf werden und schwangere Frauen überfallen.

Im Mittelalter erzählte man sich die merkwürdigsten Geschichten von Werwölfen, wobei die Bezeichnung Werwolf auf jeden in Tiergestalt sich hüllenden Menschen angewandt worden zu sein scheint. Die Sagen entstanden und verbreiteten sich rasch in einem von den weltlichen und kirchlichen Instanzen geschürten Klima des Hexenwahns und der Teufelsbündelei. Mord und Raub wurden vorzugsweise Werwölfen angelastet, und die unerwartet grausamen sowie vielfach sexuellen Details der Geständnisse von angeklagten Mördern führten zu einer unwahrscheinlichen Aufwertung der schon kursierenden Sagen und Legenden.

In dem Eifeldorf Dahlem, berichtet eine Chronik, legte sich ein Hochzeitsgast einen Gürtel um, den er im Haus des Bräutigams zufällig fand und von dessen Zauberkraft er nichts ahnte. Sofort wurde er zum Wolf und sprang aus dem Fenster. Im Wald fiel er einen Holzfäller an, und dieser versetzte ihm einen Hieb mit der Axt, der den Gürtel traf und den Zauber löste. Der Mann erzählte nachher, er habe durch den Gürtel einen solchen Heißhunger bekommen, daß er alles hätte zerreißen mögen. – Ein Edelmann, heißt es an anderer Stelle, reiste mit seinem Gefolge, zu dem zauberkundige Bauern gehörten, durch einen großen Wald. Einer der Bauern erbot sich, für die hungrige Gesellschaft ein Lamm herbeizuschaffen. Er zog sich in ein Dickicht zurück, verwandelte sich in einen Wolf, stürzte sich auf eine Herde und biß ein Lamm tot, das er zu seinen Gefährten schleppte. Dann verschwand der Wolf, und der Bauer kehrte wieder aus dem Dickicht als Mensch zurück. – In einer Dissertation aus dem Jahr 1673 über die Verwandlung von Menschen in Wölfe findet sich die Mitteilung von einem gewissen Albertus Pericoscius, der seine Untertanen grausam quälte und ihnen ihr Vieh raubte. In einer Nacht, in der er unterwegs war, ging die ganze, auf unrechtmäßige Art erworbene Herde plötzlich zugrunde. Als er bei seiner Rückkehr von dem Unglück hörte, verwünschte er Gott: »Wer es getötet hat, mag es auch fressen, wenn Du willst, magst Du auch mich verzehren.« Als er diese Worte sprach, fielen Blutstropfen auf die Erde, und in einen abscheulichen Hund verwandelt, stürzte sich der Mann auf das tote Vieh und fing an zu fressen. – Auf Usedom erzählte man sich die Geschichte von Bauersleuten, die auf einer Wiese Heu ernteten. Die Frau sagte zu ihrem Mann nach einiger Zeit, sie habe gar keine Ruhe mehr, sie könne nicht mehr bleiben und ging fort. Ihren Mann forderte sie zuvor auf, falls etwa inzwischen ein wildes Tier käme, diesem seinen Hut hinzuwerfen und schnell zu entfliehen. Nach einer Weile kam ein Wolf, der Bauer warf ihm seinen Hut hin, den das Tier zerfetzte. Unterdessen kam ein Knecht hinzu, der sich von hinten an den Wolf heranschlich und ihn mit der Heugabel erschlug. Im selben Augenblick verwandelte sich der Wolf, und man war nicht wenig entsetzt, als sie sahen, daß es des Bauern Frau war, die der Knecht getötet hatte.

1589 gestand Peter Stump aus Bedburg bei Köln vor Gericht, zwanzig Jahre lang eine teuflische Succube als Beischläferin gehabt zu haben; diese habe ihm einen Gürtel geschenkt, mit dem er sich, sobald er ihn anlegte, in einen Werwolf verwandeln konnte. In dieser Gestalt habe er fünfzehn Knaben, zwei Weiber und einen Mann erwürgt, jedoch jeweils nur das Gehirn von ihnen gegessen. Stump wurde gerädert, fürchterlich gefoltert und schließlich auf dem Scheiterhaufen verbrannt. Ein weiterer Werwolf, der über dreißig Menschen umgebracht hat, soll 1590 ebenfalls in Köln hingerichtet worden sein.

Wie das Ausgraben unverwester Leichen den uralten Glauben an wiederkehrende Tote neu belebte, so bedeuteten die bei mittelalterlichen Hexenprozessen behandelten Fälle von Lykanthropie eine Bekräftigung des seit der Antike bekannten Werwolfglaubens. Auch in der Literatur wurde die Werwolfsage episodisch verwertet, je nach Bedarf abgewandelt und eingehend kommentiert. Eine Werwolfgeschichte, die an Phantastik und blutigem Beigeschmack den mittelalterlichen Sagen nicht nachsteht, läßt bereits Petronius den Niceros beim Gastmahl des Trimalchio im »Satiricon« erzählen. – Nach einer bretonischen Sage dichtete Marie de France ihr »Lai du Bisclaveret«: In dem Gedicht heiratet ein allseits geschätzter Ritter eine schöne Frau. Die glückliche Ehe wird nur getrübt durch die Angewohnheit des Ritters, drei Tage wöchentlich außer Haus zu verbringen. Eines Tages läßt er sich sein Geheimnis entlocken und erzählt, daß er regelmäßig in den Wald geht, sich dort auszieht, seine Kleider unter einem Stein versteckt und sich in einen Wolf verwandelt. Erschrocken durch dieses ungewöhnliche Geständnis, beauftragt die Frau einen benachbarten Ritter, der sie seit langem begehrt, ihres Gatten Kleider, während er als Wolf umherstreift, zu entwenden, damit er sich nicht mehr zurückverwandeln kann und seine Wolfshaut behalten muß. Die treulose Frau vermählt sich mit ihrem Liebhaber. Nach einem Jahr reitet der König in den Wald zur Jagd, und seine Hunde stellen einen Werwolf, der sich hilfesuchend zum König flüchtet. Irritiert durch dieses merkwürdige Verhalten, schenkt der König dem Wolf das Leben, der sich als völlig zahm erweist und ein treuer Hausgenosse wird. Den Ritter allerdings, der seine Kleider geraubt hat, fällt er an, als er eines Tages zu einem Hoffest erscheint, und einige Zeit darauf, als die Frau des Werwolfs sich huldigend dem in der Nähe ihres Schlosses jagenden König nähert, gerät das Tier in fürchterliche Wut, springt der Frau ins Gesicht und beißt ihr die Nase ab. Schon will der König den Wolf töten lassen, als ein alter Mann aus dem Gefolge hervortritt und meint, hier läge ein Verbrechen vor. Der König verhört die Frau und erfährt das Geheimnis des sonderbaren Tiers. Sofort werden die Kleider des Ritters geholt, und da er sich nicht vor aller Augen seiner Haut entledigen will, führt ihn der König in sein eigenes Schlafgemach und schließt ihn hier mit den Kleidern ein. Nach einer Stunde findet er den Ritter schlafend in Menschengestalt auf dem Bett. Der Wiedergefundene wird mit Ehren überhäuft, während die treulose Frau mit ihrem Buhlen des Landes verwiesen wird. Das Gedicht der Marie de France fällt vor allen Dingen durch die entschiedene Parteinahme für den Werwolf auf, dessen Verwandlung als unverschuldetes Unglück betrachtet wird, das allgemein Mitleid erregt. Der Verrat der Frau wäre in den Augen der Dichterin nur entschuldbar, wenn der Ritter sich aus freiem Willen zur Verwandlung in einen mordenden Wolf entschlossen hätte.

In dem Roman »Die Mühen und Leiden des Persiles und der Sigismunda« von Cervantes erzählt Rutilio im 8. Kapitel, wie er von einer Zauberin aus dem Gefängnis in Rom befreit und auf einem Zaubermantel nach Norwegen entführt wurde. Als er sich dort gegen die Umarmungen des Weibs zur Wehr setzte, verwandelte sie sich in einen Wolf, um ihn zu fressen. In der Not griff er zu seinem Messer und stieß es ihr in die Brust. Im Falle nahm die Zauberin wieder Menschengestalt an und verblutete. Cervantes stellt fest, daß der katholische Glaube die Möglichkeit eines unerhörten Wunders wie die Verwandlung von Menschen in Wölfe ausschließt, doch er weist auch auf die Umstände hin, die das Phänomen zu bestätigen scheinen.

Beliebt war das Werwolfmotiv wieder im 19. Jahrhundert: Zu den verschiedenen Abenteuern Ulenspiegels in Charles de Costers gleichnamigem Roman gehört ein Kampf mit dem Werwolf, in dem sich ein mordender Fischhändler verbirgt. – Karl Gutzkow veröffentlichte 1871 eine historische Erzählung »Der Wärwolf«, in der das Werwolfmotiv ständig gegenwärtig ist, aber nur im übertragenen Sinn benutzt wird. Völlig zu Unrecht, wie sich am Ende herausstellt, ist der brave Hartschier Sigmund von Landeck als Werwolf, als ein der Völlerei und der Unmäßigkeit verfallener Mann verdächtigt worden. – Rudyard Kipling zeigt in »Das Stigma des Tieres« den Fall eines am Werwolfswahn erkrankten englischen Siedlers in Indien, die Geschichte einer »infantilen Neurose« im Sinne Freuds, allerdings vermischt mit dunkler indischer Magie und Mystik.

Während Saki in seiner kleinen Erzählung »Gabriel-Ernest« noch einmal mit aller Akribie die Wahrscheinlichkeit des Werwolfglaubens in Szene setzt, dient er Boris Vian in der 1947 geschriebenen Erzählung »Le Loup-garou« nur noch als Ausgangspunkt kunstvoll überspitzter Satire und als Symbol einer verrückten Welt. Die Geschichte handelt von einem Wolf, der friedlich seiner Wege geht und lediglich die Angewohnheit hat, Liebespaare im Wald zu beobachten. Eines Tages wird das Tier von einem Lykanthropen gebissen und dadurch zum Menschen verwandelt. Mit dem Rad fährt der Verwandelte nach Paris, hat hier einigen Spaß, wird dann aber, als er eine Dirne vollkommen enttäuscht, von deren Zuhältern zusammengeschlagen. Am Ende gelingt es ihm, der Polizei gerade noch rechtzeitig zu entkommen, indem er wieder zum Wolf wird.

Weitere Verwandlungen

> *Schnauz:* O Zettel! Du bist verwandelt! Was seh ich an dir?
> *Zettel:* Was du siehst, du Eselskopf? Einen wie du! Was sonst?
> Shakespeare, Der Sommernachtstraum, III 1

Das Ob und Wie der Tierverwandlung war besonders im späten Mittelalter Gegenstand von lebhaften Diskussionen. Alle Gelehrten gingen davon aus, daß eine vollständige Verwandlung in ein Tier, die auch die Seele umfaßt, nicht stattfinden kann. Nur der Körper kann verwandelt werden. Zu unterscheiden sind substantielle und bloß eingebildete, scheinbare Verwandlungen. Jean Bodin, der Verfasser einer »Hexendämonomanie«, gehörte zu den wenigen Autoren, die eine substantielle Verwandlung annahmen. Er berief sich auf Thomas von Aquin, der allen guten und bösen Engeln ihrer natürlichen Fähigkeit nach auch das Vermögen zuspricht, den menschlichen Körper umzugestalten. Ihre Ansicht, daß die Seele in verwandelten Körpern unverändert fortbesteht, sahen die Gelehrten in den Geschichten von den *mulieres stabulariae* bestätigt, die den Wanderern giftigen Käse überreichten, wodurch diese in Esel oder andere lastenschleppende Tiere verwandelt wurden. (In den »Metamorphosen« des Apuleius wird der Erzähler Lucius von Räubern in einen dienstbaren Esel verwandelt. Rosen, die er schließlich mit Hilfe der Göttin Isis bekommt, dienen hier als Mittel der Rückverwandlung.) In Cypern entdeckte man, einer dortigen Sage zufolge, in einer Kirche einen Esel, der die Knie beugte, bei dem es sich in Wirklichkeit um einen von einer Zauberin verwandelten Engländer handelte. Eine andere Sage berichtet von einem Schauspieler, den zwei Hexen auf dem Weg nach Rom in einen Esel verwandelt hatten und der besonders attraktive Kunststücke aufführte, bis er einmal zufällig ins Wasser sprang und dadurch wieder Mensch wurde.

Wahrscheinlicher war aber für die mittelalterlichen Autoren die lediglich scheinbare Verwandlung, für die sie den Teufel verantwortlich machten. Auch sie kann für andere Menschen sichtbar sein: der Teufel täuscht sie nämlich, indem er sie in einem Lykanthropen einen Wolf sehen läßt, obwohl dieser seine Menschengestalt gar nicht aufgegeben hat; oder der Teufel wirft einem Menschen ein Wolfsfell über beziehungsweise umhüllt ihn mit einer Wolfsgestalt aus verdichteter Luft; oder der Teufel schläfert jemanden ein und vollbringt unterdessen in Wolfsgestalt die Taten, die der Schlafende nur träumt.

Aus den Geständnissen angeklagter »Werwölfe« geht hervor, daß sie Narkotika und Salben benutzt haben, was offensichtlich die Vorstellung von der Umwandlung in ein Tier begünstigt. Jean de Nynauld führt Fälle an, wo ein Mensch nach einem Trank eine Gans zu sein glaubt und mit dem Schnabel auf dem Fußboden umherhackt, ein anderer sich für einen Fisch hält und in der Luft Schwimmbewegungen macht. »Es schließt sich hier die Ansicht an, die sich in der Therapie des Mittelalters als die Lehre von den Signaturen geltend machte, daß, wenn man die Teile eines Tieres in einer bestimmten Mischung gäbe, der Wahn entstehe, in dieses Tier verwandelt zu sein, Träumereien, welche durch die Experimente mit Transfusionen sich wissenschaftlich zu begründen versuchten« (Rudolf Leubuscher).

Die in Prozessen angeklagten Lykanthropen waren aber nicht nur vom Teufel Besessene, die sich einbildeten, ein Werwolf zu sein, es waren in mehreren Fällen Menschen, die sich bewußt Wolfsfelle überhängten und mit Hilfe von magischen und narkotischen Mitteln die Rolle des reißenden Wolfs tatsächlich erfüllten. Andere wieder nutzten lediglich die Angst der Menschen vor Werwölfen aus und nahmen die Wolfsgestalt in rein betrügerischer Absicht an. So handelt ein äsopischer Schwank von einem Dieb, der in einem Gasthaus absteigt und nach einigen Tagen gegenüber dem Wirt vorgibt, ein Werwolf zu sein: »Nachdem er so längere Zeit geredet, gähnte er laut und fing dabei zu heulen an wie ein Wolf. ›Was soll das heißen?‹ fragte der Wirt. ›Nun, ich will dir's sagen‹, antwortete der Dieb, ›aber bitte, hebe meine Kleider auf, denn die werde ich hier lassen. Denn, mein Herr, ich weiß nicht, woher das kommt. Wohl wegen meiner vielen Sünden. Wenn ich so dreimal gegähnt und geheult habe, werde ich zum Wolf und fresse Menschen.‹ Und mit diesen Worten riß er wiederum den Mund weit auf und heulte zum zweitenmal. Als der Wirt das hörte, glaubte er ihm und bekam Angst. Und er stand auf und wollte fliehen. Aber der Dieb hielt ihn am Rock fest und redete ihm zu: ›Warte doch, o Gebieter, und nimm meine Kleider an dich, damit ich sie nicht verliere.‹ Und indem er so sprach, sperrte er wieder den Mund weit auf und begann zum drittenmal zu gähnen. Der Wirt aber befürchtete, er möchte ihn fressen, ließ den Rock in seiner Hand und flüchtete eilig ins Haus, dessen Tür er von innen verriegelte. Der Dieb aber nahm seinen Rock und machte sich davon.«

Am perfektesten verfügte Proteus, der weise Meergreis und Hüter der Seehunde Poseidons, über die Gabe, sich in alle denkbaren Gestalten und Formen zu verwandeln. Deshalb ist er auch später zum Symbol des Urstoffs geworden. Nur gegen Menelaos, der ihn mit Gewalt zum Weissagen zwingen wollte, halfen ihm seine Verwandlungen nicht, da man ihn dabei ständig mit festem Griff umschlossen hielt. Ähnlich den Fluchtversuchen durch Verwandlung von Proteus (oder Thetis, die sich Peleus nicht hingeben wollte) verläuft, wie Elias Canetti in »Masse und Macht« näher erläutert, die Hysterie. Der Reichtum der Verwandlungen, die bei dieser Krankheit versucht werden, ist erstaunlich.

Tierische Vermummungen

> Es haben die alten auch gar vil seltzamer monstra erdichtet, die in dissem land solten erfunden werden. Besunder schreiben darvon Megasthenes und Solinus, daz in Indianischen bergen menschen seind die haben hunds köpff und mäuler wie die hund und darumb sie nit reden sunder heulen und bellen wie die hund . . .
>
> Sebastian Münster, Cosmographia

Von den Neurern, die nach Herodot das Gebiet nördlich von den Skythen bewohnten, heißt es, sie würden alle Jahre einmal auf ein paar Tage zum Wolf und nähmen dann wieder ihre alte Gestalt an. Wahrscheinlich gehörten auch die Neurer zu jenen Völkern, die eine kultische Tierverwandlung praktizierten. Priester oder Stammesfürsten verwandelten sich in die Tiere, von denen sie Unheil und Schaden erwarteten, um sie zu schrecken und zu bannen. Zugleich glaubten sich die Verwandelten im Besitz der Eigenschaften und Kräfte von den Tieren, die sie verkörperten. Sie hatten die Überzeugung, daß man sich mit der Haut und der Maske des Tieres auch sein Wesen aneignet.

Es blieb nicht bei kultischen Umzügen. Die ekstatischen Verwandlungen nahmen vielfach den Charakter kriegerischer Vermummungen an. Die Vorfahren der Rumänen zum Beispiel, die Daker, das heißt die »Wolf-Gleichen«, erhielten ihren Namen von einem kleinen militärisch organisierten Wandervolk, das nach Art von Wölfen und Heiducken plündernd umherzog. Vorzugsweise flüchtige, ausgestoßene, als »friedlos« erklärte indoeuropäische Völker wurden meistens als »Wölfe« bezeichnet. In diesen Zusammenhang gehören auch die germanischen Maskenkriegerbünde, die sich entweder Hunde oder Werwölfe nannten.

Paulus Diaconus, ein Historiker aus dem Umkreis der gelehrten Freunde Karls des Großen, berichtet in seiner »Geschichte der Langobarden«, wie die Langobarden mit Hilfe einer Kriegslist ihren Marsch durch das Gebiet der Assipiter erzwungen haben: Sie drohten mit ihren Kynokephalen, die, so ließen sie bei ihren Feinden durchblicken, wild zu kämpfen pflegten und ungeheuer blutgierig wären. Die Hundsköpfe der Germanen, die Hundingas, waren fürchterlich vermummte und wild bellende Krieger, die entweder als bloßes Schreckmittel eingesetzt wurden oder ausgesprochene Schlägertrupps waren. Ein anderer, älterer Name der Langobarden war Vinnili und bedeutete »Hunde«. Berüchtigt waren auch die nordischen Berserker, über deren Anfälle von rasender Kampfeswut es viele Berichte gibt. Sie haben wahrscheinlich eine dämonologische Herkunft. In den Märchen der Brüder Grimm lebt diese speziell germanische Art des Bärmenschen in der Gestalt des Bärenhäuters fort. Der Bärenhäuter, der sich nicht kämmen und seinen Bart nicht pflegen und beschneiden darf, ist ein durch und durch Verwilderter, der sowohl als Krieger als auch als Teufelsbündner gilt.

Der heilige Christopherus wird auf Ikonen und Fresken südosteuropäischer Länder häufig als Kynokephaler dargestellt. In einem der Athosklöster in Griechenland, wo man unter anderen Reliquienschätzen auch einen angeblich vom heiligen Christopherus stammenden Hundezahn aufbewahrt, erzählte man folgende Legende: »Christopherus war ein bildschöner Mann in Alexandrien, der von allen Mädchen umschwärmt wurde. Aber seine Seele war der Gewinnung der ewigen Seligkeit zugewandt. Um nicht länger Anfechtungen ausgesetzt zu sein, flehte er zu Gott um ein häßliches Aussehen, das den Frauen Abscheu einflößen sollte. Sein Gebet wurde erhört, und er erwachte eines Tages mit einem Hundekopf.« In anderen Legenden ist lediglich davon die Rede, daß Christopherus aus einem fernen Lande gekommen sei, aus Asien gar, »dort wo die Hundsköpfe wohnen«.

Der Totemismus rückt den Menschen und das Tier aneinander. So werden Tiernamen zu Sippennamen. Die Rolle, die in den europäischen Ländern der Wolf, der Hund und der Bär spielen, hat in China der Fuchs, in Indien der Tiger, in afrikanischen Ländern der Löwe. Die besondere Beziehung zwischen einem Mensch und seinem Totem ist wechselseitig; indem der Mensch den Totem respektiert, ihn weder jagt noch tötet und ihm Opfer darbringt, erwartet er von ihm als Gegenleistung Schutz und Schonung. Besonders die als gefährlich geltenden Tiere werden deshalb von den Menschen zu ihren Totems ausgewählt, sie nennen sich nach ihnen und glauben, daß sie von ihnen abstammen. Der Totem ist kein Einzelding, sondern stellt immer eine Gattung dar, nach Freud »in der Regel eine Tier- oder Pflanzenart«, und er ist jeweils Gegenstand der Verehrung einer Gruppe von Männern und Frauen, »die sich nach dem Totem nennen, sich für blutsverwandte Abkömmlinge eines gemeinsamen Ahnen halten und durch gemeinsame Pflichten gegeneinander wie durch den Glauben an ihren Totem miteinander fest verbunden sind«. Bei verschiedensten Gelegenheiten wird die Identifizierung mit dem Totem in Taten und Worten durchgeführt. Wenn sich die Genossen eines Stammes in ihren Totem verkleiden und so wie er gebärden, verfolgen sie damit zunächst magische und religiöse Absichten, die aber dann sehr bald in ganz materielle, zumeist kriegerische Ziele umgewandelt werden.

Um die Tradition der germanischen Kriegervölker fortzusetzen, hat man später Männer- und Burschenbünde sowie Wehrverbände gebildet, die ihr wildes Treiben als etwas im Sinne des Vaterlandes Gutes umdeuteten. Hermann Löns schildert in seiner 1910 veröffentlichten Romanchronik »Der Wehrwolf« die Unternehmungen eines bäuerlichen Selbsthilfebundes gegen die gewalttätigen Mächte im Dreißigjährigen Krieg. Mögen die nationalen Ziele vieler dieser Verbände zunächst berechtigt und gerecht gewesen sein, ihre literarische Verklärung jedenfalls und die nach solchen Mustern institutionalisierte Aktivität von wehrhaften Männern zeugt von romantischem Chauvinismus und am Ende nur noch bestialischer Gesinnung. Die letzten deutschen Werwölfe waren Spezialverbände der SS.

Die homines sapientes feri

Nehmt euch vor mir in acht,
denn ich bin ein echter Järul!
Drohung eines alten wilden Mannes in Lister/Schweden

Die Menschen wählen die ihrer Natur angemessenen Tiertypen zu ihrer Metamorphose und kehren auf diese Weise in einen Zustand zurück, von dem sie sich fortentwickelt haben; sie haben sich von den Tieren, ihren »älteren Brüdern«, wie Herder sagt, emanzipiert. Ihre Vernunft lag einst »in Tierheit gefangen«. An jenen Urzustand erinnern die zahlreichen Beispiele von sogenannten Waldmenschen oder »wilden Männern«. Der »homo sapiens ferus«, wie ihn die Wissenschaft nennt, zeigt die tierischen Aspekte der menschlichen Natur. Wegen seiner wilden Eigenschaften zwar gefürchtet, erregt aber dieser Außenseiter der Gesellschaft das besondere Interesse der »zivilisierten« Menschen, projizieren sie doch in ihn all jene Freiheiten, die sie für sich selbst nicht mehr in Anspruch zu nehmen wagen. Angeekelt von der widerwärtigen Welt oder seinen eigenen Sünden, ging so mancher in die Wildnis, zurück zur Natur, um hier Geborgenheit und Ruhe zu finden. Immer wieder zeigen sich die Menschen beunruhigt und fasziniert von den Nachrichten über aufgefundene Waldmenschen, die von Tieren aufgezogen worden sind oder eine Zeitlang unter Tieren gelebt haben. Zu Zeiten der Minnesänger waren Waldmenschen genauso beliebt wie heute der Kinoheld Tarzan, von dem die Frauen geliebt sein wollen, während die Männer ihm nacheifern, auf Bäume klettern und mit Krokodilen ringen wollen.

Nach mittelalterlicher Auffassung waren die Waldmenschen einerseits Irre, exzentrische Einsiedler, Verbrecher und Menschen, die ihr Seelenheil verwirkt hatten, andererseits Wundergeschöpfe, denen in der Wildnis besondere Kräfte zuteil geworden sind. Voraussetzung für ihre positive Bewertung war ihre geglückte Rückkehr und Wiedereingliederung in die Gesellschaft. In der Geschichte vom Busant, einer deutschen Version der französischen Romanze »Peter der Provenzale«, kann ein Prinz seine geliebte Prinzessin erst nach einem Intermezzo als wilder Mann heiraten, das er bestens durchsteht und das seine Reputation enorm aufbessert. Der Prinz war mit seiner Geliebten spazierengegangen; als sie sich unterwegs niederlegten, hatte er ihr den Ring vom Finger gestreift. Ein Busant hatte den Ring ergriffen und war damit davongeflogen. Der Prinz war ihm nachgestürzt, hatte sich aber im Wald verirrt und war endlich so von Sinnen gekommen, daß er sich die Kleider vom Leibe gerissen und seitdem wie ein wildes Tier auf allen vieren im Wald umhergelaufen war: »Einst ging der Jägermeister mit Hunden in den Wald, und verfolgte einen Hirsch: da ersah er einen wilden Mann auf allen vieren laufen und vor den Hunden auf einen Baum fliehen. Einer der drei Jäger lief, während die beiden andern den Baum bewachten, zum Herzoge, der alsbald in den Wald ritt, wo der wilde Mann schon gefangen war und daher getrieben wurde. Er erbarmte den Herzog, der einen nur Verwilderten in ihm erkannte und ihn aufrichten ließ konnte aber anfangs nicht mehr aufrecht gehen, und war ganz mit spannenlangem Haare bewachsen. Er wurde so von den Frauen verborgen, sechs Wochen lang gebadet und geschoren, gesalbet und mit guter Speise gepflegt, bis ihm Hirn und Mark wieder frisch ward, und er wieder menschlich ging und ritt.«

August Rauber, der die Zustände der Verwilderten beschrieben und »ihre Bedeutung für Wissenschaft, Politik und Schule« betont hat, sieht in ihnen Kulturlose, deutliche Zeugen für die Beschaffenheit des frühesten urgeschichtlichen Menschen, der noch auf allen vieren ging, behaart war und nicht sprechen konnte: »Sie sagen uns viel, indem sie uns mit unbezwinglicher Gewalt davon in Kenntnis setzen, was denn eigentlich Kultur sei.« Es gelang jeweils nur unzulänglich, jene Kinder, die fast ausnahmslos mit wilden Tieren aufgewachsen waren oder zusammengelebt hatten, zu vollkommenen und glücklichen Mitgliedern der Gesellschaft zu erziehen. Nur selten fand sich ein Gelehrter, der, wie Jean Itard im Fall des Wildkinds vom Aveyron, außer naturwissenschaftlichem Ehrgeiz auch pädagogisches Interesse hatte. Die meisten eingefangenen Wilden wurden als kuriose Monstren und Wundergeschöpfe auf Jahrmärkten zur Schau gestellt oder zu feierlichen Anlässen einem Monarchen als Geschenk übergeben. In unserem Jahrhundert hat der Fall der Wolfskinder von Midnapore das größte Aufsehen erregt. Reverend Singh berichtet in seinem Tagebuch, dessen Authentizität von führenden Anthropologen bestätigt wurde, über den Versuch, diese bei Wölfen in Indien aufgewachsenen Kinder wieder an menschliches Dasein zu gewöhnen. Das Tagebuch ist übrigens der einzige Bericht über Wolfskinder, den ein Mann verfaßt hat, der auch an ihrem Auffinden selbst beteiligt war. Als ein Zeugnis humaner Gesinnung ist es dagegen fragwürdig, so ehrenwert die Absicht des Reverend Singh auch gewesen sein mag, die Wolfsmädchen zu guten Christenmenschen zu erziehen. Fast alle Wildkinder haben unter den veränderten Lebensbedingungen gelitten und sind bald gestorben. So auch

Singhs Zöglinge Amala und Kamala. Man kann keinem der überlieferten Dokumente entnehmen, daß die Betroffenen ihre Gefangennahme als »Befreiung« empfunden haben.

Meermenschen

> ... denn ein Monstrum ist nichts anderes als eine Verbindung wahrhaftiger Wesen, und die Kombinationsmöglichkeiten grenzen ans Unendliche.
> J. L. Borges und Marg. Guerrero

Auf der ursprünglichen Verwandtschaft und dem in Urzeiten unmittelbaren Verkehr mit Tieren beruhen nicht nur Tierverwandlungsvorstellungen, sondern auf sie stützt sich auch der allgemein verbreitete Glaube an die Seelenwanderung: Wenn der Körper des Menschen nach dem Tode verfällt, überlebt seine Seele und geht in ein Tier ein. Wie bei der Metamorphose entspricht auch bei der Metempsychose die gewählte Tierart dem Charakter bei Lebzeiten. Während die Metamorphose eine Tendenz des Menschen zum Tierischen beinhaltet, bedeutet die Metempsychose eine Vermenschlichung des Tiers.

In der Literatur gehen oft die beiden Tendenzen ineinander über, und es ist manchmal schwer zu entscheiden, ob es sich noch um Tiermenschen oder schon um vermenschlichte Tiere handelt. Wenn Wiedergänger als Tiere in Erscheinung treten, reagieren die Tiermenschen feindlich: ein Werwolf bekämpft den Toten, der in Gestalt eines Wolfes umhergeht. Besonders in den slawischen Ländern verwechselte man beide Erscheinungen, vukodlak (= Wolfspelz) diente als Bezeichnung für den Werwolf und für den Vampir. Man glaubte hier, daß Menschen, die zu Lebzeiten Werwölfe waren, nach dem Tode zu Vampiren wurden.

Weitere Belege für die Existenz von Tiermenschen waren die vom Mittelalter bis ins 18. Jahrhundert zahlreichen Nachrichten von Meermännern und Meerfrauen, die Fischer erblickt und gelegentlich sogar an Land gezogen haben wollen. Sie sahen wie Menschen aus, deren Leib aber in einem Fischschwanz auslief. Soweit die Menschen sich mit ihnen einließen, sie in ihr Haus aufnahmen oder zur Frau beziehungsweise zum Mann nahmen, erwiesen sich die Meermenschen als Gespenster und Zaubergestalten. Sie verschwanden wieder im Wasser, wenn sie nach ihrer Herkunft und ihrem Namen gefragt wurden.

1305 fing man mitten im Meer bei Holland einen Meermann, der wie ein Ritter gewappnet war. Er wurde an Land gebracht, starb aber schon nach drei Wochen in Dokkum. Um 1400 gelangte bei einem schweren Sturm eine Meerfrau aus der Zuydersee ins Purmermeer, wo sie von Milchweibern herausgefischt und nach Edam gebracht wurde. Dort wusch man sie und zog ihr Kleider an, konnte sich aber nicht mit ihr verständigen. Die Edamer schenkten ihr Meerwunder der Stadt Harlem. Da die Frau immer wieder ins Wasser springen wollte, wurde sie streng bewacht. Sie lernte spinnen und erhielt bei ihrem Tode ein christliches Begräbnis, da sie das Zeichen des Kreuzes achten gelernt hatte. Aldrovandus berichtet in seiner »Historia monstrorum« von einem Meeresbischof, der 1531 bei Malmö in Schonen an der Ostsee an Land gezogen wurde. Den wunderbaren Fang erhielt König Sigismund von Polen zum Geschenk, der den Bischof aber, »da er ihm durch Zeichen dargetan, daß er gern wieder ins Wasser wollte, wieder an dasselbe bringen ließ, worauf er sich sofort hineingestürzt haben soll«. Alfred Jarry benutzte dieses merkwürdige Monstrum als Vorbild für die Figur des Meeresbischofs Lügenbeutel in seinem Roman »Heldentaten und Ansichten des Doktor Faustroll, Pataphysiker«, der folgendermaßen beschrieben wird: »Seinc Mitra war aus Schuppen, und sein Krummstab sah wie die Doldentraube eines gekrümmten Fangarmes aus; sein ganz mit Edelstein aus der Tiefe des Meeres besetztes Meßgewand, das ich berührte, hob sich von vorn und hinten leicht an, aber, da es schamhaft an der Innenhaut haftete, nur wenig bis über das Knie.«

Außer dem Bischof wurde in der Ostsee dann 1546 noch ein Meermann gefangen, der »Hals, Schultern, Brust und Kopf wie ein Mensch hatte, dessen Kopf aber geschoren war, wie bei einem Mönch, und dem über Schultern und Brust eine mit schwarzen und roten Flecken bemalte Mönchskappe mit einem breiten Saume herabhing«. Statt der Arme hatte er Floßfedern, statt der Füße einen Fischschwanz.

Die antiken Vorläufer der Meermenschen und Seejungfrauen waren die Tritonen und Nereiden, Quellennymphen und Flußgötter. Triton war einer der griechischen Meeresgötter, dessen Gestalt man sich aus einem menschlichen Oberkörper und einem Fischleib zusammengesetzt dachte. Hederich beschreibt ihn in seinem »Schul-Lexikon« als einen Zwitter aus Mensch und Delphin, während ihn sich Vergil in der »Aeneis« aus Mensch und Walfisch zusammengesetzt vorstellt: »Triton führt ihm das Schiff in grauser Gestalt, der das blaue / Meer mit der Muschel erschreckt und vorn bis zur Hüfte als Mensch sich / Zeigt mit zottigem Haar, doch als Walfisch endet vom Bauch ab.«

In der Gestaltung des Triton vollzogen sich im Laufe der Zeit viele Umbildungen. Zunächst hatte der Fischleib bis an die Brust hinaufgereicht, später ließ man den menschlichen Körper bis zu den Hüften, ja noch weiter hinabgehen. So kam es, daß an Stelle des einen Fischschwanzes den menschlichen Beinen entsprechend zwei solche Schwänze traten. Am Ende schuf man, indem dem einschwänzigen Triton in der Hüftgegend die Vorderbeine eines Pferdes angefügt wurden, den sogenannten Ichthyokentaur. Schon früh dachte man sich eine Vielzahl solcher Tritonen als Diener des Poseidon oder der Aphrodite und als Liebhaber der Nereiden.

Die fünfzig Töchter des Nereus, hübsche Seejungfrauen mit grünen Haaren, die in griechischen Sagen auf dem Rücken der Tritonen sitzend übers Meer reiten, sind keine Tiermenschgestalten. Deshalb kommen sie nur zu einem geringen Teil als Ahnen der Nixen und Undinen in Betracht, jener weiblichen Fischmensch-Wassergeister, die sich mit Menschen vermählen. Wer eine Undine zur Frau hat, muß sich hüten, sie aufs Wasser zu bringen oder sie gar auf dem Wasser zu erzürnen, sonst kehrt sie ins Wasser zurück, doch ohne die Ehe als aufgelöst zu betrachten. Verliebt sich der Mann dann in eine andere Frau, wird er nachgeholt. Auch Fouqués wunderbare Wasserfee Undine, deren »himmlische Güte« der Erzähler hervorhebt und die selbstlos ihrem treulosen Ritter Huldbrand und ihrer Rivalin Bertalda gegen die erzürnten Geister hilft, erhält am Ende den Geliebten zurück: »Sie küßte ihn mit einem himmlischen Kusse, aber sie ließ ihn nicht mehr los, sie drückte ihn immer inniger an sich und weinte, als wolle sie ihre Seele fortweinen.« Daß Undine ein Fischweib ist, spricht Fouqué nie aus, sie ist eine Märchenfee, die aus dem Wasser kommt und in der Liebe zu einem Menschen eine Seele gewinnt. Das irdische Glück ist nicht dauerhaft, weil sich der Ritter nicht an die Abmachungen hält. Für Jean Giraudoux, der die Erzählung von Fouqué seinem Schauspiel »Undine« zugrunde gelegt hat, ist die Wasserjungfrau nur noch ein Elementarwesen, die Verkörperung der reinen Natur, deren Erscheinung die menschliche Unvollkommenheit beweisen soll.

In der französischen Sage von Melusine, der Ahnfrau des Grafengeschlechts Lusignan in Poitou, ist der Fischmenschcharakter deutlicher ausgesprochen. Melusine wird hier von ihrem Gemahl in Fischgestalt überrascht, worauf sie mit lautem Wehklagen verschwindet. Immer wenn seitdem ihren Nachkommen Unglück droht, zeigt sie sich drei Tage vorher auf dem Turm des Schlosses von Lusignan in Trauer. Als Urbild dieser Mère Lusine gelten mythische Tiermenschgestalten, Naturgötter und Fabelwesen aus den verschiedensten Kulturkreisen. Am wahrscheinlichsten ist die Annahme, daß sie von der syrischen Göttin Derketo abstammt, die auch in Phönikien verehrt wurde und gleichfalls auf der syrisch-phönikisch bevölkerten Insel Cypern bekannt war, die von 1193 an der Familie Lusignan unterstellt war. (Die Juden verehrten eine Göttin Dagon, deren Leib ebenfalls, wie der der syrischen Göttin, in einem Fischschwanz auslief.) Durch Kaufleute, die zwischen Cypern und Marseille verkehrten, gelangten dann offenbar die Mythen, die sich um die nixenartige Derketo rankten, nach Südfrankreich. In Aix ist die älteste, schriftlich überlieferte Form der Melusinensage angesiedelt, die schon alle Elemente der später nach Nordwestfrankreich verlagerten Kernfabel enthält. Gervasius Tilburiensis erzählt sie 1211 in den »Otia Imperialia«. Die Flußnixe ist hier noch ohne Namen, aber der Graf, der sie heiratet, heißt bereits Raimundus, wie der Stammvater des Hauses Lusignan. Seit dem 13. Jahrhundert ist die Sage in Poitou bekannt, und die Familie Lusignan führt seit dem 14. Jahrhundert eine Nixe im Wappen. Unter Benutzung einer schon vorliegenden Familienchronik schrieb 1387–93 Jean d'Arras als Auftragsarbeit »L'Histoire de la Belle Mélusine«, die Geschichte des Hauses Lusignan. 1401 folgte Couldrette mit seinem Versroman »Melusigne«, dessen deutsche Prosafassung von Thüring von Ringoltingen als Vorlage vieler Volksbuchfassungen diente.

Soweit die mythen- und sagengeschichtlichen Hintergründe der Meermenschen, für deren Erklärung Johann Georg Theodor Grässe auch natürliche Gründe geltend macht: unter dem See- oder Meermönch zum Beispiel würde man sich eine Art Delphin zu denken haben, und die sogenannte Meerjungfer würde mit dem in den Flüssen und Seen von Angola und Kongo häufig vorkommenden Schweinefisch zusammenfallen, der zwei kurze Arme und Hände hat, die er beugen, aber nicht wie ein Mensch zuschließen kann: »Ihre langen Finger hängen mit dazwischen gewachsenem Fleische zusammen, wie die Entenfüße, der Kopf ist länglich rund mit kleinen Augen, flacher Nase, weitem Munde, aber keinem kenntlichen Kinne noch Ohren. Die Männchen haben Schamteile wie die Pferde, die Weibchen aber zwei volle Brüste mit Zitzen, die dunkelgrau sind, unten aber laufen sie wie ein gewöhnlicher Fisch mit einem Gabelschwanze aus. Der Rücken ist mit einer starken Haut, die aber durchlöchert ist, bedeckt, und die sie wie einen Mantel öffnen und zumachen können. Ihre Länge beträgt acht Fuß und ihr Fleisch ist eßbar und dem Schweinefleisch ähnlich. Offenbar ist das derselbe Fisch, den die Portugiesen pesce-mugger, Weiberfisch, nennen.«

Schlußbetrachtung

> Die Fähigkeit des Menschen zur Verwandlung, die ihm so viel Macht über alle übrigen Geschöpfe gegeben hat, ist noch kaum ins Auge gefaßt und begriffen worden. Sie gehört zu den größten Rätseln: jeder hat sie, jeder wendet sie an, jeder hält sie für ganz natürlich. Aber wenige legen sich Rechenschaft darüber ab, daß sie ihr das Beste von dem, was sie sind, verdanken.
> Elias Canetti, Masse und Macht

Gustave Flauberts Buch »Die Versuchung des heiligen Antonius« liest sich wie das Protokoll eines beklemmenden Traums. Groteske Fabelwesen, höllische Mißgeburten und phantastische Tiermenschen sind die verschiedenen Verkörperungen der Versuchung, die Antonius an sich vorüberziehen sieht. Der Autor hat diesen Aufmarsch gräßlicher Monstren, wie er 1856 in einem Brief an seinen Freund Louis Bouilhet bekennt, halluzinatorisch beschworen und geschaffen: »Meine Nachmittage verbringe ich bei geschlossenen Fensterläden, zugezogenen Vorhängen, ohne Hemd, im Zimmermannskostüm. Ich brülle! Ich schwitze! Es ist großartig. Es gibt Augenblicke, in denen es ganz entschieden noch mehr als Delirium ist!« Nun ist aber »Die Versuchung des heiligen Antonuis«, wie man leicht belegen kann, nicht einfach ein Produkt aus Träumen und Delirien, sondern in erster Linie »ein Monument gründlichsten Wissens« (Michel Foucault), das auf dem Studium zahlreicher naturwissenschaftlicher und religionswissenschaftlicher Abhandlungen sowie kirchenhistorischer Quellen und alter Chroniken beruht. Manchmal finden sich die »Träume« Wort für Wort in den als Vorlage benutzten Büchern. »Es mag verwundern«, meint Foucault, »daß soviel gelehrte Gründlichkeit einen so starken Eindruck von Phantasmagorie hinterläßt, und mehr noch, daß Flaubert selbst als Sprudeln delirierender Einbildungskraft empfunden hat, was doch so offenkundig der Geduld des Wissen angehörte.«

Die Tiermenschen, die in Flauberts Buch aufkreuzen, sind denn auch keine literarischen Gespenster oder Nachtgesichte, sondern symbolische Verkörperungen realer Vorstellungen und Ängste, die, wie wir gesehen haben, schon in ältesten Zeiten verbreitet waren. Die Stacheln, die der Martichoras, der mächtige rote Löwe »mit einem Menschengesicht und drei Reihen Zähnen«, wie Pfeile aus seinem skorpionartigen Schwanz schwirren läßt, und der Pesthauch, den er ausstößt, sind der visionär gesteigerte Ausdruck der von den Menschen durchlittenen Leiden und Strafen sowie auch Ausdruck der gegen Menschen gerichteten Aggressionen, die sie zugleich fürchten und ersehnen. Noch im furchtbarsten Tiermenschwesen steckt ein Rest an »erotischer« Substanz, die es zu bezwingen oder der es zu erliegen gilt.

In fast allen großen Epen der Weltliteratur finden sich solche Abenteuer und Kämpfe der Helden mit Ungeheuern, die aus tierischen und menschlichen Körperteilen zusammengesetzt sind. Im Gilgamesch-Epos findet der König der im Land Sumer zwischen Euphrat und Tigris gelegenen Doppelstadt Uruk-Kullab das Tor zwischen den Bergen, aus dem die Sonne hervorgeht und das zum Himmel führt, von zwei riesigen Skorpionenmenschen bewacht: »Nur mit der Brust ragen die Menschenleiber über der Erde hervor, den Skorpionenleib strecken sie tief hinab in die Unterwelt. Schaurig, schrecklich sehen sie aus, und Tod verkündet ihr Anblick. Ihr gräßliches Augenblitzen läßt Berge niederrollen zu Tal.« Gilgamesch erstarrt vor Furcht, doch er faßt sich ein Herz, und die Skorpionenmenschen geben, beeindruckt von seinem Mut, den Weg frei.

Im »Pantagruel« von Rabelais besiegt der Held ein Riesenheer in Werksteinrüstung, dessen Anführer ein Werwolf ist, ein schwer gewappneter, wilder Krieger, dessen Leichnam Pantagruel dann gegen die feindliche Stadt schleudert: »Da fiel er auch mitten auf den Ring platt wie ein Frosch hin auf den Bauch und erschlug im Fallen einen begossenen Hund, ein Märkatz, eine Kirchmaus und einen Schnapphahn.«

Im Volksbuch des Herzogs Ernst gelangen der Held und sein Gefolge auf das Inselreich Agrippa, das von Kranichleuten bewohnt wird, die sich erbittert mit giftigen Pfeilen gegen die christlichen Ritter wehren, aber am Ende unterliegen. Die schöne zarte Jungfrau, die die Agripper gefangengenommen haben, kann Herzog Ernst zwar unbefleckt, aber nicht mehr lebend dem König entreißen, weil jener sie zuvor mit seinem spitzen Schnabel in beide Seiten gestoßen hat, »daß ihr das Blut herunter floß und sie schreiend zur Erde fiel«.

Pfeile, Stacheln und spitze Schnäbel sind die bevorzugten Waffen der phantastischen Tiermenschgestalten (später abgelöst von den Zähnen der reissenden Wölfe und den starken Pranken der Bären), die an jene mythischen Zeiten erinnern, in denen Mensch und Tier nicht voneinander zu trennen waren. Durch ständige »Verwandlung« hat sich der Mensch vom Tier emanzipiert. Der Mensch, meint Elias Canetti in »Masse und Macht«, hat es »durch seine mythischen Erlebnisse als Tier gelernt, fast alle Tiere zu verwenden, wie es ihm paßt«. Diese Einvernahme ist jedoch nicht restlos geglückt, und jederzeit besteht vielleicht die Möglichkeit von Rückverwandlung. Arno Schmidt demonstriert die rückläufige Entwicklung in seiner utopischen Satire »Die Gelehrtenrepublik«: Im Jahre 2008 besucht der amerikanische Reporter Charles Henry Winer u. a. Wüstengebiete des »Hominidenstreifens«, in dem sich bisher unbekannte Lebewesen aufhalten, die aus Strahlenschäden herrührende Mutationen darstellen. Er stößt auf die sogenannten »Zenties«, zentaurenartige Geschöpfe. Mit Thalja (»hinten etwa wie eine Grant-Gazelle ... und vorne dran eben ein nacktes Mädchen mit Armen«) hat Winer ein groteskes Liebesabenteuer, und ihrem Stamm hilft er dann gegen die gefährlichen »Never-nevers«, Riesenspinnen mit Menschenkopf, die ebenfalls durch Mutation entstanden sind.

Arno Schmidt verwendet die alten Tiermenschvorstellungen in satirischer Absicht, um vor den inhumanen Konsequenzen des technischen Zeitalters zu warnen. Das Erlebnis Winers liegt nicht mehr jenseits aller menschlichen und vernunftgemäßen Erfahrung, so wie die Begegnung des Professors Wittembach mit dem Bärenmenschen Graf Szemioth in Mérimées Novelle »Lokis« oder wie die wunderbare, allmähliche Metamorphose der Lady Tebrick in David Garnetts

Erzählung »Meine Frau die Füchsin«. Autoren wie Mérimée und Garnett zeigen den Einbruch des Übernatürlichen in eine alltägliche Umwelt. Ausschlaggebend ist die Natur des Tieres, in das ein Mensch verwandelt wird. Die Tierart gibt Auskunft über die Charakterzüge, die Leidenschaften, die Sehnsüchte und die Krankheit des Menschen, der sich verwandelt oder der verwandelt wird. Für die Frau des englischen Aristokraten, die unter den Augen ihres liebenden Gatten füchsische Gestalt annimmt, bedeutet die tierische Existenz größere Freiheit, Ungebundenheit, Kraft und Ausgelassenheit, und auch in der Erzählung »Der Affe« von Tania Blixen erweist sich das triebhaft animalische Wesen des Mädchens Athene als überlegen gegenüber dem um ihre Hand anhaltenden biederen und schüchternen Leutnant Boris, der an einem dem Konfessionalismus ergebenen Hof erzogen worden ist. Erst der Versuch der Priorin des Klosters Seven, die einen Affen hält, in den sie sich verwandeln kann, ihn mit Naturkraft auszustatten, setzt Boris instand, Athene »gewaltsam« zu erobern. Doch der Zauber hält nicht an. Die Rückverwandlung der Priorin hat zur Folge, daß Athene sich »als selbständiges Geschöpf außerhalb ihrer selbst« und Boris als einen Menschen erkennt. Das Wissen um das Geschehene allerdings verbindet sie, und zwischen ihnen und der ganzen übrigen Welt »war von jetzt ab eine unübersteigbare Grenze gezogen«.

In Franz Kafkas Erzählung »Die Verwandlung« erwacht der Handlungsreisende Gregor Samsa eines Morgens als Käfer. Diese Verwandlung dokumentiert symbolisch seine Untauglichkeit als Mensch in einer Gesellschaft, für die er nichts als ein lästiges Ungeziefer ist. Was in der Erzählung »Die Verwandlung« zur unwiderruflichen Wirklichkeit geworden ist, hat Kafka einige Jahre früher in »Hochzeitsvorbereitungen auf dem Lande« noch als Wunschtraum Eduard Rabans geschildert, der sich hier den harten Anforderungen der Welt zu entziehen hofft, indem er nur seinen angekleideten Körper zur Arbeit sendet, selbst aber in der Gestalt eines Käfers im Bett bleibt. Kafka beschreibt die Metamorphose in einen Käfer als Verwandlung in einen Zustand, in dem sich der Mensch seiner Umgebung nicht mehr verständlich machen kann und sich ihr entzieht. Die Verwandlung ist Ausdruck der Angst und der Empfindlichkeit gegenüber einer unempfindsamen Außenwelt. Erst als Käfer ist Gregor die Fähigkeit wiedergegeben, menschlich zu denken und zu fühlen.

Bibliographie

ABRAHAM, KARL, *Untersuchungen über die früheste prägenitale Entwicklungsstufe der Libido.* In: Psychoanalytische Studien zur Charakterbildung und andere Schriften. Frankfurt 1969

ALBERT DER GROSSE, *Abhandlung von denen Undenen, Sylphen, Gnomen, Erdmännlein, Salamandern und andern Elementargeistern.* Basel 1500

ALDROVANDUS, ULYSSES, *Historia Monstrorum.* Bologna 1642

ALEXANDER AB ALEXANDRO, *Genialium dierum.* Köln 1539

AMANDUS VON GRAZ, PATER, *Seelen-Wayde der Christlichen Schäfflen,* das ist: Ordinari Predigen auff alle Sonn- und Feyer-Täg deß gantzen Jahrs' gerichtet. Klagenfurt 1695

ANDREE, RICHARD, *Ethnographische Parallelen und Vergleiche.* Stuttgart 1878

APOLLODOROS, *Bibliothek.* In: Griechische Sagen. Eingeleitet und neu übertragen von Ludwig Mader. Zürich 1963

APULEIUS, *Metamorphosen oder Der goldene Esel.* Aus dem Lateinischen von August Rode. Leipzig 1963

ARTEMIDOR VON DALDIS, *Traumbuch.* Übertragung von F. S. Krauss, bearbeitet und ergänzt von Martin Kaiser. Basel/Stuttgart 1965

BÄCHTOLD-STÄUBLI, *Handwörterbuch des deutschen Aberglaubens.* Berlin 1927–42

BARBER, RICHARD UND ANNE RICHES, *A Dictionary of Fabulous Beasts.* New York 1971

BEAUVOIS DE CHAUVINCOURT, LE SIEUR DE, *Discours de la Lycanthropie ou de la transmutation des hommes en loups.* Paris 1599

BENJAMIN, WALTER, *Der Sürrealismus.* In: Angelus Novus. Ausgewählte Schriften 2. Frankfurt 1966

BERNHEIMER, RICHARD, *Wild Men in the Middle Ages.* Cambridge 1952

BLIXEN, TANIA, *Der Affe.* Aus dem Dänischen von Thyra Dohrenburg. In: Phantastische Erzählungen. Hamburg 1962

BLUMENBACH, JOHANN FRIEDRICH, *Beiträge zur Naturgeschichte.* Göttingen 1811

Bodin, Jean, *De la Démonomanie des Sorciers.* Paris 1587

Borges, Jorge Luis und Margarita Guerrero, *Einhorn, Sphynx und Salamander.* München 1964

Boullet, Jean, *La Galerie des Monstres.* Bizarre. Nos 17–18. Paris 1961

Brisco, Pat A., *Der Wolfsmensch.* Roman. München 1971

Buchner, Eberhard, *Das Neueste von gestern.* Kulturgeschichtlich interessante Dokumente aus alten deutschen Zeitungen. München 1911 ff.

Burton, Robert, *Schwermut der Liebe.* Aus dem Englischen von Peter Gan. Zürich 1952

Canetti, Elias, *Masse und Macht.* Hamburg 1960

Cervantes Saavedra, Miguel de, *Die Mühen und Leiden des Persiles und der Sigismunda.* In: Gesamtausgabe in vier Bänden. Herausgegeben von Anton M. Rothbauer. Band 1. Stuttgart 1963

Clebert, Jean-Paul, *Bestiaire Fabuleux.* Paris 1971

Collin de Plancy, J. A. S., *Dictionnaire Infernal.* 2 Bände. Paris 1818

Coster, Charles de, *Ulenspiegel.* Die Legende und die heldenhaften, fröhlichen und ruhmreichen Abenteuer von Ulenspiegel und Lamme Goedzak im flandrischen Lande und anderswo. Aus dem Französischen von Walter Widmer. München 1966

Couldrette, *Mellusigne.* Livre de Lusignan ou de Parthenay. Herausgegeben von F. Michel. Niort 1854

Dante Alighieri, *Die göttliche Komödie.* Aus dem Italienischen übertragen von Karl Witte. Leipzig 1965

Droste-Hülshoff, Annette von, *Der Loup Garou.* In: Sämtliche Werke. Herausgegeben von Clemens Heselhaus. München 1966

Eisler, Robert, *Man into Wolf.* An Anthropological Interpretation of Sadism, Masochism and Lycanthropy. London 1951

Ernst, Herzog, *Eine lesenswürdige Historie von Herzog Ernst in Bayern und Österreich.* Reihe Deutsche Volksbücher von Dr. Karl Simrock. Band XVI. Frankfurt 1846

FISCHER, WILHELM, *Aberglaube aller Zeiten.* Dämonische Mittelwesen, Vampir und Werwolf in Geschichte und Sage. Stuttgart 1906

FLAUBERT, GUSTAVE, *Die Versuchung des heiligen Antonius.* Aus dem Französischen von Barbara und Robert Picht. Nachwort von Michel Foucault. Frankfurt 1966

–, *Briefe.* Herausgegeben und übersetzt von Helmut Scheffel. Stuttgart 1964

FOUQUÉ, FRIEDRICH BARON DE LA MOTTE, *Undine.* Eine Erzählung. In: Ausgewählte Werke. Band 8. Halle 1841

FRAZER, SIR JAMES GEORGE, *Der Goldene Zweig.* Das Geheimnis von Glauben und Sitten der Völker. Deutsch von Helen von Bauer. Leipzig 1928

FREUD, SIGMUND, *Märchenstoffe in Träumen.* In: Gesammelte Werke. Band X. London 1946

–, *Aus der Geschichte einer infantilen Neurose.* In: Gesammelte Werke. Band XII. London 1947

–, *Totem und Tabu.* Gesammelte Werke. Band IX. Frankfurt 1961

GARNETT, DAVID, *Meine Frau die Füchsin.* Deutsch von Hans Reisiger. Hamburg 1952

GESAMTABENTEUER. Hundert altdeutsche Erzählungen. Herausgegeben von Friedrich Heinrich von der Hagen. Erster Band. Stuttgart und Tübingen 1850

GESNER, KONRAD, *Historia animalium.* Zürich 1551–58

GILGAMESCH-EPOS, DAS. Eine Dichtung aus dem alten Orient zu einem Ganzen gestaltet von Georg Burckhardt. Leipzig 1964

GIRAUDOUX, JEAN, *Undine.* In: Dramen. Band 2. Frankfurt 1961

GÖRRES, JOSEPH VON, *Die christliche Mystik.* Neue Auflage in 5 Bänden. Regensburg o. J.

GRÄSSE, JOHANN GEORG THEODOR, *Beiträge zur Literatur und Sage des Mittelalters.* Dresden 1850

GRIECHISCHE MÄRCHEN. Ausgewählt und übertragen von Aug. Hausrath und Aug. Marx. Jena 1922

GRIMM, DIE BRÜDER, *Kinder- und Hausmärchen.* 2 Bände. Zürich o. J.

–, *Deutsche Sagen.* Darmstadt 1965

GUTZKOW, KARL, *Der Wärwolf.* Historische Erzählung. Wien 1871

HAUBER, EBERHARD DAVID, *Bibliotheca, Acta et Scripta Magica.* Gründliche Nachrichten, Auszüge und Urtheile von solchen Büchern und Handlungen, welche die Macht des Teufels in leiblichen Dingen betreffen. 35 Stücke in drei Bänden. Lemgo 1738–44

HEDERICH, BENJAMIN M., *Reales Schul-Lexikon.* 3. Auflage. Leipzig 1748

HEGEL, GEORG WILHELM FRIEDRICH, *Ästhetik.* Herausgegeben von Friedrich Bassenge. Berlin 1955

HEISIG, K., *Über den Ursprung der Melusinensage.* In: Fabula, 3. 1960

HERDER, JOHANN GOTTFRIED, *Ideen zur Philosophie der Geschichte der Menschheit.* 2 Bände. Berlin und Weimar 1965

HERODOT, *Das Geschichtswerk.* Übertragen von Theodor Braun. Leipzig 1964

HERTZ, WILHELM, *Der Werwolf.* Beitrag zur Sagengeschichte. Stuttgart 1862

HYGINUS, *Sagen.* In: Griechische Sagen. Eingeleitet und neu übertragen von Ludwig Mader. Zürich 1963

ITARD, JEAN, *Victor.* Das Wildkind vom Aveyron. Deutsch von Ruth Lutz-Mensching und Hanny Zwahlen. Einleitung und Nachwort von Jakob Lutz. Zürich 1965

JARRY, ALFRED, *Heldentaten und Ansichten des Doktor Faustroll, Pataphysiker.* Deutsch von Irmgard Hartig und Klaus Völker. Berlin 1968

JEAN D'ARRAS, *L'Histoire de la Belle Mélusine.* Herausgegeben von W. J. Meyer. Neuchâtel 1924

KAFKA, FRANZ, *Hochzeitsvorbereitungen auf dem Lande.* Frankfurt 1953

–, *Die Verwandlung.* In: Erzählungen. Frankfurt 1952

KIPLING, RUDYARD, *Das Stigma des Tieres.* In: Dunkles Indien. Deutsch von Gustav Meyrink. Leipzig o. J.

KOLMAR, GERTRUD, *Meerwunder.* In: Das lyrische Werk. Heidelberg/Darmstadt 1955

KRETZENBACHER, LEOPOLD, *Kynokephale Dämonen südosteuropäischer Volksdichtung.* Vergleichende Studien zu

Mythen, Sagen, Maskenbräuchen und Kynokephaloi, Werwölfe und südslawische Pesoglavci. München 1968

Lancre, Pierre de, *Tableau de l'inconstance des mauvais anges et démons,* où il est amplement traicté des sorciers et de la sorcellerie ... Paris 1612

–, *L'incrédulité et mescréance du sortilège plainement convaincue* ... Paris 1622

Lauben, Theophilus, Dialogi und Gespräche von der Lycanthropia oder der Menschen in Wölff Verwandlung. Frankfurt 1686

Leubuscher, Rudolf, *Über die Werwölfe und Tierverwandlungen im Mittelalter.* Berlin 1850

Lévi-Strauss, Claude, *Das Ende des Totemismus.* Aus dem Französischen von Hans Naumann. Frankfurt 1965

–, *Das wilde Denken.* Aus dem Französischen von Hans Naumann. Frankfurt 1968

Linné, Carl von, *Natursystem.* Nach der zwölften lat. Ausgabe und mit einer ausführlichen Erklärung ausgefertiget von Philipp Ludwig Statius Müller. Erster Teil. Von den säugenden Tieren. Nürnberg 1773

Löns, Hermann, *Der Wehrwolf.* Eine Bauernchronik. Jena 1923

Lukrez, *De rerum natura.* Welt aus Atomen. Textgestaltung, Einleitung und Übersetzung von Karl Büchner. Zürich 1956

Magnus, Olaus, *Historia de gentibus septentrionalibus.* Rom 1555

Malson, Lucien, *Les enfants sauvages.* Mythe et Réalité. Paris 1970

Mannhardt, Wilhelm, *Wald- und Feldkulte.* Band 2. Antike Wald- und Feldkulte. Berlin 1905

Marie de France, *Poésies.* Publ. d'après de mss de France et d'Angleterre ... par Jean Baptiste Bonaventure Roquefort. Vol. I. Paris 1819

Mérimée, Prosper, *Lokis.* In: Romans et Nouvelles. Texte établi et annote par Henri Martineau. Paris 1951. Deutsch von Klaus Völker unter Benutzung einer älteren Übersetzung.

Moréri, Louis, *Le Grand Dictionnaire Historique.* Tome VI. Basel 1732

Müller, De Lycanthropia seu transformatione hominum in lupos. Lipsiae 1673

Münster, Sebastian, *Cosmographia.* Basel 1544

Myrivilis, Stratis, *Die Madonna mit dem Fischleib.* Roman aus dem Neugriechischen übersetzt von Helmut von den Steinen. Zürich 1955

Nynauld, Jean de, *De la lycanthropie, transformation et exstase des sorciers,* où les astuces du diable sont mises tellement en evidence, qu'il est presque impossible, voire aux plus ignorant, de ce laisser doresenavant séduire. Paris 1625

Odstedt, Ella, *Varulven I svensk Folktradition.* Uppsala 1943

Ovid, *Metamorphosen.* Herausgegeben und übersetzt von Hermann Breitenbach. Zürich 1964

Paulus Diaconus, *Historia Langobardum.* Hannover 1878

Petronius, Arbiter, *Satiricon.* Deutsch von Fritz Tech. Berlin 1965

Physiologus, der. Übertragen und erläutert von Otto Seel. Zürich 1967

Physiologus, der altdeutsche. Die Millstätter Reimfassung und die Wiener Prosa (nebst dem lat. Text und dem althochdeutschen Physiologus). Herausgegeben von Friedrich Maurer. Tübingen 1967

Pieyre de Mandiargues, André, *Soleil des Loups.* Paris 1951

Pindar, *Dichtungen.* Übertragen und erläutert von Franz Dornseiff. Leipzig 1965

Pistorius, *Scriptores rerum a Germanis gestarum.* Additiones ad Lambertum Schafnaburgensem, appositae ab Erphesfordensi Monacho anonymo. Frankfurt 1619

Platon, *Der Staat.* Übertragen von Rudolf Rufener. Zürich 1950

Plinius, *Vom Wolfe.* Aus: Naturgeschichte. Übersetzt von Johann Daniel Denso. Erster Band. Rostock und Greifswald 1764

Praetorius, Johannes, *Anthropodemus Plutonicus.* Das ist, Eine neue Weltbeschreibung von allerley wunderbahren Menschen. Magdeburg 1666

PRIEUR, F. CLAUDE, *Dialogue de la lycanthropie ou transformation d'hommes en loups,* vulgairement dits loups-garous, et si telle peut se faire ... Louvain 1596

P'U SUNG-LING, *Die Füchsin.* In: Chinesische Geister- und Liebesgeschichten. Herausgegeben und übersetzt von Martin Buber. Frankfurt 1916

RABELAIS, FRANCOIS, *Gargantua und Pantagruel.* Herausgegeben von Ludwig Schrader. Deutsch von Gottlob Regis. 2 Bände. München 1964

RAUBER, AUGUST, *Homo sapiens ferus* oder die Zustände der Verwilderten und ihre Bedeutung für Wissenschaft, Politik und Schule. Leipzig 1885

SAKI, *Gabriel-Ernest.* In: The Unbearable Bassington and other Stories. London 1963. Deutsch von Rudi Heeger.

SCHMIDT, ARNO, *Die Gelehrtenrepublik.* Kurzroman aus den Roßbreiten. Karlsruhe 1957

SHAKESPEARE, WILLIAM, *Ein Sommernachtstraum.* Deutsch von Erich Fried. Berlin 1970

SINGH, J. A. L., *Die »Wolfskinder« von Midnapore.* Mit einem Geleitwort von Adolf Portmann. Heidelberg 1964

STEWART, CAROLINE TAYLOR, *The Origin of the Werewolf Superstition.* The University of Missouri Studies. Volume II. Number 3. Missouri 1909

STRAPAROLA, GIOVANNI FRANCESCO, *König Schwein.* Aus: Die ergötzlichen Nächte. Aus dem Italienischen übersetzt und erläutert von Hanns Floerke. 2 Bände. München 1908

SUMMERS, MONTAGUE, *The Werewolf.* London 1933

THARSANDER, *Von Weer-Wölfen.* In: Schauplatz vieler Ungereimten Meynungen und Erzehlungen. Berlin und Leipzig 1738

THOMASIUS, CHRISTIAN, *De transformatione hominum in bruta.* Leipzig 1667

THÜRING VON RINGOLTINGEN, *Dis Abenteuerlich Buch beweyset uns von einer Frawen genandt Melusina die ein Merfaye was.* Augsburg 1474

TULPIUS, NICOLAUS, *Amstelredamensis Observationes medicae.* Ed. nova, libro quarto auctior. Amsterdam 1672

VERGIL, *Aeneis.* In: Werke in einem Band. Aus dem Lateinischen von Richard Seelisch und Wilhelm Hertzberg. Berlin und Weimar 1965

VIAN, BORIS, *Le Loup-garou.* Suivi de douze autres nouvelles. Christian Bourgois Editeur. Paris 1970

VILLENEUVE, ROLAND, Loups-Garous et Vampires. Paris/Genf 1963

VOLTAIRE, *Der weiße Stier.* In: Sämtliche Romane und Erzählungen. Deutsch von Ilse Lehmann. Band 2. Leipzig 1959

WAGNER, MICHAEL, *Beiträge zur philosophischen Anthropologie.* Band 1. 1794

WEISS, ERNST, *Tiere in Ketten.* Roman. Berlin 1918

–, *Nahar.* Roman. München 1922

WIERUS, JOHANNES, *De praestigiis Daemonum.* Basel 1583

WIKMANN, K. ROB., *Järul.* En utlöpare av sydsvensk varulvstro. In: Acta Academiae Aboensis. Humaniora VII. 3. Helsingfors 1931

Filmographie

R = Regie B = Drehbuch K = Kamera
D = Darsteller P = Produktion

1913

THE WEREWOLF · P Universal

1917

TIGER WOMAN · R J. Gordon Edwards · B Adrian Johnson nach einer Novelle von James W. Adams · D Theda Bara · P Fox-Films

1920

LEOPARD WOMAN · R Wesley Ruggles · B nach einem Roman von Stewart Edward White · P Associated Producers

1928

LEOPARD LADY · R Rupert Julian · B Beulah Marie Dix nach einem Stück von Edward Childs Carpenter · P Pathe Exchange

1932

ISLAND OF LOST SOULS · R Erle C. Kenton · B Waldemar Young und Philip Wylie nach dem Roman *Die Insel des Dr. Moreau* von H. G. Wells · D Charles Laughton, Bela Lugosi, Kathleen Burke (in der Rolle der Pantherfrau Lota) · P Paramount

FREAKS · R Tod Browning · B Willis Goldbeck, Leon Gordon nach der Novelle *Spurs* von Tod Robbins · K Merritt B. Gerstad · D Wallace Ford, Leila Hyams, Olga Baclanova, Roscoe Ates, Henry Victor, Harry and Daisy Earles, Daisy and Violet Hilton, Rose Dione, Edward Brophy, Matt McHugh, Johnny Eck, Martha the Armless Wonder, Randian · P MGM

1935

THE WEREWOLF OF LONDON · R Stuart Walker · B Robert Harris · K Charles Stumar · D Henry Hull, Warner Oland, Valerie Hobson, Spring Byington, Lester Matthews, Zeffie Tilbury, Ethel Griffies, J. M. Kerrigan, Charlotte Granville, Lawrence Grant, Reginald Barlow, Clark Williams · P Universal

1941

THE WOLF MAN · R George Waggner · B Curt Siodmak · Maske

Jack Pierce · K Joseph Valentine · D Lon Chaney Jr., Bela Lugosi, Claude Rains, Ralph Bellamy, Evelyn Ankers, Warren William, Patric Knowles, Maria Ouspenskaya · P Universal

1943

FRANKENSTEIN MEETS THE WOLF MAN · R Roy William Neill · B Curt Siodmak · Maske Jack Pierce · K George Robinson · D Lon Chaney Jr., Bela Lugosi, Ilona Massey, Patric Knowles, Lionel Atwill, Dwight Frye, Maria Ouspenskaya · P Universal

THE CAT-PEOPLE · R Jacques Tourneur · B De Witt Bodeen · K Nicholas Musuraca · D Simone Simon, Ken Smith, Tom Conway, Jane Randolph, Jack Holt, Elizabeth Russell, Alan Napier, Mary Jan Halsey, Elizabeth Dunne · P RKO

LEOPARD MAN · R Jacques Tourneur · B Adel Wray, Edward Dein nach dem Roman *Black Alibi* von Cornell Woolrich · K Robert de Grasse · Musik Roy Webb · D Dennis O'Keefe, Jean Brooks, Margo, Isabell Jewell, James Bell, Margaret Landry, Abner Biberman, Richard Martin, Tula Parma, Ben Bard, Ariel Heath, Fely Franquelli · P RKO

CAPTIVE WILD WOMAN · R Edward Dmytryk · B Griffin Jay, Henry Sucher · K George Robinson · D Acquanetta, John Carradine, Evelyn Ankers, Milburn Stone, Fay Helm, Lloyd Corrigan, Martha Vickers, Paul Fix, Vince Barnett · P Universal

1944

THE CURSE OF THE CAT-PEOPLE · R Robert Wise, Gunther Fritsch · B De Witt Bodeen · K Nicholas Musuraca · D Simone Simon, Ken Smith, Jane Randolph, Ann Carter, Elizabeth Russell, Eve March, Julia Dean, Erford Gage, Sir Lancelot, Joel Davis, Juanita Alvarez · P RKO

HOUSE OF FRANKENSTEIN · R Erle C. Kenton · B Edward T. Lowe nach einer Geschichte von Curt Siodmak · Maske Jack Pierce · K George Robinson · D Gleen Strange, John Carradine, Lon Chaney Jr., Boris Karloff, Carrol Naish, Elena Verdugo, George Zucco, Lionel Atwill, Sig Rumann, Anne Gwynne · P Universal

TIGER WOMAN · R Spencer Gordon Bennett, Wallace Grissell · D Allan Lane, Linda Stirling · P Republic

1945

Tiger Woman · R Philip Ford · B George Carlton Brown nach dem Schauspiel von John A. Dunkel · P Republic

House of Dracula · R Erle C. Kenton · B Edward T. Lowe · K George Robinson · D Glenn Strange, John Carradine, Lon Chaney Jr., Martha O'Driscoll, Onslow Stevens, Lionel Atwill, Jane Adams, Harry Lamont · P Universal

Tarzan and the Leopard Woman · R Kurt Neumann · B Carrol Young nach E. R. Burroughs · D Johnny Weissmüller, Acquanetta (als Tigerfrau) · P RKO

1948

Abbott and Costello meet Frankenstein · R Charles T. Barton · B Robert Lees, Frederic Rinaldo und John Grant · K Charles Van Enger · D Budd Abbott, Lou Costello, Glenn Strange, Bela Lugosi, Lon Chaney Jr., Leonore Aubert · P Universal

1953

Cat-Women of the Moon · R Arthur Hilton · B Roy Hamilton nach einer Geschichte von Al Zimbalist und Jack Rabin · D Carol Brewster, Suzanne Alexander, Sonny Tufts · P Exclusive

1955

Panther Girl of the Congo · R Franklin Adreon · D Phillis Coates, Myron Healey · P Republic

1957

Cat-Girl · R Alfred Shaughnessy · B Lou Russoff · K Peter Hennessy · D Barbara Shelley, Robert Ayres, Kay Callard, Paddy Webster, Ernest Milton, Lily Kann · P Insignia Film

I Was a Teenage Werewolf · R Gene Fowler Jr. · B Ralph Thronton · K Joseph LaShelle · D Michael Landon, Yvonne Lime, Whit Bissell, Tony Marshall, Dawn Richard, Barney Phillips, Ken Miller, Cindy Robbins, Michael Rougas, Malcolm Atterbury, Eddie Marr, Vladimir Sokoloff, Louise Lewis, Guy Williams · P American-International

1960

The Curse of the Werewolf (Der Fluch von Siniestro) · R Terence Fisher · B John Elder nach dem Roman *The Werewolf of Paris* von Guy Endore · K Arthur Grant · D Oliver Reed,

Clifford Evans, Yvonne Romain, Catherine Feller, Anthony Dawson, Josephine Llewellyn, Richard Wordsworth, Hira Talfrey, John Gabriel, Warren Mitchell, Ann Blake, George Woodbridge, Michael Ripper, Dennis Shaw, Sheila Brennan, Joy Webster, Renny Lester, Justin Walters · P Hammer

1968
LAS NOCHES DEL HOMBRE LOBO (Die Nächte des Werwolfs) · R René Govar · D Paul Naschy

1970
L'ENFANT SAUVAGE (Der Wolfsjunge) · R François Truffaut · B François Truffaut, Jean Gruault nach *Mémoire et rapport sur Victor de L'Aveyron* von Jean Itard · K Nestor Almendros · Musik Antonio Vivaldi · D Jean-Pierre Cargol, François Truffaut, Françoise Seigner, Paul Villé, Jean Dasté, Pierre Fabre, Claude Miler, Annie Miler, René Levert · P Les Films du Carrosse/Les Productions Artistes Associés

LA FURIA DES HOMBRE LOBO (Die Wut des Werwolfs) · R José M. Zabalza · D Paul Naschy

1971
DR. JEKYLL EL HOMBRE LOBO (Dr. Jekyll und der Werwolf) · R Leon Klimovski · D Paul Naschy

1973
EL RETORNO DE WALPURGIS (Die Rückkehr der Walpurgis) · R Carlos Aured · D Paul Naschy

Anmerkung des Herausgebers

Die dokumentarischen Texte wurden, soweit sie nicht in neueren wissenschaftlichen Editionen vorliegen, in Orthographie, Interpunktion und Lautstand unverändert übernommen. Als Vorlage für die Erzählungen und Gedichte wurden die einschlägigen Ausgaben benutzt, hier wurde jedoch die Orthographie nach den heute üblichen Regeln vereinheitlicht. Alle Quellenangaben, Namen der Übersetzer etc. sind in der Bibliographie enthalten. Auf die Behandlung des Themas im Bereich der Sciencefiction-Literatur bin ich nicht eingegangen, weil sie den Rahmen dieses Buches gesprengt hätte.

Die Erstellung einer annähernd repräsentativen und alle Aspekte der Tiermenschen-Phänomene vollständig erfassende Filmographie erwies sich für die vorliegende Publikation als unmöglich. Die ausgewählte Filmographie des Bandes beschränkt sich auf die wichtigsten Werwolf-Filme, von denen inzwischen mehrere zu den Klassikern des Horrorgenres zählen. Außerdem führt die Filmographie wenigstens einige beispielhafte Filme wie Tod Brownings *Freaks* oder François Truffauts *L'Enfant Sauvage* an, in denen das Thema des Tiermenschentums eine charakteristische Rolle spielt beziehungsweise eigenartige Ausdeutung erfährt. Unübersehbar und wohl nie endend aber wäre die Liste von Filmen mit Affenmenschen, Katzen- und Tigerfrauen sowie gigantischen Tiermenschmonstren, die von fremden Planeten kommend die Erde heimsuchen.

Wir danken folgenden Verlagen für Abdruckgenehmigungen: Artemis Verlag (Ovid); Dieterich'sche Verlagsbuchhandlung Leipzig (Apuleius, Voltaire); S. Fischer Verlag (Franz Kafka); Lena I. Gedin / Rowohlt Verlag (Tania Blixen); Kösel Verlag (Gertrud Kolmar); Paul List-Verlag (Rudyard Kipling); Manesse Verlag (P'u Sung-ling / Martin Buber); Quelle & Meyer (J. A. L. Singh); Rotapfel Verlag (Jean Itard); Rütten & Loening (Petronius) und Winkler Verlag (Charles de Coster).

K. V.

Inhaltsverzeichnis

Dichtungen und Sagen

Dokumente und Berichte

252/1/7.93

Phantastische Bibliothek
in den suhrkamp taschenbüchern

Franke: Die Glasfalle. PhB 295. st 2169
– Der grüne Komet. PhB 231. st 1628
– Schule für Übermenschen. PhB 58. st 730
– Sirius Transit. PhB 30. st 535
– Tod eines Unsterblichen. PhB 69. st 772
– Transpluto. PhB 82. st 841
– Ypsilon minus. PhB 3. st 358
– Zarathustra kehrt zurück. PhB 9. st 410
– Zentrum der Milchstraße. PhB 244. st 1695
– Zone Null. PhB 35. st 585
Grin: Wogengleiter. PhB 274. st 1830
Der Insektenmann. PhB 240. st 1666
Irwin: Der arabische Nachtmahr. PhB 304. st 2266
Ist Gott ein Taoist? Und andere Rätsel. PhB 162. st 1214
James: Dreizehn Geistergeschichten. PhB 247. st 1705
Kellermann: Der Tunnel. PhB 179. st 1283
Künstliche Menschen. PhB 308. st 2293
Lem: Also sprach GOLEM. PhB 175. st 1266
– Altruizin und andere kybernetische Beglückungen. PhB 163. st 1215
– Die Astronauten. PhB 16. st 441
– Frieden auf Erden. PhB 220. st 1574
– Imaginäre Größe. PhB 47 . st 658
– Irrläufer. PhB 285. st 1890
– Die Jagd. PhB 18. st 302
– Das Katastrophenprinzip. PhB 125. st 999
– Lokaltermin. PhB 200. st 1455
– Mehr phantastische Erzählungen des Stanisław Lem. PhB 232. st 1636
– Memoiren, gefunden in der Badewanne. PhB 25. st 508
– Der Mensch vom Mars. PhB 291. st 2145
– Eine Minute der Menschheit. PhB 110. st 955
– Mondnacht. PhB 57. st 729
– Nacht und Schimmel. PhB 1. st 356
– Phantastik und Futurologie I. PhB 122. st 996
– Die phantastischen Erzählungen. PhB 210. st 1525
– Die Ratte im Labyrinth. PhB 73. st 806
– Robotermärchen. PhB 85. st 856
– Der Schnupfen. PhB 33. st 570
– Sterntagebücher. PhB 20. st 459
– Die Stimme des Herrn. PhB 97. st 907
– Terminus und andere Geschichten des Piloten Pirx. PhB 61. st 740
– Die Untersuchung. PhB 14. st 435
– Vom Nutzen des Drachen. PhB 297. st 2199
– Waffensysteme des 21. Jahrhunderts. PhB 124. st 998
– Wie die Welt noch einmal davonkam. PhB 158. st 1181

252/2/7.93

Phantastische Bibliothek
in den suhrkamp taschenbüchern

Lovecraft: Azathoth. PhB 230. st 1627
– Cthulhu. PhB 19. st 29
– Das Ding auf der Schwelle. PhB 2. st 357
– Der Fall Charles Dexter Ward. PhB 8. st 391
– Das Grauen im Museum. PhB 136. st 1067
– In der Gruft und andere makabre Erzählungen. PhB 71. st 779
– Die Katzen von Ulthar. PhB 43. st 625
– Lovecraft-Lesebuch. PhB 184. st 1306
– Der Schatten aus der Zeit. PhB 281. st 1939
– Stadt ohne Namen. PhB 52. st 694
– Die Traumsuche nach dem unbekannten Kadath. PhB 287. st 1556
Lovecraft / Derleth: Die dunkle Brüderschaft. PhB 173. st 1256
– Das Grauen an der Schwelle. PhB 307. st 2287
Der Einsiedler von Providence. PhB 290. st 1626
Morselli: Licht am Ende des Tunnels. PhB 298. st 2207
Pakleppa: Die Himmelsjäger. PhB 299. st 2214
Phantastische Aussichten. PhB 160. st 1188
Phantastische Welten. PhB 137. st 1068
Quiroga: Geschichten von Liebe, Irrsinn und Tod. PhB 248. st 1711
Ray: Malpertuis. PhB 165. st 1223
Der Riß am Himmel. PhB 296. st 2175
Rubião: Der Feuerwerker Zacharias. PhB 292. st 2151
Schefner: Bescheidene Genies. PhB 246. st 1704
Die Sirene. PhB 253. st 1688
Smith: Herren im All. PhB 280. st 1932
Springer: Leonardos Dilemma. PhB 271. st 1821
Strugatzki / Strugatzki: Die bewohnte Insel. PhB 282. st 1946
– Die dritte Zivilisation. PhB 294. st 2163
– Der ferne Regenbogen. PhB 111. st 956
– Fluchtversuch. PhB 89. st 872
– Die gierigen Dinge des Jahrhunderts. PhB 79. st 827
– Die häßlichen Schwäne. PhB 177. st 1275
– Der Junge aus der Hölle. PhB 238. st 1658
– Eine Milliarde Jahre vor dem Weltuntergang. PhB 186. st 1338
– Mittag. 22. Jahrhundert. PhB 305. st 2272
– Montag beginnt am Samstag. PhB 72. st 780
– Picknick am Wegesrand. PhB 49. st 670
– Troika. PhB 300. st 2221
– Die Wellen ersticken den Wind. PhB 206. st 1598
– Die zweite Invasion der Marsianer. PhB 139. st 1081

252/3/7.93

Phantastische Bibliothek
in den suhrkamp taschenbüchern

Turner: Sommer im Treibhaus. PhB 272. st 1822

Von den Vampiren und Menschensaugern. PhB 306. st 2281

Wharton: Gespenstergeschichten. PhB 268. st 1806

Wyndham: Kuckuckskinder. PhB 277. st 1893

Zondergeld: Lexikon der phantastischen Literatur. PhB 91. st 880

252/4/7.93